여론

여론

월터 리프먼

이충훈 옮김

까치

PUBLIC OPINION

by Walter Lippman

역자 이충훈(李忠勳)
서강대학교 정치외교학과와 동 대학원을 졸업하고, 성공회대학교, 한서대학교 등에서 강의했다. 현재는 미국 신사회과학원(New School for Social Research) 정치학과 박사과정 중이며, 서강대학교 사회과학연구소 연구원이자 경희 사이 버대학교 교양학부 수업 담당 교수를 맡고 있다. 역서로는『작은 것들의 정치』 (2011)가 있다.

편집 교정 _ 이인순(李仁順)

여론

저자 / 월터 리프먼
역자 / 이충훈
발행처 / 까치글방
발행인 / 박후영
주소 / 서울시 용산구 서빙고로 67, 파크타워 103동 1003호
전화 / 02 · 735 · 8998, 736 · 7768
팩시밀리 / 02 · 723 · 4591
홈페이지 / www.kachibooks.co.kr
전자우편 / kachibooks@gmail.com
등록번호 / 1-528
등록일 / 1977. 8. 5
초판 1쇄 발행일 / 2012. 8. 1
    4쇄 발행일 / 2022. 3. 3
값 / 뒤표지에 쓰여 있음

ISBN 978-89-7291-527-0   93300

페이 리프먼에게
롱아일랜드 웨이딩 강, 1921년

"자! 일종의 지하동굴에 인간들이 살고 있다고 해보세. 이 지하동굴의 입구는 동굴 밖의 빛을 향해 열려 있고, 그 동굴 전체를 가로질러 뻗어 있지. 여기에 살고 있는 인간들은 어릴 적부터 여기에 있었고, 다리와 목은 묶여 있어서 움직일 수가 없다네. 그들은 오직 그들 앞에 있는 것만을 볼 수 있고, 묶여 있기 때문에 머리를 돌릴 수도 없어. 그들의 뒤쪽인 동굴의 위쪽에는 불꽃이 타고 있지. 불꽃과 죄수들 사이에는 높은 길이 있고, 그리고 그 길을 따라 세워진 낮은 벽을 볼 수 있어. 이 벽은 화면과 같은 것인데, 이는 마치 죄수들 앞에서 인형극을 공연하는 사람들이 인형들을 보여주는 것과 같다네."

"알만 합니다." 그가 말했다.

"사람들이 벽을 따라서 인간과 동물의 형상, 나무와 돌, 그리고 다양한 재료로 만들어진 그릇들을 나르고, 그것들이 화면에 나타난다고 상상해보게나. 몇몇 죄수들은 말하고 있고, 나머지는 잠자코 있다고 생각할 수 있지 않겠나?" 나는 말했다.

"이상한 이미지군요. 그리고 이상한 죄수들이네요." 그가 말했다.

"우리 자신과 마찬가지지. 그들은 오직 자신의 그림자나 다른 죄수의 그림자만 볼 뿐이야. 이런 그림자들은 불꽃이 동굴의 반대편 벽에 드리운 것이겠지?" 나는 말했다.

"맞습니다. 만일 그들이 머리를 절대 움직일 수 없다면, 그림자 말고 다른 어떤 것을 볼 수 있겠습니까?" 그가 말했다.

"사람들이 나르고 있는 대상들 중에 죄수들이 보는 것은 단지 그림자뿐이겠지?"

"그렇습니다." 그가 말했다.

"만일 그들이 서로 대화를 할 수 있었다면, 그들 앞에 실제로 있는 것을 지칭하고 있다고 생각하지 않았겠는가?"

플라톤 『국가(*Politeia*)』 제7권 (조엣[Jowett] 역)

차례

제 1 부

서론

제1장

바깥세계와 우리의 머릿속에 있는 그 세계의 이미지

1

1914년 망망대해의 한 섬에 영국인, 프랑스인, 독일인들이 살고 있었다. 바깥세계의 소식을 들을 수 있는 기회는 60일마다 방문하는 영국 연락선이 전부였다. 9월의 어느 날, 사람들은 다음 연락선이 오기를 학수고대하며, 지난번에 연락선이 전해준 가장 최신의 신문기사에 관해서 이야기하고 있었다. 그 기사는 곧 있게 될, 카요 부인이 칼메트를 저격한 사건의 재판에 관한 것이었다(카요는 19세기 말부터 20세기 중반까지 재무장관과 총리 그리고 급진 사회당의 당수를 역임했던 프랑스의 대표적인 정치가이다. 1914년 우파잡지인 『르 피가로[*Le Figaro*]』의 편집장이었던 칼메트가 당시에는 카요의 정부였던 카요 부인과 카요 사이의 사생활을 폭로하자 카요 부인이 이에 격분하여 칼메트에게 치명적인 총상을 입혔다/역주). 9월 중순의 어느 날, 모든 섬사람들은 연락선의 선장이 들려줄 재판결과를 고대하며 선착장에 모여 있었다. 그러나 선장이 전해준 이야기는 지난 6주일 동안에 영국인과 프랑스인이 독일인과 싸우게 되었다는 것이었다(1914년 7월 28일, 오스트리아-헝가리 제국의 세르비아 왕국에 대한 선전포고로 시작되었던 제1차 세계대전을 의미한다/역주). 지난 6주일 동안, 그들은 마치 서로가 친구인 것처럼 행동했지만, 실상은 적이었던 셈이었다.

그러나 그들이 처한 어려움은 유럽에서 대부분의 사람들이 겪었던 어려움과 그다지 다른 것이 아니었다. 단지 차이가 있다면, 시간상의 간격이 좀더 길었다는 점뿐이었다. 유럽 대륙에 있던 사람들은 6시간 혹은 6일 동안 잘못 생각했을 수 있지만, 섬사람들은 6주일 동안이나 잘못 생각했던 것이다. 평상시와 다름없이 사람들이 일을 하고 있는 유럽의 이미지는 한순간에 뒤죽박죽이 되어버렸다. 어떤 사람들은 더 이상 존재하지 않는 일상의 환경에 여전히 안주했다. 7월 25일까지도 전 세계에 걸쳐 사람들은 그들이 수출할 수 없게 될 상품을 생산했고, 수입할 수 없게 될 상품을 구매했다. 사람들은 희망과 기대에 부풀어 일자리를 찾았고, 기업들은 장기적인 전망을 세웠다. 이런 모든 것은 기존의 세계가 지속될 것이라는 믿음에 기반을 두고 있었다. 사람들은 세계를 묘사하는 책을 썼다. 그들의 머릿속에 들어 있는 세계의 이미지를 신뢰했다. 그리고 4년 후 어느 목요일 아침에 휴전소식이 들려왔고, 사람들은 대량학살이 끝났다는 말로 표현하기 힘든 안도감을 겉으로 드러냈다. 사람들은 전쟁이 끝난 것에 기뻐했지만, 실제로 휴전이 있기 닷새 전만 하더라도 전쟁터에서는 수천 명의 젊은이들이 목숨을 잃고 있었다.

돌이켜보면, 우리가 얼마나 주변환경을 정확하게 인식하지 못했는가를 이해할 수 있지만, 그럼에도 불구하고 우리는 그런 환경 속에서 살아가기 마련이다. 우리는 주변환경에 대한 소식이 현재 얼마나 빠르게, 혹은 느리게 우리에게 전달되는지 살펴볼 수 있다. 그러나 우리가 참된 이미지로 믿고 있는 것이 무엇이든 간에, 우리는 그것을 마치 우리의 주변환경 그 자체인 것처럼 취급한다. 우리는, 현재 우리의 행위가 어떤 믿음에 근거를 두고 있는지 파악하는 것은 어렵지만 우리 이전에 살았던 사람들이 지금 보기에는 터무니없는 세계에 관한 이미지를 진지하게 생각하고 있었다는 것을 이해하는 것은 어렵지 않다는 착각 속에 빠져 있다. 과거에 어떤 일들이 벌어졌는지 잘 알고 있다는 우월감 때문에, 우리는 종종 과거의 사람들이 알아야 할 필요가 있었던 세계와 그들이 실제로 알고 있던 세계 사이에는 상당한 모순이 있었다고 주장한다. 또한 우리는 그들의 세계가 상상된 것이었으며, 그들은 그런 상상된 세계 속에서 통치하고 싸우며 교역하고 개혁하면서 실제세계를 바꾸거나 혹은 그렇지 못했다는 것을 살펴볼 수 있다. 그들은 인도제국을 향해서 출발했지만, 정작 발견한 것은 미국이었다. 그들은 무엇이 악인가를 판단했고, 나이 든 독신여성들을 교수형에 처했다. 그들은 구매하지 않고 판매만 함으로써 부유해질 수 있다고 생각했다. 알렉산드리아의 도서관을 불태운 한 칼리프(caliph : 예언자 무함마드의 뒤를 이어서 이슬람을 수호하고, 이슬람 공동체를 통치하는 모든 일을 관장하는 이슬람 공동체나 이슬람 국가의 최고 통치자를 가리킨다/역주)는 그렇게 하는 것이 알라의 뜻을 따르는 것이라고 생각했다.

기원후 389년경에 성(聖) 암브로시우스(4세기에 활동한 밀라노의 주교이자 당대에 가장 영향력 있던 기독교 사상가 중 한 명이다. 서방교회의 4대 교부 중 한 사람으로서, 아리우스파에 맞서 정통 기독교의 전례와 성직에 대한 개혁을 주도한 인물로 알려져 있다/역주)는 플라톤의 동굴의 비유에서 바깥세계의 빛이 들어오는 동굴입구를 절대로 보지 않겠다고 결심한 죄수처럼 말했다. "이 땅의 본성과 상태를 논의하는 것은 삶의 희망을 성취하는 데에 도움이 되지 않는다. 성경이 이야기한 바를 아는 것만으로도 충분하다. 그분은 '땅덩어리를 허공에 달아놓으신 이'(「욥기」 26장 7절)이다. 그렇다면 왜 그분이 땅을 하늘에 매달았는지 물 위에 매달았는지 논쟁하는가? 그리고 어떻게 엷은 하늘이 땅을 지탱

할 수 있는가와 같은 논란을 제기하는가? 혹은 물 위에 매달았다면, 왜 땅은 밑바닥으로 가라앉지 않는가와 같은 질문을 제기하는가?……땅이 하늘과 물 사이에서 마치 평평한 균형상태로 매달려 있는 것처럼 보이는 것은 바로 신의 뜻, 즉 신의 권세가 그렇게 했기 때문이다. 이로써 땅은 불안정한 것과 텅 비어 있는 것 위에 안정적으로 매달려 있게 되었다."[1]

성경의 말씀에 논쟁을 제기하는 것은 삶의 희망을 성취하는 데에 도움이 되지 않는다. 성경이 이야기한 바를 아는 것만으로도 충분하다. 왜 그것에 대해서 논쟁하는가? 그러나 성 암브로시우스가 그렇게 말한 지 150여 년이 지난 후에도 그것은 여전히 논란거리였다. 이때는 지구의 정반대편(the antipodes)이 문제가 되었다. 코스마스(6세기경에 활동한 이집트 알렉산드리아의 탐험가이다. 에티오피아와 페르시아 만, 인도 서해안, 그리고 스리랑카를 여행한 후에 여행기를 저술했다/역주)라는 이름의 수도사가 그의 과학적인 식견을 바탕으로 제작한 기독교 지도(Christian Topography) 혹은 "세계에 관한 기독교의 견해(Christian Opinion concerning the World)"가 논쟁을 불러일으켰다.[2] 그는 사람들이 그에게 기대하는 바를 정확하게 알고 있었고, 그가 읽었던 성경을 바탕으로 모든 결론을 내렸다. 그 지도는 세계를 평평한 평행사변형으로 묘사한다. 동쪽에서부터 서쪽까지의 넓이는 북쪽에서 남쪽까지의 넓이보다 2배 넓다. 그 한가운데에는 바다로 둘러싸인 땅이 있고, 바다는 다시 또다른 땅으로 둘러싸여 있는데, 이곳은 대홍수 이전에 사람들이 살았으며 노아의 방주가 출발했던 곳이다. 북쪽에는 높고 뾰족한 산이 있는데, 이 산은 태양과 달의 주위를 공전한다. 태양이 산의 뒤편에 있으면 밤이 된다. 하늘은 다른 땅의 가장자리에 붙어 있다. 이 지도에

---

1) Hexaëmeron, i. cap 6, *The Mediaeval Mind*, by Henry Osborn Taylor, Vol. I, p. 73에서 재인용.
2) Lecky, *Rationalism in Europe*, Vol. I, pp. 276-278

는 4개의 높은 벽이 있고 이 벽들은 하나의 오목한 지붕과 맞닿아 있어서, 땅은 마치 우주의 바닥처럼 보인다. 하늘의 다른 쪽에는 바다가 있고, 이 바다는 "창공의 위에 있는 물"로 이루어져 있다. 하늘의 바다와 우주의 가장 높은 지붕 사이의 공간은 천국(the blest)의 영역에 속한다. 땅과 하늘 사이의 공간에는 천사들이 거처한다. 마지막으로, 성 바울은 모든 인간이 "땅의 표면" 위에서 살도록 창조되었다고 말했는데, 그렇다면 인간들이 정반대편인 뒷면에서 어떻게 살 수 있겠는가? "기독교도라면 성인의 말에 따라 '정반대편에 대해서 심지어 말조차' 꺼내지 말아야 한다."3)

정반대편에 절대로 가서는 안 되기 때문에, 어떤 기독교 왕도 그에게 배를 내주어서는 안 되고, 어떤 경건한 선원도 그곳에 가려고 하지 말아야 한다. 코스마스는 그의 지도에 어떤 불합리한 점도 없다고 생각했다. 그는 그의 지도가 우주의 지도라는 절대적인 확신에 사로잡혀 있었다. 이런 그의 절대적인 확신을 염두에 둔다면, 우리는 그가 마젤란이나 피어리, 혹은 천사들이나 창공과 충돌할 위험을 무릅쓰고 하늘을 11킬로미터 이상이나 날아올랐던 비행사를 얼마나 두려워했을 것인가를 짐작할 수 있다. 전쟁과 정치에서 거의 모든 당사자들이 상대방에 대한 정반대의 이미지를 사실로, 즉 실제로 그런 것이 아니라 사실이라고 간주되는 것을 철석같이 믿는다는 점을 염두에 둔다면, 우리는 코스마스의 경우와 동일한 방식으로 전쟁과 정치에서의 분노를 보다 잘 이해할 수 있다. 그럼에도 불구하고, 햄릿과 마찬가지로 살랑거리는 커튼 뒤에서 폴로니어스를 왕으로 착각하여 그를 찔러 죽일 것이고, 아마도 햄릿처럼 다음과 같이 덧붙일 것이다.

---

3) 위의 책.

"이 가련하고 경솔하며 참견하기 좋아하는 바보, 잘 가오.
나는 그대를 그대의 상전으로 잘못 생각했소. 운명을 받아들이시오."

2

심지어 위대한 인물이 살아 있는 동안에도 그에 대해서 공중(公衆)이 일반적으로 알고 있는 것은 그의 가공된 인격일 따름이다. 따라서 어떤 인간도 그의 시종에게는 결코 영웅이 아니라는 오래된 격언에는 일말의 진실이 있다. 시종과 비서도 종종 그런 허구에 빠져들기 때문에, 그 격언에는 오직 일말의 진실만이 있을 뿐이다. 물론 왕실인사들의 인격은 구성된 것이다. 그들이 스스로 그들의 공적 품성을 믿고 있든지, 혹은 시종들을 조종해서 그들이 그런 품성을 가지고 있다고 사람들에게 알리든지 간에, 거기에는 적어도 두 가지 구분되는 자아, 즉 공적이고 제왕적인 자아와 사적이고 인간적인 자아가 있다. 위대한 사람들의 전기(傳記)는 어느 정도는 이런 두 자아의 역사로 쉽게 분류할 수 있다. 저명한 전기작가들은 주로 위대한 인물들의 공적 삶을 재현하고, 그렇지 않은 작가들은 흥미로운 사실들에 초점을 맞추어 회고록을 집필한다. 예를 들면, 찬우드는 링컨을 실제의 인간이 아니라 서사적 인물의 귀족으로, 현실에서는 아이네이아스나 성 조지만큼이나 중요한 인물로 묘사한다. 올리버는 해밀턴을 장엄한 추상이자 관념의 조각으로, 그 자신이 지칭하듯이 그에 대한 전기를 "미합중국에 관한 에세이"로 묘사한다. 이는 한 인간의 전기라기보다는 연방주의의 국정운영에 관한 의례적인 기념비에 가깝다. 때로 사람들은 남부끄러운 꼴을 드러내고 있다고 생각하면서 그들 자신의 허울을 자아내기도 한다. 일종의 자화상이라고 볼 수 있는 레핑턴과 마고 애스퀴스의 일기는 신변잡기를 그들이 그들 자신에 관해서 어떻게 생각하고 싶은지를 가장 잘 드러내는 목록으로 취급한다.

그러나 가장 흥미로운 종류의 자화상은 사람들의 머릿속에서 자발적으로 일어나는 것이다. 스트레이치에 따르면,[4] 빅토리아가 왕위에 올랐을 때 "바깥의 공중 사이에서는 거대한 열광의 물결이 출렁였다. 감상과 로맨스가 불길처럼 번져나갔다. 순결하고 정숙하며 금발에 홍조를 띤 채 런던 시가지를 행진하는 작은 소녀여왕의 모습은 그녀를 보는 사람들의 마음을 애정어린 충성의 환희로 채웠다. 무엇보다도 모든 사람들에게 깊은 인상을 심어주었던 것은 빅토리와 여왕과 그녀의 삼촌들 사이의 대조였다. 심술궂게 보이는 나이 든 삼촌들은 방탕하고 이기적이며, 황소처럼 고집이 세고 어리석었으며, 항상 빚과 정신착란 그리고 나쁜 평판에 시달렸다. 그들은 겨울의 눈처럼 사라졌고, 마침내 그 자리에 봄이 왕위에 앉아서 눈부시게 빛나게 되었다."

피에르퓨[5]는 조프르 장군(제1차 세계대전 때 활약한 프랑스의 장군이다. 1914년 첫 번째 마른 전투에서 수세에 몰린 연합군을 재조직하여 독일군에게 결정적인 패배를 안긴 것으로 유명하다/역주)의 명성이 가장 드높았을 때 그의 참모로 일하면서 이런 영웅숭배를 직접 목격했다.

"지난 2년 동안, 전 세계는 마른의 승리자에게 거의 신에 가까운 경의를 표했다. 헤아릴 수 없이 많은 사람들이 그들의 존경심을 광적으로 표현하는 감사의 글과 함께 그에게 보낸 상자와 소포와 편지의 무게 덕택에 우편배달부는 말 그대로 등이 휠 지경이었다. 나는 조프르 장군 이외에 어떤 장군도 이 전쟁에서 그에 필적할 만한 영광을 누리지 못했다고 생각한다. 사람들은 그에게 최고급 제과점의 사탕 상자와 샴페인 상자, 가장 질 좋은 포도주와 과일, 게임, 장식물, 가정용품, 담배, 잉크 스탠드, 문진 등을 보내왔다. 모든 지역으로부터 그 지역의 특산물이 도착했다. 화가는 그림을, 조각가는 조각을, 노부

---

4) Lytton Strachey, *Queen Victoria*, p. 72
5) Jean de Pierrefeu, *G. Q. G. Trois ans au Grand Quartier Général*, pp. 94-95

인은 이불이나 양말을, 목동은 오두막에서 그를 위한 담뱃대를 만들어 보냈다. 독일에 적대적이었던 세계의 모든 제조업자들이 그들이 만든 것을 보내왔는데, 여기에는 아바나로부터 온 시가와 포르투갈로부터 온 포트 와인 등이 있었다. 내가 알고 있는 한 이발사는 장군을 경애하는 사람들의 머리를 장군의 머리모양처럼 솜씨 있게 다듬어주었다. 한 전문적인 문필가도 이와 동일한 생각을 했는데, 그는 장군을 찬양하는 작은 문자들로 수천 개의 짧은 명언들을 지었다. 전 세계의 모든 국가에서 온 편지들은 다양한 필체와 방언으로 쓰인 애정으로 가득 찬 것들이었는데, 그들은 장군에게 고마움을 표현했고, 그런 표현에는 사랑이 충만하게 담겨 있었으며, 장군에 대한 경배로 채워져 있었다. 사람들은 그를 세계의 구세주, 조국의 아버지, 신의 대리인, 인류의 은인 등으로 불렀다.……그리고 프랑스인뿐만 아니라 미국인, 아르헨티나인, 오스트레일리아인 등도 그를 그렇게 불렀다.……수천 명의 어린이들이 그들의 부모만큼도 알지 못했던 장군을 위해서 사랑을 고백하는 편지를 보내왔다. 그들 대부분은 장군을 우리들의 아버지라고 불렀다. 그 편지들에는 어린이들의 적에 대한 신랄한 표현, 장군에 대한 숭배, 장군이 괴물을 물리치고 수천 명의 목숨을 구했다는 해방의 탄성으로 가득 차 있었다. 이 모든 순진한 영혼들에게, 조프르는 용과 맞서 싸우는 성 조지처럼 보였다. 확실히 그는 인류의 양심을 위해서 악에 대한 선의 승리, 어둠에 대한 빛의 승리를 구현했다.

정신 이상자, 얼간이, 반쯤 정신이 나간 사람들과 미친 사람들은 장군이 마치 이성(理性) 그 자체인 것처럼 그들의 우둔한 머리를 장군에게 의지했다. 내가 읽은 편지 중의 하나는 시드니에 거주하는 사람이 보낸 것이었는데, 그는 장군에게 자신의 적으로부터 그를 구해달라고 간청했다. 또다른 편지는 뉴질랜드 사람이 쓴 것이었는데, 그는 장군에게 그에게 빌려간 10파운드의 돈을 갚지 않는 한 신사의 집에 군대를 파견해줄 것을 요청했다.

마지막으로, 수백여 명의 어린 숙녀들은 수줍음을 무릅쓰고 그들의 가족에게조차도 알리지 않은 채 장군에게 약혼을 청했다. 이들 중에는 단지 그의 시중을 들기만을 원했던 이들도 있었다."

그와 그의 부하 그리고 그의 군대가 거둔 승리와 전쟁에 대한 절망감, 개인적인 슬픔, 그리고 미래의 승리에 대한 희망이 조프르를 이상적인 인물로 만드는 데에 뒤섞여 있었다. 그러나 이런 영웅숭배와 더불어 악마를 쫓아내는 의례도 있었다. 영웅을 구현하는 동일한 메커니즘이 악마를 만드는 데에도 적용되었다. 만일 모든 선한 것이 조프르, 포슈, 윌슨이나 루스벨트에 의해서 생겨났다면, 모든 악한 것은 빌헬름 황제, 레닌과 트로츠키에 의해서 시작되었다. 영웅들이 선에 전능한 것처럼 후자는 악에 전능한 인물들이었다. 단순하고 겁에 질린 수많은 사람들은 전 세계 곳곳에서 일어난 정치적 반동, 파업, 장애물, 불가사의한 죽음이나 대화재와 같은 악의 근원을 그런 개인들의 탓으로 돌렸다.

3

한 상징적 인물에 대한 이런 종류의 세계적인 이목의 집중은 분명 놀랄 만큼 드문 일이고, 세상의 모든 저자들은 이런 인상적이고 반박할 수 없는 사례를 무척 좋아할 것이다. 그러나 이런 사례는 무(無)에서 창조되는 것이 아니기 때문에, 그것을 이해하기 위해서는 우선 전쟁을 자세히 살펴보아야 한다. 전쟁과는 달리, 정상적인 공적 삶에서는 오만가지의 상징들이 존재하며 그런 상징들은 서로 경쟁관계에 있기 때문에, 각각의 상징에 사로잡혀 있는 사람들의 수는 그리 많지 않다. 즉, 각각의 상징은 기껏해야 일부 사람들의 감정만을 표현하고, 그 일부 사람들에 속한 각 개인들조차도 그 상징에 대해서 느끼는 감정은 천차만별이다. 일상적인 안보상황에서 여론의 상징들은 견제와 비교, 그리고 논쟁의 대상이다. 그런 상징들은 주마등처럼 스쳐지나가거나, 어떤 경우에는 일시적으로 하나가 되기도 하지만, 궁극적으로는 사람들로부터 잊히고 결코 완전하게 집단 전체의 감정을 구성하지는 않는다. 결국, 사람들 전체가 하나의 신성한 연합으로 결속하는 시기는 오직 한 시기뿐이다. 이는 전쟁의 중간국면으로서, 아직까지 사람들이 전쟁에 대한 피로감을 느끼지 못한 채, 공포와 호전성 그리고 증오가 다른 모든 인간본능을 억누르거나 그것의 협력을 받아서 정신을 완전하게 지배하게 되었을 때이다.

이와는 다른 시기나 전쟁이 교착상태에 빠져 있을 때에는 보다 다양한 감정들이 갈등, 선택, 망설임 그리고 타협이 이루어지도록 자극한다. 우리가 제5부에서 살펴볼 것처럼, 여론의 상징성은 이런 이해관계의 균형을 이루려는 흔적을 품고 있다. 예를 들면, 결코 확실하지도, 그다지 성공적이지도 않았던 연합의 통일(Allied Unity)이라는 상징이 휴전 이후에 얼마나 빠르게 사라졌는지, 그리고 각 국가의 다른 국가에 대한 상징적 이미지가 어떻게 와해되었는지를 생각해보자. 영국은 공법(公法)의 수호자가 되었고, 프랑스는 자유의 감시자, 그리고 미국은 십자군 전사가 되었다. 그리고 각 국가 내에서 정당과 계급갈등, 개인적인 야망과 같이 전쟁기간에 잠시 중단되었던 이슈들이 제기되기 시작하자, 연합의 통일이라는 상징적 이미지가 어떻게 퇴색해버렸는지를 생각해보자. 또한 윌슨, 클레망소, 로이드 조지와 같은 지도자들의 상징적 이미지가 어떻게 차례대로 무너져내렸는지, 어떻게 그들이 인간의 희망의 화신(化身)으로서 더 이상 인식되지 못하게 되었는지, 그리고 어떻게 그런 지도자들이 환멸스러운 세계를 위한 협상가와 관료로 전락하게 되었는지를 생각해보자.

여기에서의 문제는 우리가 이런 상징적 이미지들을 평화의 시기에 있을 수밖에 없는 필요악으로 유감스럽게 생각할 것인지, 혹은 전쟁으로부터 본래의 상태로 되돌아간 것으로 찬양해야 할 것인지의 문제가 아니다. 상징에 관해서 우리가 관심을 기울여야 할 점은 존재하는 사회질서에 대한 허구와 상징의 가치가 아니라 그것을 인간 커뮤니케이션의 중요한 장치의 일부로서 파악하는 것이다. 오늘날과 같이 사회의 이해관계가 완전하게 자기 충족적이지 않고, 예전의 작은 사회와는 달리 사회를 구성하는 모든 사람들이 그곳에서 벌어지는 모든 일에 관해서 파악하지 못하고 있는 상황에서, 그 사회에서 볼 수 없는 일과 파악하기 힘든 일을 다루는 것은 바로 생각이다. 고퍼 프레리의 셔윈 양6)은 프랑스에서 전쟁이 고조될 것이라는 점을 알아차리고 그것을 이해하려고 했다. 그녀는 프랑스에 한번도 가본 적이 없었고 전쟁의 최전방에는 더더군다나 가본 적이 없었다. 그녀는 그녀가 보았던 프랑스와 독일 군인들의 이미지가 300만 명이나 되는 남성들이라는 점을 상상조차 할 수 없었다. 실제로 어느 누구도 그 점을 상상할 수 없었고, 전문가들은 그렇게 하려고 시도조차 하지 않았다. 전문가들은 프랑스와 독일 군인들을 200여 개의 사단으로 생각했다. 셔윈 양은 작전지도를 볼 수 없었고, 따라서 그녀가 그 전쟁에 관해서 관심을 기울이는 대상은 오직 조프르와 독일 황제일 수밖에 없었으며, 그녀에게 전쟁은 마치 이 둘 사이의 개인적인 결투로 비쳐졌다. 그녀의 마음속에 있는 이미지는 한 위대한 군인의 18세기 조각과 그리 다르지 않을 것이다. 실제보다 큰 그의 조각은 대범하고 꿋꿋하게 서 있으며, 조그맣고 작은 형체의 어렴풋이 보이는 군대가 그 뒤에서 그를 따르고 있다. 위대한 인간들도 이와 동일한 기대를 품었을 것이다. 피에르퓨는 조프르를 방문했던 한 사진사에 관해서 말했다. 장군은 "그가 결재를 하는 집무실에 있는 업무용 탁자 앞에 앉아 있었는데, 그 탁자

---

6) Sinclair Lewis, *Main Street*를 보라.

위에는 아무런 서류도 없었다. 그러나 대중들이 생각하기에 장군의 집무실에 지도가 걸려 있지 않다는 것은 납득하기 어려운 일이었기 때문에, 사진촬영을 위해서 몇 개의 지도를 벽에 걸었고, 촬영이 끝나자마자 바로 떼어냈다."[7]

경험하지 못한 사건에 대해서 사람들이 품을 수 있는 유일한 감정은 그 사건이 자극하는 정신적인 이미지에 의해서 발생한다. 바로 이 점이 다른 사람들이 안다고 생각하는 것을 우리가 알기 전까지 그들의 행위를 진정으로 이해할 수 없는 이유이다. 나는 펜실베이니아의 한 탄광마을에서 자란 소녀를 알고 있는데, 그녀는 강한 바람이 부엌의 창문을 깨버렸을 때 이전의 쾌활했던 모습과는 확연히 다르게 갑자기 슬픔 때문에 거의 발작상태에 이르게 되었다. 수 시간 동안 그녀는 슬픔에 잠겨 있었고, 나는 그것을 이해할 수가 없었다. 마침내 그녀가 이야기를 할 수 있게 되었을 때, 그녀는 유리창이 깨지는 것은 가까운 친인척이 죽는다는 것을 의미한다고 말했다. 즉 그녀는 탄광에서 일하고 있었을 아버지를 염려했던 것이다. 전보를 통해서 확인하자, 그녀의 아버지에게는 물론 아무 일도 일어나지 않았다. 그러나 전보가 도착하기 전까지 그 소녀가 믿을 만한 메시지는 깨진 유리밖에 없었다. 왜 그것이 믿을 만한 것이 되었는지는 노련한 정신과 의사의 장기간에 걸친 연구에 의해서만 밝혀질 수 있을 것이다. 그러나 아무리 무심한 관찰자라고 할지라도, 가족의 불행을 걱정하여 무척이나 슬퍼했던 그 소녀가 하나의 외적 사실, 기억하고 있는 미신, 양심의 가책, 그리고 아버지에 대한 걱정과 사랑에 의해서 완전한 허구의 환각상태에 빠졌다는 점은 이해할 수 있을 것이다.

이런 경우에 비정상성은 단지 정도의 문제이다. 자기 집 현관에서 폭발한 폭탄으로 인해서 위협을 느낀 법무장관이 1920년 5월 1일에 혁명

---

7) Pierrefeu, 위의 책, p. 99

이 일어날 것이라는 팸플릿을 읽고 그것을 확신할 때, 우리는 많은 면에서 동일한 메커니즘이 작동하고 있다는 점을 인식할 수 있다. 물론, 전쟁 동안에는 우발적인 사실, 창조적인 상상력, 믿음에 대한 의지, 그리고 이 세 가지 요소들 이외에 폭력적인 본능적 반응에 대한 현실의 조작 등과 같은 유형의 많은 사례들이 발생한다. 매우 분명한 사실은 특정한 조건하에서 사람들은 현실에 반응하는 것 이상으로 강하게 허구에 반응하고, 어떤 경우에는 그들이 반응하는 바로 그 허구를 만드는 데에 스스로 일조한다는 점이다. 1914년 8월, 러시아 군대가 영국을 통과했다는 것을 믿지 않았던 사람과 직접적인 증거 없이는 어떤 학살의 이야기도 받아들이지 않았던 사람, 그리고 결코 존재하지 않았던 음모, 반역자, 스파이를 상상하지 않았던 사람이야말로 그런 허구에 제일 먼저 돌을 던질 수 있는 사람들이다. 또한 자신보다 더 많이 알고 있지도 않은 사람에게 들었던 이야기를 마치 진리 속의 사실인 것처럼 다른 사람들에게 전해본 적이 없는 사람만이 그런 허구에 돌을 던질 수 있다.

이 모든 경우에, 우리는 특히 하나의 공통점에 주의를 기울여야 한다. 그것은 인간과 의사환경(擬似環境, pseudo-environment), 즉 인간과 환경 사이에 있는 삽입물이다. 인간의 행동은 그런 의사환경에 대한 하나의 반응이다. 그러나 그것은 행동이기 때문에, 그것을 통해서 결과들이 나온다면 그 결과들은 행동을 자극하는 의사환경에서 작동하는 것이 아니라, 행동이 발생하는 실제환경에서 작동한다. 만일 행동이 실천적인 행위가 아니라, 우리가 대략 사상과 감정이라고 부르는 것이라면, 허구적 세계의 구조에 어떤 주목할 만한 단절이 있기까지는 오랜 시간이 걸릴 것이다. 그러나 허위사실의 자극이 사물이나 다른 사람들에 대한 행동을 초래할 때, 그것에 따른 모순은 곧바로 발전한다. 그러면 석벽에 머리를 부딪치고 있거나 경험을 통해서 배우고 있다는 느낌, 그리고 허버트 스펜서에게 비극적인 일이었던 한 무리의 야만적인 사실들에 의한 아름다운 이론(Beautiful Theory by a Gang of Brutal Facts)의 살해, 즉 부적응까지는 아니지만 불안정성을 목격하고 있다는 기분에 이르게 된다. 확실히 사회적 삶의 수준에서 환경에 대한 인간의 적응이라고 불리는 것은 허구의 매개를 통해서 일어나기 마련이다.

허구(虛構)란 거짓을 의미하지 않는다. 허구란 많든 적든 인간이 스스로 만든 환경을 표현한다. 허구의 범위는 완벽한 환상에서부터 과학자들이 자의식적으로 사용하는 도식적인 모델이나 특정한 소수자리 이상으로 어떤 문제의 정확성을 따지는 것은 그다지 중요하지 않다는 과학자의 결정에 이르기까지 광범위하다. 허구에는 어느 정도의 사실성이 있고, 그런 사실성의 정도가 설명될 수 있는 한, 허구는 오해를 불러일으키지 않을 것이다. 실제로 인간의 문화는 매우 많은 면에서 선택이자 재조정이고, 윌리엄 제임스의 말처럼 "생각의 무작위적인 계발(啓發)과 재고(再考)"[8]의 유형을 추적하고 양식화한 것이다. 허구라는 매개를 사용하여 인간을 환경에 적응하게 하는 대신에 감동에 직접 노출시키는 것도 한 방법일 수 있다. 그러나 그런 방식은 허구에 대한 진정한 대안으로 볼 수 없다. 왜냐하면 감동이 아무리 새롭다고 하더라도 사람들은 그런 감동을 완전히 순진한 시선으로 바라볼 것이기 때문이다. 순진함은 지혜의 근원이자 지혜를 교정하는 역할을 하지만, 그 자체가 지혜인 것은 아니다.

실제환경은 대체로 직접 지각하기에는 너무 크고 복잡하며, 너무 빨리 지나간다. 우리는 그처럼 많은 미묘함과 다양성, 그처럼 많은 순열과 조합을 다룰 준비가 되어 있지 않다. 그리고 우리가 그런 환경 속에서 행위해야만 하는 경우라도, 실제환경을 다루기 이전에 좀더 단순한 모델

---

8) James, *Principles of Psychology*, Vol. II, p. 638

에 기초하여 그것을 재구성해야 한다. 세계를 횡단하기 위해서는 세계지도를 가지고 있어야 한다. 인간이 처하는 지속적인 어려움 중의 하나는 자신의 필요나 다른 사람의 필요가 충분하게 묘사되어 있는 지도를 확보해야 한다는 것이다. 『보헤미아의 해변(*The Coast of Bohemia* : 윌리엄 딘 하우얼스의 1901년 소설이다/역주)』에는 이런 지도가 없다.

4

여론 분석가가 여론을 분석하기 위해서는 행위장면, 그 장면에 대한 인간의 이미지, 그리고 그런 이미지에 대한 인간의 반응 사이의 삼각관계를 인식해야 한다. 이는 마치 줄거리가 연기자의 실제 삶과 경험에 바탕을 두고 있는 연극과 같은 것이다. 영화는 종종 내적 동기와 외적 행동의 이런 이중적 드라마를 훌륭하게 보여준다. 표면적으로는 돈 문제로 격하게 다투는 두 남자가 있다. 점차 희미해지는 화면 속에 두 남자 중 한 명이 그의 마음을 통해서 본 장면이 등장한다. 그 두 남자의 어린 시절의 기억으로 되돌아간 장면에서 어떤 소녀가 그를 버리고 상대방 남자를 선택한다. 이는 영화의 외적 상황을 설명한다. 주인공은 탐욕스러운 것이 아니라 사랑에 빠져 있는 것이다.

이와 그다지 다르지 않은 장면이 미국의 상원에서도 발생했다. 1919년 9월 29일 아침에, 몇몇 상원의원들은 「워싱턴 포스트(*Washington Post*)」를 통해서 미국 해병대가 달마티안 해안에 상륙했다는 급보를 접했다. 그 신문에 따르면,

현재 규명된 사실들

아래의 중요한 사실들은 이미 **규명되었다**. 아드리아 해의 미국 해군을 지휘하는 앤드루 해군소장에게 명령을 내렸던 것은 런던에 있는 전쟁 위원회와

영국 해군본부의 냅스 소장이었다. 미국 해군성이 그런 명령에 찬성하느냐 반대하느냐에 상관없이…….

대니얼조차도 모르게

대니얼은 그가 지휘하는 군대가 자신은 알지도 못하는 사이에 해전에 참전했다는 전보를 받았을 때, 확실히 난처한 입장에 놓이게 되었다. 영국 해군본부가 앤드루 해군소장에게 영국과 그 동맹국을 대신하여 작전을 수행하라는 명령을 내릴 의사가 있었을 것이라는 점은 충분히 파악 가능한 것이었는데, 그 이유는 만일 단눈치오의 지지자들을 막으려면 일부 국가에 희생을 요구할 수밖에 없었던 상황이었기 때문이다.

더욱이 새로운 국제연맹의 계획은 외국인들이 비상상황에서 미국 해군성의 동의 여부에 관계없이 미국 해군에 명령을 내릴 수 있는 지위에 있을 수 있다는 점을 인정했다.…….(강조는 저자)

이 기사에 대해서 처음으로 언급한 상원의원은 펜실베이니아 주의 녹스였다. 그는 분개하여 진상조사를 요구했다. 그 다음으로 연설했던 코네티컷 주의 브랜디지 상원의원에게 그런 분노는 이미 맹신의 상태로 고무되어 있었다. 분노에 찬 녹스가 알기를 원했던 것이 그 기사의 사실 여부였다면, 브랜디지가 알고 싶었던 것은 만일 해병이 전사했다면 무슨 일이 벌어졌겠는가라는 점이었다. 그 질문에 흥미를 느낀 녹스는 그가 제기한 질문은 잊은 채 만일 미국 해병이 전사했다면, 전쟁이 발발했을 것이라고 대답했다. 논쟁의 분위기는 여전히 잠정적인 것이었지만, 그럼에도 불구하고 그것은 지속되었다. 일리노이 주의 매코믹 상원의원은 윌슨 행정부가 작은 규모의 전투를 독단적으로 수행하는 경향이 있다는 점을 상기시켰다. 그는 "평화를 유지하라"라는 루스벨트의 경구를 반복했다. 논쟁은 좀더 이어졌다. 브랜디지는 해병이 "다른 곳에 있는 최고회의의 명령에 따라서" 행동했다고 언급했지만, 그는 그 최고회의에서 누가 미국을 대표하는지는 기억할 수 없었다. 최고회의는 미국의 헌법에 없는 것이었다. 따라서 인디애나 주의 뉴 상원의원은 진실을 요구하는 결의안을 제출했다.

아직까지 상원의원들은 그들이 소문을 논의하고 있다는 점을 막연하게나마 인식하고 있었다. 입법가로서 그들은 여전히 몇몇 증거들을 생각했다. 그러나 그들 모두는 미국 해병이 미국 의회의 동의조차 없이 외국 정부의 명령에 따라서 참전했다는 사실에 대한 분노를 이미 경험했다. 그들은 감정에 휘말려 그것이 사실이라고 믿기를 원했는데, 그 이유는 그들이 국제연맹(League of Nations)에 반대하는 공화당원이었기 때문이다. 이 점이 민주당 원내대표인 네브래스카의 히치콕을 자극했다. 그는 다음과 같이 최고회의를 방어했다. 최고회의는 전쟁 참전국들의 지도하에 결정을 내렸다. 공화당원들이 최고회의를 방해하고 있기 때문에, 아직까지 평화가 이루어지지 못했다. 따라서 미국 해병의 행동은 반드시 필요하고 적법한 것이었다. 공화당원과 민주당원들은 이제 그 기사가 사실이라고 가정하고 그들의 당파적 이해관계에 따라서 결론을 내렸다. 그러나 이런 가정은 그 가정의 진실을 조사하기 위한 결의안이 있는 상태에서도 계속되었다. 이는 아무리 훈련된 입법가라고 할지라도, 조사의 결과가 나오기 전까지 대응하지 않는다는 것이 얼마나 어려운 일인가를 보여준다. 여기에서 허구는 진실로 간주되었는데, 그 이유는 허구가 몹시 필요했기 때문이다.

며칠 후에 나온 공식 보고서에 따르면, 해병대는 영국 정부나 최고회의의 명령에 따라서 움직이지 않았다. 그들은 이탈리아인들과 싸우지 않았다. 그들은 이탈리아인들을 보호하기 위해서 이탈리아 정부의 요청

을 받아 상륙했고, 이탈리아 정부관리들은 미국 지휘관에게 공식적으로
감사를 표했다. 해병대는 이탈리아와 전쟁상태에 있던 것이 아니었다.
그들은 국제연맹과는 전혀 상관없이 국제적인 관행에 따라서 행동했다.

그 행위가 벌어진 곳은 아드리안 해였다. 최초에 그 행위장면의 이미
지를 제공했던 상원의원은 그 장소는 안중에도 두지 않았고, 오직 국제
연맹에 반대하는 데에만 몰두했다. 그는 아마도 다른 상원의원들을 속이
려는 의도로 그 이미지를 제공했을 것이다. 그 이미지 덕택에 국제연맹
에 대한 공화당과 민주당의 서로 다른 당파적 이해관계가 상원에서 첨예
하게 드러나게 되었다.

5

이 특수한 사례에서 상원이 정상적이었는지 그렇지 않았는지를 결정하
는 것은 불필요하다. 혹은 상원이 하원이나 다른 국가들의 의회와 비교
하여 더 낫다고 주장하는 것도 아니다. 내가 여기에서 다루려고 하는
점은 의사환경에 자극을 받아, 그들의 실제환경에서 행동하는 인간의
전 세계적인 상황에 관한 것이다. 의도적으로 속이는 경우가 많기는 하
지만, 정치학은 두 국가가 서로를 공격하면서도 각자 자기 방어를 위해
서 행위한다고 확신하는 경우나 두 계급이 전쟁상태에 있으면서도 각자
공통의 이해관계를 위한다고 이야기하는 경우를 여전히 설명해야 한다.
말하자면, 그들은 서로 다른 세계에 살고 있는 것이다. 좀더 정확하게
말하면, 그들은 동일한 세계에 살고 있지만 서로 다른 것들 속에서 느끼
고 생각하는 것이다.

위대한 사회(Great Society)에서 인류의 정치적 조율이 발생하는 것은
바로 이런 특수한 세계들, 이런 개인, 집단, 계급 혹은 지역적, 직업적,
국가적, 분파적인 인공물에 대해서이다. 그것의 다양성과 복잡성은 묘사

하기가 불가능하다. 그러나 이런 허구들은 인간의 정치적 행동의 매우 큰 부분을 결정한다. 우리는 적어도 100여 개의 입법부로 이루어진, 어쩌면 50여 개의 주권국가들의 의회에 대해서 생각해야 한다. 그것들에 위계적으로 속해 있는 적어도 50여 개의 지방의회들이 있고, 이는 행정기관과 입법기관들과 함께 지상에서 형식적인 권위를 구성한다. 그러나 이것이 정치적 삶의 복잡성을 드러내지는 않는다. 이런 각각의 셀 수 없는 권위의 중심에는 계급, 계층, 파벌, 씨족 등에 그 기원을 둔 위계조직인 정당들이 있다. 그리고 이들 정당의 내부에 있는 정치인들 각자는 관계망의 중심일 뿐만 아니라 기억, 공포 그리고 희망의 역할을 하기도 한다.

이런 정치체들로부터 지배나 타협 혹은 연합의 결과로 명령들이 나오게 되는데, 이런 명령들은 군대를 움직이고 평화를 이루며, 징집을 하거나 세금을 부과하고, 사람들을 추방하거나 투옥하고, 사람들의 재산을 보호하거나 몰수하며, 어떤 기업은 장려하고 어떤 기업은 억제하며, 이민을 촉진하거나 금지하고, 커뮤니케이션을 개선하거나 검열하고, 학교를 짓고, 해군을 창설하며, "정책"과 "운명"을 선언하고, 경제적 장벽을 세우며, 부를 창출하거나 빼앗고, 한 집단의 사람들을 다른 집단의 사람들의 지배하에 두거나, 한 계급을 다른 계급에 비해서 편애한다. 이런 결정들을 내리는 데에서 몇몇 사실들은 중요한 것으로 채택되고, 몇몇 환경들은 추론을 위한 기반으로서, 그리고 감정을 자극하기 위해서 받아들여진다. 그렇다면 다양한 사실들 중 어떤 것이 채택되고 그 이유는 무엇인가?

그러나 아직까지 이것만으로는 실제의 복잡성을 철저하게 규명하기 시작했다고 말할 수 없다. 형식적인 정치구조는 사회환경 속에 존재하는데, 이런 사회환경에는 크고 작은 기업들과 기관들, 자발적이거나 자발적인 요소가 있는 결사체들, 국가와 지역, 그리고 도시와 이웃 규모의 집단들이 셀 수 없이 많으며, 이것들은 종종 정치체가 내리는 결정과는 다른 결정을 내린다. 그렇다면 이런 결정들은 무엇에 기반하고 있는가?

체스터턴에 따르면, "근대사회란 본질적으로 불안정한데, 왜냐하면 근대사회는 모든 인간이 서로 다른 이유로 동일한 일을 할 것이라는 생각에 기반을 두고 있기 때문이다.……그리고 어느 죄수의 머릿속에 진정 혼자만의 죄의 지옥이 있을 수 있듯이, 집 안에서나 어느 시골점원의 비밀 속에서도 진정 분리된 철학의 감옥이 있을 수 있다. 첫 번째 사람은 완벽한 유물론자로서 자신의 신체가 자신의 마음을 조작하는 무서운 기계라고 느낄 수 있다. 그는 시계의 단조로운 똑딱소리를 듣는 것처럼 자신의 사유를 들을 수 있다. 기독교 과학자인 옆방 사람은 자신의 신체를 자신의 그림자보다도 어쩐지 덜 실체적인 것으로 간주할 수 있다. 그는 자신의 팔과 다리를 알코올 진전섬망(震顫譫妄, delirium tremens)의 꿈에서 움직이는 뱀과 같은 것으로 착각할 수 있다. 거리에 있는 세 번째 사람은 과학자는 아니지만 기독교도이다. 그는 동화 속에서, 즉 그의 이웃들이 비밀스럽지만 초자연적인 친구들의 얼굴과 존재로 가득 찬 견고한 동화라고 이야기할 법한 곳에서 살고 있을지도 모를 일이다. 네 번째 사람은 신지론자(神智論者)일 수 있고, 어쩌면 채식주의자일 것이다. 그리고 나는 다섯 번째 사람이 악마의 숭배자라고 상상해서는 안 될 이유가 없다고 생각한다.……이제 이런 종류의 다양성이 가치 있는 것이든 그렇지 않은 것이든 간에, 이런 종류의 통일성은 흔들리기 시작한다. 모든 사람들이 영원히 다른 것에 관해서 생각하지만 동일한 일을 하게 될 것이라고 기대하는 것은 의심스러운 추론이다. 그런 사회는 영적 교감이나 협정에 근거를 둔 사회가 아니라 우연에 기반을 둔 사회이다. 네 사람이 동일한 가로등 아래에서 만날 수도 있다. 한 사람은 위대한 도시개혁의 일환으로 가로등을 황록색으로 칠할 수 있다. 다른 한 사람은 가로등의 불빛으로 성무일과서(聖務日課書)를 읽을 수도 있다. 또다른 사람은 술기운에 충동적으로 가로등을 껴안고 있을 수도 있다. 마지막 사람은 단지 황록색 가로등이 애인과의 만남을 위해서 눈에 띄는 장소이기 때문에 그곳에 있을 수도 있다. 그러나 이런 일이 매일 밤마다 반복되기를 기대하는 것은 바보 같은 짓이다.……"9)

가로등에 있는 네 사람은 정부, 정당, 기업, 사회, 사회적 집단, 무역과 직업, 대학, 분파, 그리고 세계의 국가들을 대신한다. 원거리에 있는 사람들에게 영향을 미치게 될 법에 투표하는 입법가나 그런 결정을 내리게 될 정치가에 관해서 생각해보자. 유럽의 국경을 재구성하는 평화회담이나, 외국에서 자국정부와 외국정부의 의도를 식별하려는 외교관, 후진국에서 특허를 얻으려고 하는 사람, 전쟁을 요구하는 편집자, 경찰에게 향락의 규제를 요구하는 성직자, 파업을 염두에 두고 만들어진 클럽의 휴게실, 학교의 환경미화를 준비하는 재봉모임, 오리건 주의 입법부가 여성의 노동시간을 정할 수 있을지에 관해서 결정하는 9명의 재판관들, 후보자를 선택하고 연설을 준비하는 정당의 전당대회, 투표를 행사하는 2,700만 명의 유권자들, 벨파스트에 사는 아일랜드인에 관해서 생각하는 코르크에 사는 아일랜드인, 전체 인간사회를 재구성하려고 계획하는 제3 인터내셔널, 노동자들의 요구에 직면한 기업 이사회, 직업을 선택하는 한 소년, 다가올 분기를 위해서 공급과 수요를 평가하는 투기꾼, 새로운 기업에 대출을 결정하는 은행가, 광고업자, 그리고 광고를 보는 사람에 관해서 생각해보자.……"대영제국"이나 "프랑스" 혹은 "러시아"나 "멕시코"라는 개념들을 생각하는 다른 종류의 미국인들에 관해서 생각

---

9) G. K. Chesterton, "The Mad Hatter and the Sane Householder," *Vanity Fair*, January, 1921, p. 54

해보자. 이들 모두는 황록색 가로등 아래에 서 있는 체스터턴의 네 사람과 그리 다르지 않다.

6

그리고 우리가 인간의 선천적인 차이에 관한 모호한 미로에 빠져들기 전에, 우리는 우선 사람들이 세계에 관해서 알고 있는 것 속에서의 예사롭지 않은 차이들에 관심을 기울이게 될 것이다.[10) 나는 중요한 생물학적 차이들이 있다는 점을 의심하지 않는다. 인간은 동물이기 때문에, 생물학적 차이가 없다면 이상한 일일 것이다. 그러나 합리적인 존재로서, 사람들의 행동이 반응하는 환경들 사이에 측정이 가능할 정도의 유사성이 있을 때까지 행동을 비교하여 일반화하는 것은 천박한 짓보다 더 나쁜 짓이다.

본성(nature)과 양육(nurture), 타고난 성질과 환경에 관한 고대의 논쟁은 바로 이런 생각 때문에 필요한 것이며, 이 점에서 이런 생각의 실용적 가치가 있다. 의사환경에서, 혼성(hybrid)이란 "인간본성"과 "조건들" 사이의 혼합을 의미한다. 이는 인간이란 무엇인가에 관해서 거만하게 말하는 것이 쓸모없는 짓이고, 사람들이 항상 하고 있는 것을 관찰하거나 사회의 필수조건이 무엇인가를 이해하는 것이 중요하다는 점을 보여준다. 우리는 사람들이 위대한 사회의 사실들에 반응하여 어떻게 행동하는가를 알지 못한다. 우리가 실제로 알고 있는 것은 위대한 사회의 가장 부적절한 이미지라고 볼 수 있는 것에 반응하여 사람들이 어떻게 행동하고 있는가이다. 솔직히 그와 같은 증거에 기반해서는 인간이나 위대한 사회에 관해서 어떠한 결론도 내릴 수 없다.

이 점은 우리의 탐구에 실마리가 될 것이다. 우리는 각각의 인간이

---

10) Wallas, *Our Social Heritage*, p. 77부터 그 이하를 참조.

직접적이고 확실한 지식에 기반을 두고 행위하는 것이 아니라 자신들이 만들었거나 그들에게 주어진 이미지에 기반을 두고 행위한다고 가정할 것이다. 만일 지도가 세계를 평평하게 묘사한다면, 사람들은 궁극적으로는 떨어지게 될 것이라는 공포 때문에 지구의 끝이라고 믿는 곳 가까이는 가지 않을 것이다. 만일 지도에 영원한 젊음의 샘이 표시되어 있다면, 폰세 데 레온(스페인의 탐험가이자 정복자/역주)은 그것을 찾아서 떠날 것이다. 만일 누군가가 금처럼 보이는 노란색 폐석을 파낸다면, 그는 잠시 동안 마치 금을 발견한 것처럼 행동할 것이다. 어떤 특정한 순간에 인간이 무엇을 하게 될 것인가를 결정하는 것은 세계를 어떻게 상상하는가에 달려 있다. 그것은 인간이 성취할 것을 결정하지 않는다. 그것이 결정하는 것은 인간의 노력과 감정과 희망이지, 인간의 성취와 결과가 아니다. 공공연히 "유물론(materialism)"을 선언하고, "이데올로그 (ideologue)"에 대한 경멸을 노골적으로 나타냈던 사람들, 즉 마르크스주의적 공산주의자들은 무엇에 그들의 전체 희망을 걸었는가? 그것은 바로 선전(propaganda)을 통해서 계급의식을 갖춘 집단을 형성하는 것이었다. 그러나 선전이라는 것이 인간이 반응하는 이미지를 바꾸려는 노력, 즉 하나의 사회적 유형을 다른 사회적 유형으로 대체하려는 노력이 아니면 무엇이겠는가? 계급의식이라는 것이 세계를 인식하는 방식이 아니면 무엇이겠는가? 민족의식 역시 세계를 인식하는 또다른 방식이 아니면 무엇이겠는가? 기딩스 교수의 동류의식(consciousness of kind)은 다중(the multitude) 가운데 우리와 동류인 것을 인식하여 믿는 과정이 아니면 그 무엇이겠는가?

사회적 삶이 쾌락을 추구하고 고통을 피하는 것이라고 설명해보자. 쾌락주의자(hedonist)는 인간이 이런 목적을 추구한다고 전제하기 때문에, 왜 인간이 다른 방향이 아닌 이 방향으로 생각하는지에 관한 중요한 문제를 언급하지 않은 채 그에 관한 질문을 얼버무린다. 인간의 양심이 이를 설명하는가? 그렇다면 인간은 어떻게 그런 양심을 가지게 되었는가? 경제적 이기심(self-interest) 때문에? 그러나 어떻게 인간은 이기심을 다른 방식이 아닌 이와 같은 방식으로 이해하게 되었는가? 안전이나 위신 혹은 권세나 자아실현이라고 막연하게 부를 수 있는 것에 대한 욕망? 사람들은 어떻게 그들의 안전을 이해하는가? 그들은 무엇을 위신으로 생각하는가? 그들은 권세의 수단을 어떻게 판단하는가? 혹은 그들이 실현하고자 하는 자아의 관념은 무엇인가? 쾌락, 고통, 양심, 취득, 보호, 증진, 정복 등은 의심할 바 없이 사람들이 행위하는 몇몇 방식들에 관한 명칭들이다. 그런 목적을 향해서 작동하는 본능적인 기질이 있을지도 모른다. 그러나 어떤 결과를 초래하는 행동은 그 목적에 관한 어떤 말이나 목적을 추구하려고 하는 경향들의 묘사로는 설명할 수 없다. 인간이 어떤 식으로든 이론을 만든다는 바로 그 사실이 인간의 의사환경들, 즉 세계에 대한 인간의 내적 표현들이 사유와 감정, 그리고 행위에서 결정적인 요소라는 점을 증명한다. 만일 현실과 인간의 대응 사이의 관계가 간접적이고 암시적이라기보다는 직접적이고 감각적인 것이라면 (만일 우리 각자가 자궁 속의 태아만큼이나 세계와 아늑하게 잘 어울린다면), 우유부단과 실패는 발생하지 않았을 것이고, 버나드 쇼 역시 어떤 인간이라도 태어난 지 아홉 달 이후에는 하나의 공장조차 운영하지 못할 것이라고 말할 수 없었을 것이다.

정신 분석학을 정치사상에 적용하는 데 있어서의 주요한 난점은 이런 관계에서 발생한다. 프로이트 학파는 다른 사람이나 구체적인 환경에 적응하지 못하는 개인들을 우려한다. 프로이트 학파는 개인의 내적 장애가 치유된다면, 무엇이 정상적인 관계인지에 관해서 전혀 혼란스러워하지 않게 될 것이라고 가정했다. 그러나 여론이라는 것은 간접적인 것이며, 실제로 보이는 것도 아니고, 영문을 파악하기가 어려운 사실들을 다루며, 사실에 어떤 분명한 점도 없는 것이다. 여론이 언급하는 상황은 오직 의견을 통해서만 알 수 있다. 반면에 정신 분석가는 환경이라는 것이 인식할 수 있는 것이고, 인식할 수 없는 경우라고 하더라도 그것에 관한 최소한의 분명한 정보가 있다고 가정한다. 정신 분석가의 이런 가정이 바로 여론의 문제이다. 사회 분석가는 환경을 쉽게 알 수 있다는 점을 당연시하지 않는다. 대신에 사회 분석가는 사람들이 보다 큰 정치적 환경을 어떻게 이해하는지, 그리고 어떻게 하면 사람들이 그 환경을 보다 잘 이해할 수 있을지를 연구하는 데에 주력한다. 정신 분석가는 그가 환경이라고 부르는 X에 대한 사람들의 적응을 탐구한다. 사회 분석가는 그가 의사환경이라고 부르는 X를 탐구한다.

물론 사회 분석가는 지속적으로 새로운 심리학의 도움을 받는다. 이는 심리학이 올바르게 적용된다면 사람들이 스스로 자립하는 데에 크게 도움이 될 뿐만 아니라 어떻게 의사환경이 구성되는가를 꿈과 환상 그리고 합리화에 관한 연구를 통해서 밝혀줄 수 있기 때문이다. 그러나 사회 분석가는 현존하는 사회질서 속에서 "정상적인 생물학적 사회생활"[11]이라거나 "종교적인 억압과 독단적인 관습으로부터 자유롭다"[12]는 점을 그의 분석기준으로 삼을 수 없다. 사회학자에게 정상적인 사회생활이란 무엇인가? 또는 억압과 관습으로부터 자유롭다는 것은 무엇을 의미하는가? 확실히 보수적인 비평가들은 정상적인 사회생활을 사실로서 간주하고, 억압과 관습으로부터의 자유를 낭만적인 것으로 치부한다. 그러나 그렇게 가정하면서 그들은 전체 세계를 당연한 것으로 간주한다. 사실상 그들이 정상적인 것이나 자유로운 것이라고 말하는 것은 그들의 생각에

---

11) Edward J. Kempf, *Psychopathology*, p. 116
12) 위의 책, p. 151

부합하는 것들일 뿐이다. 정상적인 것이나 자유로운 것이라는 생각은 단지 여론일 뿐이고, 정신 분석가라면 의사로서 그렇게 가정할 수 있겠지만, 사회학자라면 현존하는 여론의 결과를 여론을 연구하기 위한 기준으로 삼지는 않을 것이다.

7

우리가 정치적으로 다루어야만 하는 세계는 손이 닿지 않는 곳에 있으며, 보이지 않는 곳에 있고, 사람들의 마음 밖에 있다. 우리는 그 세계를 탐구하고, 보도하며, 상상해야만 한다. 어떤 인간도 일견에 모든 존재를 정관(靜觀)하는 아리스토텔레스와 같은 신이 아니다. 인간은 단지 인간의 생존을 다루는 데에 충분한 일부 현실만을 파악할 수 있고, 시간상으로는 통찰력과 행복의 몇몇 순간들만을 잡아낼 수 있는 진화의 창조물이다. 그러나 이 창조물은 어떤 육안으로도 볼 수 없는 것을 보는 방식, 어떤 청각으로도 들을 수 없는 것을 듣는 방식, 일반대중과 소수의 대중을 평가하는 방식, 인간이 개별적으로 기억할 수 있는 것보다 더 많은 항목들을 생각하고 분류하는 방식들을 발명했다. 인간은 그가 결코 볼 수 없고, 만질 수 없으며, 냄새를 맡을 수 없고, 들을 수 없으며, 기억할 수 없는 세계의 광대한 부분들을 그의 마음을 통해서 볼 수 있는 방법을 터득했다. 시간이 갈수록 인간은 스스로 그의 손이 닿지 않는 세계에 대한 확실한 이미지를 그의 머릿속에 만들었다.

우리와는 다른 세계의 특징들은 그 세계에 살고 있는 인간의 행동과 관련되어 있는데, 그런 행동이 우리의 행동과 교차하고 우리에게 의존하거나 우리의 관심을 끄는 한, 우리는 이를 공적인 일(public affairs)이라고 부른다. 여론(興論, Public Opinion)이란 이런 인간존재의 머릿속에 있는 이미지, 그들 자신의 이미지, 다른 사람들의 이미지, 그들의 필요와 목적, 그리고 관계의 이미지를 통칭한다. 집단이나 집단의 이름으로 행위하는 개인들이 기반을 두는 이미지가 바로 여론이다. 이후의 장들에서 우리는 우선 사람들의 내부에 있는 이미지가 바깥세계를 다루는 데에서 왜 그렇게 자주 잘못된 방향으로 사람들을 이끄는지에 관한 이유들을 살펴볼 것이다. 이런 이유들을 살펴보면서, 우리는 먼저 사실에 대한 접근을 제한하는 주된 요인들을 검토할 것이다. 그런 요인들은 인위적인 검열, 사회적인 계약의 한계, 공적인 일에 관심을 기울이는 데에 필요한 시간의 상대적인 부족, 사건들을 매우 짧은 메시지로 요약할 때 발생하는 왜곡, 복잡한 세계를 짧은 단어로 표현하는 데에 따르는 어려움, 그리고 마지막으로는 안정된 일상생활을 위협할 수도 있을 사실들에 직면하는 것에 대한 인간의 공포 등이다.

　이런 외적 한계들을 분석한 후에, 우리 세계에 축적된 이미지들과 선입관 그리고 편견 등이 어떻게 바깥세계로부터 온 메시지들에 영향을 미치는가라는 질문을 검토할 것이다. 이런 이미지들과 선입관, 그리고 편견은 그런 메시지들을 해석하고, 그것들을 좀더 커다랗고 완전하게 만들며, 우리의 관심과 통찰에 입각한 행위를 강력하게 지배한다. 이를 통해서 개인들이 자신의 이해관계를 느끼고 인식함으로써 고정관념이 되어버린 바깥세계로부터의 메시지들을 어떻게 자신의 이해관계와 동일시하는지를 검토할 것이다. 그 다음으로는 어떻게 의견들이 여론으로 구체화되고, 어떻게 국가의 의지, 한 집단의 생각, 혹은 사회적 목표 등과 같은 것들이 형성되는지를 검토할 것이다.

　처음의 다섯 장은 이 책의 서술적인 부분을 구성한다. 그후에 전통적인 민주적 이론들이 여론을 어떻게 파악했는지를 살펴볼 것이다. 여기에서의 중심주장은 민주주의의 초기 형태에서는 사람들의 머릿속에 들어 있는 이미지가 바깥세계와 부합하지 않는 경우에 발생하는 문제에 관해서 심각하게 고려한 적이 없다는 것이다. 그 다음으로, 사회주의적 사상가들의 민주적 이론에 관한 비판들 중 가장 발전되어 있고 설득력 있는 영국의 길드 사회주의자들(English Guild Socialists)의 민주주의에 대한 비판을 검토할 것이다. 여기에서 나의 목적은 이런 개혁가들이 여론의 주요 난점들을 설명하고 있는지를 확인하는 것이다. 내가 보기에 이들 역시 초기의 민주주의자들과 마찬가지로 여론의 난점들을 전적으로 무시하고 있다. 왜냐하면 그들 역시도 좀더 복잡해진 문명 속에서 불가사의하게도 인간의 마음속에 그들이 닿을 수 있는 범위를 넘어서는 세계에 관한 지식이 존재한다고 가정하기 때문이다.

어떤 방식으로 선거를 치르더라도, 보이지 않는 사실들을 의사결정자들이 이해할 수 있도록 해주는 독립적인 전문가 조직이 없다면 대의정부(代議政府)는 성공적으로 작동할 수 없다. 따라서 나는 대의제가 보이지 않는 사실들의 대의에 의해서 보완되어야만 충분하게 권력을 분산시킬 수 있고, 우리들 각자가 모든 공적인 일에 관해서 충분한 견해를 가지고 있어야 한다는 과도하고 실행할 수 없는 허구로부터 우리가 벗어날 수 있다는 점을 강조할 것이다. 언론의 문제가 혼란스러운 이유는 비평가들은 언론이 이런 허구를 분명히 파악해서 민주주의론에서는 생각하지 못했던 모든 점들을 보완해줄 것이라고 기대하고, 독자들은 이런 기적 같은 일이 어떤 비용도 들지 않고 그들을 성가시게 하지도 않은 채 이루어지기를 기대하기 때문이다. 민주주의자들은 그들 자신의 결점을 보완하기 위한 만병통치약으로 신문을 바라본다. 반면에 뉴스의 본성과 저널리즘의 경제적 기반에 관한 분석들은 신문이 여론의 불완전성을 반영하는 것은 불가피한 일이며, 따라서 대체로 그런 불완전성을 강화한다는 점을 보여주는 것처럼 보인다. 나의 결론은 여론이 건전해지기 위해서는 그것이 언론을 위해서 조성되어야지, 오늘날과 같이 언론에 의해서 여론이 조성되어서는 안 된다는 것이다. 정치학의 과제는 바로 이 점을 이해하는 것인데, 이는 어떤 결정이 내려진 이후에 그 결정을 변호하거나 비판하거나 혹은 그것이 어떻게 보도되는가를 살펴보는 것이 아니라, 실제로 결정이 이루어지기 이전에 그런 결정이 어떻게 이루어지는가를 탐구하는 것이다. 나는 현재 정부와 산업이 처한 난국(亂局)이 정치학 자체를 풍요롭게 하고, 정치학이 공중을 위해서 공헌할 수 있는 커다란 기회를 제공하고 있다는 점을 지적하려고 한다. 그리고 물론, 이런 기회를 실감하고 있고 따라서 이 기회를 보다 의식적으로 추구하고자 하는 사람들에게 이 책이 도움이 되기를 바란다.

제 2 부

바깥세계에 대한 접근법

제2장

검열과 프라이버시

1

역사상 위대한 전쟁의 가장 혹독한 순간에 편집회의를 주재하는 한 장군
의 이미지는 삶의 한 페이지라기보다는 "초콜릿 솔저(The Chocolate
Soldier : 버나드 쇼의 1894년 희곡인 『무기와 인간[*Arms and the Man*]』에
기반하여 오스카 스트라우스가 작곡한 오페라/역주)"의 한 장면과 좀더
유사한 것처럼 보인다. 그러나 우리가 프랑스의 공식성명(communiqué)
을 편집했던 장교로부터 직접 확인할 수 있는 점은 이런 회의가 전쟁에서
일상적인 것이었다는 점, 그리고 베르됭의 가장 최악의 순간에서조차도
조프르 장군과 그의 부관들이 모여서 다음 날 조간신문에 나오게 될 공식
성명의 명사와 형용사 그리고 동사들에 관해서 논의했다는 점이다.

　피에르퓨에 따르면,[1] "(1916년 2월) 23일의 저녁 공식성명은 극적인
분위기 속에서 편집되었다. 수상실의 베르틀로는 수상의 명령을 받고
펠레 장군에게 전화를 걸어서 전황(戰況)을 보다 상세히 보고하고, 적이
강력하게 공격해오고 있다는 점을 강조하라고 지시했다. 사태가 파국으
로 치달을 경우 공중이 가장 최악의 결과에 대비하도록 할 필요가 있었

---

1) *G. Q. G.*, pp. 126-129

다. 이런 우려는 정부가 총사령부(G. H. Q.)나 전쟁부(Ministry of War) 어느 쪽도 신뢰하지 못하고 있었다는 점을 분명히 보여주었다. 펠레 장군은 베르틀로가 말한 내용을 받아 적었다. 그는 정부가 원하는 것을 받아 적은 그 쪽지를 데임링 장군에게 건네주었고, 데임링 장군은 독일군 포로들에게서 발견한 적군의 명령문과 함께 그것을 나에게 건네주었다. 적군의 명령문에는 독일의 공격이 독일의 평화를 지키기 위한 최상의 방어라고 적혀 있었다. 이 모든 것은 독일이 전례 없이 갑작스럽게 공세를 취하고 있고, 이런 공세를 통해서 전쟁이 끝나기를 희망하고 있다는 점을 증명할 수 있는 것이었다. 이런 논리의 배후에 있었던 것은 아군의 후퇴에 그다지 놀랄 필요가 없다는 것이었다. 30분 후 내가 원고를 들고 아래층으로 내려갔을 때, 클라우델 대령의 사무실에는 자냉 소장, 뒤퐁 대령, 르누아르 중령이 함께 모여 있었다(클라우델 대령은 그 자리에 없었다). 내가 작성한 공식성명이 정부가 원했던 것을 충분히 반영하지 못했을 수도 있다는 염려에서, 펠레 장군 역시 자신이 작성한 공식성명을 들고 왔다. 내가 작성한 원고를 읽고 난 후, 그곳에 모여 있던 사람들은 내 원고가 너무 온건하다는 결론을 내렸다. 반면에, 펠레 장군의 원고는 너무 불안한 것처럼 보였다. 나는 데임링 장군이 전한 적군의 명령문을 일부러 원고에서 뺐다. 그것을 공식성명에 넣는다면, 이는 **공중에게 익숙해진 방식을 깨뜨리고**, 공식성명을 일종의 변론으로 바꾸는 것이었다. 그것은 다음과 같이 말하는 것이었다. '어떻게 우리가 독일군에 저항할 수 있겠는가?' 공중은 이런 어조의 변화에 당황할 것이고, 모든 것을 잃었다고 믿게 될지도 몰랐다. 나는 이 점을 설명했고, 데임링이 전해준 독일군의 명령문은 별도의 형태로 신문에 제공하자고 제안했다.

의견이 갈렸고, 펠레 장군은 카스텔노 장군에게 최종결정을 요청했다. 카스텔노 장군은 상냥하게 미소를 머금은 채 조용히 들어와, 이런 새로운 종류의 전쟁에 관한 식자 위원회(literary council)에 대해서 몇 마디 듣기 좋은 말을 한 후에 원고들을 살펴보기 시작했다. 그는 보다 단순한 것을 선택했고, 첫 번째 문구에 좀더 많은 중요성을 부여했으며, 사람들을 안심시키기 위해서 '예상했듯이'라는 표현을 끼워넣었다. 데임링이 전해준 독일군의 명령문을 공식성명에 집어넣는 것에는 단호하게 반대했지만, 그것을 별도로 신문에 전달하는 것에는 찬성했다.……" 조프르 장군은 그날 밤에 공식성명을 주의 깊게 읽고 그것을 승인했다.

몇 시간 내에, 전 세계 사람들은 200-300여 자의 공식성명을 읽게 될 것이었다. 그것은 베르됭의 비탈에서 무슨 일이 벌어지고 있는지에 관해서 사람들의 마음속에 있는 이미지를 덧칠할 것이고, 그 이미지 앞에서 사람들은 용기를 얻거나 절망할 것이었다. 브레스트의 가게주인, 로렌의 농부, 부르봉 궁의 의원들, 암스테르담이나 미니애폴리스의 편집자는 희망을 간직하면서도 공황상태에 빠지지 않은 채 패배의 가능성을 받아들일 준비가 되어 있어야 했다. 따라서 그들을 위해서 전장에서의 손실이 프랑스 사령부가 전혀 놀랄 만한 것이 아니라는 점이 강조되었다. 그들은 사태가 심각하기는 하지만, 그것이 결코 이상한 일은 아니라고 생각해야 한다. 실상 프랑스 작전참모부는 독일의 공격에 충분히 대비하지 못했다. 참호도 충분하지 않았고, 도로도 마련하지 못했으며, 철조망도 부족했다. 그러나 그렇다고 고백하는 것은 패배를 재앙과 동일하게 간주할 민간인들의 머릿속에서 흥분된 이미지를 자극할 것이었다. 이로 인해서 최고사령부는 실망을 할 수도, 반대로 정신을 차릴 수도 있었다. 전문가의 식견을 갖추지 못한 사람들은 전적으로 소설에 기반하여 장군의 능력을 긍정적으로 혹은 부정적으로 평가하는 혼돈에 빠져들고, 완전한 불확실성 속에서 전쟁에 대한 판단력을 상실할 수도 있었다. 따라서 당국은 오직 특정한 사실들만을, 그것도 사람들을 가장 안정시킬 수 있을 사실들만을 공중에게 제공했다.

이 경우에 이런 의사환경을 제공했던 사람들은 실제환경이 무엇인지를 알고 있었다. 그러나 며칠 후에 프랑스 참모부도 알지 못했던 사건이 벌어졌다. 독일군이 전날 저녁에 두오몽 요새를 공격하여 점령했다고 발표했다.[2] 샹티이에 있던 프랑스 총사령부의 어느 누구도 그 소식을 이해할 수 없었다. 왜냐하면 25일 아침에 20군단이 교전한 이후, 전장의 상황이 나아지고 있었기 때문이었다. 두오몽에 관해서는 전선으로부터 어떤 소식도 없었다. 어느 누구도 그 요새가 어떻게 함락되었는지 파악하지 못했지만, 조사를 통해서 독일의 보도가 사실로 밝혀졌다. 그런 사이에 독일의 공식성명은 순식간에 전 세계로 퍼져나갔고, 프랑스는 여기에 대해서 무엇인가 말을 해야만 했다. 따라서 총사령부는 다음과 같이 설명했다. "독일군의 공격이 어떻게 전개되었는지 전혀 알지 못하는 상황에서도, 우리는 실제로 발생할 확률이 1,000분의 1밖에 되지 않았던 독일군의 공격에 대비했다." 이 전투에 관한 공식성명은 다음과 같았다.

"베르됭의 구(舊)방어체제의 전진기지인 두오몽 요새 주변에서 격렬한 전투가 벌어지고 있다. 적은 수차례의 공격에서 매우 심각한 타격을 입은 후에야 오늘 아침 그 요새를 차지하게 되었다. 그러나 그 요새는 아군이 다시 함락했고, 적은 더 이상 반격할 수 없었다."[3]

---

2) 1916년 2월 26일. Pierrefeu, *G. Q. G.*, p. 133부터 그 이하.
3) 이것은 나의 영어 번역이다. 런던에서 나온 2월 27일자 「뉴욕 타임스」 일요일판의 영어 번역은 다음과 같다.

London, Feb. 26 (1916). 베르됭의 구방어체제의 전진기지인 두오몽 요새 주변에서 격렬한 전투가 벌어졌다. 적은 수차례의 공격 속에서 극히 심각한 타격을 입은 후에야 오늘 아침 그 요새를 차지하게 되었다.* 그러나 그 요새는 아군에 의해서 다시 함락되었고, 아군은 여세를 몰아 전진했으며, 적의 모든 반격은 무위로 돌아갔다.

* 이 부분의 프랑스어는 "petres très élevées"였다. 따라서 이 영어 번역은 원래의 문장을 과장했다.

실제로 일어났던 일은 프랑스와 독일의 설명과는 다른 것이었다. 전선에서 군대를 교체하는 와중에, 어쩐 일인지 두오몽 요새에는 아무도 관심을 기울이지 않았다. 오직 한 명의 포병부대 지휘관과 몇몇 군인들만이 그 요새에 남아 있었다. 문이 열려 있는 것을 확인한 몇몇 독일군이 그 요새로 포복하여 들어가서 그 안에 있던 모든 사람들을 포로로 잡았다. 잠시 후 언덕의 경사면에 있던 프랑스군은 요새로부터 날아오는 탄환의 공격을 받았다. 두오몽에서는 그 어떤 전투도 타격도 없었다. 프랑스 군대는 공식성명이 전하듯이 그곳을 다시 함락하지 못했다. 프랑스군은 그 요새보다 더 높은 곳에 위치해 있는 요새의 다른 편에 주둔하고 있었지만, 요새는 적의 수중에 놓여 있었다.

　　그러나 공식성명 덕택에 모든 사람들은 요새가 절반 정도만 적에게 포위되어 있다고 믿게 되었다. 공식성명이 정확히 그렇게 전한 것은 아니었지만, "여느 때와 마찬가지로 언론이 앞서갔다." 군사 평론가들은 독일군이 조만간 항복할 것이라고 결론지었다. 그들은 며칠 후에, 식량이 없는 요새에서 어떻게 독일군이 계속 견딜 수 있는가라는 질문을 던지기 시작했다. "언론국(press bureau)을 통해서 군사 평론가들에게 포위에 관한 주제를 다루지 말라고 요청할 필요가 있었다."[4]

2

전투가 장기화되자, 프랑스의 공식성명을 담당했던 대변인은 그의 동료들과 함께 독일의 엄청난 손실을 계속해서 강조함으로써 완고한 독일군을 무력화시키는 데에 착수했다. 실제로 1917년까지 모든 연합국 사람들은 전쟁의 성패(成敗)가 "소모전(消耗戰)"에 달려 있다는 것을 전쟁에 관한 통념으로 받아들였다. 어느 누구도 기동전(機動戰)을 신뢰하지 않

---

4) Pierrefeu, 위의 책, pp. 134-135

았다. 따라서 전쟁의 성패가 전략이나 외교에 달려 있는 것은 아니라는 점이 강조되었다. 독일의 엄청난 성공에 직면하여 이런 독단을 끊임없이 주지시켜야만 했던 것이다.

"공식성명 없이 지나가는 날이 거의 없었다.……공식성명은 표면상으로 양측의 막대한 손실을 독일군의 탓으로 돌리고, 유혈이 낭자한 희생, 시체더미, 수많은 전사자에 관해서 발표했다. 무선전신을 통한 공식성명은 쿠엥테 소령이 국장을 맡고 있던 베르됭의 정보국 통계를 빈번히 사용했는데, 그가 독일군의 손실을 계산하기 위해서 발명한 이 통계는 분명 놀랄 만한 결과를 가져왔다. 2주일마다 한 번씩 그 수치는 10만 명가량 증가했다. 30만, 40만, 50만 명이라는 사상자가 발생했고, 이는 일별 사상자, 주별 사상자, 월별 사상자 등으로 분류되었다. 이는 지속적으로 반복되었고, 인상적인 효과를 낳았다. 우리의 공식은 다음과 같았다. '포로들에 따르면, 공격의 과정에서 독일군의 사상자 수가 상당했다'……'이런 독일군의 손실이 입증되었다'……'이 손실에 의해서 지칠 대로 지친 적이 공격을 재개하지 못할 것이다'……어떤 공식들은 너무 지나치게 사용되어서 나중에는 결국 더 이상 사용할 수 없게 되었다. '우리의 대포와 기관총의 화력 앞에서'……'우리의 대포와 기관총의 화력에 의해서 진압된'……이런 말들의 계속된 반복은 중립국들과 독일에 깊은 인상을 주었고, 이런 지속적인 반복의 부정적인 효과를 차단하기 위해서 헛되이 노력했던 나우엔(Nauen : 독일의 무선전신)의 부인에도 불구하고, 피로 얼룩진 배경을 만드는 데에 도움이 되었다."5)

프랑스 총사령부가 이런 보고들에 의해서 여론으로 확고히 하고자 원했던 논지는 검열자들에게 지침으로 제공하기 위해서 다음과 같이 표현되었다.

---

5) 위의 책, pp. 138-139

"선전에 의한 공격은 군사력을 상실하고 있는 독일군 현역들을 목표로 한 것이다. 우리는 1916년에 징집된 병사들이 이미 전투에 참여하고 있다는 사실을 알았다. 1917년에 전쟁에 참여하게 될 병사들도 이미 소집되어 있을 것이고, 제3종(45세 이상의 남성이나 회복 중인 상이병)의 현역 자원들 역시 마찬가지일 것이다. 수 주일 내에, 우리의 선전에 의해서 기진맥진해진 독일군들(700만 명)이 연합군(1,000만 명)과 대면하게 될 것이다."6)

피에르퓨에 따르면, 프랑스 총사령부는 이런 논지를 믿어버리게 되었다. "괴상한 정신착란 덕택에, 오직 적만이 감소하고 있는 것처럼 보였고, 우리의 군사력은 감소하지 않은 것처럼 보였다. 니벨 장군은 이런 생각들을 공유했다. 우리는 그 결과를 1917년에 알게 되었다."

우리는 이것을 선전(propaganda)이라고 부르게 되었다. 이는 어떤 사건에 다른 사람들이 접근하는 것을 막을 수 있는 일군의 사람들이 그 뉴스를 그들의 목적에 맞도록 각색하는 것이다. 선전의 목적은 다양할 수 있는데, 이 경우에 그 목적은 애국심에 관한 것이었다. 그들은 연합국의 공중이 그들이 원했던 방식으로 사태를 이해하도록 하기 위해서 그들의 힘을 사용했다. 전 세계로 퍼져나갔던 쿠앵테 소령의 사상자 수도 이와 동일한 것이다. 그런 사상자 수는 특정한 종류의 추론, 즉 프랑스가 원하는 방향으로 소모전이 진행되고 있다는 점을 선동하도록 의도된 것이다. 그러나 그런 추론은 주장의 형태로 제시되지 않는다. 그것은 베르됭의 언덕에서 무수히 많은 독일군이 학살되었다는 정신적인 이미지를 창조함으로써 거의 자동적으로 형성되는 것이다. 독일군 전사자에게만 초점을 맞추고 프랑스군에 대해서는 언급하지 않음으로써, 전투에 관한 매우 특정한 견해가 계획적으로 만들어졌다. 이는 독일군이 계속해서

---

6) 위의 책, p. 147

진격하고 공격을 해오고 있다는 인상, 즉 독일군 전력(戰力)에 관한 인상을 상쇄하기 위해서 고안된 것이었다. 이는 또한 공중이 연합군의 방어전략을 용인하기 쉽도록 만들어진 것이었다. 전쟁이 거대한 전략적 기동, 측면공격, 포위 그리고 극적인 항복으로 구성되어 있다는 생각에 익숙했던 공중은 전쟁에서 승리하려면 그에 걸맞은 인간의 희생이 필요하다는 끔찍한 생각을 점차 잊어야만 했다. 전장으로부터의 모든 뉴스를 통제함으로써, 참모부는 이런 전략에 어울리는 사실들만 공식적으로 발표했다.

육군 참모부는 야전에서의 폭넓은 재량을 바탕으로 공중이 인식해야 할 것을 통제할 수 있다. 이는 전선에 파견될 특파원을 선별하고, 전선에서 그들의 이동을 통제하며, 전선으로부터 온 그들의 메시지를 읽고 검열하거나, 전신을 관리하는 것 등을 통해서 이루어진다. 정부는 육군의 배후에서 전보, 여권, 우편, 세관 그리고 봉쇄선 등을 지휘하고 감독함으로써 그런 통제를 확장한다. 정부는 법과 첩보기관을 이용하여 출판사와 공적 모임 등에 대한 통제를 수행한다. 그러나 육군의 경우, 그런 통제는 결코 완벽한 것이 아니다. 프랑스와 마찬가지로 독일 역시 공식성명을 내보냈는데, 요즘같이 전신이 발달한 시대에는 적의 공식성명 역시 중립국에 영향을 미치기 마련이다. 무엇보다도 참전했던 군인들이 전선의 상황을 전달하고, 이는 그들의 휴가기간에 널리 퍼져나간다.[7] 육군은 상대적으로 다루기가 힘들다. 그리고 바로 이 점이 육군에 대한 검열보다 해군과 외교에 대한 검열이 더 완벽하게 이루어질 수 있는 이유이다. 해군과 외교문제에서는 보다 적은 사람들만이 무슨 일이 벌어지고 있는지 알고, 따라서 그들의 행위를 감독하는 일은 훨씬 수월하다.

---

7) 생 미엘과 아르곤 –뫼즈에서 미국의 공격이 있기 몇 주일 전에, 프랑스의 모든 사람들은 서로에게 그 일급비밀을 말하고 있었다.

3

얼마간의 검열의 형태가 없다면, 엄격한 의미에서 선전은 불가능하다. 선전을 수행하기 위해서는 공중과 사건 사이에 어느 정도의 장벽이 있어야 한다. 어떤 이가 생각하기에 현명하거나 바람직한 것을 의사환경으로 창조할 수 있기 전까지는 실제환경에 대한 접근이 제한되어야 한다. 왜냐하면 직접 접근하는 사람들은 그들이 본 것을 오해할 수 있지만, 누군가가 사람들이 보아야 할 장소와 대상을 결정할 수 있는 것이 아닌 한, 어느 누구도 사람들이 그것을 어떻게 오해했는가를 판단할 수 없기 때문이다. 군대의 검열은 가장 단순한 형태의 장벽이기는 하지만, 가장 중요한 것이라고 볼 수는 없는데, 왜냐하면 군대가 검열을 하고 있다는 사실은 이미 알려져 있고, 따라서 군대의 검열은 어느 정도 용인되고 그만큼 도외시되기 때문이다.

어떤 시기이든 어떤 주제들에 관해서이든 무엇이 비밀로 간주되어야 하는지에 관한 기준을 설정하는 사람들이 있고, 다른 사람들은 그런 기준을 받아들인다. "공적(公的)인 이해관계와 양립하지" 않기 때문에 발표해서는 안 된다는 논리는 점차 공중의 일과 관계가 없는 것은 발표할 필요가 없다는 논리로 변화한다. 무엇이 개인의 사적(私的)인 일인지는 탄력적인 것이다. 한 개인의 부는 사적인 것으로 간주되고, 소득세의 조항들은 가능한 사적으로 부를 유지하는 데에 이바지하기 위해서 조심스럽게 규정된다. 땅을 파는 일은 사적인 것은 아니지만, 땅의 가격은 사적일 수 있다. 봉급(salary)은 임금(wage)에 비해서는 일반적으로 보다 사적인 것으로 취급되고, 소득(income)은 유산(inheritance)에 비해서는 보다 사적인 것으로 다루어진다. 개인의 신용등급에 따라서 대출의 규모는 제한된다. 대기업의 이윤은 중소기업의 이윤에 비해서 보다 공적이다. 남편과 아내, 변호사와 고객, 의사와 환자, 사제와 신자 사이의 특수한 종류의 대화들에는 면책특권이 있다. 중역들의 모임은 일반적으로 사적이다. 많은 정치적 회합 역시 이와 마찬가지이다. 각료모임에서의 대화나 외국대사와 국무장관 사이의 대화, 사적 인터뷰나 저녁만찬에서 나누는 대부분의 대화는 사적인 것이다. 많은 사람들은 고용인과 피고용인 사이의 계약을 사적인 것으로 간주한다. 기업의 모든 일들이 오늘날의 인간의 신앙생활과 마찬가지로 사적인 것으로 간주되던 때가 있었다. 그 이전에는 인간의 신앙생활이 분명하게 공적인 것으로 간주되던 때도 있었다. 그러나 다른 한편으로 전염병은 한때 사적인 것으로 간주되었다. 프라이버시(privacy)라는 개념의 역사는 흥미로운 이야기일 수 있다. 볼셰비키가 비밀조약을 공표하거나 휴스가 생명보험 회사를 조사할 때, 혹은 누군가의 스캔들이 「타운 토픽스(*Town Topics*)」의 지면에서부터 허스트가 소유한 신문의 제1면에 이르기까지 터져나왔을 때, 프라이버시에 대한 개념들은 종종 격렬하게 충돌한다.

프라이버시의 이유들이 좋든 나쁘든 간에, 거기에는 장벽들이 존재한다. 공적인 일이라고 불리는 영역에 있는 모든 종류의 장소에서도 프라이버시는 존재한다. 따라서 당신의 의견이 기반을 두고 있는 사실들을 당신이 어떻게 얻게 되었는지 자문해보는 것은 때로 매우 계몽적이다. 당신이 가진 의견은 실제로 누가 보고, 듣고, 느끼고, 계산하고, 명명(命名)했는가? 당신에게 말해준 사람인가? 혹은 당신에게 말해준 사람에게 말해준 사람인가? 아니면 그보다도 더 멀리 있는 사람인가? 그리고 그 사람은 얼마만큼이나 사실에 접근할 수 있었는가? 프랑스가 이러저러한 것들을 생각한다고 그가 당신에게 알려줄 때, 그는 프랑스의 어떤 부분을 살펴보았는가? 그는 어떻게 그것을 살펴볼 수 있었는가? 그가 그것을 살펴보았을 때, 그는 어디에 있었는가? 그와 이야기를 나누었던 프랑스인들은 누구이며, 그는 어떤 신문을 읽었고, 프랑스인들은 그들이 말한 것을 어디에서 배웠는가? 당신은 이런 질문들을 스스로 제기할 수 있지만, 좀처럼 질문에 답할 수는 없을 것이다. 그러나 이런 질문들을 통해서 당신은 여론과 여론이 다루는 사건이 종종 분리되어 있고 그 사이에 간극이 있다는 점을 상기하게 될 것이다. 그리고 그렇게 상기하는 것 자체가 일종의 보호이다.

제3장
접촉과 기회

1

검열과 프라이버시가 정보를 그 원천에서 차단하는 한, 전체 공중이 많은 사실들의 주요 부분을 아는 것은 불가능하거나 혹은 오랜 시간이 지난 후에나 가능할 것이다. 왜냐하면 생각이 유포되는 데에는 매우 분명한 한계들이 존재하기 때문이다.

전쟁기간에 정부의 선전을 생각해보면, "모든 사람"에게 도달하려는 정부의 노력을 대략적으로나마 추정할 수 있다. 전쟁이 시작된 지 2년 반 이상이 지나서야 미국은 전쟁에 참전했고, 이를 위해서 수백만 부의 인쇄물이 배포되고 헤아릴 수 없이 많은 연설들이 있었다는 사실을 반추(反芻)하면서, 우리는 크릴이 "미국주의(Americanism)가 전 세계 곳곳에 전달될 수 있도록 사람들의 마음과 그들의 확신을 얻기" 위해서 투쟁했다고 말했던 것을 참조할 수 있다.[1]

크릴은 6,000부 이상을 발행했던 보도국(Division of News)을 포함하는 조직을 구성해야 했고, 3억 명 이상의 사람들에게 적어도 75만5,190번의 연설을 했던 7만5,000명의 포미닛 맨(Four Minute Men : 우드로

---

1) George Creel, *How We Advertised America*.

윌슨에 의해서 승인된 자원봉사자 집단으로서 제1차 세계대전 동안 미국의 입장을 선전하는 데에 이용되었다. 정부가 전달하는 주제들에 관해서 4분간 연설하는 사람들이라는 의미에서 포미닛 맨으로 명명되었고, 주로 극장의 막간을 이용하여 연설활동을 수행했다/역주)의 협력을 구해야만 했다. 보이 스카우트는 미국의 각 가정에 윌슨 대통령의 연설문을 전달했다. 2주일마다 발간되는 잡지들은 60만 명의 교사들에게 전달되었다. 강연을 위해서 20만 개의 환등 슬라이드가 제공되었다. 포스터, 윈도 카드(window card), 신문광고, 만화, 우표와 배지 등을 위해서 1,438개의 상이한 디자인이 제작되었다. 상공회의소, 교회, 공제조합(fraternal society), 학교들은 배포의 채널로 이용되었다. 그러나 크릴의 노력 이외에도, 매카두의 대규모 조직은 자유차관(Liberty Loan)을 제공하기 위해서 노력했고, 후버의 대규모 선전은 식량을 원조하기 위해서 노력했으며, 적십자, YMCA, 구세군, 로마 가톨릭의 우애공제회(Knights of Columbus), 유대인 복지회(Jewish Welfare Board) 등도 이와 동일한 목적을 위해서 노력을 기울였다. 또한 평화집행연맹(League to Enforce Peace), 자유국가 연합연맹(League of Free Nations Association), 국가안전연맹(National Security League)과 같은 애국단체들(patriotic societies) 역시 독자적으로 이와 동일한 활동을 수행했을 뿐만 아니라 연합국과 이에 소속된 작은 국가들의 선전국(publicity bureau) 역시 이와 유사한 활동을 해왔다.

아마도 크릴의 노력은 한 국가의 모든 사람들에게 상당히 균등한 일련의 생각들을 빠르게 전해주기 위한 가장 크고 집중적인 노력일 것이다. 과거 종교를 전도하는 일은 이보다 느렸고, 아마도 이보다는 좀더 확실했겠지만, 결코 이처럼 포괄적이지는 않았다. 만일 위기의 시기에 모든 사람들에게 도달하기 위해서 이런 극단적인 대책들이 필요하다면,

사람들의 마음에 도달하기 위한 보다 평범한 채널은 얼마나 열려 있을까? 행정부는 미국 전역에 걸쳐서 여론이라고 부를 수 있을 무엇인가를 만들려고 노력했고, 나는 그런 노력이 매우 성공적으로 수행되었다고 생각한다. 그러나 그렇게 하기 위해서 필요했던 끈기와 정교한 재주 그리고 자금과 인원에 관해서 생각해보자. 그 어떤 것도 평화시에는 존재하지 않으며, 게토와 이주자 그룹의 거주지, 그리고 상이한 계급에 속한 대규모 집단들은 현재 벌어지는 많은 일들에 대해서 막연한 정보만을 얻고 있을 뿐이다.

그들은 천편일률적으로 살아가고, 그들 자신의 일에만 매몰되어 있으며, 그들과는 다른 사람들을 거의 만나지 않고, 글도 거의 읽지 않는다. 여행과 무역, 편지, 전보, 라디오와 철도, 고속도로, 배와 자동차, 그리고 물론 비행기는 생각이 유포되는 데에 가장 큰 영향을 미칠 것이다. 이들 각각은 복잡한 방식으로 정보와 의견의 제공 및 그 질에 영향을 미친다. 각각은 그 자체로 기술적, 경제적, 정치적 조건들에 의해서 영향을 받는다. 정부가 여권을 발급하는 방식이나 세관의 검사를 완화할 때마다, 새로운 철도나 항구가 생기고 새로운 항해노선이 만들어질 때마다, 요금이 오르거나 내릴 때마다, 편지의 배달속도가 좀더 빨라지거나 느려질 때마다, 전보가 검열을 받지 않거나 요금이 떨어질 때마다, 고속도로가 건설되거나 기존의 고속도로가 확장되고 개선될 때마다, 이런 변화들은 생각의 유포에 영향을 미친다. 관세율표와 원조가 회사들의 향후계획에 영향을 미치고, 따라서 이는 계약의 내용에도 영향을 미친다. 또한 매사추세츠 주의 세일럼의 경우처럼, 조선기술의 변화가 도시 전체를 탈바꿈시킬 수도 있다. 조선기술의 변화 덕택에, 세일럼은 국제적인 도시에서 우아한 전원도시로 탈바꿈했다. 운송수단이 좀더 빨라졌다고 해서 그 효과가 반드시 좋은 것만은 아니다. 예를 들면, 파리에만 집중되어 있는 프랑스의 철도 시스템이 모든 프랑스 사람들에게 축복이라고 말하기는 어려울 것이다.

커뮤니케이션 수단으로부터 발생한 문제들은 지극히 중요한 문제들이며, 국제연맹의 프로그램 중 가장 건설적인 프로그램은 철도운송과 해상으로의 접근성에 관한 연구였다. 전신, 항구, 연료 보급소, 산길, 운하, 해협, 수로, 터미널, 시장 등을 사업가나 정부가 독점하는 것에는 그런 독점을 통해서 부유해지거나 특권을 가진다는 것 이상의 보다 큰 의미가 있다. 이는 뉴스와 의견의 교환에 대한 장벽을 의미한다. 그러나 독점이 유일한 장벽은 아니다. 이보다는 비용과 이용 가능한 공급이 보다 큰 장벽들인데, 만일 여행이나 무역을 위해서 필요한 비용이 과중하거나 시설에 대한 수요가 공급을 초과한다면, 독점이 없는 상태에서도 장벽들은 존재하기 마련이다.

2

한 사람의 소득의 규모는 그가 이웃을 넘어서 세계에 접근하는 데에 상당한 영향을 미친다. 사람들은 돈만 있으면 현실의 커뮤니케이션 장벽을 쉽게 극복할 수 있다. 그는 여행을 할 수 있고, 책과 잡지를 살 수 있으며, 그가 주의를 집중하는 어떤 세계에 대해서라도 그 세계의 사실을 파악할 수 있다. 개인과 공동체의 소득은 커뮤니케이션의 양을 결정한다. 그러나 인간의 생각은 그 소득을 어떻게 소비할지를 결정하고, 다시 장기적으로 개인이나 공동체가 가지게 될 소득의 양에 영향을 미친다. 따라서 여전히 실제로 한계들이 존재하는데, 왜냐하면 그런 생각은 종종 스스로 부과된 것이고 제멋대로이기 때문이다.

여가시간과 여윳돈의 대부분을 자동차를 운전하거나 구입하는 데에 사용하고, 브리지위스트(bridge-whist) 게임이나 카드 게임에 돈을 걸며,

영화와 저속한 예술작품(potboiler)에 소비하는 일부의 사람들이 있는데, 이들은 사소한 차이가 있기는 하지만 항상 동일한 사람들에게 동일한 주제들에 관해서 이야기한다. 그들이 검열이나 비밀, 커뮤니케이션의 높은 비용이나 어려움 때문에 고통을 겪는다고 말할 수는 없다. 그들은 인간사에 대한 욕구와 호기심이 부족하기 때문에 고통을 겪는다. 바깥세계에 접근하는 것은 그들에게 전혀 문제가 아니다. 흥미로운 세계가 그들의 탐험을 기다리고 있지만, 그들은 탐험에 나설 생각조차 하지 않는다.

그들은 마치 하나의 끈에 묶여 있는 것처럼, 법과 그들의 사회적 배경(social set)에 따라서 안면이 있는 사람들의 고정된 반경 내에서 움직인다. 남성들 사이에서의 대화—— 주로 사업상의 대화나 클럽 및 흡연석에서 이루어지는 대화—— 의 범위는 그들이 속한 사회집단에 비해서 좀더 넓다. 반면에 여성들 사이에서의 대화의 범위는 그들의 사회적 배경과 거의 일치한다. 독서와 강연 그리고 대화로부터 나온 생각들이 모이고, 선별되며, 받아들여지거나 거부되고, 판단되거나 용인되는 것은 바로 이런 사회집단 안에서이다. 그곳에서 이루어지는 토론의 각 국면에서 어떤 권위와 정보의 원천들을 용인할 것인가에 대한 문제가 최종적으로 결정된다.

우리의 사회적 배경은 "사람들이 그러는데"라는 말 속에서 사람들을 지칭하는 자들로 구성된다. 그런 사람들의 승인이나 거부는 우리에게 가장 직접적으로 문제시된다. 대도시의 경우, 폭넓은 이해관계와 이동수단을 가진 사람들에게 사회적 배경은 그다지 중요한 문제가 아니다. 그러나 대도시에서조차도, 자급자족에 기반을 두고 사회적 배경을 형성하는 지역들이 있다. 보다 작은 공동체에서는 좀더 자유로운 사회활동과 좀더 진정한 유대관계가 있을 수 있다. 그렇기는 하지만, 자신이 어떤 배경에 속하고 어떤 배경에 속하지 못하는가를 알지 못하는 사람은 소수에 불과하다.

　보통 사회적 배경의 표식이 가장 잘 드러나는 경우는 상이한 사회적 배경에 있는 사람들이 결혼할 때이다. 약혼을 하기 전까지 상이한 배경에 있는 남녀의 결혼은 확실한 것이 아니다. 상이한 사회적 배경들은 위계질서 속에 놓여 있는데, 각각의 사회적 배경은 다른 사회적 배경의 상대적인 지위에 대해서 아주 분명한 이미지를 가지고 있다. 동일한 수준의 배경에 있는 남녀가 사귀는 것은 상대적으로 용이한 일이고, 사회는 그런 연인들을 빠르게 받아들이고 축복한다. 그러나 "좀더 높거나 낮은" 상이한 배경에 속한 남녀 사이의 접촉에는 항상 상호의 망설임, 내키지 않는 불쾌감, 그리고 차이에 관한 의식 등이 존재한다. 물론 미국과 같이, 어떤 인종적인 장벽도 없고 경제적인 지위가 빠르게 변할 수 있는 곳에서 개인들은 어느 정도 자유롭게 한 배경에서 다른 배경으로 이동할 수 있다.

　그러나 경제적 지위가 소득의 양에 의해서 측정되는 것은 아니다. 왜냐하면 첫 번째 세대의 사회적 지위를 결정하는 것은 소득이 아니라 직업이며, 이런 직업의 특성이 가족의 전통에서 사라질 때까지는 한두 세대가 걸릴 수도 있기 때문이다. 은행업, 법, 의료, 공익사업, 신문, 교회, 대규모 소매업, 중개업, 제조업 등은 판매원, 감독관리, 전문기술직, 간호, 교육직, 소매업과는 다른 사회적 가치로 평가된다. 그리고 후자의 것들은 배관업, 운수업, 양재업, 하청업 혹은 속기(stenography)와는 다르게 평가되는데, 이는 이런 것들이 집사, 하녀, 영화기사 혹은 기관수가 되는 것과 다르게 평가되는 것과 마찬가지이다. 그러나 이들에 대한 보수가 이처럼 매겨진 등급과 반드시 일치하는 것은 아니다.

3

사회적 배경을 나누는 시금석(試金石)이 무엇이든 간에, 그것은 단지 경제적 계급에 기반을 둔 것이 아니라 생물학적인 씨족과 유사한 무엇인가에 의해서 형성된 것이다. 어떤 특정한 사회적 배경의 구성원이 된다는 것은 사랑, 결혼과 출산, 혹은 좀더 정확하게 말하면 그런 것들에 수반되는 태도 및 욕망과 밀접하게 관련되어 있다. 따라서 사회적 배경 내의 다양한 의견들은 가족의 전통이나 예절, 교양, 존엄 그리고 취향과 형식이라는 사회적 배경의 이미지들 —— 즉, 아이들에게 끊임없이 주입되는 이미지들 —— 을 구성하는 규범들과 마주친다. 이런 이미지에는 한 배경에 속한 사람들의 사회적 지위를 다른 배경에 속한 사람들의 사회적 지위와 비교함으로써 지위들 사이의 차이를 내면화하는 견해가 자리잡고 있다. 사회적 배경에 대한 복종을 공공연히 요구하면 할수록, 사람들은 각기 다른 배경들의 지식 속에 눈에 띄지 않게 존재하는 복종에 좀더 민감해지지만, 그것에 대해서 침묵을 유지한다. 그러나 그런 지식이 결혼이나 전쟁 혹은 사회적 격변기에 분명하게 드러나면, 그런 지식은 트로터[2]가 군중의 본능이라는 일반적인 용어로 분류했던 성향들을 가진 거대한 규모의 사람들의 집합체를 구성한다.

　각각의 사회적 배경에는『순수의 시대(*The Age of Innocence*)』[3]에 등장하는 반 델 루이덴 가(家)의 사람들과 맨슨 밍곳 부인과 같은 예언자들이 있는데, 이들은 그런 배경의 사회적 유형을 관리하고 해석하는 사람들이다. 만일 반 델 루이덴 가의 사람들이 어떤 사람을 선택하면, 그는 그 사람들에 의해서 인정을 받은 것이다. 그 가문의 사람들과 동일한 기능을 수행한다는 것은 그가 높은 수준에 도달했고, 그 수준에 걸맞은

---

2) W. Trotter, *Instincts of the Herb in War and Peace*.
3) Edith Wharton, *The Age of Innocence*.

지위에 있게 되었다는 것을 의미한다. 대학에서는 학점과 졸업으로 학생들을 평가하는데, 이는 대학사회가 선택한 것이다. 우생학(優生學)을 주장하는 사회 지도자들은 특히 선택에 민감하다. 그런 지도자들은 그들의 배경을 보전하는 일에 주의를 기울여야 할 뿐만 아니라, 그들과는 다른 사회적 배경에 있는 사람들이 무엇을 하고 있는지를 파악하고 있어야 한다. 그들은 마치 외무장관처럼 행동한다. 하나의 사회적 배경을 이루는 대부분의 구성원들이 그 배경 자체를 실제의 목적으로 간주하고 만족스럽게 살아가는 곳에서, 사회 지도자들은 다양한 배경의 위계질서 속에 그 배경이 어디에 위치하고 있는지를 지속적으로 파악하고 판단해야 한다.

실제로, 그 위계질서는 사회 지도자들과 긴밀하게 관련되어 있다. 어떤 단계에서나 사회 지도자들의 사회적 배경이라고 부를 수 있는 것이 존재한다. 그러나 수직적인 사회적 결속이 사회적 접촉과 관련되어 있는 한, 그런 결속은 『순수의 시대』의 줄리어스 보퍼트와 엘렌 올렌스카처럼 사회적 배경들을 들락날락하면서 자주 의심을 받는 예외적인 사람들에 의해서 이루어진다. 이에 따라서 한 배경과 다른 배경과의 개인적인 통로들이 마련되고, 이를 통해서 타르드의 모방의 법칙(Tarde's laws of imitation)이 작동한다. 그러나 대부분의 나머지 사람들에게 그런 통로는 존재하지 않는다. 그들에게는 사회에 관한 용인된 설명과 상류사회의 생활에 관한 영화들이 제공되어야 한다. 그들은 흑인이나 "외국인"처럼, 다른 사람들이 거의 눈치채지 못하는 사이에 그들 자신만의 사회적 위계질서를 발전시킬 수 있다. 그러나 동일한 "민족"으로 간주되는 동화(同化)된 대중들 사이에서 개인들 사이의 다양한 접촉은 분리되어 있는 사회적 배경들을 연결하고, 이를 통해서 사회적 기준이 유통된다.

몇몇 사회적 배경들은 로스 교수가 "관례의 발광점(發光點)"이라고 부르는 것에 자리잡고 있다.4) 이에 따라서 사회적으로 열등한 사람은 사회적으로 우월한 사람을, 힘이 없는 자는 힘이 있는 자를, 성공하지 못한 사람은 보다 성공한 사람을, 빈자는 부자를, 시골에 거주하는 사람은 도시에 거주하는 사람을 모방한다. 이런 모방은 국경을 초월하여 나아간다. 힘이 있고, 사회적으로 우월하며, 성공적이고 부유한 도시의 사회적 배경은 주로 서구에 있으며, 대부분의 경우에 런던이 그 중심지이다. 런던에는 세계에서 가장 영향력이 있는 인물들, 예를 들면 외교관, 대형 금융 거래인, 육군과 해군의 장군들, 교회의 지도자들, 거대한 신문의 소유자들, 그리고 사교계를 좌지우지하는 그들의 부인과 어머니, 그리고 딸들이 거주하고 있다. 이는 거대한 대화의 사회인 동시에 실제의 사회적 배경이다. 그러나 그 중요성은 바로 여기에서 공사(公私)의 구분이 마침내 사라져버린다는 사실에 있다. 이런 사회적 배경에서는 사적인 일이 공적인 문제가 되고, 공적인 문제는 사적인 일이자 종종 가정사가 된다. 철학자들이 말하듯이, 마고 애스퀴스를 연금(軟禁)하는 문제는 왕족을 연금하는 문제와 마찬가지로, 관세법이나 의회논쟁과 많은 면에서 유사한 논의의 세계에 속한다.

이런 사회적 배경은 정부의 많은 영역에 별다른 주의를 기울이지 않으며, 적어도 미국에서 이런 사회적 배경의 정부에 대한 통제는 불안정하다. 그러나 외교문제와 관련해서 이런 사회적 배경은 항상 매우 큰 힘을 행사하고, 특히 전쟁기간에 그 위신이 크게 높아진다. 그도 그럴 것이 이 세계주의자들은 대부분의 사람들이 접촉하지 못하는 바깥세계와 접촉하기 때문이다. 그들은 세계의 이곳저곳에서 함께 식사한다. 그들의 민족적인 명예감은 단지 추상적인 것만이 아니라 그들의 친구들에 의해서 냉소의 대상이 되었거나 혹은 인정을 받았던 구체적인 경험에

---

4) Ross, *Social Psychology*, Ch. IX, X, XI.

기반을 두고 있다. 고퍼 프레리의 케니콧 박사에게 윈스턴이 무엇을 생각하는지는 그다지 중요하지 않지만, 에즈라 스토보디가 무엇을 생각하는지는 대단히 중요한 관심사이다. 그러나 자신의 딸을 스위딘 백작과 결혼시킨 밍곳 부인에게는 딸을 방문하거나 윈스턴을 대접하는 것이 굉장히 중요한 문제일 것이다. 케니콧 박사와 밍곳 부인 모두 세상사에 민감하지만, 밍곳 부인은 세계를 통치하는 사회적 배경에 관심이 큰 반면, 케니콧 박사는 오직 고퍼 프레리에서의 사회적 배경에만 관심을 두고 있다. 그러나 고퍼 프레리에서도 위대한 사회의 거대한 관계에 영향을 미치는 문제들이 있다. 케니콧 박사는 이런 문제들에 대한 그의 생각이 순전히 그 자신의 견해라고 생각하겠지만, 실제로 그의 생각은 상류 사회로부터 고퍼 프레리로 침투한 것이고, 그 지방의 사회적 배경을 통과하면서 변형된 것이다.

4

여기에서 사회조직에 관해서 탐구하지는 않을 것이다. 세계와 우리의 정신적인 접촉에서 사회적 배경이 얼마나 큰 역할을 수행하는지, 어떻게 그런 사회적 배경에 들어갈 수 있는지, 그리고 그 안에서 어떻게 판단이 결정되는지에 우리의 주의를 집중할 필요가 있다. 사회적 배경은 그 직접적인 능력 내에 있는 일들을 단독으로 결정한다. 무엇보다도 그것은 판단의 세부적인 운영을 결정한다. 그러나 그런 판단 자체는 과거로부터 물려받았거나 다른 사회적 배경으로부터 전달받았거나 혹은 그것을 모방한 것일 수 있다.[5] 최고의 사회적 배경은 위대한 사회의 지도력을 구현하는 사람들로 구성되어 있다. 이와는 다른 대부분의 사회적 배경에서는 지역의 일에 우선적으로 초점이 맞추어지는 반면, 최고의 사회에서는

---

5) 제3부를 참조.

전쟁과 평화, 사회적 전략, 정치권력의 최종적인 배분 등과 같은 큰 결정이 이루어진다. 그리고 이런 결정은 개인적으로 친분이 있는 사람들의 집단 내에서 이루어진다.

사회적 지위와 사람들 사이의 접촉은 우리가 무엇을 보고, 듣고, 읽고, 경험할 수 있는지뿐만 아니라 무엇을 보고, 듣고, 읽고, 알도록 허용되는지를 결정하는 데에 큰 역할을 하기 때문에, 도덕적 판단(moral judgement)이 구성적 사유(constructive thought)에 비해서 훨씬 더 공통적이라는 점은 그다지 놀랄 만한 일이 아니다. 그러나 진정 효과적으로 생각하는 데에서 가장 필요한 점은 기존의 판단을 일소하고, 순수한 관찰력을 회복하며, 감정에서 해방되어 호기심을 가지고 솔직해지는 것이다. 인간의 역사에서 위대한 사회와 같은 규모의 사회에 관한 정치적 의견은 사심 없는 마음의 평정을 요구한다. 그러나 이는 그 어떤 시대의 어느 누구라도 좀처럼 도달할 수 없는 경지이다. 우리는 공적인 일에 관여하지만, 사적인 일에도 몰두한다. 미심쩍은 의견들에 대해서 우리가 노력을 할애할 수 있는 시간과 주의력은 제한되어 있고, 우리는 지속적인 훼방에 속박되어 있다.

제4장

시간과 주의집중

1

사람들이 공적인 일에 관한 정보를 얻는 데에 하루에 얼마만큼의 주의를 기울이는지 대략 평가하는 것이 불가능한 일은 아니다. 그러나 내가 보았던 세 종류의 평가들—— 서로 다른 시간에 서로 다른 장소에서 서로 다른 방법으로 이루어졌다—— 이 제법 일치한다는 것은 흥미로운 일이다.[1)]

호치키스와 프랜켄은 뉴욕 시에 있는 남녀 대학생 1,761명을 대상으로 설문조사를 실시했다. 스콧은 시카고에 있는 4,000명의 저명한 사업가와 전문직 종사자들을 대상으로 설문조사를 했고, 2,300개의 응답을 얻었다. 설문에 참여했던 양쪽 집단의 사람들 중 70-75퍼센트 정도의 사람들이 매일 15분 정도 신문을 읽는다고 대답했다. 시카고 집단에서는 4퍼센트만이 15분 미만의 시간 동안 신문을 읽는다고 응답했고, 25퍼

---

1) 1900년 7월. D. F. Wilcox, *The American Newspaper: A Study in Social Psychology*, Annals of the American Academy of Political and Social Science, vol. xvi, p. 56(통계표는 James Edward Rogers의 *The American Newspaper*에도 수록되어 있다).

1916년(?) W. D. Scott, *The Psychology of Advertising*, pp. 226-248. Henry Foster Adams, *Advertising and its Mental Laws*, Ch. IV도 참조.

1920년 *Newspaper Reading Habits of College Students,* by Prof. George Burton Hotchkiss and Richard B. Franken, published by the Association of National Advertisers, Inc., 15 East 26th Street, New York City.

센트의 사람들은 15분 이상의 시간 동안 신문을 읽는다고 응답했다. 뉴욕의 대학생들 중에는 8퍼센트를 약간 넘는 학생들이 하루에 15분 미만의 시간 동안 신문을 읽는다고 응답했고, 17.5퍼센트의 학생들은 15분 이상을 신문을 읽는 데에 할애한다고 응답했다.

15분이라는 시간이 정확히 얼마인지를 알고 있는 사람의 수는 매우 적을 것이기 때문에, 위의 수치를 문자 그대로 받아들이기는 힘들다. 게다가 사업가와 전문직에 종사하는 사람들, 그리고 대학생들은 자신들이 신문을 읽는 데에 너무 많은 시간을 쓰는 것처럼 보이기를 원하지 않는다. 대신에 그들은 자신들이 신문을 빨리 읽는다고 알려지기를 원한다. 위의 모든 수치가 의미하는 바는 설문에 응답한 사람들 중 75퍼센트 이상의 사람들이 바깥세계의 소식을 전하는 뉴스에 대한 그들의 관심을 낮게 평가하고 있다는 점뿐이다.

이런 시간의 평가는 좀더 객관적인 조사에 의해서도 분명히 확인할 수 있다. 스콧은 시카고의 사업가들과 전문직 종사자들에게 그들이 하루에 얼마나 많은 종류의 신문을 읽는지에 관해서 질문했고, 그들은 다음과 같이 대답했다.

1종의 신문만을 읽는다	14%
2종의 신문을 읽는다	46%
3종의 신문을 읽는다	21%
4종의 신문을 읽는다	10%
5종의 신문을 읽는다	3%
6종의 신문을 읽는다	2%
모든 신문을 읽는다	3%

(이 조사 당시 총 8종의 신문이 있었다)

2-3종의 신문을 읽는 사람들이 67퍼센트를 차지하고, 이는 스콧의 그룹에서 그들 자신이 하루에 15분 정도 신문을 읽는다고 평가했던 71퍼

센트에 상당히 근접한 수치이다. 4-8종의 신문을 읽는 독자들은 15분 이상 신문을 읽는다고 응답했던 25퍼센트의 사람들과 대략 일치한다.

2

각각의 기사에 얼마만큼의 시간을 할애하고 있는가를 파악하는 것은 좀 더 어려운 일이다. 뉴욕의 대학생들은 "가장 흥미로운 다섯 가지 분야의 기사"를 지목하라는 질문을 받았다. 20퍼센트의 학생들이 "일반 뉴스"를 지목했고, 15퍼센트의 학생들은 사설(社說)을, 12퍼센트의 학생들은 "정치"를, 8퍼센트의 학생들은 재정을, (제1차 세계대전이 휴전한 지 2년이 채 되지 않았지만) 6퍼센트에 가까운 학생들이 해외 뉴스를, 3.5퍼센트의 학생들이 지역 뉴스를, 대략 3퍼센트의 학생들이 사업을, 그리고 0.25퍼센트의 학생들이 "노동"에 관한 뉴스를 선택했다. 이외에 스포츠, 특별 기사, 연극, 광고, 만화, 서평, "정확성", 음악, "윤리적 논조", 사회, 간결성, 예술, 이야기, 해상운송, 학교 뉴스, "시사 뉴스", 출판 등을 선택한 학생들도 있었다. 이런 것들을 무시하면, 약 67.5퍼센트의 학생들이 가장 흥미로운 기사로 공적인 일을 다룬 뉴스와 의견을 선택했다.

여학생들은 남학생들에 비해서 일반 뉴스, 해외 뉴스, 지역 뉴스, 정치, 사설, 연극, 음악, 예술, 이야기, 만화, 광고 그리고 "윤리적 논조"에 보다 큰 흥미가 있다고 응답했다. 이와는 달리 남학생들은 재정, 스포츠, 사업, "정확성"과 "간결성"에 좀더 주의를 기울이는 것으로 조사되었다. 이런 차이들은 답변의 객관성을 의심스럽게 할 뿐만 아니라, 문화적이며 도덕적인 것, 남성적이며 과감한 것이라는 이상(理想)들과 너무 지나치게 관련되어 있다.

그러나 그들의 응답은 시카고의 사업가와 전문직 종사자들의 응답과 상당 부분 일치한다. 뉴욕의 대학생들과는 달리, 그들은 왜 다른 신문에 비해서 특정한 신문을 선호하는가라는 질문을 받았다. 약 71퍼센트의 사람들이 특정한 신문을 선호하는 이유로 지역 뉴스(17.8퍼센트), 정치 기사(15.8퍼센트), 재정 기사(11.3퍼센트), 해외 뉴스(9.5퍼센트), 일반 뉴스(7.2퍼센트), 혹은 사설(9퍼센트)을 지목했다. 나머지 약 30퍼센트의 사람들은 특정한 신문을 선호하는 이유로 공적인 일과 관련이 없는 분야들을 지목했다. 7퍼센트가량의 사람들이 윤리적 논조를 선택했고, 가장 적게는 0.05퍼센트가량의 사람들이 유머를 지목했다.

독자들의 이런 선호와 신문이 제공하는 지면은 얼마나 일치하는가? 불행히도 시카고와 뉴욕에서 설문조사가 진행될 당시에는 그들이 읽고 있던 신문에 대해서 이와 같은 질문에 응답할 수 있도록 수집된 자료가 전혀 없었다. 그러나 이 점에 관해서는 20년 전에 윌콕스가 수행한 흥미로운 분석이 존재한다. 그는 14곳의 대도시에 있는 110여 종의 신문을 연구했고, 9,000개 이상의 칼럼들을 주제에 따라서 분류했다.

전국적으로 평균을 냈을 때, 신문들은 각 주제들에 다음과 같이 기사를 할애했다.

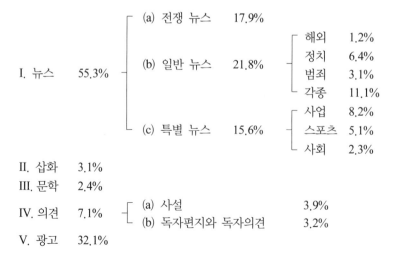

이 표를 공정하게 비교하기 위해서는 광고에 할당된 지면을 빼고 그 비율을 다시 계산할 필요가 있다. 시카고와 뉴욕의 집단 중 극히 일부만이 광고를 읽는 데에 시간을 할애한다고 응답했기 때문이다. 이는 우리의 목적을 위해서도 정당하다. 신문은 광고가 게재되는 지면 이외에[2] 나머지 지면을 독자의 취향에 맞추어 기획하기 때문이다. 따라서 앞의 표를 다음과 같이 수정할 수 있다.

I. 뉴스 81.4%+	(a) 전쟁 뉴스 26.4%−	
	(b) 일반 뉴스 32.0%+	해외 1.8%−
		정치 9.4%+
		범죄 4.6%−
		각종 16.3%+
	(c) 특별 뉴스 23.0%−	사업 12.1%−
		스포츠 7.5%+
		사회 3.3%−

II. 삽화 4.6%−
III. 문학 3.5%+

| IV. 의견 10.5%− | (a) 사설 5.8%− |
| | (b) 독자편지와 독자의견 4.7%+ |

이 수정된 표에서 공적인 일을 다룬다고 볼 수 있는 항목들은 전쟁 뉴스, 해외 뉴스, 정치 뉴스, 각종 뉴스, 사업 뉴스, 그리고 의견 등이다. 이는 1900년에 신문의 전체 지면에서 76.5퍼센트를 차지했고, 1916년에 시카고 사업가들의 70.6퍼센트가 특정한 신문을 선호하는 이유이기도 했으며, 1920년에 뉴욕 대학생들의 67.5퍼센트가 가장 흥미로운 기사로 지목했던 것들이다.

이것은 오늘날 대도시에서의 사업가와 대학생들의 취향이 여전히 20

---

2) 불쾌감을 유발하는 광고들이나 아주 드문 경우이기는 하지만, 지면이 꽉 차서 게재되지 못하는 경우는 예외에 속한다.

년 전 대도시에서의 신문 편집자들의 평균적인 판단과 어느 정도 일치한다는 점을 보여주는 것 같다. 그 이후에 뉴스에 대한 기사의 비율은 의심할 바 없이 증가했고, 이에 따라서 신문의 발행부수와 크기 역시 증가했다. 따라서 오늘날 대학생이나 사업가 혹은 전문직에 종사하는 사람들에 비해서 좀더 일반적인 집단에 속한 사람들로부터 정확한 응답을 얻을 수 있다면, 공적인 일에 관한 기사에 사람들은 좀더 적은 시간을 할애할 뿐만 아니라 신문 역시도 좀더 적은 비율의 지면을 할애한다는 점을 발견할 수 있을 것이다. 다른 한편으로 평균적인 사람은 신문을 읽는 데에 15분 이상을 할애한다는 점, 그리고 공적인 일에 할당된 지면의 비율은 20년 전보다 줄어들었지만 그 양은 좀더 많아졌다는 점을 발견하게 될 것이다.

그러나 이런 계산으로는 어떤 정교한 추론도 기대할 수 없다. 이런 계산은 매일 우리가 얻는 의견들에 관한 자료를 조사하려는 우리의 노력을 다소나마 구체화하는 데에 도움을 줄 뿐이다. 물론 신문이 유일한 수단은 아니지만, 주요한 수단이라는 점은 확실하다. 잡지와 공적 포럼, 문화 센터, 교회, 정치적 모임, 노동조합 모임, 여성 클럽, 그리고 영화관에서 상영되는 정기적인 뉴스 등은 신문을 보완한다. 그러나 이 모든 것을 아무리 긍정적으로 평가한다고 해도, 눈으로 볼 수 없는 환경에 관한 정보에 우리가 직접적으로 노출되는 시간은 극히 적다.

제5장

속도, 말, 명확함

1

눈으로 볼 수 없는 환경은 주로 말을 통해서 우리에게 전달된다. 이런
말들은 기자들이 전신이나 라디오를 통해서 편집자에게 전달하고, 편집
자는 이를 인쇄하기 적합한 형태로 작성한다. 전보 사용료는 비싸고, 많
은 경우 그 시설은 제한되어 있다. 따라서 통신사의 뉴스는 일반적으로
부호의 형태를 띤다. 이를테면,

"Washington, D.C. June 1—The United States regards the question of German
shipping seized in this country at the outbreak of hostilities as a closed incident
(워싱턴, 6월 1일—미국은 교전상태가 발발할 경우 미국에 나포된 독일 선박의
문제를 종결된 것으로 간주한다)."

위의 보도는 전신을 통해서 다음과 같은 형태로 전달될 수 있다.

"Washn 1. The Uni Stas rgds tq of Ger spg seized in ts cou at t outbk
o hox as a clod incident."[1]

---

1) Phillip's Code.

다음과 같은 뉴스는,

"Berlin, June 1—Chancellor Wirth told the Reichstag to-day in outlining the
Government's program that 'restoration and reconciliation would be the keynote
of the new Government's policy.' He added that the Cabinet was determined
disarmament would not be the occasion of the imposition of further penalties
by the Allies(베를린, 6월 1일—비르트 수상은 오늘 의회에서 정부 프로그램을
개관하면서 '복구와 화해가 새로운 정부정책의 기조가 될 것'이라고 말했다.
그는 군축[軍縮]을 단호하게 추진하려는 내각이 연합국으로부터 추가제재를
받는 일은 없을 것이라고 덧붙였다)."

다음과 같은 형태로 전송될 것이다.

"Berlin 1. Chancellor Wirth told t Reichstag tdy in outlining the gvts pgn
tt qn restoration & reconciliation wd b the keynote f new gvts policy. qj He
added ttt cabinet ws dtmd disarmament sd b carried out loyalty & tt disarmament
wd n b. the ocan f imposition of further penalties bi t alis."

이 두 번째 기사는 외국어로 된 긴 연설에서 추려내어 번역한 후 암호
화되고, 다시 그것을 해독하는 과정을 거쳤다. 메시지를 수신하는 전신
기사들은 계속해서 그것을 옮겨 쓰는데, 내가 들은 바에 따르면, 숙련된
전신기사의 경우 30분 동안의 점심시간과 두 차례에 걸친 10분 동안의
휴식시간을 포함하여 하루 8시간 동안 1만5,000자, 혹은 그 이상을 받아
적을 수 있다고 한다.

2

연속적인 전체 행위, 사유, 감정과 그 결과들을 몇 마디 말로 표현해야

하는 경우가 종종 있다. 이를테면,

"워싱턴, 12월 23일—오늘 워싱턴의 한국 위원회는 일본군 당국이 전시(戰時)에 벨기에에서 벌어진 일보다 좀더 '가공할 만하고 야만적인' 행위를 저질렀다는 성명을 발표했는데, 위원회에 따르면 이는 만주에서 입수한 믿을 만한 보고에 근거를 두고 있다."

이 성명에 따르면 우선 현장의 소식들은, 그것의 정확성 여부를 떠나서 '믿을 만한 보고'를 했던 사람들에게 전달된다. 믿을 만한 보고를 했던 사람들은 이런 현장의 소식들을 8,000킬로미터 이상 떨어져 있던 워싱턴의 위원회에 전달한다. 위원회는 성명으로 발표하기에는 너무 긴 글을 준비했을 수도 있지만, 어쨌든 특파원은 그것을 약 9센티미터의 길이로 요약한다. 그 의미는 독자들이 그 뉴스에 얼마만큼의 비중을 둘 것인가를 판단할 수 있도록 압축되어야 한다.

아무리 문필의 대가라고 할지라도, 수개월에 걸쳐 한국에서 발생한 일을 100여 자로 압축하여 공정하게 기사를 작성하는 것이 가능한지는 대단히 의심스럽다. 언어가 의미를 전달하는 수단이기는 하지만, 결코 완벽하지는 않기 때문이다. 말은 화폐와 마찬가지로 오늘 어떤 이미지를 자아내면, 내일은 또다른 이미지를 자아내기 마련이다. 기자의 마음속에 있는 생각을 표현하는 말이 독자의 생각과 정확하게 일치할지는 대단히 불확실하다. 이론적으로, 각각의 사실과 관계에 그에 걸맞은 독자적인 이름이 있고 모든 사람들이 그 이름에 동의하고 있다면, 오해 없이 의사소통하는 것이 가능할 것이다. 정밀과학 분야에서는 이런 이상에 가까운 방법이 존재하고, 바로 이 때문에 세계적인 협력의 모든 형태들 중에서 과학적인 탐구가 가장 효과적일 수 있는 것이다.

인간이 가진 생각을 표현하기에는 인간이 사용할 수 있는 말이 턱없이 부족하다. 장 파울이 이야기했듯이, 언어는 빛바랜 은유의 사전이다.[2] 그 자신조차도 희미한 이미지만을 가지고 있는 저널리스트나 연설가가 몇몇 구절들로 그들이 생각하는 모든 의미를 50만 명의 독자들이나 멀리 떨어진 마을과 해외에까지 전달할 수 있을 것이라고 기대하는 것은 무리이다. 브리앙에 따르면,[3] "로이드 조지의 말들은" 프랑스 국민회의에 "정확하게 전달되지 않아서 범게르만주의자들에게 무엇인가를 시작해야 할 시간이 되었다는 생각을 전해준 것 같다." 영국 수상이 그 자신의 말로 그 자신의 의미를 전 세계에 말하자, 전 세계의 사람들은 그 말 속에서 그들 자신의 의미를 찾았던 것이다. 그의 말이 아무리 함축적이거나 미묘할지라도, 혹은 보다 함축적이고 보다 미묘할수록, 그의 말은 연설을 통해서 퍼져나가고 외국인의 마음속에 들어가면서 그의 의미는 손상될 것이다.[4]

---

2) White, *Mechanisms of Character Formation*에서 재인용.

3) 에드윈 L. 제임스(Edwin L. James)가 1921년 5월 25일 「뉴욕 타임스(*The New York Times*)」에 타전(打電)한 특전(特電).

4) 1921년 5월에 영국과 프랑스의 관계는 상부 슐레지엔에서의 코르판티(Korfanty)의 반란 때문에 긴장상태에 놓여 있었다. 「맨체스터 가디언(*Manchester Guardian*)」의 런던 뉴스(1921년 5월 20일자)는 아래의 기사를 게재했다.

"프랑스와 영국 갑론을박을 벌이다.

프랑스적 방식과 특성을 잘 아는 사람들 사이에서 나는 위기시에 프랑스 언론에 나타나는 무절제한 언어에 대해서 우리의 언론과 여론이 지나치게 민감하다고 생각하는 경향을 발견했다. 이 점에 관해서 한 박식한 중립적 관찰자는 나에게 다음과 같이 지적했다.

말은 돈과 마찬가지로 가치의 표시이다. 말들은 의미를 나타내고, 따라서 돈과 마찬가지로 그것들의 표현적 가치는 오르락내리락 한다. 보쉬에는 현재 그 의미를 상실한 '경악스러운(etonnant)'이라는 프랑스어 단어를 굉장히 중요하게 사용했다. 이와 유사한 영어 단어로는 '끔찍한(awful)'이라는 말을 들 수 있다. 몇몇 민족들은 체질적으로 축소하여 말하는 경향이 있고, 다른 민족들은 과장하여 말하는 경향이 있다. 영국 군인이 위험한 장소라고 불렀던 곳을 이탈리아 군인은 원기 왕성한 표현을 수반하는 풍부한 어휘로 묘사할 수 있다. 축소하여 말하는 민족들은 그들의 말의 통화를 건전하게 유지한다. 과장하여 말하는 민족들은 그들 언어의 인플레이션으로 고통을 겪는다.

'저명한 학자'나 '솜씨 좋은 작가'와 같은 표현들은 프랑스어로는 '위대한 석학'이나 '섬세한 대가'로 번역되어야 한다. 이는 1파운드가 프랑스에서는 46프랑인 것과 마찬가지로 단지 교환의 문제이며, 영국에서도 그 가치는 변함이 없다. 프랑스 신문을 읽는 영국인들은 프랑을 파운드로 환산하는 은행원과 같은 정신상태를 유지하기 위해서 노력해야 하며, 또한 평시에는 교환의 비율이 1파운드에 25프랑이었던 것이 현재와 같은 영국 수상을 바라보고 있던 수백만 명의 사람들은 거의 문자를 알지 못하는 사람들이었다. 또다른 수백만 명의 사람들은 문자를 읽을 수는 있지만 자신이 읽은 것을 이해할 수 없는 사람들이었다. 문자를 읽을 수도 있고 이해할 수도 있는 사람들 가운데 4분의 3 정도의 사람들만이 그 주제에 관해서 하루에 30분쯤 주의를 집중한다고 추정할 수 있다. 이렇게 얻은 말들은 그들이 투표를 하는 데에 중요한 단서가 될 수 있고, 궁극적으로는 큰 결과를 낳을 수 있다. 지극히 당연하게도 우리가 읽고 알게 된 생각들은 우리 자신의 자료들 중 가장 큰 부분을 차지하고, 우리는 의견을 개진할 때 이를 이용한다. 세계는 넓고 우리와 관계가 있는 상황들은 매우 복잡하며 메시지는 거의 없기 때문에, 의견의 가장 큰 부분은 상상 속에서 구성되어야 한다.

우리가 "멕시코"라는 말을 사용할 때, 뉴욕의 주민에게는 어떤 이미지가 떠오를까? 아마도 모래, 선인장, 유전(油田), 그리저(greaser : 멕시코 사람을 경멸적으로 부를 때 사용하는 말/역주), 럼주를 마시는 인디언, 구레나룻과 멕시코의 주권을 자랑하는 성마른 늙은 신사, 혹은 암울한 산업주의의 전망에 시달린 채 인간의 권리를 위해서 싸우는 시골의 소작인 장 자크와 같은 것들이 복합적으로 떠오를 것이다. 그렇다면 "일본"이라는 말은 무엇을 떠올리게 할까? 황화(黃禍), 사진 신부(picture bride), 부채, 사무라이, 만세(萬歲), 예술, 벚꽃에 둘러싸인 찢어진 눈의 모호한 황인종 무리일까? "외국인(alien)"이라는 말은 어떨까? 1920년에 뉴잉글랜드의 대학생들이 쓴 글에 따르면, 외국인이란 다음과 같았다.[5]

전시에는 1파운드에 46프랑이라는 점을 잊어서는 안 된다. 환전뿐만 아니라 말의 교환에서도 전쟁기간 중에는 가치의 변동이 있기 때문이다.
이런 주장은 양 방향으로 작동하기를 기대할 수 있으며, 프랑스인들은 그들 자신의 원기 왕성한 표현의 배후와 마찬가지로 영국인의 과묵함의 배후에도 많은 가치가 있다는 점을 이해해야 한다."
5) *The New Republic*: December 29, 1920, p. 142

"우리나라에 적대적인 사람"

"정부에 반대하는 사람"

"우리와는 반대편에 있는 사람"

"우호적이지 않은 국가의 시민"

"전쟁 중인 외국인"

"자신이 들어와 있는 국가에 해를 끼치려고 시도하는 외국인"

"외국에서 들어온 적"

"국가에 반대하는 사람" 등등

그러나 외국인이라는 말은 주권, 독립, 나라의 영광, 권리, 방어, 공격, 제국주의, 자본주의, 사회주의와 같이 우리가 매우 쉽게 "찬성"하거나 "반대"하는 말들보다도 훨씬 더 정확한, 이런 의미에서 유별나게 정확한 법률용어이다.

3

피상적인 유사점들을 분별하고, 차이들을 다루며, 다양성을 식별하는 힘은 총명한 마음으로부터 나온다. 이는 상대적인 능력이다. 그러나 총명함의 차이는 갓 태어난 신생아와 꽃을 연구하는 식물학자 사이의 차이만큼이나 크다. 신생아는 자신의 발가락이나 아빠의 시계, 탁자 위의 램프, 하늘에 떠 있는 달, 그리고 모파상의 멋지고 밝은 노란색 총서 사이의 차이를 거의 구분하지 못한다. 유니언 리그 클럽(Union League Club)의 회원들에게는 민주당원, 사회주의자, 그리고 도둑 사이에 큰 차이가 없지만, 대단히 지적인 무정부주의자에게 바쿠닌, 톨스토이 그리고 크로폿킨 사이에는 굉장히 큰 차이가 있다. 이런 사례들은 아기들 사이에서 모파상에 관한 믿을 만한 여론이나, 유니언 리그 클럽에서 민주당원에 관한 믿을 만한 여론을 확보하는 것이 얼마나 어려운 일인가를 보여준다.

다른 사람의 차를 타고 있는 사람은 그 차가 어떤 차인지에 관해서 그다지 세세하게 구분하지 않을 것이다. 그러나 그가 자신의 차를 사서 운전을 하게 되면, 즉 정신 분석학자의 말처럼 차에 그의 리비도(libido)를 투영하게 되면, 그는 멀리 떨어져 있는 차의 트렁크를 보고서도 카뷰레터의 차이를 묘사할 수 있게 될 것이다. 이것이 바로 "일반적인 화제"에서 한 사람의 취미로 이야기가 전환되면, 안도감을 느끼게 되는 이유이다. 이는 마치 거실에 있는 풍경화로부터 바깥의 논밭으로 시선을 돌리는 것과 같다. 즉, 한 화가가 상상한 것을 그린 그림을 보다가 3차원의 세계로 되돌아간 것과 유사하다.

페렌치의 말에 의하면, 우리는 오직 부분적으로만 유사한 두 가지 것을 쉽게 동일시한다.6) 아이는 어른보다, 그리고 원시인이나 덜 성숙한 사람은 성숙한 사람보다 좀더 쉽게 동일시한다. 의식이라는 것이 어린아이에게 처음으로 나타나면, 그것은 감각들의 다루기 힘든 혼합인 것처럼 보인다. 아이는 시간감각이 없고 공간감각도 거의 없기 때문에, 엄마의 젖에 손을 내미는 것과 동일한 확신과 기대를 품고 샹들리에에 손을 내민다. 그것을 구분하는 기능은 아주 서서히 분명해진다. 이는 완전한 무경험의 세계이자 하나의 일관되고 미분화된 세계이며, 어느 철학자가 말했듯이, 모든 사실(fact)은 이와 같이 자유롭고 평등하게 탄생하는 것이다. 세계에 속해 있는 그런 사실들은 인간의 의식 속에 놓여 있는 사실들과 아직까지는 분리되지 않은 상태에 있다.

페렌치에 따르면, 처음에 아기는 울음을 통해서 원하는 것을 얻는다. 이는 "마술적인 환각적 전능함의 시기"이다. 두 번째 단계에서 아기는

---

6) Internat. Zeitschr. f. Arztl. Psychoanalyse, 1913. 어니스트 존스 박사(Dr. Ernest Jones)에 의해서 번역되어 재출간된 S. Ferenczi, *Contributions to Psychoanalysis*, Ch. VIII, *Stages in the Development of the Sense of Reality*.

원하는 것을 손으로 가리킨다. 이는 "마술적인 제스처의 도움에 의한 전능함"의 시기이다. 이후에 아이는 말하는 법과 원하는 것을 요구하는 법을 배우며, 이는 부분적으로 성공한다. 이는 "마술적인 사유와 말의 시기"이다. 비록 그처럼 분명하게 구분되는 것은 아니지만, 각 단계는 특정한 상황 속에서 지속될 수 있다. 각 단계에서 부분적인 성공은 또다른 단계의 발전을 촉진하는 경향이 있다. 많은 개인과 정당들, 그리고 심지어는 민족들 역시도 자신들이 경험한 것 이상으로 나아가지는 못한다. 그러나 가장 선진적인 사람들 가운데에서도 보다 선진적인 사람들은 반복된 시행착오를 통해서 새로운 원리들을 발명했다. 그들은 달을 향해서 으르렁거린다고 달이 움직이지는 않는다는 것을 깨달았다. 곡식은 봄 축제나 공화당원들 때문에 자라는 것이 아니라 햇빛과 수분, 씨앗과 비료, 그리고 경작을 통해서 자라는 것이다.[7]

반응에 관한 페렌치의 범주들의 순수하게 도식적인 가치를 인정한다면, 우리가 중요한 것으로 언급했던 특성은 원래 그대로의 지각들과 막연한 유추들 가운데 그것들을 식별하는 역량이다. 이 역량에 관한 연구는 실험실에서 이루어졌다.[8] 취리히 연상(聯想) 연구소는 가벼운 정신적 피로 —— 주의력의 내적 장애나 외적 장애 —— 가 반응의 특성을 "단조롭게" 하는 경향이 있다는 점을 밝혀냈다. 가장 "단조로운" 유형의 사례는 쨍그랑 소리에 대한 연상인데, 이는 소리에 대한 반응이지 자극적인 말의

---

7) 병리학자인 페렌치는 과학에 기초한 현실주의의 단계인, 경험에 의해서 동일시하는 성인의 시기는 다루지 않았다.

8) 예를 들면, 융(C. G. Jung) 박사의 지도하에 취리히에 있는 정신의과 대학병원에서 수행된 진단연상 연구를 보라. 이 실험들은 주로 이른바 크래펠린-아샤펜부르크(Krä-pelin-Aschaffenburg)하에서 수행되었다. 그 실험들은 반응시간을 보여주고, 내적, 외적, 쨍그랑 소리와 같은 자극적인 말들에 대한 반응을 분류하며, 처음 100마디와 두 번째 100마디, 피실험자가 어떤 생각을 가져서 산만해졌을 때나 박자기로 시간을 재면서 대답할 때의 반응시간과 반응의 특성에 대한 결과들을 나누어 제시한다. 몇몇 실험결과들은 콘스탄스 롱(Constance E. Long) 박사가 번역한 Jung, *Analytical Psychology*, Ch. II에 요약되어 있다.

감각에 대한 것이 아니었다. 예를 들면, 한 실험에서는 첫 번째의 100번에 걸친 쨍그랑 소리에 대한 반응보다 두 번째의 100번에 걸친 쨍그랑 소리에 대한 반응이 9퍼센트 증가했다는 것을 보여주었다. 쨍그랑 소리는 거의 하나의 반복, 즉 매우 원시적인 유추(類推)의 형태가 된 것이다.

4

실험실의 비교적 단순한 조건들이 그처럼 쉽게 차이를 단조롭게 할 수 있다면, 도시생활의 경우에는 어떨까? 실험실에서 피로는 아주 가벼운 것이었고, 정신의 산만함은 그렇게 큰 문제가 아니었다. 피로와 정신의 산만함은 피실험자의 흥미와 자의식에 의해서 얼마간 균형이 맞추어져 있었다. 그러나 만일 메트로놈(metronome) 소리가 사고력을 약화시킨다면, 소음과 악취 그리고 열로 가득 찬 공장에서 8시간 내지 12시간을 일하는 것과 타자기와 전화 벨 소리, 문이 닫히는 소리 속에서 일상을 보내는 것은 전차와 지하철에서 읽은 신문에 기초하여 형성되는 정치적 판단에 어떤 영향을 미칠까? 왁자지껄한 소리 속에서 어떤 것을 들을 수 있기나 한 것일까? 섬광 속에서 어떤 것을 볼 수 있기나 한 것일까? 도시 거주자의 삶에는 고독과 고요 그리고 안락함이 결핍되어 있다. 밤은 시끄럽고 불타는 듯이 이글거린다. 이제 폭력적이고 들쑥날쑥한 끊임없는 소음의 공격을 받는 대도시의 사람들은 무자비하게 한없이 이어지는 끝없는 리듬 속에 빠져 있다. 근대 산업주의하에서 사유는 이런 소음 속에서 지속된다. 만일 사유의 차이가 단조롭고 둔탁하다면, 그 일말의 이유는 바로 여기에 있다. 사람들은 사유하기 가장 어려운 조건들 속에서 삶과 죽음 그리고 행복을 결정한다. 이 조건들이 사유하는 것을 어렵게 할 때, 사유는 "견딜 수 없는 괴로움"이 된다. 그러나 사유란 춤추는 것과 마찬가지로 기분을 들뜨게 하는 것이며, 그저 자연스러운 것이다.

생각하는 것을 업으로 삼고 있는 사람들은 하루에 일정 정도의 시간 동안을 고요한 상태로 있어야 한다는 점을 알고 있다. 그러나 우리가 편리하다고 생각하는 문명이라는 혼돈의 상황과 가장 최악의 조건들 속에서 시민들은 통치라는 위험한 일을 하고 있다. 이런 진리를 약간이나마 인정해도 노동시간의 단축이나 휴가기간의 연장, 공장이나 사무실에서의 조명이나 실내환기, 질서와 햇빛, 그리고 인간의 존엄을 위한 운동들을 고취할 수 있다. 그러나 우리 삶의 지적인 특성을 향상시키려면 이것은 단지 시작에 불과한 것이다. 노동자들에게 많은 직업들이 끝없고 목적 없는 일상이자 단조로운 패턴 속에서 근육만을 사용하는 일종의 오토마티즘(automatism)인 한, 노동자의 전체 삶은 오토마티즘으로 향하게 된다. 이런 경향에서는 천둥소리와 같은 자극이 없다면, 그 어떤 것도 다른 것과 특별히 구분되지 않는다. 노동자가 주야에 걸쳐 신체적으로 무리를 지어서 갇혀 있는 한, 그의 주의력은 명멸하고 이완될 것이다. 그는 주의를 집중하지 못할 것이고, 그가 온갖 종류의 혼란의 희생자라는 점을 밝히지 못할 것이다. 가정은 엄청난 양의 가사노동과 악을 쓰며 소리를 지르는 아이들, 시끌벅적한 싸움, 소화가 되지 않는 음식, 매캐한 공기 그리고 숨 막히는 장식들로부터 벗어날 필요가 있다.

간혹 우리는 차분하고 널찍한 빌딩에 들어간다. 우리는 집중을 방해하는 모든 것을 없애버린 극장에 가거나 바다나 조용한 장소를 찾고는 한다. 이를 통해서 우리는 일상적인 도시의 삶이 얼마나 어수선하고, 변덕스러우며, 피상적이고 떠들썩한지를 이해하게 된다. 우리는 왜 우리의 혼란스러운 마음이 어느 것 하나 제대로 정확하게 포착하지 못하는지, 왜 헤드라인과 표어에 사로잡혀서 일종의 타란텔라 춤을 추는 것처럼 까딱거리는지, 왜 그처럼 자주 명백한 차이가 있는 정체성을 구분하거나 식별할 수 없는지를 이해하게 된다.

그러나 이런 외적 무질서는 내적 무질서에 의해서 더욱 복잡해진다. 실험에 따르면, 감정적인 갈등들은 연상의 속도와 정확성, 그리고 지적 특성을 교란한다. 5분의 1초 단위로 측정하면, 중립적인 말과 자극적인 말 모두를 포함하는 100자의 말들은 5번째 말과 32번째 말 사이에서 변이를 보여주거나 반응하는 데에 완전히 실패한다는 점을 보여준다.9) 확실히 우리의 여론은 모든 종류의 것들 —— 야망과 경제적 이익, 개인적 증오, 인종적 편견, 계급감정 등 —— 과 간헐적인 접촉상태에 있다. 이런 것들은 우리가 읽고, 생각하고, 말하고, 행위하는 것을 굉장히 다양한 방식으로 왜곡한다.

궁극적으로 여론은 사회의 정상적인 구성원들에 의해서만 구성되는 것이 아니며, 선거와 선전 혹은 추종의 목적상 사람들의 수가 힘을 구성하기 때문에, 주의의 집중은 보다 저하된다. 우리들이 일반적으로 추정하는 것보다 훨씬 더 많은 사람들이 글을 전혀 모르고, 정신이 박약하거나 신경쇠약에 걸려 있으며, 영양상태가 좋지 않거나 욕구불만으로 가득 차 있다. 따라서 대중적인 호소는 정신적으로 아이나 야만인 같은 사람들, 복잡한 관계의 늪에 빠진 사람들, 활력이 고갈된 사람들, 질병이나 장애로 바깥출입을 하지 못하는 사람들, 그리고 토론 중인 문제의 그 어떤 부분도 제대로 이해할 수 없는 사람들에게도 광범위하게 유포된다. 그들은 오해의 작은 소용돌이에서 여론의 흐름을 멈추고, 바로 그곳에서 편견과 설득력 없는 유추가 여론을 퇴색시킨다.

"광범위한 호소"는 연상의 특성을 감안하고, 널리 유포되어 있는 감수성에 적합하다. "엄밀한" 혹은 "특별한" 호소는 흔치 않은 감수성에 적합하다. 그러나 동일한 개인이라고 할지라도 다른 자극에 다르게 반응하거

9) Jung, *Clark Lectures*.

나, 동일한 자극이라고 할지라도 시간이 다르면 매우 다르게 반응할 수 있다. 인간의 감수성은 알프스 지역에 있는 국가와 같다. 그곳에는 고립된 봉우리들, 넓지만 별개인 고원들, 그리고 거의 모든 인류를 연결하는 깊고 깊은 단층들이 있다. 따라서 개인들의 감수성이 각 봉우리의 정화된 대기에 도달하는 경우, 그곳에는 프레게와 페아노 사이의, 혹은 초기 사세타와 후기 사세타 사이의 정교한 차이가 존재한다. 이곳에 도달한 개인들은 다른 수준의 호소의 경우에는 좋은 신념을 가진 공화당원일 수 있고, 배고프거나 두려워하고 있는 경우에는 동일한 상태에 처한 다른 개인들과 구별하기 어려울 수도 있다. 많은 발행부수를 자랑하는 잡지가 다른 어떤 인물보다도 예쁜 소녀의 얼굴, 즉 독자들을 매혹시키기에 충분할 정도로 예쁘면서도 독자들이 충분히 받아들일 정도로 순결한 소녀의 얼굴을 표지 모델로 선호한다는 점은 당연한 일이다. 자극이 작용하는 "정신적 수준"이 잠재적인 독자의 많고 적음을 결정하기 때문이다.

6

이처럼 우리의 여론이 취급하는 환경은 여러모로 굴절되어 있다. 환경을 굴절시키는 것들에는 검열과 프라이버시, 물리적 사회적 장벽들, 빈약한 주의집중, 언어의 빈곤, 집중을 방해하는 것들, 무의식적인 일단의 감정, 심신의 소모와 폭력 그리고 단조로움 등이 있다. 이런 한계들은 우리가 선명하고 공정하게 환경을 지각하는 것을 방해하고, 실행 가능한 생각을 오해의 여지가 있는 허구로 대체하며, 의식적으로 호도하려고 노력하는 사람들에 대한 적절한 견제수단을 박탈한다. 또한 이런 한계들은 사실 자체의 모호함 및 복잡성과 결합되어 있다.

제 3 부

고정관념

제6장

고정관념

1

사람들이 거주하고 일하는 범위는 지구상의 작은 부분에 한정되어 있고, 각각의 사람들이 잘 알고 있는 사람들도 소수에 불과하다. 광범위한 효과가 있는 공적 사건에서 우리가 볼 수 있는 것은 기껏해야 하나의 국면과 양상일 뿐이다. 이는 조약을 체결하고 법을 제정하며 명령을 내리는 저명한 사람들뿐만 아니라, 조약에 구속을 받고 법에 규제되며 명령이 부과되는 사람들에게도 마찬가지이다. 따라서 우리의 의견이 우리가 직접 관찰할 수 있는 것보다 더 넓은 공간과 더 긴 시간, 그리고 더 많은 것들을 포함한다는 점은 불가피한 일이다. 그러므로 우리의 의견에는 다른 사람들이 알려준 것과 우리가 상상할 수 있는 것이 함께 결합되어야 한다.

그러나 목격자조차도 직접 목격한 장면 그대로의 이미지를 전달하지 못한다.[1] 경험상 목격자 자신이 어떤 장면에 대해서 무엇인가를 자각한

---

1) 예를 들면, Edmond Locard, *L'Enquête Criminelle et les Méthodes Soientifiques*를 참조. 최근 들어 목격자의 신뢰성에 관한 많은 흥미로운 자료가 수집되었다. 이에 대해서는 *The Times* (London) *Literary Supplement* (August 18, 1921)에 실린 로카르 박사의 책에 대한 서평을 참조. 이 서평에 따르면, 신뢰성은 목격자의 부류, 사건의 종류 그리고 지각의 유형에 따라서 다양하다. 요컨대 촉각, 후각, 미각 등은 낮은 증거적인 가치만을 가지고 있다. 우리의 청각은 소리의 출처와 방향을 판단하는 경우에 불완전하고 자의적

후, 나중에 그것을 폄하한다는 점을 보여주는 것처럼 보이기 때문에, 그가 사건의 경위로 생각하는 것은 실제로 사건의 한 변형에 불과할 뿐이다. 의식 속에 있는 약간의 사실들만이 주어진 것처럼 보인다. 반면에 의식 속에 있는 대부분의 사실들은 어느 정도 각색된 것처럼 보인다. 어떤 사건을 알고 있는 사람과 그 사건에 관해서 알려진 것을 연결하는 것이 보도(報道)이며, 관찰자의 역할은 언제나 선택적이고 보통은 창조적이다. 우리가 보는 사실들은 우리의 지위와 눈의 습관에 달려 있다.

익숙하지 않은 장면은 마치 아이의 세계, 즉 "엄청나게 짜증나는 와글와글한 혼란"과 같다.[2] 존 듀이에 따르면,[3] 이런 방식은 성인들이 진정 새롭고 이상한 것과 대면할 때의 방식이다. "우리가 이해하지 못하는 외국어는 항상 주절거리며 종알대는 것처럼 들리고, 확실하고 분명하게 각각의 음성을 파악하는 것은 불가능하다. 사람들로 북적대는 거리에 있는 시골사람, 바다에 처음 출항한 수병(水兵), 전문가들 사이의 복잡한 게임에 나선 일반사람 등이 그런 사례일 것이다. 경험이 없는 사람이 공장에서 일하게 되면, 처음에 그가 하는 일은 의미 없는 멜로디와 같을 것이다. 인종이 다른 모든 이방인들은 속담에도 있듯이, 방문객처럼 보일 것이다. 외부인은 양떼 속에서 크기와 색깔이 뚜렷이 다른 양만을 식별할 수 있지만, 목동은 각각의 양들을 개별적으로 완벽하게 파악할

이며, 다른 사람들의 말을 듣는 경우에 "목격자가 듣지 못한 말들은 그의 신념에 의해서 보충될 것이다. 그는 대화의 취지에 관한 하나의 이론을 가질 것이고, 그것에 맞추어 들렸던 소리들을 각색할 것이다." 심지어 시각조차도 어떤 것을 확인하거나 인식하고 거리를 판단하는 데에서, 군중의 규모를 평가하는 것과 같이 수를 헤아리는 데에서 큰 실수를 저지를 수 있다. 훈련을 받지 못한 관찰자의 경우 시간의 감각은 매우 가변적이다. 이런 모든 원초적 약점들은 기억의 착각 및 상상력의 끝없는 창조적 특성과 뒤얽힌다. 이에 대해서는 또한 Sherrington, *The Integrative Action of the Nervous System*, pp. 318-327을 참조.

고(故) 후고 뮌스터베르크(Hugo Münsterberg) 교수는 이 주제에 관한 유명한 책 *On the Witness Stand*를 집필했다.

2) Wm. James, *Principles of Psychology*, Vol. I, p. 488
3) John Dewey, *How We Think*, p. 121

수 있다. 잘 울려퍼지는 불분명한 소리와 무분별하게 변하기 쉬운 호흡은 우리가 이해하지 못하고 있는 것을 묘사한다. 사물을 통해서 의미를 파악하는 문제나 (다른 말로 하면) 간단하게 파악하는 습관을 형성하는 문제는 (1) **명확함**과 **차이** 그리고 (2) 의미의 **일관성**이나 **안정성**을 그렇지 않다면 막연하고 흔들리는 것에 도입하는 문제이다."

그러나 그렇게 도입된 명확함과 일관성은 누가 그것을 도입하느냐에 달려 있다. 듀이는 그의 책 후반부[4]에서 경험 많은 비전문가와 화학자가 금속이라는 말을 어떻게 서로 다르게 정의할 수 있을지에 관한 사례를 제시한다. 비전문가의 금속에 대한 정의에는 "매끄러움, 단단함, 광택, 빛남, 크기에 비해서 무거움……쇠망치로 내리치거나 잡아당겨도 망가지지 않고 쓸 수 있는 특성, 열을 가하면 부드러워지고 식히면 단단해지는 특성, 주어진 형체와 형태를 유지하고 압력이나 부패에도 잘 견디는 특성 등이 포함될 것이다." 그러나 화학자는 이런 미학적이고 실용적인 특성들을 무시하지는 않겠지만, 금속을 "산소와 결합하여 염기를 형성하는 화학원소"라고 정의할 것이다.

대부분의 경우에, 우리는 우선 보고 그 다음에 정의하는 것이 아니라, 일단 정의부터 하고 그 다음에 본다. 바깥세계의 엄청나게 짜증나는 와글와글한 혼란 속에서 우리는 우리의 문화가 이미 정의한 것을 선택하고 우리가 선택한 것을 우리의 문화에 의한 고정관념의 형태 속에서 인식하는 경향이 있다. 인류의 문제들을 해결하기 위해서 파리에 모였던 위대한 사람들 중 얼마나 많은 사람들이 유럽에 관한 그들의 책무 이외에 실제의 유럽을 볼 수 있었을까? 만일 누군가가 클레망소의 마음을 꿰뚫어볼 수 있었다면, 그는 클레망소의 마음속에서 1919년 유럽의 이미지들을 발견했을까? 혹은 오랫동안 현실에서 축적되고 무감각해진 고정관념

---

4) 위의 책, p. 133

의 거대한 침전물을 발견했을까? 그가 본 것은 1919년의 독일인들이었을까, 혹은 1871년 이래 클레망소가 알고 있던 독일인의 유형이었을까? 그가 본 것은 아마도 이런 유형이었을 것이고, 클레망소에게 전달된 독일에 관한 보고서들 중에 그가 진지하게 생각했던 것은 이런 유형에 들어맞는 보고서들이었을 것이다. 만일 어떤 융커(junker)가 고함을 질렀다면, 그는 진정한 독일인이었을 것이고, 노동조합의 지도자가 독일제국의 죄를 고백했다면, 그는 진정한 독일인이 아니었을 것이다.

괴팅겐에서 열린 한 심리학 학술대회에서 그곳에 참여한 사람들을 대상으로 흥미로운 실험이 진행되었다.[5]

"학술대회 회의장과 가까운 곳에서 가면무도회가 벌어지고 있었다. 갑자기 회의장의 문이 황급히 열리고 총을 든 흑인에게 미친 듯이 쫓기는 광대가 뛰어들어왔다. 그들은 회의장의 한가운데 멈추어 싸웠다. 광대는 넘어지고, 흑인은 광대를 덮치며 총을 쏘아댔다. 그리고 둘은 회의장 밖으로 재빨리 사라져버렸다. 이 모든 일이 벌어지는 데에는 불과 20초도 걸리지 않았다.

학회장은 사법조사가 있을 것이라는 이유로 그곳에 있던 사람들에게 보고서를 작성해달라고 요청했다. 40개의 보고서가 제출되었다. 그중 단 1개의 보고서만이 주요한 사실들에 관해서 20퍼센트 미만의 착오가 있었고, 14개의 보고서에는 20퍼센트에서 40퍼센트의 착오가, 12개의 보고서에는 40퍼센트에서 50퍼센트의 착오가, 그리고 13개의 보고서에서는 50퍼센트 이상의 착오가 발견되었다. 게다가 24개의 보고서에서 세부사항의 10퍼센트는 완전히 조작된 것이었고, 10개의 보고서에서는 이보다 높은 비율의 조작이, 6개의 보고서에서는 이보다 낮은 비율의 조작이 발견되었다. 간단히 말해서, 보고서의 4분의 1이 잘못된 것이었다.

---

5) A von Gennep, *La formation des légendes*, pp. 158-159. F. van Langenhove, *The Growth of a Legend*, pp. 120-122에서 재인용.

그 장면은 사전에 준비된 것이었고, 심지어 사진까지 찍어놓았다. 잘못된 10개의 보고서는 설화와 전설의 범주로 구분할 수 있을 것이고, 24개의 보고서는 절반 정도 전설적인 이야기이며, 6개의 보고서만이 정확한 증거에 근접한 가치를 가지고 있었다."

이처럼 눈앞에서 벌어졌던 일을 기술한 40명의 참여자들 가운데 대다수의 사람들이 그곳에서 일어나지 않았던 장면을 보았다. 그렇다면 그들은 무엇을 보았을까? 어떤 이는 일어나지 않았던 일을 창작하는 것보다 일어났던 일을 말하는 편이 좀더 쉬울 것이라고 생각할 것이다. 사람들이 보았던 것은 그런 싸움에 대한 그들의 고정관념이었다. 이들 모두는 살아오면서 싸움에 대한 일련의 이미지들을 가지게 되었고, 이런 이미지들이 그들의 눈앞에서 어른거렸던 것이다. 한 사람에게는 이런 이미지들이 실제 장면의 20퍼센트 미만을 대체했지만, 13명의 사람들에게는 50퍼센트 이상을 대체했다. 또한 40명의 관찰자들 중 34명에게는 그 장면의 적어도 10분의 1을 고정관념이 선취했다.

한 저명한 예술 비평가[6]는 "어떤 대상은 셀 수 없는 형체를 띠고 있기 때문에……우리의 무감각과 무심함 때문에, 사물들은 결코 우리에게 그처럼 확고하고 분명하게 그 특징이나 윤곽을 보여주지 않을 것이고 따라서 우리는 사물들을 상기할 수 없을 터이지만, 예술이 사물들에 부여한 고정관념화된 형상들은 그렇지 않을 것이다"라고 말했다. 사실 고정관념의 형상들이 예술 —— 회화, 조각, 문학 —— 로부터만 생기는 것은 아니다. 그런 형상들은 우리의 도덕률, 사회철학, 정치선동으로부터도 발생한다. 다음의 베렌슨의 글에서 '예술'이라는 말을 '정치', '사업', '사회' 등과 같은 말로 대체해도 그 의미는 전혀 달라지지 않을 것이다. "모든

---

6) Bernard Berenson, *The Central Italian Painters of the Renaissance*, p. 60부터 그 이하.

예술학파의 연구를 통해서 우리가 배울 수 있는 점은 우리 자신의 눈으로 바라보아야 한다는 것이다. 그렇지 않으면, 우리는 예술로부터 빌려온 형상에 우리가 본 모든 것을 끼워맞추는 습관에 빠지게 될 것이다. 우리는 예술적인 실재에 관한 기준을 가지고 있다. 만일 누군가가 우리에게 우리의 보잘것없는 진부한 형상과 색에 어울리지 않는 형상과 색을 보여준다면, 우리는 우리가 확실히 알고 있는 사물들을 재생하는 데에 실패했다고 머리를 절레절레 흔들거나 무성의하다고 그를 비난할 것이다."

베렌슨은 화가가 "우리가 보는 것과 정확하게 똑같이 대상을 상상하지 않았을" 때에 우리가 느끼는 불쾌감과 "어떤 형태들을 상상하는 우리의 양식이 천차만별로 변해왔기 때문에" 중세의 예술을 이해하는 데에 어려움이 있음을 이야기한다.7) 나아가 그는 인간의 모습과 관련하여 우리가 인간을 보는 방법을 어떻게 배웠는가를 보여준다. "도나텔로와 마사초가 창조하고 인문주의자들이 용인했던 인간의 모습에 관한 새로운 규범, 형상에 관한 새로운 특색은……그 시대의 지배계급에게 전쟁에 나가서 승리할 것 같은 인간의 유형을 제시했다.……그 누가 이처럼 새로운 기준을 타파하고 혼돈된 세계에서 천재들이 확립했던 형상보다 더 정확하게 현실을 표현하는 형상을 선택할 수 있었겠는가? 어느 누구도 그런 힘을 가지고 있지 않았다. 사람들은 그런 방식으로 사물을 바라보아야 했고, 묘사된 형상들만을 바라보아야 했으며, 제시된 이상들만을 사랑해야 했다.……"8)

---

7) *Dante's Visual Images, and his Early Illustrators in The Study and Criticism of Italian Art* (First Series), p. 13을 참조. "우리는 베르길리우스를 로마인처럼 입힐 수 없고 그에게 '고전적인 이목구비'와 '조각상 같은 자세'를 부여할 수는 없지만, 베르길리우스에 대한 단테의 시각적 이미지는 그 로마시인에 대한 그의 전체적인 생각만큼이나 중세적이고, 고대의 비판적인 재구성에 기반을 두고 있다. 14세기의 삽화가들은 베르길리우스를 모자와 가운을 걸친 중세의 학자처럼 묘사했고, 그에 대한 단테의 시각적 이미지가 이런 묘사와 다를 하등의 이유가 없었다."

8) *The Central Italian Painters*, pp. 66-67

2

다른 사람들이 안다고 생각하는 것을 알기 전까지 다른 사람들의 행위를 완전하게 이해할 수 없다면, 우리는 그들이 자유롭게 사용할 수 있었던 정보뿐만 아니라 그 정보를 여과했던 마음까지도 살펴보아야 한다. 일반적으로 인정된 유형, 현재의 양식, 표준적인 견해 등이 의식에 이르는 길에서 정보를 가로채기 때문이다. 예를 들면, 미국화(Americanization)는 적어도 표면적으로는 유럽적인 고정관념을 미국적인 것으로 대체하는 것이다. 따라서 지주를 장원의 영주처럼, 자신의 고용주를 지방의 세도가처럼 바라볼지도 모를 농부에게 미국화는 미국의 기준에 따라서 지주와 고용주를 바라보도록 가르친다. 이는 마음의 변화를 가져오고, 실제로 그런 접목이 성공하면 시각의 변화를 가져온다. 이제 그의 눈은 다르게 보게 된다. 고정관념을 굉장히 중요하게 생각하는 한 상냥한 숙녀는 그녀의 고정관념에 부합하지 않는 것이라면 인간의 형제애나 신의 부권(fatherhood)마저도 받아들 수 없다고 고백했다. "우리는 이상하게도 우리가 입고 있는 옷에 영향을 받습니다. 의복은 정신적, 사회적 분위기를 창출합니다. 런던의 재단사를 고용하겠다고 하는 사람에게 어떻게 미국화를 바랄 수 있겠습니까? 어떤 이의 음식은 그의 미국화에 영향을 미칩니다. 자우어크라우트(Sauerkraut)와 림베르거 치즈(Limberger cheese)의 분위기에서 어떤 종류의 미국인의 의식이 성장할 수 있겠습니까? 입에서 마늘냄새가 나는 사람에게 어떻게 미국주의(Americanism)를 기대할 수 있겠습니까?"9)

이 숙녀는 나의 친구 중 한 명이 참석했던 축제행렬의 후원자였을지도 모른다. 멜팅 팟(Melting Pot)이라고 불렸던 그 축제행렬은 외국 출신의 자동차 공장 노동자들이 많이 살고 있던 한 도시에서 미국 독립기념

---

9) Mr. Edward Hale Bierstadt, *New Republic*, June 1, 1921, p. 21에서 재인용.

일에 개최되었다. 그 행사가 열린 야구장의 중앙에는 나무와 헝겊으로 만들어진 거대한 도가니가 놓여 있었고, 양쪽에는 그 위로 올라가는 사다리가 놓여 있었다. 관중들이 자리를 잡고 악대의 연주가 끝난 후에, 야구장의 한쪽 입구를 통해서 행렬이 시작되었다. 이 행렬은 그 도시의 공장에서 일하던 외국 국적의 사람들로 이루어져 있었다. 그들은 자신들의 고유한 민속의상을 입었고, 자신들의 국가(國歌)를 불렀다. 그들은 자신들의 민속춤을 추었고, 유럽의 국기들을 들었다. 이 행사의 주관자는 엉클 샘(Uncle Sam)의 복장을 한 초등학교의 교장이었다. 그는 노동자들을 도가니로 인도했고, 그들에게 한쪽 사다리로 올라가서 도가니의 안으로 들어가라고 지시했다. 그리고 다시 도가니의 밖으로 그들을 불러 냈다. 도가니에서 나왔을 때, 그들은 중산모를 쓰고, 코트와 바지와 조끼를 입고, 빳빳한 옷깃에 물방울 무늬 넥타이를 매고 있었으며, 포켓에 에버샤프(Eversharp) 연필을 꽂은 채 미국 국가를 부르기 시작했다.

이 행사의 발기인과 대부분의 참여자들은 옛 미국인과 새로운 미국인 사이의 친밀한 교제가 굉장히 어려운 문제라는 점을 표현하려고 했던 것처럼 보인다. 그들의 고정관념이 그들이 공통으로 가지고 있던 인간성을 완전하게 인식하는 것을 방해했던 것이다. 자신의 이름을 바꾸는 사람들은 이 점을 알고 있다. 그들은 그들 스스로와 그들에 대한 이방인의 태도를 바꾸려는 것이다.

물론 바깥의 광경과 그것을 바라보는 우리의 마음 사이에는 어느 정도 관계가 있는데, 이는 급진적인 모임에 긴 머리의 남성과 짧은 머리의 여성이 약간 있는 것과 마찬가지이다. 그러나 성급한 관찰자에게는 약간의 관계만으로도 충분하다. 만일 청중들 가운에 2명이 단발머리를 하고 있고 4명이 수염을 기르고 있다면, 사전에 그 모임이 머리를 다듬는 데에 취미가 있는 사람들의 모임이라는 것을 알고 있었던 기자에게는 그곳에 모인 사람들이 모두 단발머리이거나 수염을 기른 것으로 보일 것이다. 우리의 시각과 사실 사이에는 관계가 있지만, 그 관계는 종종 이상한 것이다. 건물의 부지를 조사하는 경우를 제외하고는 풍경을 바라보는 일이 거의 없는 사람도, 그의 거실에 풍경화를 걸어놓을 수 있다. 그리고 그는 풍경화를 통해서 장밋빛으로 물든 저녁노을이나 교회의 탑, 은빛 달이 떠 있는 시골길과 같은 풍경을 생각할 수 있게 된다. 어느 날, 시골에 간 그는 몇 시간 동안 어떤 풍경도 보지 못한다. 그때 해가 저물면서 장밋빛으로 물들기 시작한다. 동시에 그는 어떤 풍경을 인식하고 그것이 아름답다고 감탄하며 소리를 지른다. 그러나 이틀 후 그가 본 것을 회상하려고 할 때, 그가 기억하는 것은 거실에 있는 풍경화의 모습일 것이다.

술에 취했거나 꿈을 꾸었거나 미쳤거나 하지 않았다면, 그는 확실히 석양을 보았을 것이다. 그러나 그가 석양 속에서 보았던 것과 그것을 통해서 기억하는 것은 인상파 화가나 교양 있는 일본인이 보았던 것이라기보다는 그의 거실에 있는 유화가 그에게 알려주었던 것이다. 만일 화가와 일본인이 인류를 위한 참신한 시각을 찾는 보기 드문 사람들이 아니라면, 그들 역시 그들이 아는 것으로부터 좀더 많은 것을 보고 기억할 것이다. 훈련받지 않은 관찰의 경우에, 우리는 환경으로부터 인식할 수 있는 기호(sign)를 선택한다. 기호는 생각을 의미하고, 이런 생각들은 우리가 가지고 있는 이미지로 채워진다. 우리는 이 사람, 저 석양과 같은 식으로 사물을 보지 않는다. 대신에 우리는 우선 그 대상이 사람인지 석양인지를 인지하고, 사람과 석양에 관해서 우리의 마음속에 이미 들어차 있는 것을 보게 된다.

3

이는 경제적 효율성과도 관계가 있다. 모든 것을 새롭고 자세하게 보려고 시도하는 것은 어떤 유형이나 일반성에 의해서 파악하는 것보다 소모적이고, 바쁜 일상에서는 실제로 불가능하다. 친구들이나 가까운 동료 혹은 경쟁자들과의 관계에는 개별화된 이해를 지나치는 어떤 지름길도 없으며 그것을 대체할 그 어떤 것도 존재하지 않는다. 우리가 사랑하고 존경하는 사람들은 인성이 충만한 사람들이고, 우리를 어떤 특정한 분류로 파악하기보다는 우리를 그 자체로 알고 있는 사람들이다. 우리가 표현하지 않더라도, 모든 분류는 우리 자신의 것이 아닌 다른 목적과 관련되어 있다는 점을 직관적으로 느낄 수 있다. 두 사람 사이에서 한 사람이 다른 사람을 목적으로 삼지 않는 교제에는 궁극적으로 소중함이 존재하지 않는다. 상호 불가침을 공리로서 선언하지 않은 두 사람 사이의 접촉에는 항상 오점이 남기 마련이다.

그러나 근대적 삶은 바쁘고 다채롭다. 무엇보다도 물리적인 거리는 고용주와 고용인, 공무원과 유권자와 같이 상호간에 필수적인 접촉상태에 있는 사람들을 분리시킨다. 사람들이 서로 친밀하게 사귈 수 있는 시간과 기회는 대단히 제한적이다. 대신에 우리는 잘 알려진 유형을 나타내는 특성에 주목하고, 우리의 머리에 들어 있는 고정관념으로 나머지 이미지를 채워넣는다. 그는 선동가이다. 그 정도가 우리가 주목하거나 그에 관해서 듣는 것이다. 선동가는 이런저런 종류의 사람이고 따라서 그는 이런저런 종류의 사람이다. 그는 지식인이다. 그는 재벌이다. 그는 외국인이다. 그는 "남부 유럽인"이다. 그는 백베이 출신이다. 그는 하버드 대학교 출신이다. 이는 그가 예일 대학교 출신이라는 것과는 상당한 차이가 있다. 그는 호남(好男)이다. 그는 육군 사관학교 출신이다. 그는 하사관이다. 그는 그리니치빌리지에 사는 사람이다. 우리가 그에 관해서 알지 못하는 것은 무엇일까? 그는 국제적인 은행가이다. 그는 메인 스트리트 출신이다.

모든 영향력 가운데 가장 미묘하고 가장 넓게 퍼져나가는 것은 고정관념의 레퍼토리를 창조하고 유지하는 것이다. 우리는 세계를 보기 전에 그것에 관해서 듣는다. 우리는 대부분의 것을 경험하기 전에 그것을 상상한다. 그리고 교육을 통해서 정확하게 인식하는 법을 배우지 못하는 한, 그런 선입관은 지각(知覺)의 전 과정을 지배한다. 선입관은 차이를 강조하면서 어떤 대상들을 친근하거나 낯선 것으로 선별한 후, 조금이라도 친근한 것은 매우 친근하게, 어느 정도 낯선 것은 굉장히 낯설게 만들어버린다. 선입관은 작은 기호들에 의해서 발생하는데, 이런 기호들은 사실에 해당되는 것에서부터 막연한 유추에 이르기까지 다양하다. 이처럼 작은 기호들에 의해서 발생한 선입관은 새로운 시각을 오래된 이미지로 가득 채우고, 기억을 통해서 소생시킨 것을 세계에 투사한다. 환경에 어떤 실제적인 통일성도 없다면 효율적인 사용도 없을 것이고, 눈으로 본 것만을 믿는 인간의 버릇에는 단지 오류만이 있게 될 것이다. 그러나 실제로는 충분할 정도의 정확한 통일성이 있고, 효율적으로 주의를 집중할 필요가 있기 때문에, 전적으로 경험만을 추구하면서 모든 고정관념을 버리는 것은 인간의 삶을 빈곤하게 한다.

여기에서의 문제는 우리가 고정관념의 특성에 의존할 때 속기 쉽다는 점이다. 그리고 궁극적으로 고정관념은 우리의 삶의 철학을 구성하는 포괄적인 양식들에 의존한다. 만일 그 철학이 우리가 가지고 있는 규범(code)에 따라서 세계를 체계적으로 분류한다고 가정한다면, 현재 진행되고 있는 일들에 대한 보도들은 우리의 규범에 의해서 운용되는 세계를 묘사하는 것이 되기 십상이다. 그러나 만일 우리의 철학이 인간은 오직 세계의 작은 일부일 뿐이고, 인간의 지능은 생각이라는 거친 그물로 기껏해야 몇몇 구절과 측면들을 포획할 수 있을 뿐이라고 정의한다면, 우리는 고정관념을 사용할 때 그것을 가볍게 생각하고 기꺼이 수정하려고 할 것이다. 또한 우리는 우리의 생각이 언제 시작되었고, 어디에서 출발했으며, 어떻게 우리에게 오게 되었는지, 그리고 왜 우리가 그런 생각을 받아들이게 되었는지를 보다 분명하게 인식하려고 할 것이다. 모든 유용한 역사는 이런 방식으로 살균처리된다. 이를 통해서 우리는 어떤 동화(童話), 어떤 교과서, 어떤 전통, 어떤 소설이나 연극, 그림이나 문장 등이 우리나 다른 사람들의 마음속에 선입관으로 자리잡게 되었는가를 파악할 수 있다.

<h2 style="text-align:center">4</h2>

예술을 검열하려고 하는 사람들은 적어도 이런 영향력을 과소평가하지 않는다. 그들은 대개 그 영향력을 오해하고, 거의 항상 그들이 용인하지 않은 것을 다른 사람들이 발견하지 못하도록 막는데, 이는 터무니없는 짓이다. 그러나 어쨌든 그들은 플라톤의 시인에 관한 주장처럼, 허구를 통해서 획득된 유형들이 현실에 부과되는 경향이 있다는 점을 막연하게나마 느끼고 있다. 따라서 영화가 끊임없이 이미지를 창조하고, 이런 이미지는 사람들이 신문에서 읽은 글들에 의해서 환기된다는 점은 거의 의심의 여지가 없다. 인류의 경험 속에서 영화에 비견될 만큼 시각화에 도움이 되는 것은 없다. 만일 한 피렌체인이 성자들을 마음속에 그려보고자 했다면, 그는 조토가 표준화한 성자들의 모습을 볼 수 있는 프레스코 벽화가 있는 그의 교회로 갔을 것이다. 만일 한 아테네인이 신들의 모습을 마음속에 그려보고자 했다면, 그는 사원으로 갔을 것이다. 그러나 그림으로 그려진 신들의 수는 많지 않았다. 그리고 두 번째 계명(second commandment)의 정신이 광범위하게 받아들여졌던 동양에서는 구체적인 사물들에 관한 생생한 묘사가 더욱 빈약했고, 아마도 이런 연유로 실용적인 결정능력이 그처럼 줄어들었을 것이다. 반대로 서구세계

에서는 지난 수 세기 동안 세속적인 묘사, 그림을 보는 듯한 서술(word picture), 서사, 삽화를 넣은 서사, 그리고 궁극적으로는 (유성)영화의 양과 범위가 크게 확대되었다.

과거에는 구어가, 근래에는 인쇄된 말이 권위를 가지고 있었던 반면, 오늘날에는 사진이 상상력에 대한 권위를 가지고 있다. 사진은 완전히 현실적인 것처럼 보인다. 우리는 사진이 인간의 개입 없이 우리에게 직접 오는 것처럼 상상한다. 사진은 인간의 상상력을 위해서 가장 수월해 보이는 양식이다. 말로 묘사된 것이나 그림은 어떤 이미지가 마음속에 존재하기 이전에 기억의 노력을 필요로 한다. 그러나 스크린의 경우에는 관찰하고, 묘사하며, 보도하고, 상상하는 전 과정이 관객을 위해서 이루어진다. 단지 깨어 있기만 하면, 사람들이 상상을 통해서 이루려고 하는 결과가 스크린을 통해서 나타난다. 어슴푸레한 생각은 선명해진다. 쿠 클럭스 클랜(Ku Klux Klan, KKK)에 대한 사람들의 흐릿한 관념은 「국가의 탄생(*The Birth of a Nation*)」이라는 영화를 보게 될 때 생생한 형체로 모습을 드러낸다. 그것은 역사적으로 잘못된 것일 수도 있고 도덕적으로 유해한 것일 수도 있지만, 어쨌든 그것은 하나의 형체이다. 쿠 클럭스 클랜에 관해서 잘 알지 못했던 사람은 그 영화를 보고 그 백인 기사(騎士)들을 확실하게 기억하게 될 것이다.

5

따라서 우리가 어떤 집단의 마음이나 프랑스 사람들의 마음, 군국주의자의 마음이나 볼셰비키의 마음을 이야기할 때, 고정관념들과 유형들 및 그 공식들 —— 이것들은 우리의 천성에 맞게 개조되고 정신세계를 개발하는 데에 결정적인 역할을 수행한다 —— 을 직관적인 능력과 분리하지 않는다면, 우리는 심각한 혼란에 처할 것이다. 이런 구분짓기에 실패하면, 우리는 집합적인 마음과 민족적 혼, 그리고 인종 심리학에 관한 부정확한 이야기에 빠지게 된다. 확실히 고정관념은 생물학적인 사실처럼 보이는데, 이는 그것이 각 세대에 걸쳐서 부모로부터 아이에게로 일관되게 권위적으로 전달될 수 있기 때문이다. 월러스가 말한 바와 같이,10) 어떤 면에서 우리는 우리의 사회적 유산에 생물학적으로 기생하게 되었을지도 모른다. 그러나 사람들이 그들이 태어난 국가의 정치적 습관을 타고난다고 주장할 만한 과학적 증거는 전혀 없다. 만일 한 민족이 비슷한 정치적 습관을 가지고 있다면, 그것을 설명하기 위해서 우선 살펴보아야 할 장소는 유치원, 학교, 교회 등이지 집단의 마음과 민족의 혼이 거주하는 망각의 장소가 아니다. 부모, 교사, 목사, 삼촌 등으로부터 전해지는 전통을 완전히 무시할 수 있기 전까지 정치적 차이를 세포질의 차이로 돌리는 것은 최악의 실수가 될 것이다.

교육과 경험이라는 범주 내에서 상대적인 차이들에 관하여 적절한 겸손함을 가지고 시험적으로 일반화하는 것은 가능하다. 그러나 이조차도 까다로운 일이다. 두 가지 경험이 완전하게 일치하는 경우는 없으며, 이는 동일한 가정의 두 아이의 경우에도 마찬가지이다. 형은 절대 동생으로 사는 것을 경험할 수 없다. 따라서 우리는 양육상의 차이를 무시할 수 있을 때까지, 본성의 차이에 대한 판단을 보류해야 한다. 두 토양의 생산성을 비교할 때에도, 그 토양이 래브라도의 토양인지 아이오와의 토양인지, 비옥한지 척박한지, 그 토양들이 경작되었는지 경작되지 않은 채 버려졌는지를 알기 전까지는 그것들의 산출량을 비교함으로써 두 토양의 생산성을 판단해서는 안 된다.

---

10) Graham Wallas, *Our Social Heritage*, p. 17

제7장
방어로서의 고정관념

1

보다 객관적으로 보아야 할 때조차도 우리가 고정관념에 그처럼 자주 집착하는 이유에는 노력의 경제적 효율성이라는 이유 이외에 또다른 이유가 있다. 고정관념의 체계는 우리의 개인적 전통의 핵심이자 사회에서 우리의 지위를 방어하는 데에 이용될 수 있다.

고정관념은 세계에 관한 질서정연하고 일목요연한 이미지인데, 우리의 습관, 취향, 능력, 편안함, 희망 등이 이런 이미지에 적응한다. 고정관념이 세계에 관한 완전한 이미지는 아니지만, 이는 우리가 적응할 수 있는 세계에 관한 이미지이다. 이 세계에서 사람과 사물은 각각의 위치를 차지하고, 어떤 기대된 일을 수행한다. 우리는 이곳에서 집에 있는 것처럼 편안함을 느낀다. 우리는 자연스럽게 어울린다. 우리는 구성원들이다. 우리는 이 주변을 잘 알고 있다. 이곳에서 우리는 친밀한 것, 정상적인 것, 믿을 수 있는 것의 매력을 발견한다. 그 리듬과 형체들은 우리가 그것들을 발견하는 데에 익숙한 장소에 있다. 우리가 스스로 그 틀에 들어가기 전까지는 많은 유혹이 있지만, 일단 확실하게 그 틀에 안주하게 되면, 오래된 신발만큼이나 편안하게 잘 맞는다.

따라서 고정관념에 대한 모든 훼방이 마치 우주의 근본에 대한 공격처럼 보인다는 점은 그리 놀랄 일이 아니다. 고정관념에 대한 공격은 우리의 우주의 근본에 대한 공격이며, 우리는 큰일들의 성패가 걸려 있는 곳에서 우리의 우주와 실제 우주 사이에 차이가 있다는 점을 선뜻 인정하지 않는다. 우리가 존경하는 사람들이 가치 없게 취급되고, 우리가 경멸하는 사람들이 고귀하게 취급되는 세계는 우리에게 거슬리는 세계이다. 우리의 세계보다 앞선 세계의 질서를 완전히 무시한다면, 무정부 상태가 될 것이다. 만일 온순한 사람들이 실제로 이 땅을 상속받아야 한다면, 만일 죄 없는 사람만이 돌을 던질 수 있다면, 만일 시저의 것은 시저에게 바쳐야 한다면, 마치 이런 격언들이 사실이 아닌 것처럼 삶을 살았던 사람들의 자존심의 토대는 흔들리게 될 것이다.

고정관념의 양식은 중립적인 것이 아니다. 그것은 현실의 엄청나게 짜증나는 와글와글한 혼란을 질서로 대체하는 방법이 아니다. 그것은 지름길이 아니다. 그것은 이 모든 것이자 그 이상의 것이다. 그것은 우리의 자존심의 보장이다. 그것은 우리 자신의 권리, 우리 자신의 지위, 그리고 우리 자신의 가치의 세계에 대한 투영이다. 따라서 고정관념은 그것에 매어 있는 감정들로 가득하다. 고정관념은 우리의 전통의 요새이고, 그 뒤에서 우리는 우리가 차지하고 있는 지위가 안전하다는 것을 느낄 수 있다.

2

예를 들면, 기원전 4세기에 아리스토텔레스가 점증하는 회의론에 직면하여 노예제도를 방어했을 때,[1] 대부분의 아테네 노예들은 자유로운 시민과 구분하기 어려운 상황이었다. 지메른은 『고대 집정관(*Old Oligarch*)』

---

1) Zimmern: *Greek Commonwealth*, p. 383의 각주를 참조.

으로부터 노예에 대한 처우가 좋았다는 점을 보여주는 다음과 같은 흥미로운 구절을 인용하고 있다. "시민이 노예를 때리는 것이 합법적이라고 가정한다면, 아테네인은 노예나 외국인으로 오인되어 구타를 당하는 일이 자주 벌어질 것이다. 왜냐하면 아테네 사람들은 노예나 외국인에 비해서 옷을 더 잘 입고 있는 것도 아니고, 외모에서도 특별히 우월한 점이 없기 때문이다." 이런 차이의 부재 속에서 노예제도는 자연스럽게 사라질 것이다. 만일 자유로운 인간과 노예가 외견상 동일하게 보인다면, 자유로운 인간과 노예를 차별적으로 다루어야 할 이유가 무엇인가? 아리스토텔레스가 『정치학(Politics)』의 첫 번째 장에서 분명히 하려고 했던 것은 바로 이런 혼돈이었다. 정확한 직관을 바탕으로 아리스토텔레스는 노예제도를 정당화하기 위해서 그리스 사람들에게 노예를 보는 방식을 가르쳐야만 한다는 점을 이해했는데, 그 방식은 노예제도의 지속성과 어울리는 것이었다.

따라서 아리스토텔레스는 본성상 노예인 사람이 있다고 말했다.[2] "그는 본성상 노예이기 **때문에**, 다른 사람의 재산이 되기에 적합하다." 이것이 실제로 말하는 바는 노예인 사람은 누구나 본성상 그렇게 될 수밖에 없었다는 것이다. 이 주장은 논리적으로 가치가 없다. 그러나 이 주장은 명제가 아니기 때문에, 논리와는 아무런 상관이 없는 것이기도 하다. 이 주장은 하나의 고정관념 혹은 고정관념의 일부이다. 이 주장 뒤에 곧바로 아리스토텔레스는 노예가 이성을 인지하기는 하지만 그것을 사용하도록 타고나지는 않았다고 단정짓고, 다음과 같이 주장한다. "자연의 목적상 노예와 자유인의 신체는 서로 다르게 태어났다. 노예는 그 목적상 반드시 건강해야 한다. 자유인은 노예의 노동을 위해서는 쓸모없지만 시민적 삶에 적합하도록 태어났다.……따라서 어떤 사람들은 본성상 자

---

2) *Politics*, Bk. I, Ch. 5

유롭고, 다른 사람들은 본성상 노예라는 점이 분명해진다.……"

우리는 아리스토텔레스가 그 자신과 사실 사이에 하나의 커다란 장벽을 세우고 시작했다는 점을 발견할 수 있다. 그가 노예는 본성상 노예라고 주장했을 때, 그는 왜 특정한 사람들이 노예가 되는가라는 결정적인 질문을 일거에 배제해버렸다. 만일 이런 질문을 제기했다면, 이는 노예제도 자체에 문제를 제기하는 것이었다. 그리고 본성상 노예라는 것이 노예라는 사실의 증거는 아니기 때문에, 어떤 것도 그의 주장을 검증할 수 없을 것이다. 즉, 아리스토텔레스는 노예제도 자체를 파괴할 수 있는 질문을 전적으로 배제했던 것이다. 노예는 본성상 노예로 태어났다. 노예 소유주는 그의 소유물을 본성상 노예로 바라보아야 한다. 노예 소유주가 그런 방식으로 노예를 보도록 훈련되면, 그는 노예란 노예의 일을 하고, 노예의 일을 할 위치에 있으며, 노예의 일을 하기 위한 근육을 가지고 있다는 사실을 노예의 특징으로 이해할 것이다.

완벽한 고정관념이란 바로 이런 것이다. 여기에서 고정관념은 이성의 사용에 선행한다. 그것은 지각의 형태이자, 우리의 정보가 이성에 도달하기 전에 감각에 의해서 작동한다. 고정관념은 베이컨 가(街)에 있는 라벤더색 유리창과 같은 것이고, 가장무도회의 입구에서 손님이 무도회에 어울리는 복장을 갖추었는가를 판단하는 문지기와 같은 것이다. 고정관념만큼 교육이나 비평에 완고한 것도 없다. 고정관념이 증거를 얻으려고 행위하는 순간, 그것은 그 증거에 스스로를 각인한다. 여행에서 돌아온 사람이 여행에 관해서 품고 있던 생각을 이야기하는 이유는 바로 여기에 있다. 만일 그가 음식에 관심이 많거나 타일로 만든 욕실을 좋아한다면, 혹은 풀먼식 차량(Pullman car)이 가장 편안하다고 확신하고 있거나, 웨이터나 택시 운전사나 이발사에게 팁을 주는 것은 괜찮지만 역무원이나 안내원에게는 팁을 주지 말아야 한다는 신념을 가지고 있다면,

그의 여행은 좋은—— 혹은 나쁜—— 식사와 진기한 목욕의 경험, 칸막이 열차에서의 불륜이나 팁에 대한 게걸스러운 요구들로 가득 찰 것이다. 만일 그가 보다 진지하게 여행을 하는 사람이라면, 여행 중에 그는 명소들을 방문할 것이다. 그는 목적지에 당도하여 슬그머니 기념물들을 바라보고, 베데커 여행 안내서를 한 자도 빼먹지 않고 읽은 후에, 다음 장소로 이동할 것이다. 유럽에 관한 간결하고 질서정연한 인상을 가지고 돌아온 후에 그가 본 것들에 등급을 매길 것이다.

외부로부터의 자극은 특히 그것이 인쇄물이나 말인 경우에 고정관념의 몇몇 부분들을 자극하고, 그에 따라서 실제의 감각과 선입관이 동시에 의식을 채운다. 우리가 파란색 안경을 통해서 빨간색을 보면 그것이 초록색으로 보이는 것과 마찬가지로, 실제의 감각과 선입관은 뒤섞인다. 만일 우리가 보는 것이 우리가 기대했던 것과 일치한다면 미래에 고정관념은 강화되는데, 이는 마치 사전에 일본인이 교활하다고 알고 있는 상태에서, 우연히 부정직한 일본인을 만나는 불행을 겪은 사람과 마찬가지이다.

경험이 고정관념과 모순된다면, 두 가지 일 중 하나가 발생한다. 만약 그가 유연한 사람이 아니거나 강력한 이해관계가 고정관념을 재배열하는 것을 어렵게 한다면, 그는 그런 모순을 규범을 반증(反證)하는 예외로 판단할 것이다. 그는 그것이 예외라는 이유로 조롱을 퍼붓고, 그것을 목격한 사람들을 불신하며, 어떻게든 결점을 발견하여 그것을 잊으려고 할 것이다. 그러나 만일 그가 호기심이 많고 개방적이라면, 새로운 것이 그의 이미지에 들어와서 고정관념을 변화시킬 것이다. 만일 사건이 대단히 인상적이고 기성체계와 매우 다른 것이라면, 그는 일반적으로 인정되는 삶을 바라보는 방식들에 회의를 품고, 어떤 것이 일반적으로 생각되는 것과는 다르다고 간주할 정도로 흔들릴 것이다. 극단적이기는 하지만, 만일 그가 문학에 능통하다면, 유다와 베네딕트 아놀드, 혹은 체사레 보르자 등을 그의 이야기의 주인공으로 삼아서 도덕적 규범을 뒤엎기 위한 열정을 개발할지도 모를 일이다.

3

고정관념의 역할은 벨기에 저격수에 관한 독일의 이야기에서 살펴볼 수 있다. 그 이야기는 이상하게도 팍스(Pax)라고 알려진 독일 가톨릭 사제들의 단체가 처음으로 논박했다.3) 잔혹행위에 관한 이야기가 있었다는 것도, 독일 사람들이 그런 이야기를 기꺼이 믿었다는 것도 전혀 놀랄 일이 아니다. 오히려 놀랄 만한 사실은 애국적인 독일인들 중 가장 보수적인 단체가 이미 1914년 8월 16일에 적에 대한 중상모략을 반박했다는 점이다. 심지어 그 중상모략이 독일인들의 양심을 잠재우는 데에 현격하게 공헌하는 것이었는데도 말이다. 그렇다면 그 예수회 교단은 독일의 사기진작에 중요한 허구의 이야기를 왜 그처럼 파괴하려고 했을까?

이 점과 관련하여 나는 반 랑겐호브의 설명을 인용한다.

"독일군이 벨기에를 침략하자마자 이상한 소문이 떠돌기 시작했다. 그 소문은 이곳저곳으로 퍼져나갔고, 신문에도 보도되었으며, 곧바로 전 독일로 파급되었다. 그 소문에 따르면, 벨기에 사람들은 **성직자들의 선동**에 의해서 적대적인 배반의 행위에 참여하고 있었다. 그들은 고립된 독일군을 기습공격하고, 독일군의 위치를 적에게 알려주며, 나이 든 사람과 심지어는 어린아이들까지도 부상을 입어 싸울 수조차 없는 독일군을 공격한다는 것이다. 사제들은 설교를 통해서 사람들에게 이런 범죄를 저지르도록 촉구했고, 그 보상으로 천국을 약속했으며, 심지어는 이런 공격행위에서 주도적인 역할을 했다는 것이다.

---

3) Fernand van Langenhove, *The Growth of a Legend*. 저자는 벨기에 사회학자이다.

공중은 쉽사리 이 이야기를 받아들였다. 국가에서 최고의 힘을 가진 사람들은 주저 없이 그런 이야기들을 환영했고, 그들의 권위로 이 이야기가 사실이라는 점을 보증했다.

독일에서 여론은 이런 방식으로 들끓었고, 격렬한 분노가 벨기에인들을 선동했던 **사제들에게 향했다.**……사제들을 먹잇감으로 삼았던 그런 **분노가 가톨릭 사제 일반으로 향한** 것은 자연스러운 귀결이었다. 개신교도들은 그들의 마음속에 있던 오래된 종교적 혐오를 다시 점화하여 가톨릭을 공격했다. 새로운 문화전쟁(Kulturkampf)이 발발했다.

가톨릭은 이 적대적인 태도에 즉각 반격했다."(강조는 저자)4)

아마도 몇 차례의 저격사건이 있었을 것이다. 분노한 모든 벨기에인들이 도서관으로 돌진하여 국제법과 관련된 책을 펴서 그들의 거리를 짓밟고 다니는 극악무도한 독일군에게 무차별 사격을 가할 권리가 있는지 없는지를 확인하려고 했다면, 그것이야말로 기이한 일일 것이다. 한번도 공격을 받지 않았던 군대가 날아오는 모든 총알을 공인되지 않은 것으로 간주하지 않는다면 이 역시 기이한 일인데, 그것은 불편하며 어찌되었거나 유일한 전쟁경험인 장교의 전술 지도용 전쟁게임(Kriegspiel)의 규범을 위반하는 것이기 때문이다. 끔찍한 일을 저지르는 사람은 반드시 끔찍한 사람이어야만 한다고 확신하는 경우를 상상할 수 있다. 검열관과 선동가들이 이 전설을 전달했고, 그들이 그것을 믿든 믿지 않든 그들은 그 가치를 알아채고 독일의 일반시민들에게 그것을 널리 알렸다. 독일 시민들 역시 그들이 학대하고 있는 사람들이 인간 이하의 사람들이라는 점을 발견한 것이 그다지 유감스럽지 않았다. 그리고 무엇보다도 그 전설이 독일 시민들의 영웅들로부터 나온 것이었기 때문에, 독일 시민들은 그것을 믿었을 뿐만 아니라 믿지 않으면 애국심이 없는 사람으로 낙인찍혔다.

---

4) 위의 책, pp. 5-7

그러나 전쟁이라는 안개 속에서 실제의 행위장면은 사라진 채 많은 것이 상상에 맡겨진 경우에는 그 어떤 확인이나 제어장치도 존재하지 않는다. 사나운 벨기에 사제들의 전설은 곧 오래된 증오를 두드렸다. 대부분의 애국적인 독일의 신교도들, 특히 상류계급의 신교도들의 마음속에서 비스마르크의 승리의 이미지는 로마 가톨릭과의 오랜 싸움을 담고 있었다. 연상의 과정을 통해서 벨기에 사제들은 사제 일반이 되었고, 벨기에인들의 혐오는 독일 신교도들의 혐오를 위한 배출구가 되었다. 독일의 신교도들이 한 짓은 미국인들이 전쟁의 압력에 직면하여 국외의 적과 국내의 반대파로부터의 혐오를 합성하여 혐오의 대상을 만들었던 것과 동일했다. 이런 합성된 적, 즉 독일의 흉노족과 성문 내의 흉노족에 대항하여 독일의 신교도들은 그들 속에 있던 모든 증오를 퍼부었던 것이다.

잔혹행위의 이야기에 대한 가톨릭의 저항은 물론 방어적인 것이었다. 그 저항은 벨기에 가톨릭에 대한 적대적인 혐오보다는 모든 가톨릭에 대한 적대적인 혐오를 불러일으켰던 그런 특정한 허구를 향해 있었다. 반 랑겐호브에 따르면, 『평화 정보(Information Pax)』는 오직 기독교적인 것에만 관련되어 있었고, "그 관심은 거의 전적으로 사제의 탓으로 돌려진 비난받을 만한 행위에 국한되어 있었다." 그러나 사람들은 비스마르크 제국과 독일 가톨릭과의 관계가 폭로되었을 때 독일 가톨릭의 마음속에서 무슨 일이 벌어지기 시작했는지, 그리고 비스마르크 제국과 독일 가톨릭과의 관계에 관한 지식과 휴전협상 과정에서 제국의 사형집행 영장에 기꺼이 서명했던 독일 정치인들 중 한 명이 바로 가톨릭 중앙당의 지도자였던 에르츠베르거[5]라는 사실 사이에 어떤 연관은 없는지 의문을 품지 않을 수 없을 것이다.

---

5) 이 글이 쓰인 이후에 에르츠베르거는 암살당했다.

제8장

사각지대와 그 가치

1

이제까지 나는 이상(理想)보다는 고정관념에 대해서 이야기했는데, 이상이라는 말은 일반적으로 우리가 선하고 참되며 아름답다고 생각하는 것을 위해서 마련된 것이기 때문이다. 따라서 이상은 모방해야 하거나 성취해야 할 무엇인가가 있다는 점을 암시한다. 그러나 우리가 가지고 있는 고정된 인상의 레퍼토리는 그보다 훨씬 더 광범위하다. 여기에는 이상적인 사기꾼, 이상적인 보스 정치가(Tammany politician), 이상적인 강경파, 이상적인 적 등이 있다. 우리의 고정관념의 세계가 반드시 우리가 그렇게 된 것을 좋아해야 하는 세계일 필요는 없다. 그것은 단순히 우리가 그렇게 되리라고 기대하는 종류의 세계이다. 우리의 고정관념과 사건들이 부합한다면, 우리는 그것에 익숙한 감정을 느낄 수 있고, 사건들의 움직임에 따라서 우리가 움직이고 있다고 생각할 것이다. 만일 우리가 거리낌 없이 말하기를 원하는 아테네인이라면, 우리의 노예는 본성상 노예여야 한다. 만일 우리가 친구에게 자신의 골프 타수가 95타라고 말했다면, 110타를 치고 난 후에는 오늘 골프를 친 사람은 내가 아니라고 말할 것이다. 즉, 우리는 15타나 실수를 범한 얼간이와는 아는 사이가 아닌 셈이다.

만일 각 세대의 소수의 사람들이 정치 경제학의 법칙이나 정치의 원리와 같은 논리적인 체계로 고정관념을 정리하고, 표준화하며, 개선하는 데에 끊임없이 참여하지 않는다면, 우리들 대부분은 보다 무계획적이고 변하기 쉬운 고정관념을 통해서 일을 처리해야 할 것이다. 일반적으로 우리가 문화와 전통 그리고 집단의 마음에 관해서 저술할 때, 우리는 천재들이 완성한 그런 체계를 염두에 둔다. 이제 그런 이상화된 설명을 지속적으로 연구하고 비판할 필요가 있다는 것은 이론(異論)의 여지가 없다. 그러나 역사가와 정치가 그리고 선전원은 여기에서 멈출 수 없다. 역사에서 작동하는 것은 천재가 정식화(正式化)한 체계적인 생각이 아니라 개인들의 마음속에 있는 변하기 쉬운 모방, 복제, 위조, 유추, 왜곡 등이기 때문이다.

따라서 마르크스주의는 반드시 카를 마르크스가 『자본론(Das Kapital)』에 쓴 것이 아니라, 그것이 무엇이든지 간에 그것에 대한 충실한 지지자라고 주장하는, 전쟁상태에 있는 당파들이 믿는 것이다. 복음으로부터 기독교의 역사를 연역할 수 없고, 헌법으로부터 미국의 역사를 연역할 수 없다. 사람들이 말해야 하는 것은 그들의 마음속에 품고 있는 『자본론』, 복음과 설교, 그리고 해석되고 집행된 헌법이다. 권위 있는 설명과 통용되는 설명은 서로 영향을 주고받지만, 사람들의 행동에 영향을 미치는 것은 사람들 사이에서 유포된 통용되는 설명이기 때문이다.1)

---

1) 그러나 불행히도 천재가 한 일을 요약하고 논평하는 것보다 이런 실제의 문화를 아는 것이 훨씬 더 어렵다. 실제의 문화는 자신들의 믿음을 정식화하는 이상한 일에 종사하기에는 너무 바쁜 사람들 속에 존재한다. 그들은 자신들의 믿음을 단지 우연히 기록할 뿐이고, 연구자는 그가 가지고 있는 자료가 얼마만큼 일반적인 것인지를 좀처럼 알기 어렵다. 아마도 그가 할 수 있는 최상의 일은 브라이스 경(Lord Bryce)의 제안(『현대 민주주의[Modern Democracies]』, Vol. I, p. 156)을 따르는 것일 터인데, 이는 "모든 상황에 있는 모든 종류의 사람들 사이에서" 자유롭게 움직여 모든 이웃들 가운데서 평가를 내리는 데에 솜씨가 있는 편견 없는 사람들을 찾는 것이다. "오랜 실천과 '동정심

모나리자와 같이 약간 처진 눈꺼풀을 하고 있는 한 비평가는 다음과 같이 이야기한다. "상대성이론(theory of Relativity)은 진화론(theory of Evolution)만큼이나 보편적으로 적용하기에 충분한 하나의 원리로 발전할 것이다. 전문적인 생물학적 가설로부터 유래한 진화론은 실제로 모든 지식 분야에서 일하는 사람들에게 영감을 주는 지침이 되었다. 예절과 관습, 도덕, 종교, 철학, 증기기관 등 모든 것은 '진화되었다.' '진화(evolution)'는 매우 일반적인 용어가 되었다. 또한 많은 경우에 그 말의 원래 의미는 사라지고, 그 말이 묘사하려고 했던 이론은 부정확해졌다. 우리는 상대성이론 역시 이와 유사한 과정과 운명을 겪게 될 것이라고 예언할 수 있다. 현재도 불완전하게 이해되고 있는 상대성이론은 더 모호하고 불명료해질 것이다. 역사는 반복된다. 상대성이라는 말은 진화와 마찬가지로 과학적 측면에서 이해할 수 있지만, 다소 부정확한 대중적 설명을 거친 후에 세계를 정복하는 여정에 오를 것이다. 그때가 되면, 그것은 아마도 **상대주의**(Relativismus)라고 불릴 것이다. 이런 보다 큰 적용은 대부분 의심할 바 없이 정당화될 것이다. 우리가 생각하기에 그중 몇몇은 불합리할 것이고 상당수는 진부한 말이 될 것이다. 이 물리학 이론은 아직까지 그런 웅대한 성장의 씨앗에 불과하지만, 다시 한번 과학자들의 순수한 전문적 관심사가 될 것이다."[2]

그러나 어떤 생각이 아무리 부정확할지라도, 이처럼 세계를 정복하는 여정에 오르기 위해서는 무엇인가와 부합해야만 한다. 베리 교수는 얼마

(sympathetic touch)'이 부여하는 솜씨라는 것이 있다. 나이 든 선원이 풋내기 선원보다 다가올 폭풍의 신호를 더 빨리 알아차리듯이, 숙련된 관찰자는 작은 조짐들에서 이익을 얻을 수 있는 방법을 배운다. 즉, 상당한 양의 추측하는 일이 관련되어 있고, 정확성을 향유하는 학자들이 그토록 자주 다른 학자들의 좀더 깔끔한 정식화에 그들의 관심을 기울인다는 점은 전혀 놀랄 만한 일이 아니다.

2) *The Times* (London), *Literary Supplement*, June 2, 1921, p. 352. 아인슈타인은 그가 미국에 있을 때인 1921년에 사람들이 그의 이론의 영향력을 과대평가하고 그것의 확실성을 과소평가하는 경향이 있다고 말했다.

나 오랫동안 진보라는 생각이 사변적인 말장난에 불과했는지를 보여준다. 그에 따르면,[3] "사변적인 질서에 대한 새로운 생각은 그것이 구체적으로 구현되었다고 간주되거나 물적 증거가 제시되기 전까지, 한 공동체의 일반적인 의식에 스며들어 그 공동체에 알려지기는 무척 어려운 일이다. 이런 조건들은 1820년에서 1850년에 이르는 기간에 (영국에서) 성취되었다." 기계혁명은 그 증거를 제시했다. "19세기 초에 태어난 사람들은 서른 살이 되기도 전에 증기항해의 급격한 발전과 석유에 의한 도시와 주택의 점등, 그리고 최초의 철도의 개통 등을 목도했다." 이와 같은 기적들은 인류의 완벽함에 대한 사람들의 신념에 귀감이 되었다.

철학적인 문제에 문외한이었던 테니슨은 리버풀에서 맨체스터까지 운행하는 첫 기차를 탔을 때(1830년), 세계가 계속해서 성장하고, 변화하며 향상될 것이라고 생각했다. 그리고는 다음과 같은 구절을 남겼다.

"낭랑하게 울려퍼지는 변화의 바퀴자국을 따라 거대한 세계를 영원히 돌려라."[4]

이처럼 리버풀과 맨체스터 사이의 여행에만 적합했던 관념은 "영원히" 우주의 양식으로 일반화되었다. 이 양식은 다른 사람들에게 받아들여졌고, 눈부신 발명에 의해서 강화되었으며, 진화론에 낙관적인 견해를 부여했다. 물론 베리 교수가 말하듯이, 이 이론은 낙관론도 비관론도 아닌 중립적인 것이었다. 그러나 이 이론은 지속적인 변화를 약속했고, 그런 육안으로 파악할 수 있는 변화들은 자연에 대한 놀랄 만한 정복으로 기록되어서, 대중들의 마음속에 낙관론과 비관론의 혼합을 만들어냈다. 다윈이 처음으로 제기했던 진화는 허버트 스펜서가 좀더 정교하게 다듬어 "완성을 향한 진보(progress towards perfection)"가 되었다.

---

3) J. B. Bury, *The Idea of Progress*, p. 324
4) Tennyson, *Memoir by his Son*, Vol. I, p. 195. Bury, 위의 책, p. 326에서 재인용.

2

"진보(progress)"와 "완성(perfection)"과 같은 말들이 제시하는 고정관념은 근본적으로 기계의 발명들로 구성되었고, 오늘날까지도 전반적으로 기계와 관련되어 있다. 미국에서의 기술의 진보는 다른 어떤 곳보다도 대단히 인상적이어서, 전체의 도덕적 규범으로 확산되기에 이르렀다. 미국인은, 진보적이지 않다는 비난을 제외하고는 그 어떤 모욕도 감내할 것이다. 그의 조상이 오래 전부터 미국에서 살아왔든 그 자신이 최근에 미국으로 이민을 왔든, 미국인들의 이목을 끌었던 것은 미국 문명의 거대한 물리적 성장이었다. 이런 성장은 근본적인 고정관념을 구성하고, 미국인들은 이런 고정관념을 통해서 세계를 바라본다. 이런 고정관념을 통해서 시골마을은 거대한 대도시가 될 것이고, 그다지 높지 않은 건물은 마천루가 될 것이며, 작은 것은 커질 것이다. 느린 것은 빨라질 것이고, 빈자는 부자가 될 것이며, 적은 것은 많아질 것이다. 어떤 것이든 그것 이상이 될 것이다.

물론 모든 미국인이 이런 방식으로 세계를 바라보는 것은 아니다. 헨리 애덤스나 윌리엄 앨런 화이트는 그렇지 않았다. 그러나 성공이라는 종교에 헌신하는 잡지들에서 미국을 만드는 사람들은 그런 고정관념을 가지고 있는 사람들로 등장한다. 그들이 마음에 품고 있는 것은 단지 진화, 진보, 번영, 건설적인 것, 미국적인 방식으로 일하는 것 등이다. 웃기기는 하지만, 실제로 그들은 대단히 위대한 모범적인 사례들을 이용하고 있다. 첫째, 그들은 비인간적인 척도를 채택한다. 둘째, 그들은 세속적인 척도를 채택한다. 셋째, 그들은 사람들을 양적으로 생각하도록 길들인다. 확실히 이런 이상은 우수함을 규모와, 행복을 속도와, 인간본성을 기계장치와 혼동한다. 그러나 이와 동일한 동기가 도덕적 규범에 작용해왔고 앞으로도 그럴 것이다. 가장 큰 것, 가장 빠른 것, 가장 높은 것에 대한 욕망 혹은 (만일 손목시계나 현미경을 만드는 사람이라면) 가장 작은 것에 대한 욕망, 즉 가장 최상의 것과 더 이상 "비견할 데가 없는" 것에 대한 사랑은 본질적이고 아마도 고귀한 열정일 것이다.

확실히 미국판 진보는 경제적 상황과 인간본성이라는 점에서 놀랄 만큼 사실들과 부합했다. 미국판 진보는 양에 대한 보기 드문 호전적인 추구와 취득욕 그리고 권력욕을 생산적인 일로 전환시켰다. 아직까지 미국판 진보가 공동체에 속한 활동적인 구성원들의 본성을 심각하게 훼손하지는 않은 것 같다. 미국인들은 그들이 만들었던 문명 —— 그들의 일과 교제, 놀이 등 —— 에 충분히 만족감을 느꼈으며, 산과 황야를 개척하고, 거리를 꾸미며, 인간과의 경쟁에서 승리하려는 활동들은 심지어 종교의 의무가 되기도 했다. 이는 이상과 실천·그리고 그 결과에서 완전히 성공했기 때문에, 그것에 대한 어떤 도전도 비미국적인 것으로 간주되었다.

그러나 이런 모형은 세계를 대표하기에는 매우 일면적이고 부적절한 것이다. 진보를 "발전"으로 생각하는 것은 환경의 많은 측면들이 단순히 무시되었다는 것을 의미한다. "진보"라는 고정관념 때문에 미국인들은 그와 일치하지 않는 것을 바라보지 않았다. 도시가 팽창하고 있는 것은 보았지만, 그 속에서 빈민가가 확장되고 있는 것은 보지 않았다. 인구의 증가에는 환호성을 보냈지만, 과밀인구의 문제에 대해서는 숙고하지 않았다. 자부심을 가지고 성장을 바라보았지만, 떠돌아다니는 사람들이나 동화되지 않는 이민자들을 이해하려고 하지는 않았다. 미국인들은 천연자원을 무모하게 사용하여 미친 듯이 산업을 팽창시켰다. 그들은 노사관계를 조정하지 않은 채 거대한 기업들을 설립했다. 그들은 미국의 고립을 끝내기 위한 제도를 마련하거나 마음의 준비를 하지 않은 채 지구상에서 가장 힘센 국가 중의 하나로 발돋움했다. 그들은 도덕적으로 그리고 물리적으로 준비되지 않은 채 세계대전에 휘말렸고, 환멸을 느끼며 세계대전으로부터 빠져나왔다. 그러나 이 과정에서 많은 경험을 얻지는 못했다.

미국의 고정관념의 명암은 세계대전에서 분명하게 드러났다. 전통적인 고정관념에 들어맞는 생각은 무한대로 군대를 징집하고, 채권을 발행하며, 함선과 탄약을 생산하면 전쟁에서 승리할 수 있으리라는 것이었는데, 이는 물리적인 기적과 같은 결과를 낳았다.[5] 그러나 이런 고정관념의 영향을 크게 받았던 사람들은 전쟁에서 승리한 후, 과연 그 성과가 무엇이며 어떻게 그런 성과를 성취했는지를 전혀 고려하지 않았다. 따라서 그들은 목적을 무시하거나 그런 목적을 자동적으로 얻을 수 있는 것으로 간주했고, 전장에서의 압도적인 승리 이외에 다른 것은 승리로 인식하지 못했다. 그 이유는 고정관념이 그렇게 생각하도록 요구했기 때문이다. 평시에는 가장 빠른 자동차가 무엇을 위한 것인지 묻지 않으며, 전시에는 가장 완전한 승리가 무엇을 위한 것인지 묻지 않는다. 그러나 파리에서 이런 유형의 생각은 사실과 부합하지 않았다. 평시에 사람들은 작은 것을 큰 것으로, 큰 것을 보다 큰 것으로 끊임없이 대체하며 나아갈 수 있다. 그러나 전시에는 절대적인 승리를 얻었다손 치더라도, 보다 절대적인 승리로 나아갈 수 없다. 그때는 다른 유형의 무엇인가를 해야만 한다. 그리고 만일 그런 사례가 부족하다면, 많은 좋은 사람들에게 종전 (終戰)은 따분하고 재미없는 세계에서의 시들한 일(anti-climax)이 될 것이다.

이는 고정관념과 사실들이 분명하게 갈라지는 무시할 수 없는 지점을 나타낸다. 이 지점은 항상 나타나기 마련인데, 그 이유는 사물들이 움직

---

5) 나는 200만 군대의 해외로의 수송과 보급을 염두에 두고 있다. 웨슬리 미첼(Wesley Mitchell) 교수는 미국이 전쟁에 개입하기 시작한 이후인 1916년에 재화의 총생산은 크게 증가하지 않았지만, 전쟁목적을 위한 생산은 증가했다는 점을 지적했다.

이는 방식에 관한 우리의 이미지는 사건들의 흥망성쇠보다 단순하고 고정되어 있기 때문이다. 따라서 시야의 가장자리에 머물러 있던 사각지대가 시야의 중심에 나타나는 경우가 도래하기 마련이다. 이때 경종을 울리는 비판이나 변화를 이해할 수 있는 지도자들의 능력, 그리고 사람들의 관용의 습관이 없다면, 고정관념은 (1917년에서 1918년 사이에 그랬듯이) 인간의 노력을 효율적으로 사용하고 에너지를 집중할 수 있도록 하는 대신에, 사람들의 눈을 가림으로써 인간의 노력을 좌절시키고 에너지를 낭비하게 만들 수 있다. 이는 1919년 카르타고적 평화(Carthaginian peace)를 요구하고, 1921년 베르사유 조약(Treaty of Versailles)을 개탄했던 사람들에게 그랬다.

3

무비판적으로 수용된 고정관념은 설명할 필요가 있는 많은 것들을 없앨 뿐만 아니라 고정관념이 무너지는 경우에는, 그것이 현명하게 설명했던 것들마저도 함께 파괴한다. 이는 자유무역(Free Trade), 자유계약(Free Contract), 자유경쟁(Free Competition), 천부적 자유권(Natural Liberty), 자유방임주의(Laissez-faire), 그리고 다윈주의(Darwinism)에 반대했던 버나드 쇼가 부과한 형벌이다. 100년 전이라면 그는 확실히 이런 교의들에 대한 가장 열렬한 옹호자 중 한 명이었을 것이고, 오늘날과 같은 이단의 반세기(Infidel Half Century)[6]에 그가 바라보는 것처럼 그런 교의들을 "처벌하지 않고 '다른 동료들을 깎아내리기' 위한 구실로, 정부에 의한 모든 간섭으로, 합법적인 사기를 보호하기 위한 조직으로, 그리고 '정치 경제학의 법칙에 반하는' 산업적 혼란을 야기하는 시도들"로 보지는 않았을 것이다. 그는 빅토리아 여왕의 삼촌들이 권력을 장악한 정부

---

6) *Back to Methuselah*, 서문.

와 같은 곳에서는 인간의 목적과 디자인, 그리고 선견지명이 적으면 적을수록 보다 나을 것이라고 주장했던 사람을 천국의 평원[7])을 향해서 행진하는 개척자 중 한 사람으로 보았을 것이다. 그는 강자가 약자를 속이는 대신에, 어리석은 자가 강자를 속이는 것을 보았을 것이다. 그는 작용되고 있는 목적과 디자인, 그리고 선견지명이 발명과 기업, 그리고 그가 영락없이 창조적 진화의 다음 단계로 인식했을 법한 것을 방해하고 있다고 이해했을 것이다.

심지어 현재도 쇼는 정부의 개입을 그다지 탐탁하게 여기는 것은 아니지만, 이론상으로는 자유방임주의에 전적으로 반대한다. 전전(戰前)에 가장 발전된 사유는, 만일 사람들이 모든 것을 늦추지 않는다면 지혜가 솟아오를 것이며 융합이 확립될 것이라고 주장하는 기성관념에 대한 비판을 되풀이했다. 검열자와 선동가 그리고 스파이들과 함께 정부의 개입이 전쟁에 도움이 되었기 때문에, 로벅 램즈던과 천부적 자유권과 같은 것들이 진지한 사상가들의 모임에서 재등장하게 되었다.

이런 순환들에는 하나의 공통점이 있다. 각각의 고정관념의 흐름에는 사람들의 노력이 멈추고 그들이 원하는 방식이었던 것처럼 사태가 벌어지는 지점이 있다. 진보적인 고정관념은 어떤 일을 해야 하고 왜 그 일을 해야 하는지를 결정하려는 시도를 거의 완전하게 차단한다. 진보적인 고정관념은 어리석은 관료집단으로부터 해방된 자유방임주의가 자발적으로 불타올라, 이미 확립된 융합을 향해서 사람들이 움직일 것이라고 가정한다. 반면에 마르크스주의자는 인정사정없는 이기심에 대한 해독제인 집산주의(集産主義, collectivism)가 사회주의적 관료 중 일부에게 효율성과 지혜를 지향하는 경제적 결정론을 제공할 수 있다고 생각하는 듯하다. 기껏해야 무질서가 초래할 대가만을 깊게 의식하고 있는 강한

---

7) *The Quintessence of Ibsenism.*

정부와 국내외의 제국주의는 피지배자에게 문제가 되는 모든 것을 지배자가 결국 알게 될 것이라는 생각에 의존한다. 각각의 이론에는 오토마티즘(automatism)이라는 사각지대가 놓여 있다.

이 사각지대는 몇몇 사실들을 은폐한다. 만일 그런 사실들이 설명된다면, 고정관념이 불러일으키는 필연적인 움직임을 확인할 수 있을 것이다. 만일 진보적인 사람이 기록을 단축함으로써 효율적으로 사용할 수 있게 된 시간에 무엇을 하고 싶은가라는 질문에 답해야 한다면, 만일 자유방임주의의 옹호자들이 인간의 자유롭고 생동감 넘치는 에너지뿐만 아니라 다른 인간의 본성 역시 고려해야 한다면, 만일 집산주의자가 자신의 관리들을 어떻게 충원할 것인가의 문제에 주된 관심을 기울인다면, 만일 제국주의자가 자신의 영감에 의혹을 품는다면, 사람들은 보다 많은 햄릿과 보다 적은 헨리 5세를 발견하게 될 것이다. 왜냐하면 이런 사각지대들은 심란한 이미지들과 거리를 유지할 것이고, 이는 그에 수반하는 감정들과 함께 주저함과 목적의 우유부단함을 초래할 수 있기 때문이다. 결과적으로 고정관념은 바쁜 삶 속에서 시간을 효율적으로 사용하고, 사회에서 우리의 지위를 방어할 뿐만 아니라, 세계를 끊임없이 전체적으로 바라보려는 노력의 종잡을 수 없는 효과로부터 우리를 보호하는 경향이 있다.

제9장

규범과 그 적들

1

철도 승강장에 서서 친구를 기다려본 적이 있는 사람은 낯선 사람을 친구로 착각했던 적이 있었다는 것을 기억할 것이다. 모자의 모양이나 약간 특색 있는 걸음걸이가 그의 마음속에 있는 생생한 이미지를 불러낼 수 있다. 수면 중에는 아무리 작은 소리라도 거대한 종소리처럼 들릴 수 있고, 먼 곳에서 들려오는 망치소리가 천둥소리처럼 들릴 수 있다. 우리의 이미지는 그것과 막연하게나마 유사한 자극에도 반응할 것이기 때문이다. 환각상태에서는 이미지가 의식 전체를 가득 채울 수 있다. 이미지는 매우 작은 범위만을 지각할 것이다. 나는 이런 경험이 매우 드물고 대단히 복잡한 것이라고 생각하지만, 이는 우리가 익숙한 말을 듣거나 대상을 물끄러미 바라볼 때, 그런 말이나 대상이 점차 덜 익숙하게 보이는 것과 마찬가지이다. 확실히 대부분의 경우에 우리가 사물들을 바라보는 방식은 실제로 그곳에 있는 것과 우리가 그곳에서 발견하리라고 기대했던 것 사이의 조합이다. 천문학자와 사랑에 빠진 사람은 하늘을 다르게 바라본다. 칸트주의자와 급진적 경험론자에게 칸트의 한 구절은 서로 상이한 사유를 불러일으킬 것이다. 타히티의 미인은 『내셔널

지오그래픽(*National Geographic Magazine*)』의 독자보다는 타히티의 구혼자에게 보다 아름답게 보일 것이다.

실제로 어떤 분야에 능숙하다는 것은 우리가 발견하려고 하는 측면들을 증식하는 것이자 우리의 기대를 낮추는 습관이다. 무식한 사람에게는 모든 것이 동일한 것처럼 보이고 인생은 지긋지긋한 일들의 반복이지만, 전문가에게는 사물이 대단히 다양하게 보인다. 운전기사, 식도락가, 감정사, 각료, 대학교수의 부인에게는 자동차, 와인, 거장의 그림, 공화당, 대학교수진에 분명한 차이와 특성이 있지만, 평범한 사람에게는 이런 차이와 특성이 존재하지 않는다.

그러나 우리의 여론에서는 소수만이 전문가가 될 수 있다. 반면에 버나드 쇼가 솔직하게 말했듯이, 인생은 대단히 짧다. 전문가들은 오직 몇 가지 주제에만 전문적인 식견을 가지고 있다. 우리가 전쟁에서 배운 바와 같이, 숙련된 기병이 반드시 참호전과 탱크전에서도 뛰어난 것은 아니다. 실제로 작은 주제에 조금이나마 능숙해지는 일은, 우리의 고정관념에 쑤셔넣을 수 있는 모든 것을 쑤셔넣고, 그렇게 하기에 적합하지 않은 것은 바깥의 어둠 속으로 던져버리려고 하는 인간의 보통의 습관을 그저 과장하는 것일 수도 있다.

만일 우리가 매우 조심하지 않는다면, 우리는 익숙한 것으로 인식하는 것은 무엇이든지 우리의 마음속에 이미 존재하는 이미지의 도움을 받아서 상상하는 경향이 있다. 이와 같이, 진보와 성공에 관한 미국인의 견해에는 인간의 본성과 사회에 관한 뚜렷한 이미지가 들어 있다. 이상적인 것으로 간주되는 진보를 논리적으로 산출하는 것은 바로 이런 종류의 인간의 본성과 사회이다. 그런 다음, 우리가 실제로 성공한 사람들과 실제로 벌어졌던 사건들을 묘사하거나 설명하려고 할 때, 우리는 우리의 고정관념에 전제되어 있는 특성들이 옳은지 확인하기 위해서 그런 사람들과 사건들로 되돌아간다.

이런 특성들은 예전에 경제학자들이 상당히 천진난만하게 도식화했다. 그들은 그들이 살고 있는 사회체계를 묘사하려고 했고, 이를 말로하는 것은 너무 복잡하다는 점을 발견했다. 따라서 그들은 그들이 진정으로 원했던 바를 단순화된 도식으로 구성했고, 이는 어린아이가 그린 소의 그림 —— 다리와 머리를 붙인 평행사변형 —— 과 별반 다르지 않은 것이었다. 이 도식은 노동을 통해서 근면하게 자본을 축적한 자본가, 사회적인 유효수요를 고려해서 공장을 세운 기업가, 노동을 자유롭게 계약하는 노동자, 지주, 그리고 쾌락과 고통의 미적분학을 미리 사용하여 가장 쾌락을 얻을 수 있는 재화를 가장 저렴한 시장에서 구매하는 소비자로 이루어져 있다. 이 모델은 효과가 있었다. 이 모델이 가정했던 종류의 사람들은 이 모델이 묘사된 책에서 가정하는 종류의 세계에 살면서 언제나 조화롭게 협력했다.

경제학자들이 그들의 생각을 단순화하기 위해서 사용했던 이 순수한 허구는 변형과 윤색을 거쳐 당대의 경제적 신화로 통용될 만큼 확산되었다. 성공을 설명하기보다는 그것을 성취하는 데에 보다 열중했던 사회에서 이런 허구는 자본가와 기업가, 노동자와 소비자의 표준형을 제공했다. 건물이 올라가고 예금이 쌓이는 것은 사태가 어떻게 돌아가는지에 관한 고정관념이 정확하다는 증거였다. 그리고 성공으로 가장 이익을 많이 얻은 사람들은 원래 그렇게 되기로 정해져 있던 종류의 사람들이라고 믿게 되었다. 성공한 사람의 (솔직한) 친구들이 그에 대한 전기나 부고기사를 읽을 때, 이것이 정말로 그에 관한 것인지 자문해보지 않을 수 없다는 것은 그리 놀랄 일이 아니다.

2

물론 패배자와 희생자들에게 그런 공식적인 묘사는 인정할 수 없는 것이었다. 진보의 전형적인 사례가 된 사람들은 과연 그들이 경제학자가 포장한 길이나 그와 같은 훌륭한 길을 따라서 그들의 지위에 당도했는지에 관해서 좀처럼 질문을 하지 않았던 반면에, 성공하지 못한 사람들은 그 이유를 되물었다. 윌리엄 제임스에 따르면,[1] "인간은 자신의 세부적인 지식을 확장함으로써 일반화로 나아갈 수 있다." 산업계의 지도자들은 거대한 트러스트(trust) 속에서 (자신들의) 성공의 기념비를 보았다. 반대로 패배한 경쟁자들은 그 속에서 (자신들의) 실패의 기념비를 보았다. 따라서 지도자들은 거대한 기업의 경제와 장점을 자세히 설명했고, 그런 기업들을 건드리지 말고 가만히 내버려두라고 요구했으며, 그런 기업들이 번영의 주체이자 교역의 개척자라고 말했다. 패배자들은 트러스트의 경제적 낭비와 만행을 주장했고, 트러스트의 음모로부터 기업을 해방하라고 법무부에 소리 높여 요청했다. 동일한 상황에서, 한편은 진보와 경제와 멋진 발전을 보았고, 다른 한편은 반동과 낭비와 교역의 제약을 보았던 것이다. 양측의 주장을 입증하기 위해서 많은 통계, 진상과 내막에 얽힌 일화들, 보다 깊고 광범위한 진실 등이 발표되었다.

　고정관념의 체계가 제대로 마련되면, 우리는 그것을 지지하는 사실에만 관심을 기울이고 모순되는 사실에는 관심을 기울이지 않는다. 따라서 친절한 사람들이 친절에 관해서 그토록 많은 이유들을 발견하고, 악의적인 사람들이 그토록 많은 악의들을 발견하는 것은 아마도 그들이 그것을 발견하도록 맞추어져 있기 때문일 것이다. 색안경을 끼고 본다거나 비뚤어진 눈으로 본다고 말하는 것은 아주 정확한 표현이다. 필립 리텔이 한 저명한 교수에 관해서 서술한 바와 같이, 만일 우리가 어떤

---

1) *The Letters of William James*, Vol. I, p. 65

계급을 통해서 삶을 바라본다면, 우리의 고정관념은 높은 계급과 낮은 계급 간의 타협을 용납하지 않을 것이다. 생경한 것은 거부하고, 차이를 보지 않으려는 눈과 마주치게 될 것이다. 우리는 우리의 눈에 익숙하지 않은 것을 보지 않는다. 의식적으로 혹은 보다 많은 경우에는 무의식적으로, 우리는 우리의 철학에 적합하게 들어맞는 사실들로부터 깊은 인상을 받는다.

3

이 철학은 대체로 보이지 않는 세계를 묘사하기 위한 일련의 이미지들에 의해서 체계화된다. 그러나 이는 보이지 않는 세계를 묘사하기 위함이기도 하지만, 그것을 판단하기 위함이기도 하다. 따라서 고정관념은 선호로 가득 차 있고, 호감이나 비호감으로 뒤덮여 있으며, 공포와 욕망, 강한 소망, 명예와 희망 등과 관련되어 있다. 고정관념을 불러일으키는 것은 무엇이든지 그에 적합한 감정과 함께 판단된다. 신중하게 편견을 염려하는 경우를 제외하면, 우리는 어떤 사람을 유심히 살펴보고 그가 나쁘다는 판단을 내리지 않는다. 우리는 나쁜 사람을 본다. 우리는 이슬 맺힌 아침, 부끄러워서 얼굴이 빨개진 소녀, 성인군자 같은 사제, 유머 없는 영국인, 위험한 공산주의자, 근심걱정 없는 보헤미안, 게으른 힌두교 신자, 교활한 동양인, 꿈꾸는 슬라브인, 변덕스러운 아일랜드인, 탐욕스러운 유대인, 그리고 100퍼센트 미국인을 본다. 평상시에는 종종 증거가 나오기도 전에 판단이 이루어지고, 그 판단에는 증거가 확실하다는 점을 보여주는 결론이 들어 있다. 이런 판단에는 정의도, 자비도, 진리도 들어 있지 않은데, 그 이유는 판단이 증거에 선행하기 때문이다. 그러나 모든 사람들이 편견만을 가지고 있거나 모든 사람들의 시각이 중립적인 문명은 상상할 수 없기 때문에, 어떤 교육의 계획도 모든 사람들이 편견만을 가지고 있거나 모든 사람들의 시각이 중립적이라는 이상에 기반을 둘 수 없다. 편견은 인식할 수 있고 무시하거나 개선할 수 있다. 그러나 학교교육이 광대한 인간의 문명을 단기간에 압축적으로 다루어야 한다는 점을 염두에 둔다면, 인간은 자신의 주변에 있는 편견의 이미지를 기억하고 편견을 가져야만 한다. 사람들의 생각과 행위의 질은 그런 편견들이 다른 사람들이나 다른 생각들에 도움이 되는지, 그것들이 포함하고 있지 않은 선(善)의 의견을 혐오하기보다는 명확하게 선이라고 느끼는 것을 사랑하도록 환기시키는지에 달려 있다.

도덕성과 좋은 취향 그리고 좋은 형태는 우선 이런 기본적인 편견들 중 일부를 표준화하고, 그 연후에 그것들을 강조한다. 우리는 스스로 규범에 적응하면서, 우리가 본 사실을 그 규범에 적응시킨다. 이성적으로 말하면, 사실들은 옳고 그름에 관한 우리의 모든 견해에 중립적이다. 실제로 우리의 규준(canon)은 우리가 무엇을 그리고 어떻게 인식할 것인지를 대부분 결정한다.

이는 도덕적 규범이 다수의 전형적인 사례들에 적용된 시행계획이기 때문이다. 규범이 추구하는 목적이 무엇이든지 규범에 맞게 행위하는 것은 그것에 기여하는 것이다. 규범은 신이나 왕의 의지일 수도 있고, 삼차원적 낙원에서의 개인의 구원일 수도 있으며, 지상에서의 성공이나 인류에 대한 봉사일 수도 있다. 어떤 경우이든, 규범을 만드는 사람들은 전형적인 상황들을 정한 후에 추론이나 직관에 의해서 그들이 인정하는 목적을 성취할 수 있을 법한 행동을 연역한다. 규칙들은 그것들이 적용되는 곳에서 적용되기 마련이다.

그러나 일상생활에서 한 개인은 자신이 처한 곤경이 입법가가 염두에 두었던 것인지 그렇지 않은지를 어떻게 알 수 있는가? 그는 살인하지 말라는 말을 들었다. 그러나 만일 그의 자식이 공격을 받는다면, 그는 살인을 멈추기 위해서 살인을 저지를 수 있는가? 십계명은 이 점에 관해서 말해주지 않는다. 따라서 모든 규범의 주위에는 보다 구체적인 사례들을 연역하는 뜬구름 잡는 자들이 존재한다. 만일 법학자들이 자기 방어를 위해서는 살인을 저지를 수 있다는 결정을 내렸다고 가정해보자. 그렇다면 그가 자기 방어를 올바르게 정의하고 있는지 어떻게 알 수 있는가? 혹은 그가 사실을 잘못 판단하여 공격을 받은 것으로 오인하지 않았다는 점을 어떻게 알 수 있는가? 그렇다면 진정한 공격자는 바로 그가 아닌가? 어쩌면 그가 공격을 유발했을지도 모를 일이다. 그러면 유발이란 무엇인가? 정확히 이런 혼란이 1914년 8월 대부분의 독일인의 마음속에 널리 퍼져 있었다.

근대세계에서 도덕적 규범상의 어떤 차이보다도 심각한 차이는, 그 규범이 적용되는 사실들에 관한 가정상의 차이에 있다. 종교적, 도덕적, 정치적 신조들은 그런 신조들을 추종하는 사람들이 가정하는 사실들과 그다지 동떨어져 있지 않다. 따라서 이상을 비교하는 대신에 사실에 관한 설명을 재검토하는 것이 유용하다. 당신이 대접받기를 원하는 대로 남을 대접하라는 황금률은 인간의 본성이 획일적이라는 믿음에 기초한다. 사람들 각각의 취향은 다를 수 있기 때문에, 당신이 대접받기를 원하는 대로 남을 대접해서는 안 된다는 버나드 쇼의 말은 인간의 본성이 획일적이지 않다는 믿음에 기초한다. 교역의 생명은 경쟁이라는 격언은 경제적 동기, 노사관계, 특정한 상업체계의 작동에 관한 방대한 가정들로 이루어져 있다. 미국에는 사적으로 소유되고 운영되는 선단만이 있을 것이라는 주장은 어떤 특정한 종류의 영리(營利)와 동기 사이의 입증된 관계를 상정한다. "모든 국가는 폭력장치"[2]이기 때문에, 독재와 첩보활

2) 러시아 소비에트 사회주의 연방공화국이 출간한 *Two Years of Conflict on the Internal Front* (Moscow, 1920)을 보라. 맬컴 데이비스(Malcolm W. Davis)가 *New York Evening Post*, January 15, 1921에 번역해서 실었다.

동 그리고 테러가 정당하다는 볼셰비키의 주장은 역사적 판단이기는 하지만, 비공산주의자에게는 결코 자명한 진리가 아니다.

모든 도덕적 규범의 핵심에는 인간본성의 이미지, 우주의 지도, 역사관이 있다. 규범의 규칙들은 (마음속에 품게 된 종류의) 인간본성에, (상상된 종류의) 우주에서, 그리고 (그렇게 이해된) 역사 이후에 적용된다. 인성과 환경 그리고 기억하는 사실들이 다른 한, 규범의 규칙들은 성공적으로 적용되기 어렵다. 현재 모든 도덕적 규범은 인간 심리학과 물질세계 그리고 전통을 어떻게든 고안해야만 한다. 그러나 과학의 영향하에 있는 규범들의 경우에 그런 구상은 가설을 통해서 이루어진다. 반면에 과거로부터 온 규범과 마음이라는 동굴에서 솟아오르는 규범들의 경우에 그런 구상은 증거나 모순을 요구하는 가설이 아니라 이의 없이 받아들여진 허구에 의해서 이루어진다. 전자의 경우 인간은 자신의 믿음에 겸손한데, 그런 믿음들이 잠정적이고 불완전하다는 점을 알기 때문이다. 후자의 경우 인간은 독단적인데, 그 믿음이 완전히 신화이기 때문이다. 과학적 규율에 승복하는 도덕론자는 그가 모든 것을 알고 있는 것은 아니지만 무엇인가를 알아가는 과정에 있다는 점을 알고 있다. 신화를 사용하는 독단론자는 오류를 통해서 진리를 파악할 수 있는 기준이 부족하지만, 스스로가 전지전능한 통찰력을 공유하고 있다고 믿는다. 왜냐하면 신화의 특징은 진리와 오류, 사실과 우화, 보도와 공상이 모두 동일한 신뢰에 기반을 두고 있다는 점이기 때문이다.

따라서 신화가 반드시 거짓인 것은 아니다. 그것은 완전히 사실일 수도 있고, 부분적으로 사실일 수도 있다. 만약 신화가 인간의 행위에 오랫동안 영향을 미쳐왔다면, 거기에는 깊고 중요한 사실들이 많이 담겨있을 것이다. 그러나 신화는 그 진리를 오류와 분리하는 비판적 힘을 결여한다. 이런 비판적 힘은 인간의 어떤 의견도 그 기원에 상관없이 증거를 갖추어야 하며, 모든 의견은 단지 누군가의 의견이라는 점을 깨닫기 전까지는 얻을 수 없다. 그리고 왜 증거를 시험하는 것이 다른 어떤 것보다 선호할 만한 것인지를 묻는다면, 이 질문을 시험하기 위해서 그 시험을 기꺼이 사용하는 것만이 답일 것이다.

4

도덕적 규범들이 사실에 관한 특정한 견해를 상정한다는 주장은 내가 생각하기에 충분히 입증 가능한 것이다. 도덕적 규범이라는 용어에는 모든 종류의 개인적, 가족적, 경제적, 전문적, 법적, 애국적, 국제적인 것들이 포함되어 있다. 각각의 중심에는 심리학, 사회학, 역사에 관한 고정관념의 유형이 있다. 인간본성과 제도나 전통에 관한 동일한 견해가 모든 규범에 남아 있는 경우는 거의 없다. 예를 들면, 경제적 규범과 애국적 규범을 비교해보자. 전쟁이 경제적 규범과 애국적 규범 모두에 동일한 영향을 미친다고 가정해보자. 사업상 파트너인 두 사람이 있다. 그중 한 사람은 입대를 하고, 다른 사람은 군수계약을 체결한다. 군인이 된 사람은 모든 것, 심지어 그의 생명까지도 바칠 것이다. 그는 하루에 1달러를 받으며, 어느 누구도 그가 경제적 동기 때문에 훌륭한 군인이 될 수 있다고 말하거나 믿지 않을 것이다. 그런 경제적 동기는 그의 인간 본성에서 사라져버린 것이다. 군수계약을 체결한 사람의 희생은 상대적으로 적고, 그에 비해서 상당한 이윤을 얻는다. 그가 경제적 동기 없이 총탄을 생산한다고 말하거나 믿을 사람은 극소수에 불과하다. 그렇게 말하는 것은 그에게 불공정한 일일 것이다. 요점은 일반적으로 인정된 애국적 규범과 상업적 규범은 상이한 종류의 인간본성을 상정한다는 점이다. 그리고 한 사람이 특정한 규범을 취할 때, 그는 그 규범이 요구하는 종류의 인간본성에 이바지할 것이라고 기대할 수 있다.

이는 왜 인간본성을 일반화하는 것이 그처럼 위험한지에 관한 이유를 설명한다. 다정다감한 아버지는 심술궂은 사장이자, 진지한 시정 개혁가이자, 외국에서는 탐욕스러운 전쟁광일 수 있다. 그의 가족의 삶, 사업, 정치 그리고 외교정책은 완전히 다른 견해들에 의존한다. 이런 견해들은 동일한 사람에게도 규범마다 다르고, 규범들은 동일한 사회적 배경에 있는 사람들 사이에서도 무엇인가 다르며, 사회적 배경의 차이나 민족적 차이 혹은 색깔의 차이만큼이나 달라서 어떤 공통된 가정도 무의미할 수 있다. 이는 동일한 종교를 믿는 사람들이 서로 전쟁을 할 수 있는 이유이기도 하다. 행위를 결정하는 믿음의 요소는 사람들이 추정하는 사실들에 관한 견해이다.

이는 규범들이 그처럼 미묘하고 충만하게 여론의 형성에 개입하는 지점이다. 주류이론에 따르면, 여론은 사실들에 대한 도덕적 판단을 구성한다. 현재의 교육상태를 감안하여 내가 제안하는 이론은 여론이란 주로 사실들을 도덕적으로 해석하고 규범화한 의견이라는 것이다. 내가 주장하는 바는 우리가 어떤 사실들을 볼 것인가, 그리고 어떤 관점에서 그 사실들을 볼 것인가를 결정하는 것은 우리의 규범의 핵심에 놓여 있는 고정관념의 유형이라는 점이다. 이는 왜 어떤 잡지의 뉴스 정책이 그 잡지의 편집정책을 지지하는 경향이 있는지, 왜 자본가와 사회주의자가 바라보는 사실들과 인간본성의 측면들이 서로 다른지, 그리고 그들 사이의 차이가 인식상의 차이일 경우, 왜 한쪽이 다른 한쪽을 부당하게 간주하거나 삐딱하게 바라보는지에 대한 이유이다. 자본가와 사회주의자의 고정관념의 유형의 차이가 이런 차이를 가져온다. 어떤 미국인 편집자는 "미국에 계급은 없다"고 서술한다. 반면에 공산당 선언은 "이제까지 존재하는 모든 사회의 역사는 계급투쟁의 역사"라고 말한다. 만일 당신이 편집자와 동일한 고정관념의 유형을 마음속에 품고 있다면, 편집자의 말을 확실하게 증명하는 사실들을 보다 선명하게 볼 것이고, 그 말과 모순되는 사실들은 모호하거나 무익한 것으로 파악할 것이다. 만일 당신이 공산주의자와 동일한 고정관념의 유형을 품고 있다면, 당신은 편집자의 말과는 다른 사실들을 찾으려고 할 뿐만 아니라 당신과 편집자가 공통으로 보고 있는 것을 완전히 다른 각도에서 이해할 것이다.

5

그리고 나의 도덕체계는 내가 받아들인 사실들에 관한 견해에 기초하고 있기 때문에, 나의 도덕적 판단이나 사실들에 관한 나의 견해를 부인하는 사람은 나에게 비딱하고 생경하며 위험하게 보일 것이다. 나는 그런 사람을 어떻게 설명해야 하는가? 우리가 발견한 최종적인 설명은 그가 일련의 다른 사실들을 보고 있다는 것이다. 그러나 우리는 이런 식의 설명을 회피한다. 왜냐하면 이런 식의 설명은 우리가 삶을 끊임없이 전체적으로 파악해왔다는 자신감의 기반을 약화시키기 때문이다. 우리의 의견이 우리의 고정관념을 통해서 바라본 부분적인 경험일 뿐이라는 점을 인정할 경우에만, 우리는 진정으로 우리의 반대자에게 관대할 수 있다. 이런 습관이 없다면, 우리는 우리 자신의 견해만이 절대적으로 옳고 따라서 모든 반대자들은 기만적이라고 믿게 될 것이다. 사람들은 어떤 "문제"에 양면적인 측면이 있다는 점을 기꺼이 인정하지만, 그들이 "사실"로서 간주하는 것에 양면적인 측면이 있다고는 믿지 않는다. 사회적 자료에 관한 이해가 얼마나 간접적이고 주관적인지를 완전하게 인식해서 "사실"에 양면적인 측면이 있다는 점을 믿게 되기까지는 오랜 기간에 걸친 비판적 교육이 필요하다.

따라서 두 당파가 자신의 측면만을 분명하게 바라보고 자신이 누구인지를 설명하려고 하는 경우, 그들이 정직하게 서로를 신뢰하는 것은 거의 불가능에 가깝다. 만일 고정관념의 유형이 핵심적인 면에서 그들의 경험과 부합한다면, 그들은 더 이상 그것을 해석으로 간주하지 않을 것이다. 대신에 그들은 그것을 "현실"로 간주할 것이다. 그것이 현실과 유사하려면, 결국 실제의 경험에 부합하는 결론을 내릴 수밖에 없다. 어떤 사람이 곧고 좁은 길의 끝에 이르러야 성공할 수 있다고 생각하는 것처럼, 나는 지도상의 일직선을 따라서 뉴욕에서 보스턴까지의 여행을 묘사할 수 있다. 그의 길에 기업과 노동 그리고 근검절약 이외에 다른 많은 것들이 있을 수 있듯이, 보스턴으로 가는 길에는 많은 우회로와 갈림길이 있을 수 있다. 그러나 내가 보스턴에 당도하고 그가 성공한다면, 그 항로와 곧고 좁은 길은 지도를 만드는 데에 기여할 것이다. 어떤 이가 그 지도를 따라서 보스턴에 도착하지 못하거나 성공에 이르지 못한 경우에만 우리는 그가 제기한 이의에 답해야 한다. 만일 우리는 우리의 지도를 고집하고, 이의를 제기한 사람은 계속해서 지도가 틀렸다고 주장한다면, 우리는 그를 위험한 바보로 간주할 것이고 그는 우리를 거짓말쟁이나 위선자로 간주할 것이다. 따라서 우리는 점차 서로의 초상을 그리게 된다. 자신은 선이 되고 상대방은 악이 된다. 그는 상황에 부합하지 않는 골칫거리이다. 그럼에도 불구하고 그는 참견한다. 이 상황은 우리의 마음속에서 저항할 수 없는 논리에 의해서 강화된, 반박의 여지가 전혀 없는 사실에 기반을 두고 있기 때문에, 이 상황에서 그가 발붙일 곳을 마련해주어야만 한다. 그러나 정치와 산업의 논쟁에서는 그가 동일한 현실의 또다른 측면을 보았다는 것을 인정함으로써 그가 발붙일 곳을 마련해주는 일은 거의 존재하지 않는다. 그렇게 하는 것은 전체 상황을 뒤흔들 수 있다.

이처럼 파리에 살던 이탈리아인들에게 피움(Fiume)은 이탈리아의 것이었다. 피움은 이탈리아 왕국에 포함되는 것이 바람직한, 그런 단순한 도시가 아니었다. 피움은 이탈리아의 것이었다. 그들은 피움의 법적 경계 내에 있는 절대다수의 이탈리아인들에게 그들의 마음을 고정시켰다. 반면에 피움에 있는 이탈리아인들보다 더 많은 이탈리아인들을 뉴욕에서 보았던 미국 대표들은 중부 유럽의 통관항으로서 피움에 주목했다. 그들은 피움의 교외와 이탈리아인들이 살지 않는 그 도시의 시내에서 유고슬라비아인들을 발견했다. 따라서 파리에 있던 몇몇 이탈리아인들에게는 미국인들의 심술궂은 행위에 관한 납득할 만한 해명이 필요했다. 그들은 그 해명을 어떤 소문에서 발견했는데, 이 소문은 한 영향력 있는 미국 외교관이 유고슬라비아인 정부(情婦)의 유혹에 넘어가버렸다는 것이었다. 이 한 쌍의 커플이 베르사유 궁전이나 큰 나무로 둘러싸인 별장 등지에서 유희를 즐겼다는 것이다.

이는 반대편을 해명하는 보다 흔한 방식이다. 훨씬 더 중상모략에 가까운 비난들은 신문이나 잡지에 좀처럼 인쇄되지 않으며, 모든 사람들의 이야기 속에서 회자되는 중상모략에 종지부를 찍기 전까지 루스벨트는 수년을, 하딩은 수개월을 기다려야 할지도 모른다. 공인(公人)들은 클럽의 거실과 저녁식탁, 그리고 내실 등에서 독설과 비방을 견뎌야 하는데, 이런 독설과 비방이 반복되고 정교해짐에 따라서 그들은 조롱의 대상이 된다. 이는 미국보다는 유럽에서 보다 널리 퍼져 있지만, 미국 관료들 역시 누군가의 스캔들을 반복해서 말하고 다닌다.

우리는 반대편에 있는 사람들을 악당과 음모가로 취급한다. 만일 가격이 급등한다면, 이는 폭리를 취하는 사람의 음모일 것이다. 만일 신문이 뉴스를 잘못 전달했다면, 여기에는 자본가의 음모가 있을 것이다. 만일 부자들이 너무 부유하다면, 그들은 도둑질을 했을 것이다. 만일 박빙의 선거에서 진다면, 여기에는 정치적 부패가 있을 것이다. 만일 어떤 정치가가 당신이 찬성하지 않는 일을 한다면, 신용할 수 없는 사람들이 그 정치가를 매수했거나 그에게 영향을 주었을 것이다. 만일 노동자들이 들썩인다면, 그들은 선동가의 희생자들일 것이다. 만일 노동자들이 광범위한 지역에 걸쳐 들썩인다면, 어떤 음모가 진행 중일 것이다. 만일 전투기를 충분하게 생산하지 못한다면, 이는 스파이의 짓일 것이다. 만일 아일랜드에서 문제가 생겼다면, 이는 독일이나 볼셰비키의 "황금" 때문일 것이다. 그리고 만일 음모를 찾는 데에 혈안이 되어 있는 사람이 있다면, 그는 모든 파업, 플럼 계획(Plumb plan : 제1차 세계대전 이후 미국에서 시행되었던 철도 국유화 프로그램/역주), 아일랜드인의 반란, 이슬람교도들의 불만, 콘스탄틴 왕의 복위, 국제연맹, 멕시코의 무질서, 군축운동, 일요일의 영화, 짧은 치마, 주류법의 회피, 흑인의 권리주장 등을 모스크바나 로마, 프리메이슨(Free Mason)이나 일본인 혹은 유대인에 의해서 획책된 거대한 음모의 일환으로 바라볼 것이다.

제10장
고정관념의 발견

1

전쟁 중인 사람들에게 큰소리로 말할 수밖에 없는 노련한 외교관들은 고정관념의 레퍼토리를 어떻게 사용하는지를 배운 사람이었다. 그들이 다루었던 것은 열강들의 불안정한 동맹이었는데, 각각의 열강들이 전쟁에서 통합을 유지하는 일은 가장 신중한 지도력에 의해서만 가능했다. 평범한 군인과 그의 아내는 대단히 영웅적이고 이타적이기는 했지만, 타국의 외무부가 문명의 미래에 중요하다고 말했던 모든 생각들을 위해서 기꺼이 죽음을 무릅쓸 정도로 영웅적인 것은 아니었다. 동맹국을 대신하여 항구, 광산, 험한 산길과 마을 등을 점령하기 위해서 무인지대(No Man's Land)를 기꺼이 가로질러서 진격할 군인은 거의 없었을 것이다.

한 국가의 외무부와 군사령부, 그리고 주요 언론을 통제했던 주전분파(war party)가 이웃국가들의 영토에 대한 권리를 주장했다. 교양 있는 계급들은 키플링, 트라이치케, 모리스 바레스를 100퍼센트 루리타니아적(Ruritanian)인 것으로 간주하면서, 이를 대(大)루리타니아(the Greater Ruritania)라고 불렀다. 그러나 이 거창한 생각은 철저하게 국내용이었

131

다. 루리타니아의 정치가들은 그들의 국민시인이 말했듯이, 루리타니아의 천재성이라는 그들이 가장 아끼는 최고의 화환을 들고서 그들이 주장하는 영토를 분할통치하는 데로 나아갔다. 그들은 여러 지역으로 나누어 영토에 대한 권리주장을 펼쳤다. 그들은 각각의 지역에 대해서 연합국이 반대하기 어려운 고정관념을 들먹였는데, 그 이유는 연합국들역시 이와 동일한 고정관념을 사용하여 영토에 대한 권리주장을 해왔기때문이다.

첫 번째 지역은 외국인 농부들이 거주하는 산악지역이었다. 루리타니아는 자연적인 지리적 국경을 마련하기 위해서 그 지역을 요구했다. 지리적인 안보상의 가치에 주목하면, 외국인 농부들은 안개 속으로 사라지고, 오직 가파른 산비탈만이 뚜렷하게 드러났다. 두 번째 지역은 루리타니아인들이 사는 지역으로, 이 지역은 어떤 사람도 외국의 통치하에살아서는 안 된다는 원리로 재합병되었다. 그 다음으로는 루리타니아인들이 살지는 않지만 상업상으로 상당히 중요한 도시가 있었다. 그러나18세기까지 그 도시는 루리타니아의 일부였고, 따라서 그 도시는 역사적 권리의 원리로 병합되었다. 그 도시 앞에는 외국인이 소유하고 일했던 양질의 광상(鑛床)이 있었다. 이것은 손해배상의 원리에 따라서 합병되었다. 이 광상 너머에는 거주자의 97퍼센트가 외국인인 지역이 있었는데, 이 지역은 자연적인 지리상 또다른 국가의 국경과 접해 있었고, 역사적으로 루리타니아의 일부인 적이 단 한 차례도 없었던 곳이었다. 그러나 루리타니아 연방의 일원이 된 한 지방이 이전에 그 지역의 시장에서 교역을 했고, 그곳의 상류계급의 문화가 루리타니아적이었다. 문화의 우월성과 문명을 방어해야 할 필요성의 원리에 따라서 그 땅에 대한 권리가 주장되었다. 마지막으로는 한 항구가 있었는데, 이 항구는 루리타니아와 지리적, 문화혈통적, 경제적, 역사적, 그리고 전통적으로 전혀 관계가 없는 곳이었다. 이 항구는 국가안보를 위해서 필요하다는 이유로 요구되었다.

세계대전을 종식시켰던 조약들에서 이와 유사한 수많은 사례들을 발견할 수 있다. 나는 이런 원리들 중 어느 하나로 유럽이 안정을 되찾을 수 있었다고 생각하지 않는다. 나는 그것이 가능하지 않았다고 확신한다. 그처럼 가식적이고 절대적인 원리들을 사용한다는 것 자체가 합의의 정신이 승리하지 못했고, 따라서 평화의 실체가 그곳에 없었다는 것을 의미한다. 공장이나 광산, 산이나 정치적 권위를 어떤 영구적인 원리의 완벽한 사례로 논의하기 시작하는 순간, 이는 논쟁을 하는 것이 아니라 싸우는 것이다. 그런 영구적인 원리는 그것에 반대하는 모든 것들을 검열하고, 그 배경과 맥락으로부터 쟁점을 분리시키며, 그 원리에 충분히 적합한 강렬한 감정을 사람들 속에서 작동시킨다. 그리고 그런 감정에 빠져들기 시작하면 걷잡을 수 없게 된다. 여기에는 현실적인 위험이 존재한다. 이에 대처하기 위해서는 공격의 기회가 되는 것을 방어하기 위해서 보다 절대적인 원리를 불러내야 한다. 그 다음에는 전체적인 상황이 너무나 뒤죽박죽이 되어서, 싸우는 것이 회담을 하는 것보다 덜 위험해 보이는 때까지 방어시설을 방어하고, 완충지대를 세우며, 그 완충지대를 위한 완충지대를 만들어야 한다.

고정관념을 맹신하는 오류에 빠져 있다는 것을 발견하는 데에 도움이 되는 실마리들이 있다. 루리타니아의 선전의 경우, 그 원리들은 빠른 속도로 전면적으로 파급되어서 사람들은 그 주장이 어떻게 구성되었는지를 선뜻 이해할 수 없었다. 여기에 대한 일련의 반론들은 고정관념이 사용된 각각의 지역에 대해서, 그것이 그 주장과 일치하지 않는 모든 사실들을 지워버릴 것이라는 점을 보여주었다. 이런 종류의 반론은 종종 하나의 훌륭한 실마리이다.

공간을 고려하는 능력이 없다는 점은 또다른 실마리이다. 예를 들면, 1918년 봄에 많은 사람들이 러시아의 철군(撤軍)에 대경실색하여 "동부전선이 복구되어야 한다"고 주장했다. 그들의 마음속에 있던 전쟁은 두 전선에서 진행되었고, 따라서 그중 하나가 사라졌을 때는 그것을 재형성해야만 했다. 일본군이 러시아군을 대체하여 동부전선에 배치될 수 있었다. 그러니 여기에는 극복할 수 없는 장애물이 놓여 있었다. 블라디보스토크와 동유럽의 전선 사이는 8,000킬로미터 이상 떨어져 있었고, 그 사이에는 오직 부서진 철로만이 놓여 있었다. 그러나 이런 주장에 환호했던 사람들은 8,000킬로미터 이상이라는 거리를 안중에 두지 않았다. 동부전선이 필요하다는 그들의 확신은 너무 강렬한 것이었고, 여기에 더해서 일본군의 용맹에 대한 신뢰가 대단했기 때문에, 그들은 일본군을 블라디보스토크에서 폴란드까지 마법의 융단으로 실어날랐던 것이다. 우리 군당국은 울워스 빌딩의 지하실에서 옥상으로 올라가는 것이 달에 도달하는 것과 아무런 관련이 없는 것처럼, 시베리아에 일본군을 상륙시키는 것이 동부전선에 일본군을 배치하는 것과 아무런 관련이 없는 것이라고 주장해야 했다.

이 사례에서 고정관념은 전쟁이 두 전선에서 치러지고 있다는 것이었다. 세계대전에 관해서 생각할 때, 사람들은 독일이 프랑스와 러시아 사이에 끼어 있다고 생각했다. 전략가들은 이런 시각적인 이미지를 전략을 세우는 출발점으로 삼았다. 거의 40년 동안, 전략가들이 살펴본 모든 전쟁지도는 바로 이런 이미지에 기반을 둔 것이었다. 사태들이 새롭게 전개되었을 때, 그것을 있는 그대로 보기란 쉬운 일이 아니었다. 그런 사태들은 고정관념을 통해서 이해되었고, 일본에서 폴란드까지의 거리와 같은 사실은 고정관념과 상충되는 것이었기 때문에, 사람들의 의식

속으로 선명하게 들어올 수 없었다.

흥미로운 점은 미국 당국자들이 프랑스 당국자들에 비해서 새로운 사실들을 보다 현실적으로 다루었다는 것이다. 이는 부분적으로 (1914년 이전에) 미국 당국자들이 대륙에서의 전쟁에 대해서 어떤 선입관도 가지고 있지 않았기 때문이다. 또한 이는 미국인들이 서부전선에 관해서만 골몰했기 때문인데, 이런 생각의 집중은 고정관념이 되어 **미국인들의** 의식으로부터 동부전선을 지워버렸다. 이런 미국의 시각은 1918년 봄 전통적인 프랑스의 시각과 경쟁할 수 없었다. 왜냐하면 미국인들은 자신의 힘을 과신했던 반면에, (캉티니 전투와 제2의 마른 전투 이전의) 프랑스인들은 자신의 힘에 심각한 의심을 품고 있었기 때문이다. 미국인의 신념은 미국인의 고정관념에 스며들었다. 이제 고정관념은 사람들의 의식을 사로잡았고, 그들에게 활력을 불어넣었으며, 그들을 합리적으로 자극했다. 또한 고정관념을 통해서 사람들은 의지가 고양되고 있다는 느낌을 받았으며, 욕구의 대상을 감정적으로 느끼게 되었고, 당시에 하고 있던 활동과 조화를 이루고 있다는 느낌을 받았다. 이는 제임스가 우리가 "실제적(real)"이라고 간주하는 것의 특징으로 언급한 것이다.[1] 반대로 프랑스인들은 자포자기한 채 그들이 받아들였던 이미지에 머물러 있었다. 그리고 사실들이 그들의 선입관에 들어맞지 않으면, 그런 사실들을 마음 밖으로 몰아내거나 왜곡했다. 따라서 8,000킬로미터 이상 떨어져 있던 일본군을 동부전선으로 이동하는 난제는 독일군을 시베리아로 이동시킴으로써 극복되었다. 1918년 3월과 6월 사이, 독일군이 동시베리아에서 작전 중인 것으로 추정되었다. 이 유령부대는 실제로 눈에 띈 소수의 독일군 포로와 그들을 통해서 동시베리아에 있을 것이라고 추정된 좀더 많은 독일군 포로들, 그리고 주요하게는 8,000킬로미터 이상이라는 거

---

1) *Principles of Psychology*, Vol. II, p. 300

리가 존재하지 않는다는 착각 속에서 구성된 것이었다.[2]

<h2 style="text-align:center">3</h2>

공간의 진의를 파악하는 것은 단순한 문제가 아니다. 지도상에서 봄베이와 홍콩 사이의 직선거리는 실제로 그 구간을 여행하면서 가게 될 거리와는 전혀 상관이 없다. 그러나 봄베이에서 홍콩까지의 실제거리를 측정한다고 하더라도, 어떤 배를 언제 타야 하는지, 그 배는 얼마나 빨리 가는지, 선실은 예약할 수 있는지, 운임은 얼마인지를 알기 전까지는 그 여행에 대해서 별로 안다고 할 수 없다. 실제 삶에서 공간이란 이용 가능한 교통수단의 문제이지 기하학적 평면의 문제가 아니다. 이 점을 잘 알고 있던 예전의 한 철도왕은 그의 기분을 상하게 했던 도시를 상대로 도시의 거리에 풀이 자라도록 하겠다고 협박한 적도 있다. 만일 내가 운전을 하면서 목적지까지 얼마나 남았는가를 물었을 때, 한 보행자가 10킬로미터를 우회해야 한다고 말하지 않고 5킬로미터밖에 남지 않았다고 말한다면, 나는 그를 얼간이라고 욕할 것이다. 걸어갈 경우 5킬로미터가 남았다고 말해주는 것은 나에게 전혀 도움이 되지 않는다. 또한 날아가면 1.6킬로미터 정도의 거리라고 말해줄 수도 있을 것이다. 그러나 나는 날아갈 수 없고 걸어갈 것도 아니다. 내가 반드시 알아야만 하는 것은 자동차로 갈 경우에는 15킬로미터가 남았다는 점과 그중 10킬로미터는 울퉁불퉁하고 곳곳에 웅덩이가 있다는 점이다. 나는 5킬로미터 남

---

2) 이와 관련해서는 Charles Grasty와 Marshall Foch의 인터뷰를 참조. *New York Times*, February 26, 1918.
　"독일군이 러시아로 행군하고 있다. 그렇게 할 입장에 있는 미국과 일본은 시베리아로 출병(出兵)해야 한다."
　유타 주의 킹(King) 상원의원의 1918년 6월 10일 결의안과 1918년 6월 11일 「뉴욕타임스」에 실린 태프트(Taft)의 성명, 그리고 1918년 5월 5일 러시아 정보국의 국장인 A. J. 사크(A. J. Sack)의 미국에 대한 호소문을 참조. "만일 독일이 연합군의 장소에 있다면……연합군은 1년 내에 300만의 병력을 동부전선에 투입했을 것이다."

았다고 말해주는 보행자를 성가신 사람으로 취급할 것이고, 1.6킬로미터 남았다고 말해주는 비행사를 사악하다고 생각할 것이다. 보행자와 비행사 모두 그들이 가야 할 공간에 관해서 이야기하고 있는 것이지, 내가 가야 할 공간에 관해서 이야기하고 있는 것이 아니다.

국경을 구획할 때 생기는 터무니없는 문제들은 그 지역의 실제 지형을 알지 못하기 때문에 발생한다. 정치가들은 자결(self-determination)과 같은 몇몇 일반적인 공식에 따라서 지도상에서 국경을 구획한다. 그러나 현장에 가보면, 국경선이 공장의 한가운데나 마을의 중심부, 교회의 신도석이나 농가의 부엌과 침실 사이를 지나가기도 한다. 어떤 낙농국가에서는 목장과 물 혹은 목장과 시장을 갈라놓은 일도 있었고, 어떤 산업국가에서는 철도의 종착역과 철도를 갈라놓은 일도 있었다. 문화혈통적으로 경계가 구획된 지도에서 그 경계선은 문화혈통적으로만 적합한, 즉 그런 지도의 세계에서만 적합한 것이다.

4

그러나 시간도 공간만큼이나 문제가 많다. 어떤 사람이 정성껏 유언장을 써서 그가 죽은 후에도 자신의 돈을 좌지우지하려는 경우는, 시간도 공간만큼이나 문제가 많다는 점을 보여주는 흔한 예이다. 시조(始祖) 윌리엄 제임스의 증손(曾孫)인 헨리 제임스에 따르면,[3] "윌리엄 제임스는 그의 자식들(그중 여럿은 그가 죽었을 때 미성년자였다)에게 그가 죽은 후에 유산을 상속받기 위해서는 근면하게 일하고 많은 경험을 쌓아서 스스로 유산을 상속받을 자격이 있다는 것을 입증해야 한다는 유언장을 남겼는데, 이는 수많은 조항들과 지시사항으로 작성되어 있었다. 유언장은 윌리엄 제임스가 얼마나 자신의 판단을 확신했는지, 그리고 자식

---

3) *The Letters of William James*, Vol. I, p. 6

들의 도덕적 복지를 위해서 얼마나 근심이 컸는지를 보여주었다." 법원은 윌리엄 제임스의 유언이 부당하다고 판결했다. 법은 영구적으로 재산을 소유하는 것을 금했고, 따라서 누군가가 알려지지 않은 미래에 도덕적 자국(stencil)을 남겨놓도록 허용하는 것에는 분명한 한계가 있다고 판결했다. 그러나 그런 도덕적 자국을 남겨놓으려는 욕망은 매우 인간적인 특성이기 때문에, 법은 사후에 제한된 기간 동안은 그렇게 하도록 허용하기도 한다.

헌법 수정조항은 헌법을 제정했던 헌법 제정자들에 대한 후세대의 의견이라고 볼 수 있다. 내가 보기에 미국 주(州)의 헌법들 중에는 거의 수정하기가 불가능한 것이 있다. 그런 헌법들을 제정했던 사람들은 시간에 관해서 거의 의식하지 못했을 것이다. 그들에게 현재는 너무도 분명한 것이었고, 미래는 너무도 막연하고 두려운 것이었다. 따라서 그들에게는 그들이 죽은 후에 삶이 어떻게 운용되어야 하는지에 관해서 말할 용기가 없었다. 또한 헌법을 수정하는 것은 매우 어렵기 때문에, 영구적으로 소유하는 것을 대단히 좋아했던 사람들은 이런 불멸의 동판(銅版)에 온갖 종류의 규범과 제한들을 써넣고 싶어했다. 그러나 그들이 미래에 대해서 겸손한 마음을 품고 있었다면, 이런 종류의 규범과 제한들은 일반적인 법령보다 영구적일 수는 없는 것이어야 했다.

시간에 관한 추정은 우리의 견해에 폭넓게 들어와 있다. 어떤 이에게 일생 동안에 존재했던 제도는 세계라는 영구적인 가구의 일부분이다. 또다른 이에게, 그 제도는 일시적인 것이다. 지질학적 시간과 생물학적 시간은 매우 다르다. 사회적 시간은 가장 복잡한 것이다. 정치가들은 비상사태를 생각해야 할지, 장기적인 전망을 생각해야 할지를 결정해야 한다. 앞으로 몇 시간 내에 일어날 일들을 결정하는 경우도 있고, 앞으로 일주일이나 한 달, 혹은 한 계절이나 10년 내에 일어날 일들을 결정하는 경우도 있으며, 아이들이 어른이 되었을 때나 그들의 손자가 성장했을 때 일어날 일들을 결정하는 경우도 있다. 당면한 사태가 속해 있는 시간 개념을 적절하게 구분하는 능력은 지혜의 중요한 부분이다. 현재를 완전히 무시하는 몽상가에서부터 다른 어떤 것도 보지 못하는 속물에 이르기까지, 잘못된 시간개념을 사용하는 사람들은 굉장히 다양하다. 진정한 가치척도에는 상대적인 시간에 관한 매우 예리한 감각이 들어 있다.

먼 과거나 먼 미래와 같은 시간은 어떻게든 이해되어야 한다. 그러나 제임스가 말하듯이, "우리에게 시간의 지속성을 직접 '실감하는' 감각이 있는 것은 아니다."4) 우리가 즉시 느낄 수 있는 가장 긴 시간은 "변화와 지속성을 직접 경험할 수 있는 지각하는 현재(specious present)"에 불과하다. 티치너에 따르면, 이 시간적 길이는 약 6초 동안 지속된다.5) "이 시간 동안 모든 인상들이 **동시**에 존재한다. 이를 통해서 우리는 정지된 대상뿐만 아니라 변화와 사건들을 감지할 수 있다. 이렇게 직접 경험되는 현재는 관념적으로 생각되는 현재에 의해서 보충된다. 지각과 기억의 이미지의 결합을 통해서, 과거의 모든 나날들이 현재와 통합된다."

제임스에 따르면, 이런 관념적인 현재에서 생동감은 우리가 그 속에서 감지하는 차이들과 비례한다. 즉, 휴가기간이 권태로웠다면 휴가를 지내는 동안에는 그 시간이 천천히 흘러가는 것처럼 느껴지지만, 나중에 이것을 기억하기에는 매우 짧은 시간처럼 느껴진다. 위대한 활동은 빨리 지나가지만 오랫동안 기억된다. 제임스는 우리가 식별하는 양과 우리의 시간에 대한 관점 사이의 관계에 대해서 다음과 같이 흥미로운 구절을 제시한다.6)

---

4) *Principles of Psychology*, Vol. I, p. 638
5) Warren, *Human Psychology*, p. 255에서 재인용.
6) William James, 위의 책, Vol. I. p. 639

고정관념의 발견 139

"생명체들이 직관적으로 느끼는 시간의 길이와 그 기간 내에 얼마나 많은 사건들이 벌어지는가에는 상당히 큰 차이가 있을 수 있는데, 여기에는 충분한 이유가 있다. 폰 바에르는 자연의 양상을 변화시키면서 변화의 차이들의 영향을 파악하는 흥미로운 일에 몰두해왔다. 우리가 지금처럼 1초 동안에 10개의 사건들 대신에 1만 개의 사건들을 뚜렷이 감지할 수 있다고 가정해보자.[7] 만일 우리가 일생 동안 동일한 수의 인상들을 접하게 될 운명이라면, 우리의 수명은 1,000배나 단축될 수 있을 것이다. 우리의 수명은 한 달이 채 되지 않을 것이고, 따라서 계절의 변화도 감지하지 못할 것이다. 만일 겨울에 태어났다면, 여름은 석탄기 시대의 일이라고 믿을 것이다. 유기체의 운동은 우리가 감지하기에 너무 느려서 그 운동을 추론해볼 수는 있겠지만, 그것을 볼 수는 없을 것이다. 태양은 여전히 하늘에 떠 있을 것이고, 달은 거의 변하지 않을 것이다. 그러나 이제 그 가설을 바꾸어 어떤 존재가 주어진 시간 내에 우리가 느끼는 감각의 1,000분의 1만을 느끼고, 그 결과 1,000배나 오랫동안 산다고 가정해보자. 그런 존재에게 겨울과 여름은 15분 정도의 시간밖에는 되지 않을 것이다. 버섯이나 그보다 빠르게 자라는 식물들은 순간적인 창조물로 보일 정도로 빠르게 솟아오를 것이다. 일년생 관목은 쉼 없이 끓어오르는 온천처럼 자랐다가 사라질 것이다. 동물의 움직임은 우리가 총알이나 대포알을 보지 못하듯이, 보이지 않을 것이다. 태양은 별똥별이 꼬리를 남기듯이 빠르게 하늘을 지나쳐갈 것이다."

5

『세계사 개론(Outline of History)』에서 웰스는 "지질학적 시간에 대한 역사적 시간의 참된 비율"을 시각적으로 보여주려고 대담하게 시도했다.[8] 그는 콜럼버스 시대에서부터 우리 시대까지를 7.6센티미터의 길이

---

7) 영화에서 이 효과는 고속 카메라에 의해서 훌륭하게 제작된다.
8) Vol. II, p. 605. 또한 James Harvey Robinson, *The New History*, p. 239도 참조.

로 표현했다. 이에 따르면, 알타미라 동굴의 벽화를 보기 위해서는 17미터를, 네안데르탈인을 보려면 170미터를, 공룡의 최후를 보려면 1,700킬로미터 정도를 가야 했다. 기원전 1000년 이후에야 정확한 연대기가 시작되었고, 그 당시까지만 해도 "아카디아 –수메리아 제국(Akkadian-Sumerian Empire)의 사르곤 1세는 먼 옛날의 일이었고……이는 현재의 세계에서 콘스탄티누스 대제까지의 거리보다도 더 먼 것이었다.……함무라비는 1,000년 전에 죽었다.……영국의 스톤헨지는 벌써 1,000년이나 되었다."

웰스가 글을 쓴 목적은 다음과 같은 것이었다. "1만 년이라는 짧은 시기에, (인간이 결합해왔던) 구성단위들은 초기 신석기 시대의 작은 가족으로 이루어진 부족에서 현재의 방대하게 통일된 영역 —— 방대하지만 여전히 너무 작고 부분적인 영역 —— 으로 성장해왔다." 웰스는 우리 시대의 문제들에 대한 시간적 관점을 바꿈으로써 도덕적 관점을 바꾸기를 희망했다. 그러나 천문학적 시간측정이나 지질학적, 생물학적 측정, 그리고 망원경을 통한 측정이 현미경을 이용한 측정에 비해서 "보다 사실적인" 것은 아니다. 이 점에서 시미언 스트런스키는 다음과 같은 올바른 주장을 펼치고 있다. "만일 웰스가 그의 책의 부제로 '인류의 가능한 미래'를 염두에 두고 있다면, 웰스가 제기한 문제를 해결하는 데에는 수 세기가 걸릴 수도 있다. 만일 그가 세계대전의 여파로 휘청거리는 서구 문명을 구원하려고 한다면, 이는 수십 년이 걸릴 것이라는 점을 염두에 두어야 한다."[9] 이 모든 문제는 사람들이 어떤 목적을 가지고 시간을 측정하느냐에 달려 있다. 시간을 길게 잡아야 할 상황도 있고, 짧게 잡아야 할 상황도 있는 법이다.

두 세대 동안의 출산율이 인구의 손실을 만회할 것이기 때문에 1,500

---

9) *The Salvaging of Civilization*에 대한 서평 중 *The Literary Review of the N. Y. Evening Post,* June 18, 1921, p. 5

만 명의 중국인이 기아로 사망한 것은 별 문제가 아니라고 말하는 사람은 그의 무력감을 변명하기 위해서 그런 시간의 관점을 사용했던 것이다. 건강한 젊은이에게 도움의 손길을 내밀어야 한다고 주장하는 사람은 당면한 어려운 문제에 너무 감정적인 인상을 받은 나머지, 인간의 삶에서 도움이 필요한 기간과 그렇지 않은 기간의 차이를 더 이상 파악하지 못하게 된 사람이다. 현재의 평화를 위해서 침략적인 제국의 욕구를 만족시켜 제국을 매수하려고 하는 사람은 변화와 지속성을 직접 경험할 수 있는 지각하는 현재(specious present)가 그의 자손의 평화에 개입하도록 허용하는 사람이다. 말썽을 피우는 이웃을 참지 못하여 모든 것을 "막장"으로 몰고 가기를 원하는 사람들 역시 변화와 지속성을 직접 경험할 수 있는 지각하는 현재의 희생자들이다.

6

거의 모든 사회문제에는 적절한 시간계산의 문제가 제기된다. 예를 들면, 목재의 문제가 있다고 가정해보자. 어떤 나무들은 다른 나무들에 비해서 빨리 자란다. 따라서 신뢰할 만한 산림정책은 각 계절에 벌목할 나무의 종류와 나이를 계산하고, 그에 맞추어 다시 나무를 심는 정책이라고 할 수 있다. 이런 계산이 정확하게 이루어지면 목재와 관련된 경제상의 문제는 해결된다. 그 계산보다 적게 벌목하는 것은 낭비일 것이고, 많이 벌목하는 것은 착취일 것이다. 그러나 긴급사태가 발생할 수 있다. 말하자면, 전시에는 항공기를 만들기 위해서 보다 많은 목재가 필요할 수 있다. 기민한 정부라면 이 점을 인식할 것이고, 균형을 회복하는 일을 미래의 과제로 삼을 것이다.

석탄을 다루는 데에는 나무와는 다른 시간이론이 필요한데, 이는 석탄이 나무와는 달리 지질학적 시간의 척도에 의해서 생산되기 때문이다.

석탄의 공급은 제한되어 있다. 따라서 석탄에 관한 올바른 사회정책은 세계에서 이용 가능한 석탄 비축량을 계산하고, 석탄의 발굴 가능성과 현재의 사용률을 검토하며, 현재의 경제활동과 대체연료를 고려해야 한다. 여기에 대한 계산이 이루어지더라도 마지막으로는 시간을 포함하는 이상적인 기준과 맞추어보아야 한다. 예를 들면, 현재의 연료들이 특정한 비율로 소모되고 있고, 새로운 발견을 금지하면 미래의 특정한 시기에 산업은 하강국면에 접어들 것이라고 가정해보자. 그러면 우리가 석탄을 얼마만큼 효율적으로 절약하여 사용해왔는가에 상관없이, 우리의 후손이 석탄을 이용할 수 있기 위해서 이후에 얼마만큼 석탄을 절약하고 석탄의 사용을 자제할 것인가를 결정해야 한다. 그러나 우리는 어느 세대까지 우리의 후손으로 간주할 것인가? 우리의 손자? 우리의 증손자? 만일 석탄에 대한 대체연료가 필요하다는 점이 분명해진다면, 그리고 대체연료를 발견하는 데에 100년 정도면 충분하다고 생각한다면, 우리는 100년 단위로 계산하자고 결정할 수도 있다. 물론 100년이라는 햇수는 가설적인 것이다. 그러나 그런 계산을 하기 위해서 우리는 우리가 가진 어떤 근거를 사용할 것이다. 이렇게 되면 여론상에 사회적 시간을 위한 자리가 마련된다.

이제 약간은 다른 사례를 검토해보자. 이는 어떤 시(市)와 노면전차 회사 사이의 계약에 관한 것이다. 회사는 향후 99년 동안 시가 회사에 주요 고속도로의 독점권을 주지 않는다면 투자하지 않을 것이라고 한다. 그것을 요구한 회사사람들의 마음에서 99년은 "영원"을 의미할 만큼 긴 기간이다. 그러나 향후 20년 내에 노면전차가 사라질 것이라고 생각할 근거가 있다고 가정해보자. 그렇다면 이 계약에 의해서 미래세대는 열악한 대중교통을 이용할 수밖에 없기 때문에, 이 계약은 현명하지 못한 것이 된다. 만일 시 공무원들이 이런 계약을 체결한다면 그들은 시간에 대한 현실감각이 부족한 사람들이다. "영원"이라는 잘못된 시간감각에 기초하여 투자를 장려하기보다는, 자본을 끌어들이기 위해서 그 회사에 보조금을 지급하는 편이 훨씬 더 나을 것이다. 만일 시 공무원이나 회사의 중역이 99년에 관해서 이야기한다면, 그들에게는 실제 시간에 대한 감각이 없는 것이다.

통속적인 역사는 시간의 혼동을 발견하기에 안성맞춤인 곳이다. 예를 들면, 평균적인 영국인들에게 크롬웰의 행동과 조합법(Act of Union)의 부패, 그리고 1847년의 기아(飢餓)는 오래 전에 죽은 사람들이 경험한 해악들이다. 현재 살아 있는 아일랜드인이나 영국인은 그런 해악들과 전혀 관계가 없는 사람들이다. 그러나 애국심이 강한 아일랜드인의 마음속에서는 이런 사건들이 거의 동시대적이다. 그의 기억은 마치 베르길리우스와 단테가 서로 나란히 앉아 대화하는 것과 같다. 이런 식의 혼동은 사람들 사이에 커다란 장벽을 세운다. 한 전통에 속해 있는 사람이 다른 사람의 전통 속에서 동시대적인 것을 기억하는 것은 무척이나 어려운 일이다.

역사적 권리나 잘못 중에 과거에 관해서 진정으로 객관적인 관점이라고 불릴 수 있는 것은 거의 없다. 알자스-로렌(Alsace-Lorraine)에 대한 프랑스와 독일의 논쟁을 예로 들어보자. 이 논쟁은 최초의 시기를 언제로 삼느냐에 모든 것이 달려 있다. 라우라치(Rauraci)와 세콰니(Sequani)에서 출발한다면, 그 땅은 역사적으로 고대 골(Ancient Gaul)의 일부일 것이다. 헨리 1세를 선택한다면, 그 땅은 역사적으로 독일 영토가 될 것이다. 1273년을 선택한다면, 그 땅은 오스트리아 가문에 속할 것이다. 만일 1648년과 베스트팔렌 평화조약을 선택한다면, 그 땅의 대부분은 프랑스에 속할 것이다. 만일 루이 14세와 1688년을 선택한다면, 그 땅은 프랑스에 속할 것이다. 만일 역사적 주장을 사용한다면, 그런 주장을 사용하는 사람은 틀림없이 현재에 무엇을 해야 할 것인가에 관해서 특정한 입장을 지지하는 역사를 선택할 것이다.

"인종"과 민족성에 관한 주장들은 종종 시간에 대해서 이와 같은 자의적인 입장을 드러낸다. 강력한 감정이 지배하는 전시에, 대중들은 "튜턴족"과 "앵글로색슨족", 그리고 프랑스인들 사이의 차이가 영구불변의 차이라는 점을 받아들였다. 그들은 항상 서로 적대적일 수밖에 없는 인종들이었다. 그러나 한 세대 후에, 프리먼 같은 역사가들은 서유럽 사람들과 튜턴족이 공통의 기원에서 출발했다는 점을 강조하고 있었고, 민속학자들은 독일인, 영국인, 프랑스인의 대다수가 혈통상 동일하다는 점을 분명하게 강조할 것이었다. 일반적인 규칙은 다음과 같다. 만일 당신이 현재 어떤 인종을 좋아한다면, 당신은 인종의 분류에서 공통의 기원으로 나아갈 것이다. 만일 당신이 어떤 인종을 싫어한다면, 인종의 분류대로 각각의 기원을 가진다는 점을 강조할 것이다. 전자의 경우, 사람들을 인종적으로 구분하는 것이 불가능한 시기에 관심을 집중할 것이다. 후자의 경우, 사람들의 차이가 뚜렷해진 이후의 시기에 관심을 집중할 것이다. 그리고 그 양식에 맞는 견해가 "진리"로 채택된다.

족보에는 정감 있는 차이가 있다. 족보에서는 일반적으로 한 쌍의 부부, 가능하면 노르만 정복(Norman Conquest)과 같은 영웅적인 사건과 관련이 있는 부부가 가문의 시조로 정해진다. 그 부부는 조상이 없다. 그들은 누구의 자손도 아니다. 그러나 그들도 누군가의 자손이었을 것이다. 누군가가 한 가문의 시조라는 표현은 그가 그 가문의 아담이라는 것을 의미하는 것이 아니라, 그로부터 가문을 시작하는 것이 바람직하거나 어쩌면 기록에 남아 있는 가장 최초의 선조임을 의미한다. 그러나 족보에는 보다 깊은 편견이 자리잡고 있다. 족보상으로 혈통은 부계(父系)를 통해서 거슬러올라간다. 족보는 남성적이다. 여성들은 마치 떠돌아다니는 벌이 오래된 사과나무를 우연히 발견한 것처럼, 순간순간 거기에 붙을 뿐이다.

7

그러나 미래는 모든 시간 중에 가장 환상에 지나지 않는 시간이다. 여기에는 연속적인 순서상의 필수적 단계들을 뛰어넘으려는 유혹이 있다. 그리고 희망이나 의혹이 우리를 지배하는 것처럼, 어떤 과정의 다양한 부분들을 완수하는 데에 필요한 시간을 과장하거나 최소화하려는 유혹이 있다. 산업경영 분야에서 노동자들이 수행하는 역할에 관한 논의는 이런 유혹으로 가득 차 있다. 경영(management)이란 많은 기능들을 포함하는 말이다.[10] 이런 기능들 중에는 전혀 훈련이 필요하지 않은 일과 약간의 훈련이 필요한 일, 혹은 평생에 걸쳐 훈련이 필요한 일이 있다. 따라서 진정으로 안목을 갖춘 산업 민주화 프로그램은 적절한 시간의 순서에 기반을 두고 있어야 할 것이고, 그런 프로그램을 책임 있게 시행하는 일은 산업훈련과 같은 보완적인 프로그램과 병행해야 할 것이다. 프롤레타리아 독재를 주장하는 것은 그런 준비의 중간단계를 없애려는 시도이다. 책임 있는 시행을 거부하는 것은 시간이 지남에 따라서 인간의 역량이 변한다는 사실을 부정하려는 시도이다. 공직순환(rotation in office)과 같은 민주주의의 초기 개념들과 전문가에 대한 경멸은 마치 지혜의 여신이 성숙하고 완전히 무장한 채 제우스의 이마에서 튀어나왔다는 오래된 신화와 같은 것일 뿐이다. 그런 개념이나 경멸은 다년간에 걸쳐 배워야 할 것을 전혀 배울 필요가 없다고 가정한다.

어떤 정책에 "후진 국민(backward people)"이라는 말이 사용되는 경우, 시간개념은 언제나 결정적인 요소이다. 예를 들면, 국제연맹의 규약

---

10) Carter L. Goodrich, *The Frontier of Control*을 참조.

은 "위임통치가 국민의 발전단계에 따라서 다르게 적용되어야 한다"고 적시한다.[11] 이에 따라서, "발전단계에 도달한" 공동체의 독립은 "그 공동체가 혼자의 힘으로 일어설 수 있을 때까지" 조언과 원조를 받는다는 조건하에 임시적으로 인정될 수 있다. 위임통치국과 위임통치를 받는 국가가 독립의 시기를 인식하는 방식은 둘 사이의 관계에 깊은 영향을 미칠 수 있다. 따라서 쿠바에 대한 미국 정부의 판단은 사실상 쿠바의 애국자들의 판단과 일치하며, 비록 불협화음이 있기는 했지만, 강대국이 약소국을 다루었던 방식에서 역사상 이보다 더 훌륭한 사례는 찾아볼 수 없다. 역사적으로는 강대국과 약소국의 판단이 일치하지 않는 경우가 훨씬 더 많았다. 제국의 국민들은 후진국의 후진성이 너무 난망(難望)한 것이어서 후진국을 구제할 가치가 없다고 생각하거나 후진국으로부터 얻는 이득이 매우 크기 때문에 후진성을 개선하는 것이 바람직하지 않다고 확신해왔다. 이런 강대국과 약소국의 관계는 세계평화를 저해한다. 아주 이례적인 경우에만, 지배세력은 후진성에 관한 프로그램, 즉 확실한 기준과 시간평가가 수반된 프로그램이 필요하다고 생각했다. 대부분의 경우에, 후진성은 본능적으로 열등하다는 것을 보여주는 영구불변의 표식으로 간주되었다. 따라서 후진성에서 벗어나려는 노력은 선동으로 간주되었고, 이런 조건하에서라면 그런 노력은 의심할 바 없이 선동이었을 것이다. 미국의 인종전쟁에서 나타난 몇몇 결과들은 시간이 지남에 따라서 흑인의 노예근성이 점차 사라지고, 이런 노예근성에 기반을 둔 사회적 적응도 붕괴하기 시작할 것이라는 점을 우리가 인식하지 못했기 때문에 발생한 것이었다.

미래가 우리의 현재의 목적에 순응하는 것처럼 묘사하지 않는 것, 우리의 욕망을 저해하는 것을 제거하거나 우리와 우리가 느끼는 공포들

---

11) Article XIX.

사이에 있는 무엇인가를 불멸화하지 않는 것은 어려운 일이다.

8

여론을 모으기 위해서는 우리가 눈으로 볼 수 있는 것보다 더 넓은 공간과 우리가 느낄 수 있는 것보다 더 많은 시간을 살펴보아야 할 뿐만 아니라, 우리가 실제로 셀 수 있거나 생동감 넘치게 상상할 수 있는 것보다 더 많은 사람들과 더 많은 행위들과 더 많은 것들을 묘사하고 판단해야한다. 우리는 요약하고 일반화해야 한다. 우리는 표본을 선택하고 그것을 전형적인 것으로 취급해야 한다.

그러나 어떤 계급에서 그 계급을 대표하는 표본을 공정하게 골라내기란 쉬운 일이 아니다. 이는 통계학에 속하는 문제이고, 수학실력이 초보적인 단계에 있는 사람들에게는 특히 어려운 문제이며, 나 역시도 한때는 진정으로 이해했다고 상상하며 읽었던 6권의 설명서에도 불구하고여전히 초보적인 수준에 머물러 있다. 이 모든 것들은 분류하고 표본조사를 하는 것이 얼마나 어려운 일인지, 그리고 우리가 얼마나 쉽게 세상을 덧칠하고 있는지를 나에게 좀더 분명하게 일깨워주었다.

얼마 전에 영국 셰필드의 한 자선단체는 이 도시 노동자들의 역량에 관한 인상을 정확하게 파악하는 일에 착수했다.[12] 이 단체는 명확한 근거를 바탕으로 셰필드의 노동자들의 역량이 얼마나 훌륭한지를 밝히려고 했다. 이 단체가 맨 처음에 발견한 것은 셰필드의 노동자들이 합병증으로 고통을 겪고 있다는 점이었다. 이 단체가 사용했던 설문지에 관해서는, 그것이 많은 질문들을 포함하고 있었다는 점 말고는 언급할 필요가 없을 것이다. 설명을 위해서, 그 질문들이 영국인의 도시생활을 위한 정신적인 역량을 공정하게 테스트하는 것이었다고 가정하자. 이론상으

---

12) *The Equipment of the Worker.*

로 이 설문에는 모든 노동자들이 참여해야 했다. 그러나 누가 노동자인지를 파악하는 것은 그리 쉬운 일이 아니었다. 인구조사의 분류방법이 정확하다고 다시 가정하면, 이 설문에 참여해야 할 노동자의 수는 남성은 10만4,000명, 여성은 10만7,000명에 이르렀다. 그들은 "무식한 노동자"일 수도 "지적인 노동자"일 수도 있었다. 그러나 어느 누구도 20만 명 전체를 설문조사할 생각은 할 수 없었다.

따라서 이 자선단체는 저명한 통계학자인 볼리 교수와 상담했다. 볼리 교수는 남성과 여성 노동자를 적어도 각각 408명씩 선택하는 것이 합리적인 표본이라고 조언했다. 수학적인 계산에 따르면, 이 표본의 표준편차는 22분의 1 이하였다.[13] 이에 따르면 이 단체는 적어도 816명의 노동자에게 설문조사를 시행한 후에야 평균적인 노동자에 관해서 알고 있는 척할 수 있었다. 그렇다면 816명을 어떻게 선택하고 어떻게 접근해야 하는가? "우리 중 누군가가 사전질문을 위해서 접촉했던 노동자들로부터 세부사항들을 수집할 수 있다. 우리는 클럽, 전도사업 시설, 병원, 예배당, 노동자 거주지 등지에서 노동자들과 접촉하고 있던 남녀 자선사업가들에게 도움을 구할 수도 있다. 그러나 이런 방법으로는 가치 있는 결과가 나오기 어려울 것이다. 선택된 노동자들은 어떤 의미에서도 대중적으로 '평균적인 노동자들(the average run of workers)'로 불리는 사람들을 대표하지는 않을 것이다. 그들은 단지 그들이 속한 작은 집단들만을 대표할 것이다.

우리가 시간과 노동의 엄청난 비용을 들여 융통성 없이 달라붙어서 조사했던 '희생자들'을 확보하는 올바른 방법은 '중립적'이거나 '우연적' 혹은 '무작위적' 방법으로 노동자들을 선택하는 것이다." 이 단체는 실제로 이렇게 했다. 이런 모든 예방조처를 강구한 후에, 이 단체는 다음과

---

13) 위의 책, p. 65의 각주.

같은 결론에 이르렀다. 20만 명의 셰필드 노동자 가운데 "4분의 1 정도는 훌륭한 자질을 갖추고" 있으며, "4분의 3 가까이는 불충분한 자질을 갖추고" 있고, "5분의 1 정도는 잘못된 자질을 갖추고" 있었다.

이 양심적이고 지나치게 규칙에 얽매인 방법을 대중이나 변덕스러운 아일랜드인, 혹은 논리적인 프랑스인이나 규율이 잡힌 독일인, 무지한 슬라브인, 정직한 중국인, 그리고 믿지 못할 일본인 등에 관한 우리의 평상시 판단들과 비교해보라. 이런 평상시의 판단들은 표본을 통해서 일반화된 것이지만, 이 표본은 통계학상으로 완전히 부적절한 방법에 의해서 선택된 것이다. 이런 부적절한 방법으로 고용주는 말썽을 피우느냐 고분고분하게 그의 말을 잘 듣느냐에 따라서 노동자를 판단할 것이고, 많은 급진적 단체들 역시 노동계급의 표본을 이런 방식으로 상상해왔다. "하인문제"에 관한 많은 여성들의 견해는 그들이 하인을 어떻게 취급하는가를 반영하는 데에 지나지 않는다. 일상의 마음은 그런 마음의 편견을 뒷받침하거나 그것에 도전하는 표본을 선택하는 경향이 있고, 그 연후에 그런 편견이 전체 계급을 대표하도록 만드는 경향이 있다.

우리가 사람들을 분류하는 방식을 분류를 당하는 사람들이 거절할 경우, 큰 혼란이 발생한다. 우리가 정해준 자리에 사람들이 머물러 있다면 예언하는 일은 훨씬 더 쉬울 것이다. 그러나 실제로 노동계급과 같은 관용구는 한정된 기간에 몇 가지 점에서만 사실이다. 특정한 소득수준 이하의 사람들을 노동계급으로 간주할 경우, 그렇게 분류된 사람들은 그런 고정관념에 따라서 행위할 것이라고 가정해야 한다. 그러나 그들이 누구인지는 불확실하다. 공장 노동자나 광산 노동자는 노동계급에 포함되겠지만, 농업 노동자, 소농, 행상인, 구멍가게 주인, 사무원, 하인, 군인, 경찰, 소방수는 포함되지 않을 수도 있다. "노동계급"에 호소하고 있는 경우, 이 호소가 관심을 기울이는 대상은 200-300만 명 그 이상

혹은 그 이하의 노동조합 조합원들이고, 그들만을 노동자로 대우하는 것이다. 통계상으로는 노동자일 수 있는 1,700만 혹은 1,800만 명의 사람들은 200-300만 명의 노동조합 조합원들에게 초점이 맞추어진 의견을 조용하게 가지고 있을 뿐이다. 1918년에서 1921년 사이에 영국의 노동계급이 노동조합 의회(Trades Union Congress)의 결의나 지식인들이 쓴 팸플릿의 입장을 따르고 있었다고 주장하는 것은 얼마나 오해의 여지가 큰 주장인가?

노동자가 해방자라는 고정관념을 가진 사람들은 이를 뒷받침하고 이와는 다른 것을 거부하는 증거를 선택한다. 그리고 노동자의 실제적인 운동과 나란히 노동운동이라는 허구가 존재하는데, 이런 노동운동에서 이상화된 대중은 이상적인 목적을 향해서 움직인다. 이 허구는 미래에 관한 것이다. 미래의 가능성은 개연성과 구분되지 않으며, 개연성은 확실성과 구분되지 않는다. 만일 충분할 만큼 긴 미래를 내다보고 있다면, 인간은 단지 상상만 할 수 있는 것을 매우 그럴듯한 것으로, 매우 그럴듯한 것을 확실하게 발생할 것으로 바꿀 수 있을 것이다. 제임스는 이를 믿음의 사다리로 표현하는데, 이는 "커다란 삶의 문제들 속에서 인간이 습관적으로 살아가는 선의의 경사면이다."[14]

1. 세계에 관한 특정한 관점이 참이라는 데에 어떤 불합리한 점이나 모순도 없다.
2. 특정한 조건들 속에서만 참일 수 있다.
3. 심지어 현재도 참일 수 있다.
4. 참에 부합한다.
5. 참이어야 한다.

---

14) William James, *Some Problems of Philosophy*, p. 224

6. 참임에 **틀림없다.**

7. 나에게 참이면 어쨌든 참이어야 한다.

그리고 제임스가 다른 곳에서 덧붙였듯이,[15] "사람들의 행위란 어떤 특별한 경우에 궁극적으로 그 행위가 참이라는 점을 공고히 하는 수단이다." 그러나 어느 누구도 우리가 알고 있는 방법 이상의 것을 주장하지는 않았을 것이다. 우리는 출발점을 목표로 삼아서는 안 되며, 현재의 판단으로 미래를 창조할 수 있을 용기와 노력 그리고 기술을 재단해서도 안 된다. 그러나 이런 뻔한 말을 지키며 사는 것도 어려운 일인데, 왜냐하면 대부분의 사람들은 표본을 선택하는 훈련이 되어 있지 않기 때문이다.

만일 우리가 어떤 것이 참이어야 한다고 믿는다면, 우리는 거의 항상 참인 경우를 발견하거나 그렇게 믿는 사람을 발견할 수 있다. 어떤 구체적인 사실을 통해서 그 사실을 적절하게 따져보는 경우는 극히 드물다. 예를 들면, 우리가 처음 만난 6명의 의견이 우리의 의견과 일치한다면, 그들 모두는 우리가 보는 신문과 동일한 신문을 아침에 읽었을 수 있다. 그러나 이 점을 생각해내는 것은 그리 쉬운 일이 아니다. 하나의 개연성을 평가하기 위해서 816명의 무작위 표본을 대상으로 설문조사를 하는 것은 언제나 할 수 있는 일이 아니다. 만일 우리가 일상적인 인상에 따라서 행동한다면, 그런 추정은 커다란 규모의 사실을 다루기 위해서 우리가 선택해왔던 표본들과는 상충되는 것이다.

9

그리고 우리가 눈에 보이지 않는 복잡한 사태의 원인과 결과를 찾기 위해서 한걸음 더 나아가려고 할 경우, 무계획적인 의견은 매우 다루기

---

15) *A Pluralistic Universe*, p. 329

힘든 것이다. 공적 삶에 관한 큰 쟁점들 가운데, 원인과 효과가 분명한 경우는 매우 드물다. 수년에 걸쳐서 경기순환이나 가격 및 임금의 동향, 이민과 동화, 혹은 타국의 외교정책을 연구했던 학자들도 그 원인과 결과를 분명히 파악하고 있는 것은 아니다. 그러나 어찌되었거나 이런 문제들에 관한 의견들이 있어야만 하고, 이 점에서 추론의 가장 흔한 형태가 직관적이라는 점과 시간의 전후관계를 인과관계와 혼동한다(post hoc ergo propter hoc)는 점은 그리 놀랄 만한 일이 아니다.

훈련되지 않은 사람일수록 동시에 관심을 끄는 두 가지 것이 인과적으로 연결되어 있다는 이론을 펴기가 쉽다. 우리는 이미 사물이 우리의 관심에 도달하는 방식에 관해서 길게 상론했다. 우리는 정보에 대한 우리의 접근이 방해를 받고 있고, 불확실하며, 우리의 고정관념이 우리의 불안을 깊이 통제하고 있다는 점을 살펴보았다. 우리의 이성이 이용 가능한 증거는 방어와 위신, 도덕과 공간, 그리고 표본추출이라는 환상들에 종속되어 있다. 이제 우리는 여론이 이런 원초적인 오점들뿐만 아니라 다른 오점들에 의해서도 더럽혀지고 있다는 점에 주목해야 한다. 왜냐하면 대부분 고정관념을 통해서 바라보는 일련의 사건들에서 우리는 사건들의 연속성이나 유사성을 원인과 결과와 등가적인 것으로 받아들이기 때문이다.

이렇게 등가적으로 받아들이는 일은 두 생각이 합쳐져 동일한 감정을 불러일으키는 경우에 틀림없이 발생하는 것 같다. 만일 두 생각이 합쳐진다면, 동일한 감정을 불러일으킬 것이다. 그리고 두 생각이 합쳐지지 않더라도, 한 생각에 부착되어 있는 강한 감정이 기억의 구석구석으로부터 동일한 감정을 느끼는 어떤 생각을 빨아들이는 것 같다. 따라서 모든 고통스러운 것은 하나의 원인과 결과의 체계로 모이는 경향이 있고, 이런 경향은 모든 유쾌한 것에서도 마찬가지이다.

"11월 11일(1675년) 오늘 나는 신이 이 도시 한복판에 화살을 쏘았다는 소리를 들었다. 천연두는 백조자리에 속한 별에 있고, 그것을 관할하는 자의 이름은 윈저이다. 그의 딸은 이 병을 앓고 있다. 이 병은 선술집에서 시작되었고, 음주의 죄와 늘어나는 선술집에 대한 신의 불만을 증명하는 것이다!"[16]

인크리즈 매더는 이와 같이 말했다. 그리고 1919년에 우주역학에 관한 한 저명한 교수는 아인슈타인의 이론을 다음과 같이 논평했다.

"볼셰비키의 봉기는 사실상 세계에 널리 퍼져 있는 근원적이고 깊은 정신적 장애의 가시적인 목표일 것이다.……이와 동일한 불안의 정신이 과학에 침투했다."[17]

어떤 것을 지독히도 싫어한다면, 우리는 그것을 우리가 지독히도 싫어하거나 두려워하는 다른 것의 원인이나 결과로 간주한다. 그것은 천연두나 선술집, 상대성이론이나 볼셰비즘과 어떤 관련도 없지만, 동일한 감정으로 긴밀하게 묶여 있다. 우주역학에 관한 저명한 교수의 마음과 마찬가지로 미신의 마음에서 감정은 용암처럼 흘러가는데, 이 흐름은 그것이 닿는 모든 것을 닥치는 대로 녹여버린다. 이 마음속에는 마치 매몰된 도시에 온갖 것들이 얽혀 있는 것처럼, 모든 것들이 터무니없이 얽혀 있다. 어떤 것이 다른 것과 연결되어 있다고 느끼면, 그렇게 될 수 있다. 이런 마음의 상태에 있는 사람은 그것이 얼마나 터무니없는 것인가를 깨달을 수 없다. 보다 최근의 공포에 의해서 강화된 오래된 공포는, 하나의 공포가 다른 공포의 원인인 경우에 공포의 뒤얽힘 속으로 응고된다.

---

16) *The Heart of the Puritan,* p. 177, Elizabeth Deering Hanscom 편.
17) *The New Republic,* Dec. 24, 1919, p. 120에서 재인용.

일반적으로 이 모든 것은, 모든 것을 악의 체계로 구성하는 일과 모든 것을 선의 체계로 구성하는 일에서 그 정점에 이른다. 이런 방식으로 절대적인 것에 대한 우리의 사랑이 드러난다. 왜냐하면 우리는 한정부사(限定副詞)를 좋아하지 않기 때문이다.[18] 한정부사는 문장을 산만하게 만들고, 억누를 수 없는 감정을 방해한다. 우리는 좀더(more)보다는 가장(most)을 선호하고, 적은(less)보다는 가장 적은(least)을 선호한다. 우리는 다소(rather), 아마도(perhaps), 만일(if), 또는(or), 그러나(but), 가까이(toward), 그다지(not quite), 거의(almost), 일시적으로(temporarily), 부분적으로(partly)와 같은 말들을 싫어한다. 그러나 공적인 일에 관한 거의 모든 의견들은 이런 종류의 말들로 완화되어야 한다. 그러나 우리가 자유로운 순간에 있을 때 모든 것은 전부(100 per cent), 어디에서나(everywhere), 영원히(forever) 등에 절대적으로 반응하는 경향이 있다.

우리 편이 적보다 좀더 올바르고, 우리가 승리하는 것이 적이 승리하는 것보다 민주주의에 도움이 될 것이라고 말하는 것만으로는 불충분하다. 우리의 승리가 전쟁을 영원히 종식시킬 수 있고 민주주의를 보호하는 세계를 만들 수 있다고 주장해야 한다. 그리고 전쟁이 끝난 후에는 비록 여전히 우리를 괴롭히는 것보다 더욱 큰 악을 분쇄하기는 했지만, 그 결과의 상대성은 사라지고, 현재 우리를 괴롭히는 악의 절대성이 우리의 정신을 압도하며, 우리는 이것에 속수무책이라는 감정을 느끼게 된다. 전능과 무기력 사이에서 시계추가 흔들린다.

실제 공간, 실제 시간, 실제 수, 실제 관계, 실제 중요성은 상실된다. 대신에 행위의 관점, 배경, 범위는 고정관념 속에서 고정되고 동결된다.

---

18) 프로이트의 꿈속에서의 절대주의(absolutism)에 관한 논의로는 *Interpretation of Dreams*, Chapter VI, 특히 p. 288부터 그 이하를 참조.

제 4 부

관심

제11장
관심 끊기

1

그러나 인간의 마음은 셔터와 렌즈를 통해서 들어오는 모든 인상을 완벽하게 기록하는 필름이 아니다. 인간의 마음은 영구히 그리고 끊임없이 창조적이다. 우리 속에 들어온 이미지들은 희미해지거나 서로 결합되며, 선명해지기도 하고 압축되기도 한다. 이미지들은 마음의 표면에 기력 없이 남아 있기보다는 사적인 능력에 따라서 변형되어 우리 자신의 개인적인 표현으로 드러난다. 우리는 우리가 강조하는 것을 널리 퍼뜨리고 그런 활동에 참여한다.

이를 위해서 우리는 수량들을 의인화하고 관계들을 각색하는 경향이 있다. 대단히 높은 수준의 정신을 가지고 있는 사람들을 제외하면, 우리는 세계의 사건들을 일종의 우화(allegory)로 표현한다. 사회운동이나 경제적 힘, 국익, 여론 같은 것들이 개인으로 취급되거나, 교황이나 대통령, 레닌, 모건 혹은 왕 같은 인물들이 생각이나 제도로 취급된다. 모든 고정관념들 중에서 인간에게 가장 뿌리 깊게 자리잡은 고정관념은 무생물이나 집합적인 것에 인간의 본성이 들어 있다고 생각하는 고정관념이다.

아무리 다양한 검열을 거치더라도 우리가 받는 인상들은 종잡을 수 없을 정도로 다양하기 때문에, 이것이 우리를 우화라는 보다 경제적인 절약의 방식을 통해서 표현하도록 부추기는 경향이 있다. 사물의 수는 굉장히 많기 때문에 우리의 마음속에 그 모두를 생생하게 담아둘 수 없다. 따라서 우리는 사물에 이름을 붙이고 그 이름은 한 사물의 전체 인상을 의미한다. 그러나 사물의 이름에는 작은 허점들이 있다. 오래된 의미는 빠져나가고 새로운 의미가 들어온다. 이름의 완전한 의미를 유지하려는 노력은 그 사물에 대한 최초의 인상을 회상하려고 하는 것만큼이나 우리를 피곤하게 만든다. 그러나 이름은 사상에 대한 보잘것없는 대용물이다. 이름들은 텅 비어 있고, 너무 추상적이며, 너무 비인간적이다. 따라서 우리는 개인의 고정관념을 통해서 이름을 바라보기 시작하고 그것에 의미를 부여하며 궁극적으로는 이름 속에서 인간의 특성을 발견하기에 이른다.

그러나 인간의 특성은 막연하고 유동적이다. 우리가 인간의 특성을 가장 잘 기억하는 방식은 신체상의 징후를 통해서이다. 그리고 이 때문에, 우리는 어떤 인상의 이름에 들어 있다고 간주하는 인간의 특성을 신체적인 은유(metaphor)로 생각하는 경향이 있다. 영국 사람들과 영국의 역사는 영국(England)으로 응축된다. 그리고 영국은 쾌활하고 뚱뚱하며, 그렇게 영리하지는 않지만 스스로를 잘 돌볼 수 있는 존 불(John Bull)로 묘사된다. 몇몇 사람들에게 이민의 물결은 굽이쳐 흐르는 강처럼 보일 것이고, 다른 이들에게는 대단히 파괴적인 홍수처럼 보일 것이다. 용기는 바위로 묘사할 수 있다. 목적은 길로, 의혹은 길의 분기점으로, 어려움은 바퀴자국과 바위덩어리로, 진보는 비옥한 계곡으로 표현할 수 있다. 만일 사람들이 드레드노트(dreadnaught) 전함을 동원했다면, 그들은 칼을 빼어든 셈이다. 만일 그들의 군대가 항복한다면, 그들은 땅으로 내쳐진 셈이다. 만일 그들이 억압당한다면, 그들은 고문대 위에 있거나 핍박받고 있는 셈이다.

대중들이 연설이나 신문의 머리기사, 연극, 영화, 만화, 소설, 조각이나 그림 등을 통해서 사회문제들을 알게 될 때, 그런 문제들을 인간의 관심사로 전환하는 일은 우선 원래의 것을 추상적인 것으로 전환한 다음 추상적인 것에 활력을 불어넣음으로써 이루어진다. 우리는 보이지 않는 것에 그다지 흥미를 느끼지 않으며 큰 감동을 받을 수도 없다. 우리들 각자가 바라보는 사회문제는 매우 적으며, 따라서 대부분의 사회문제는 예술적 자질을 갖춘 누군가가 그것을 영화로 만들기 전까지는 흐릿하고 흥미 없는 것으로 남아 있기 마련이다. 현실에 접근하는 데에서의 한계와 편견 때문에 일어나는 현실에 관한 우리의 추상적인 지식은 이런 방식으로 보정된다. 우리는 전지전능하지 않으며, 따라서 우리가 생각해야 하고 말해야 하는 많은 것들을 실제로 볼 수 없다. 살과 피로 이루어진 우리가 단어와 이름 그리고 회색이론을 먹고 살지는 않을 것이다. 일종의 예술가들인 우리는 그림을 그리고, 드라마를 무대에 올리며, 추상으로부터 만화를 그려낸다.

또는 가능하다면 우리는 우리를 위해서 시각화(visualization)할 수 있는 재능을 갖춘 사람을 발견한다. 왜냐하면 모든 사람에게 동일한 정도로 그 소질이 있는 것은 아니기 때문이다. 그러나 어떤 이는 베르그송처럼 실천적 지능이 공간적 특성에 가장 가깝게 적응한다고 주장할 수 있다.[1] "냉철한" 사상가는 거의 항상 능숙한 시각형 인간(visualizer)이다. 그러나 동일한 이유로, 그는 "영화적"이기 때문에 그만큼 형식적이고 무감각하다. 반면에 음악적 지각이나 육체적 지각, 즉 직관이 발달한 사람들은 이런 시각형 인간보다 사건의 특성과 행위의 본질을 훨씬 더 잘

---

1) *Creative Evolution*, Chs. III, IV.

파악할 수 있다. 그들은 핵심적인 요소가 명시적으로 드러나지 않고 오직 몸짓이나 연설의 리듬 속에서만 표면적으로 등장할 때, 이를 보다 잘 이해한다. 시각화를 통해서 우리는 자극과 그 결과를 파악할 수 있을 것이다. 그러나 그 중간과 내면에 일어나는 일은, 마치 성량이 풍부한 소프라노에게 달콤한 목소리가 필요한 아가씨의 배역을 맡기는 작곡가만큼이나, 시각형 인간에 의해서 종종 심하게 풍자된다.

그러나 직관에 특유한 타당성이 있다고 하더라도, 그것은 대단히 사적인 것이고 대체로 다른 사람에게 전달될 수 없는 것이다. 사회적 상호작용은 커뮤니케이션에 의존하고 한 개인은 그의 직관을 사용하여 자신의 삶을 조종할 수 있지만, 다른 사람들이 그의 직관을 실감나게 느끼는 데에는 일반적으로 큰 어려움이 존재한다. 개인이 직관에 관해서 이야기하는 경우, 그것은 마치 안개처럼 들린다. 직관은 인간의 감정에 관해서 온당한 지각을 제공하지만, 공간과 촉감에 편견을 가지고 있는 이성은 지각과 거의 관련이 없다. 따라서 다수의 사람들의 마음이 하나가 되어야 행위가 이루어지는 경우, 어떤 생각이 가시적으로 드러나거나 촉감을 통해서 느껴지기 전까지 그 생각은 실제의 결정을 내리는 데에서 명료하게 드러나지 않을 것이다. 그러나 어떤 가시적인 생각도 그것이 우리 자신의 개성이 강조하는 것들을 둘러싸기 전까지는 우리에게 중요한 것이 아니라는 점 또한 사실이다. 그 생각이 우리 자신의 어떤 갈망을 해방하거나 그것에 저항할 때까지 혹은 그런 갈망을 억누르거나 발전시킬 때까지, 그 생각은 문제시되지 않는 대상들 중의 하나로 남는다.

2

이미지는 언제나 어떤 생각을 전달하는 가장 확실한 방법이다. 그 이후에는 단어가 기억 속에 있는 이미지를 상기시킨다. 그러나 전달된 생각은 그 이미지의 몇몇 측면들이 우리 자신과 일치할 때까지 완전하게 우리 자신의 생각이 될 수 없다. 이런 동일시(identification)나 감정이입(empathy)은 거의 감지하기가 힘들며 상징적인 것일 수 있다.[2] 우리는 무엇인가를 흉내내고 있다는 점을 인식하지 못한 채 흉내낼 수 있으며, 이는 우리의 자존심을 상하게 할 수 있다. 지적인 사람들에게 참여란 영웅의 운명에 있는 것이 아니라 영웅과 악당 모두에게 핵심적인, 결함 없는 생각의 운명에 있을 것이다. 그러나 이는 고상한 생각이다.

대중적인 표현에서 항상 주목을 받는 것은 동일시를 위한 구실이다. 우리는 누가 영웅인지를 단번에 안다. 누가 영웅인지 모호한 작품은 쉽게 인기를 끌지 못한다.[3] 그러나 이것만으로는 충분하지 않다. 관객들은 무엇인가 해야 할 것이 있어야 한다. 진선미(眞善美)에 관해서 숙고하는 것만으로는 불충분하다. 이미지에 타성적으로 머물지 않기 위해서 그 이미지는 관객들에게 행사되어야 한다. 그리고 이는 소설과 영화만큼이나 신문기사도 마찬가지이다. 현재 다른 모든 활동들을 초월하는 두 가지 형태의 활동이 있다. 이 두 가지 활동은 환기하기가 용이하며, 그런 활동을 위한 자극은 대단히 강렬하다. 이 두 가지 활동은 바로 성적 열정(sexual passion)과 싸움(fighting)이다. 이 둘은 서로 상당히 관련이 있고 너무 밀접하게 얽혀 있어서, 성적 싸움은 호소력의 면에서 다른 모든 주제들을 압도한다. 문화와 국경의 차이에 상관없이, 그처럼 사람들의 마음을 빼앗는 주제는 존재하지 않는다.

성적 주제는 미국 정치를 묘사하는 데에는 좀처럼 등장하지 않는다. 전쟁에 관한 사소한 황홀경, 이따금씩 발생하는 스캔들, 혹은 흑인이나 아시아인들과의 인종적 갈등의 경우를 제외하면, 성적 주제에 대해서

---

2) *Beauty and Ugliness.*
3) 뉴스의 특성과 굉장히 관계가 있는 사실이다. 제7부를 참조.

말하는 것은 부자연스럽게 보일 수 있다. 오직 영화와 소설, 그리고 몇몇 잡지에서만 산업관계와 사업상의 경쟁, 정치와 외교는 여성들과 얽혀 있다. 그러나 싸움이라는 주제는 모든 곳에서 등장한다. 정치는 싸움이 벌어질 때나 쟁점이 있을 때 흥미로운 법이다. 정치를 대중화하기 위해서는 쟁점이 발견되어야 한다. 이는 심지어 진리와 정치에서, 판단이나 원리 혹은 사실에 관한 차이들 사이에 호전적인 관계가 없을 경우에도 그렇다.[4]

호전적인 관계가 없는 문제라면, 이런 문제에 당사자가 아닌 사람들이 관심을 보이며 행동하는 것을 기대하기는 어렵다. 당사자들은 쟁점이 없을 경우에도 그 문제에 열중하고 그것에 매달려 있을 것이다. 당사자들은 활동을 하면서 기쁨을 느낄 수 있고, 잠재적인 경쟁이나 외부의 개입에 의해서 영향을 받을 수도 있다. 그러나 당사자가 아닌 사람들은 쉽사리 활동을 개시하지 않는다. 어렴풋한 사건의 이미지가 그들에게 무엇인가를 의미하기 위해서는, 그들이 투쟁과 긴장과 승리를 사랑할 수 있도록 허용되어야 한다.

패터슨[5]은 "뉴욕 메트로폴리탄 미술관에 전시된 대작들과 리볼리나 리알토 극장에서 상영되는 영화 사이의 차이를 만드는 것은 긴장감"이라고 주장한다. 만일 그녀가 그것에 더하여 메트로폴리탄 미술관에 있는 대작들은 사람들이 동일시하기 쉬운 양식이 아니라는 점과 우리 세대에 대중적인 주제가 아니라는 점만 분명히 했다면, 긴장감의 차이가 "왜 메트로폴리탄에는 두세 명의 사람들이 흩어져 들어가고 리볼리나 리알토에는 수백 명의 사람들이 한꺼번에 들어가려고 고생하는지를 설

---

4) Frances Taylor Patterson, *Cinema Craftsmanship*, pp. 31-32를 참조. "III. 만일 줄거리에 긴장감이 부족하다면 : 1. 적대자를 추가하라, 2. 방해물을 추가하라, 3. 문제를 추가하라, 4. 관객의 마음속에 있는 질문들 중 하나를 추가하라.……"
5) 위의 책, pp. 6-7

명한다"는 패터슨의 말은 전적으로 옳았을 것이다. "미술을 전공하는 학생이나 미술 평론가 혹은 미술품 감정가가 아니라면, 메트로폴리탄 미술관에 들어가는 사람은 한 그림을 10분 이상 보지 않는다. 리볼리나 리알토 극장에 들어가는 수백 명의 사람들은 최소한 1시간 이상 영화를 관람한다. 메트로폴리탄 미술관에 있는 대작들과 리볼리나 리알토 극장에서 상영되는 영화들은 미적 가치라는 측면에서 비교조차 되지 않는다. 그러나 영화는 대작에 비해서 보다 많은 사람들을 불러들이고, 그들의 관심을 좀더 오랫동안 붙잡아놓는다. 이는 영화의 본질적인 가치 때문이 아니라, 관객들이 숨죽이며 기대하는 사건의 전개와 결과를 영화가 묘사하기 때문이다. 영화에는 투쟁의 요소가 있고, 이 요소는 반드시 긴장감을 불러일으킨다."

따라서 멀리 떨어진 상황이 관심의 주변부에서 회색의 희미한 빛이 되지 않도록 하기 위해서는, 사람들이 동일시할 수 있는 기회를 인식할 수 있도록 이미지를 바꿀 수 있어야 한다. 그렇지 않다면 멀리 떨어진 상황은 오직 잠시 동안만, 그것도 소수의 흥미만을 끌 것이다. 그 상황은 눈에 보이기는 해도 우리의 감각기관을 휘저어 우리가 감동을 느끼도록 하지는 못할 것이고, 따라서 우리에게 인식되지 않을 것이다. 우리는 편을 들어 가담해야 한다. 우리는 편을 들고 가담할 수 있어야 한다. 우리는 우리의 마음 깊숙한 곳에서 관객석을 박차고 나와 무대 위로 올라가야 하고, 악에 대항한 선의 승리를 위해서 영웅적으로 싸워야 한다. 우리는 우리의 삶의 숨결을 우화에 불어넣어야 한다.

3

그리하여 비판에도 불구하고, 현실주의와 낭만주의에 관한 오래된 논쟁에서 하나의 판결이 내려졌다. 우리의 대중적 취향은 우리가 동일시하는 것이 가능할 만큼 충분히 현실적인 배경에서 드라마가 시작하여, 매혹적이기는 하지만 믿기 힘들 정도로 낭만적이지는 않은 배경에서 드라마가 끝나기를 바란다. 드라마의 중간에 나오는 사건들은 자유롭게 전개될 수 있지만, 사실적으로 시작해서 행복한 결말을 맺는 것은 획기적인 발견이라고 할 수 있다. 영화의 관객들은 논리적으로 전개되는 공상을 거부한다. 왜냐하면 순수한 공상에는 기계의 시대에 익숙한 어떤 기반도 없기 때문이다. 관객들은 냉혹하게 추구되는 현실주의도 거부한다. 왜냐하면 그들은 자신의 것이 된 투쟁에서 패배하는 것을 그다지 달가워하지 않기 때문이다.

관객들이 진실로, 현실적인 것으로, 좋은 것으로, 악한 것으로, 바람직한 것으로 받아들이는 것은 영원히 고정되어 있는 것이 아니다. 이것들은 고정관념에 의해서 고정되고, 이전의 경험으로부터 획득되며, 이후의 경험들에 대한 판단에 영향을 미친다. 따라서 만일 영화와 대중잡지에 대한 투자가 순식간에 광범위하게 퍼지는 대중성을 요구할 정도로 그렇게 엄청나게 큰 규모가 아니라면, 정신력과 상상력을 갖춘 그 누구라도 우리의 상상력이 작동하는 이미지의 레퍼토리를 확장하고 개선하기 위해서, 그리고 그것을 증명하고 비판하기 위해서 영화와 잡지를 사용할 수 있을 것이다. 그러나 투자가 이루어지면, 영화를 만드는 사람들은 이전 시대의 교회와 궁정의 화가들과 마찬가지로, 그들이 발견한 고정관념을 고수하거나 기대를 좌절시킨 대가를 지불해야 한다. 고정관념은 바뀔 수 있지만, 지금으로부터 6개월 후에 영화가 개봉되었을 때 궁극적으로 성공을 보장하는 것은 아니다.

고정관념을 바꾸는 사람들, 즉 선구적인 예술가와 비평가들이 의욕을 상실하고 투자를 보호하려는 경영진과 편집자에게 화를 내는 것은 자연스러운 일이다. 그들은 모든 것을 걸고 있는데, 왜 다른 사람들은 모든 것을 걸지 않는가? 이것은 진정으로 공정하지 않은 생각이다. 왜냐하면 그들의 정당한 분노 속에서 그들은 고용주가 느낄 수 있는 그 어떤 것도 넘어서는 자신들만의 보상을 잊었기 때문이다. 그들은 입장을 바꿀 수 없고, 만일 그들이 그럴 수 있다고 하더라도 그렇게 하지 않을 것이다. 그리고 그들이 또 하나 잊은 것은 속물들과의 끊임없는 전쟁이다. 그들은 과거의 예술가들과 현자들이라면 결코 염원하지 않았고 꿈도 꿀 수 없었던 성공의 기준들에 의해서 그들이 평가된다는 점을 잊었다. 이런 성공의 기준들은 지난 몇 세대 이전까지는 어떤 예술가도 결코 생각하지 못했던 발행부수와 관객수를 요구한다. 그리고 그들이 그런 기준들을 충족시키지 못할 경우, 경영진과 편집자들은 실망한다.

"메인 스트리트"의 싱클레어 루이스처럼 인기를 얻은 사람들은 다른 많은 사람들이 그들의 머릿속에서 모호하게 말하려고 했던 것을 분명하게 투영하는 데에 성공했던 사람들이다. "당신이 나를 위해서 그것을 말해주었습니다." 그들은 이후에 고정관념이 될 때까지 쉴 새 없이 모방되는 하나의 새로운 형태를 구축한 사람들이다. 다음 선구자는 공중이 메인 스트리트를 다른 방식으로 보는 것이 어렵다는 점을 발견한다. 그리고 그는 이전의 선구자들과 마찬가지로 공중과 싸움을 벌이게 된다.

이 싸움은 고정관념과의 갈등에서 비롯될 뿐만 아니라 선구적인 예술가가 그 자신의 작품에서 느끼는 경외감에서 비롯되기도 한다. 선구적인 예술가가 어떤 수준을 선택하든지, 그는 그 수준에 남아 있다. 만일 그가 한 사건의 내면을 다루고 있다면, 그는 그것이 일으킬 고통에 개의치 않고 결론까지 나아간다. 그는 다른 사람을 돕거나 평화가 없는 곳에서 평화를 외치기 위해서 그의 공상을 쫓아다니는 것이 아니다. 그에게는 자신만의 세계가 있다. 그러나 관객들은 이런 엄격함을 좋아하지 않는다. 관객들은 세계의 다른 어떤 것보다도 그들 자신에게 더 많은 관심을 기울인다. 그들이 관심을 두고 있는 자아들은 학교에서 가르치거나 전통 속에 있는 자아들이다. 관객들은 예술작품이 그들이 올라탈 수 있는 계단을 갖춘 운송수단이어야 한다고 주장한다. 그 운송수단을 타고 그들이 가려고 하는 곳은 한적한 시골의 하이킹 장소가 아니라 1시간 동안 시간에 구애받지 않고 접시를 씻지 않아도 되는 그런 장소이다. 이런 요구들을 만족시키기 위해서 중간급의 예술가들이 존재한다. 이들은 다양한 수준들을 뒤섞어놓고, 위대한 사람들의 발명으로부터 합성한 현실과 낭만의 혼합물을 종합하며, 패터슨이 조언하듯이 "실제의 삶에서는 거의 일어나지 않는 일들―― 고난을 의기양양하게 헤쳐나가거나 덕의 고뇌와 죄의 승리가 덕의 찬양과 적의 영원한 처단으로 바뀌는 일들―― 을" 관객들에게 제공할 수 있고 기꺼이 제공하려고 한다.6)

4

정치 이데올로기들은 이런 규칙들에 복종한다. 현실주의의 발판은 항상 여기에 있다. 독일의 위협이나 계급갈등과 같은 몇몇 실제 악에 관한 이미지는 이 주장에서 살펴볼 수 있다. 세계의 어떤 측면들에 관한 묘사가 설득력이 있는 경우는 그런 묘사가 사람들의 익숙한 생각들과 일치하기 때문이다. 그러나 이데올로기는 현재뿐만 아니라 눈에 보이지 않는 미래를 다루기 때문에, 그것은 곧 증명할 수 있는 것과 증명할 수 없는 것 사이의 경계를 무너뜨린다. 현재를 묘사하는 데에 있어서 당신은 어느 정도 공통의 경험에 얽매이게 된다. 어느 누구도 경험해보지 못한 것을 묘사하는 데에 있어서 당신은 기탄없이 말하려고 할 것이다. 당신은 최후의 결전(Armageddon)이라는 기로에 서 있지만, 아마도 창조

---

6) 위의 책, p. 46. "주인공과 여주인공은 일반적으로 젊음, 아름다움, 선함, 고결한 자기 희생, 그리고 변하지 않는 지조를 가지고 있어야 한다."

주를 위해서 싸울 것이다.……현재 만연해 있는 기준들에 따르면, 참인 것은 사실적인 시작과 행복한 결말이다. 모든 마르크스주의자들은 현재의 잔혹함에 관해서는 피도 눈물도 없지만, 독재 이후의 나날들에 관해서는 대부분 행복해한다. 전쟁의 선동가들도 마찬가지였다. 그들은 라인 강의 동쪽 전체에서 인간본성의 야만적인 특성을 발견했고, 그들이 독일인이라면 라인 강의 서쪽 전체에서 그런 특성을 발견했다. 그 야만성은 받아들일 만한 것이었다. 그러나 전쟁에서 승리한 후에는 영구적인 평화가 있을 것이다. 이는 진정 냉소적으로 계획된 것이다. 능숙한 선동가라면, 당신이 그럴듯한 분석으로 시작하더라도 그런 분석을 계속하지는 못한다는 점을 알고 있다. 왜냐하면 진정한 정치적 업적의 따분함이 곧 흥미를 없앨 것이기 때문이다. 따라서 선동가는 참을 수 있을 정도로 그럴듯하게 시작함으로써 현실에서의 흥미를 볼모로 잡고, 그 다음에는 천국으로 통하는 여권을 과시함으로써 오랜 항해를 위한 에너지에 불을 댕긴다.

이 공식은 공적 허구가 사적으로 긴급한 요구에 말려들 경우에 작동한다. 그러나 한번 말려들면, 전투의 열기 속에서, 그런 공적 허구와 사적 요구 사이의 결합을 초래했던 원래의 자아와 고정관념은 시야에서 완전히 사라질 수 있다.

제12장

이기심의 재고찰

1

따라서 동일한 이야기라고 할지라도 그것을 듣는 모든 사람들에게 그것
이 동일한 것은 아니다. 어떤 두 가지 경험도 정확하게 동일한 것은 아니
기 때문에, 각자는 약간씩 다른 관점에서 그것을 듣는다. 청자는 자신의
방식으로 그가 들은 것을 재규정하고, 그것을 자신의 감정과 혼동하기도
한다. 때로 뛰어난 예술가들은 우리 자신의 삶과는 다른 삶 —— 일견 따
분하거나 혐오스럽거나 혹은 기이한 것처럼 보이는 삶 —— 처럼 보이는
것으로 우리를 끌어들일 것이다. 그러나 이런 일은 좀처럼 벌어지지 않
는다. 우리의 관심을 사로잡는 이야기의 경우에, 우리는 그 속에서 등장
인물이 되고 우리만의 무언극(pantomime)에서 배역을 맡는다. 이 무언
극은 감지하기는 어렵지만, 그 이야기의 핵심일 수도 있고, 그 이야기에
동정적일 수도 있으며, 그 이야기와 얼추 유사할 수도 있다. 그러나 이
무언극에서의 우리의 배역은 그 배역에 관해서 우리의 개념이 자아낸
감정들로 구성될 것이다. 그리하여 그 이야기가 유행하면, 이 무언극은
그 이야기를 본 모든 사람들의 마음을 거치면서 새롭게 강조되거나 변형
되거나 혹은 윤색된다. 마치 셰익스피어의 희곡이 시대에 따라서 다르게

각색되듯이, 배우와 관객은 이 무언극에서 새로운 부분을 강조하고 새로운 의미를 발견한다.

활자화되기 이전의 사건들에 관한 이야기 속에서 이와 매우 유사한 일이 벌어지고 있는 것 같다. 우리 시대에는 각 개인의 상상력이 지나친 것인지 그렇지 않은지를 인쇄된 기록을 통해서 확인한다. 그러나 소문에는 이런 식의 확인절차가 존재하지 않는다. 소문의 사실 여부에 상관없이, 소문을 퍼뜨리는 사람은 원래의 이야기에 다양한 요소들을 첨가한다. 그 소문을 처음 말한 사람의 설명은 더 이상 유지되지 않는다. 사람들은 소문을 듣고, 백일몽을 위해서 그 소문을 이용하며, 그것을 편집하고 수정한 후 다른 사람들에게 전달한다.[1]

결과적으로 관객이 많아질수록 관객의 반응은 굉장히 다양해질 것이다. 반면에 관객이 공통적으로 사용하는 말의 수는 감소할 것이다. 이에 따라서 공통된 요소들은 보다 추상적인 것이 된다. 매우 다양한 성격의 사람들이 정확한 특성이 결여되어 있는 이야기를 듣게 된다. 사람들은 그 이야기에 자신의 성격을 부여한다.

2

관객이 이야기에 부여하는 성격은 굉장히 다양하다. 이런 성격에는 성(性)과 나이, 인종과 종교, 그리고 사회적 지위가 포함되어 있다. 보다 구체적으로는 개인이 유전을 통해서나 이후에 획득한 체질, 개인의 재능과 경력, 경력 중에서도 자랑하고 싶은 경력, 개인의 기분과 긴장감, 혹은 인생이라는 게임에서 그가 차지하고 있는 지위 등이 포함되어 있다. 공적인 일과 인쇄물의 구절, 사진, 일화, 그리고 자신의 우연한 경험들

---

1) 흥미로운 예로는 C. J. Jung, *Zentralblatt für Psychoanalyse*, 1911, Vol. 1, p. 81. 롱 (Constance Long)이 번역한 *Analytical Psychology*, Ch. IV에 묘사된 사례를 참조.

중에 그에게 닿는 것은 그가 정해진 패턴을 통해서 인식하는 것이고 자신의 감정으로 재현하는 것이다. 그는 개인적인 문제를 커다란 환경의 부분적인 표본으로 받아들이지 않는다. 그는 커다란 환경에 관한 그의 이야기들을 자신의 사적 생활을 흉내내서 확대한 것으로 받아들인다.

그러나 사적 삶이란 개인이 반드시 묘사하려고 할 법한 그런 삶은 아니다. 사적 삶에서 개인의 선택은 제한되어 있고, 그와 관련된 많은 것들은 억눌려 있으며, 그가 이런 것들을 표현하지 않는다면, 다른 사람들은 그것을 볼 수 없기 때문이다. 따라서 자신의 삶의 행복을 일반적인 선의지에 투영하거나 자신의 불행을 의혹과 증오에 투영하는 평균적인 사람들에 견주어, 자신과 관계를 맺고 있는 곳 이외의 모든 곳에서는 악랄하고 겉으로만 행복한 척하는 사람들뿐만 아니라, 자신의 가족, 친구, 일을 혐오하면 할수록 인류에 대한 사랑이 넘쳐흐르는 사람들도 있다.

사람들이 구체적인 일을 다루는 데에 특별히 정해진 것은 없다. 사람들에게는 공통된 성격이 있겠지만, 그 지류와 가지는 다양할 것이다. 어느 누구도 모든 상황에 동일하게 대응하지 않는다. 또한 개인은 자동화된 기계가 아니기 때문에, 그의 성격은 시간과 기억에 따라서 어느 정도 변하기 마련이다. 개인의 성격은 시간의 흐름에 따라서 변할 뿐만 아니라 환경에 따라서도 변한다. 남태평양에 홀로 살았던 한 영국인이 저녁식사를 위해서 변함없이 면도를 하고 검은색 넥타이를 맸다는 전설에는 그가 획득했던 특성을 잃을지도 모른다는 영국인의 직관적이고 문명화된 공포가 있다. 이와 마찬가지로, 사람들이 일기를 쓰고, 앨범을 만들며, 기념품과 옛 편지를 수집하고, 오랫동안 입은 옷과 좀처럼 변하지 않는 일상을 사랑한다는 점은 헤라클레이토스(Heracleitos : 그리스 철학자로서 변화의 사유를 설파했다. 그에 따르면, 이 세상에서 영구적인 것은 오직 변화뿐이다. 따라서 어떤 영구적인 것이 있다고 믿는 것은 감각의 환상일 뿐이다/역주)의 강에 발을 두 번 담그는 일이 얼마나 어려운 일인가를 보여준다.

모든 자아가 항상 작동하는 것은 아니다. 따라서 어떤 자아가 관여하는지는 여론의 형성에서 대단히 중요하다. 일본인들이 캘리포니아에 정착할 권리를 요구한다. 이 요구를 과일을 재배할 욕망으로 생각하는지, 아니면 백인의 딸과 결혼할 욕망으로 생각하는지에 따라서 분명히 큰 차이가 있다. 만일 두 국가가 영토분쟁 상태에 있다면, 그 협상을 부동산 거래와 같은 것으로 보는지, 어느 한 국가에 굴욕감을 주려는 시도로 보는지, 혹은 모호하고 흥분을 자극하는 도발적인 언어들 속에서 그것을 강간으로 파악하는지는 대단히 중요한 문제이다. 우리가 레몬이나 멀리 떨어진 땅에 관해서 생각할 때 관여하는 자아와, 분노한 가장으로서 생각할 때 관여하는 자아는 확연히 다르다. 전자의 경우, 우리의 의견에서 사적 감정은 미온적인 역할밖에 하지 못하는 반면에, 후자의 경우, 사적 감정은 뜨겁게 달구어져 있다. 따라서 "이기심(self-interest)"이 의견을 결정한다는 것은 단지 동어반복에 불과할 만큼 사실이지만, 많은 자아들 중 어떤 자아가 우리의 마음속에 품게 될 관심을 선택하고 지배하는지를 알기 전까지는 이기심이 의견을 결정한다는 말은 그다지 분명한 것이 아니다.

종교적인 가르침과 대중적인 지혜는 개인에게 존재하는 인성들을 구분해왔다. 그런 인성들은 위대한 것(Higher)과 천한 것(Lower), 정신적인 것(Spiritual)과 물질적인 것(Material), 신적인 것(Divine)과 세속적인 것(Carnal)이라고 불렸다. 그리고 이런 분류를 완전히 받아들이지 않더라도, 우리는 이런 구분이 존재한다는 점을 인정할 수밖에 없다. 이렇게 대칭적으로 뚜렷하게 구분되는 자아들 대신에, 근대인간은 그다지 뚜렷하게 구분할 수 없는 상당수의 자아들에 유념할 것이다. 그는 신학자의 구분이 자의적이고 외면적이라고 말할 터인데, 왜냐하면 많은 상이한 자아들이 신학자의 범주에 적합하다는 이유로 위대한 것으로 함께 분류되기 때문이다. 그러나 그럼에도 불구하고, 근대인간은 여기에 인간본성의 다양성에 대한 진정한 실마리가 있다는 점을 인정할 것이다.

이제 우리는 자아가 많다는 점과 아직까지 그런 자아들을 판단할 준비가 충분히 되어 있지 않다는 점을 알게 되었다. 우리는 동일한 사람을 종종 다르게 본다는 것을 이해한디. 그것은 그가 사회적으로 이렇게——우월하게, 열등하게, 혹은 동등하게 —— 취급되는지에 따라서, 그가 어떤 사람과 사랑하고 있는지에 따라서, 그가 여성에게 구애하는지 여성을 소유물로 간주하는지에 따라서, 그가 그의 자녀를 아니면 그의 배우자를 아니면 그의 운명을 거머쥐고 있는 상사를 상대하고 있는지에 따라서, 그가 삶의 필요를 위해서 아니면 성공을 위해서 일하는지에 따라서, 그가 어떤 외국인을 상대하느냐에 따라서, 그가 위험한 상태에 있는지 안전한 상태에 있는지에 따라서, 그가 파리에 홀로 있는지 아니면 피오리아에서 그의 가족과 함께 있는지에 따라서 말이다.

물론 자신의 성격을 일관되게 유지하는 데에는 사람들마다 큰 차이가 있다. 어떤 사람들은 지킬 박사(Dr. Jekyll)처럼 분열된 정신상태에 있을 수 있다. 다른 사람들은 브랜드(Brand)나 파르시팔(Parsifal), 혹은 돈키호테(Don Quixote)처럼 한 가지 일에만 전념할 수 있다. 만일 어떤 자아로도 그 사람을 파악할 수 없다면, 우리는 그 사람을 신뢰하지 않을 것이다. 만일 자아들이 한 가지 일에만 너무 고지식하게 매달려 있다면, 우리는 그 사람이 무미건조하거나 고집스럽거나 기이하다고 생각할 것이다. 그러나 고립해서 사는 사람과 자부심이 센 사람은 그리 많지 않다. 반면에 우리는 융통성 있는 사람에게서 매우 다채로운 성격을 발견하는데, 이런 성격은 위대한 것에 속하는 자아에서부터 천한 것에 속하는 자아에 이르기까지 모든 범위의 자아를 포함한다. 가족의 옥타브에는 ―하느님, 여호와, 폭군, ―남편, 주인, 남성, ―정부(情夫), 호색한 등이 있을 것이고, 직업의 옥타브에는 ―고용주, 주인, 착취자, ―경쟁자, 음모가, 적, ―부하, 아첨꾼, 속물 등이 있을 것이다. 그중 몇몇은 공개적으로 나타나지 않는다. 어떤 것들은 예외적인 상황에서만 존재한다. 그러나 그 성격은 한 사람이 자신을 발견하는 상황에 대해서 그가 어떻게 생각하느냐에 따라 결정된다. 만일 그가 유행에 민감한 사람이라면, 유행이라고 생각하는 성격을 모방할 것이다. 그 성격은 그의 태도와 연설, 주제의 선택과 선호 등을 조절하는 경향이 있을 것이다. 인생이라는 코미디의 많은 것들은 사람들이 낯선 상황에서 자신의 성격을 생각하는 방식에 놓여 있다. 속물들과 섞여 있는 대학교수, 포커 게임을 하고 있는 교회의 집사, 시골에 사는 런던 토박이, 진짜 다이아몬드와 섞여 있는 인조 다이아몬드 등이 바로 그런 것들이다.

3

쉽게 분리하기 힘든 다양한 영향들이 인간의 성격을 형성하는 데에 개입한다.[2] 그 기본 원리에 대한 분석은 기원전 5세기경에 있었던 것만큼이나 여전히 의심스러운데, 당시에는 히포크라테스가 기질의 원리들을 확립했다. 그는 낙관적인 기질, 우울한 기질, 화를 잘 내는 기질, 침착한 기질로 기질을 구분했고, 이런 기질들을 각각 혈액, 흑담즙, 황담즙 그리고 점액질에 속하는 것으로 생각했다. 캐넌,[3] 아들러,[4] 켐프[5] 등이

[2] 성격을 설명하는 좀더 주목할 만한 초기 시도들 중 흥미로운 글로는 Joseph Jastrow, *The Psychology of Conviction* 중 "The Antecedents of the Study of Character and Temperament"를 참조.

[3] *Bodily Changes in Pleasure, Pain and Anger.*

[4] *The Neurotic Constitution.*

[5] *The Autonomic Functions and the Personality, Psychopathology.* 또한 Louis Berman:

최근에 주장한 이론들은 사람들의 표면적 행동과 내적 의식에서부터 신체의 생리학에 이르기까지 많은 면에서 이와 동일한 궤적을 따르는 것처럼 보인다. 그러나 기술이 크게 진보했음에도 불구하고, 어느 누구도 본성을 교육과 구분할 수 있다거나, 타고난 성격을 획득된 성격과 분리할 수 있다고 주장하지는 않는다. 이렇게 주장할 수 있는 유일한 장소는 조지프 재스트로가 심리학의 빈민가로 명명한 곳이다. 이곳에서는 골상학자, 손금쟁이, 독심술사 그리고 정지학 교수들이 적용하는 고정된 체계가 성격을 설명하는 것으로 간주된다. 이 체계에서는 여전히 다음과 같은 주장들을 발견할 수 있다. "중국인들은 깃발을 너무 좋아하고, 눈썹을 둥근 천장모양으로 그린다." 혹은 "칼미크인들(Kalmyks, 서몽골족)의 머리모양은 옆으로 넓게 퍼져 있는데, 이는 그들에게 무엇인가를 획득하려는 성향이 있기 때문이다. 이 민족은 남의 것을 도둑질하기로 유명하다."[6]

근대 심리학자들은 성인들이 외적으로 보여주는 행동을 환경에 대한 저항, 성숙기의 억압된 갈망, 그리고 개성의 표현 등과 같은 변수로 설명하는 경향이 있다.[7] 그들에 따르면, 갈망의 억압이나 통제는 개인들 전체의 관계 속에서 고정되어 있는 것이 아니라 개인의 다양한 자아들과 관련하여 고정되어 있다. 어떤 사람이 애국자라면 하지 않을 일을 그

---

*The Glands Regulating Personality*도 참조.

6) Jastrow, 위의 책, p. 156

7) 이는 Kempf, *Psychopathology*, p. 74에 다음과 같이 공식화되어 있다.

분명한 소망
   그 밑에
최근에 억압된 소망
   그 밑에   — 환경의 저항에 의해서 억압된 소망들 = 행동
청소년기에 억압된 소망
   그 밑에
사춘기 이전에 억압된 소망

스스로 애국자라고 생각하지 않을 때 하는 경우가 있다. 유년기의 초기에 있었던 충동들은, 은밀하고 간접적인 방식으로 다른 충동들과 결합되는 경우를 제외하면, 인간의 삶 전체에서 다시 행사되는 일이 거의 없다. 그러나 심지어 이조차도 확실한 것은 아니다. 왜냐하면 억압은 회복될 수 없는 것이 아니기 때문이다. 정신 분석학자들이 깊숙이 파묻힌 충동을 표면으로 끌어내듯이, 사회적 상황 역시 그렇게 할 수 있다.[8] 우리의 주변이 정상적이고 평온하며, 우리가 만나는 사람들이 우리에게 일관된 기대를 품고 있을 때, 기질에 관한 지식 없이도 생활해나갈 수 있다. 반면에 기대하지 않았던 일이 발생할 때, 우리는 자신도 알지 못했던 자신에 대해서 많은 것을 배우게 된다.

자아들은 우리에게 영향을 미치는 모든 것에 의해서 구성되는데, 우리가 어떤 전형적인 상황에 대처하기 위해서 배웠던 태도들에서 무슨 충동이, 어떻게 강조되고, 어떻게 지시되어야 적합한지를 규정한다. 인식할 수 있는 경험의 유형에 대해서는, 우리 전체 존재의 표면상의 발현을 통제하는 성격이 있다. 예를 들면, 시민적 삶은 살의를 품은 증오를 통제한다. 분노로 말문이 막히더라도 아버지, 자식, 고용주, 정치가로서 그것을 표현해서는 안 되는 경우가 있다. 또한 그런 인성을 표현하기를 원하지 않을 수도 있다. 그런 인성이 표현되면, 사람들은 눈살을 찌푸릴 것이다. 그러나 만일 전쟁이 발발하면, 모든 사람들은 적에 대한 살인과 증오를 정당화하는 감정을 느끼기 시작할 것이다. 처음에 이런 감정의 표현은 매우 제한적으로만 이루어진다. 두각을 나타내기 시작하는 자아

---

8) Everett Dean Martin의 매우 흥미로운 책인 *The Behavior of Crowds*를 참조.
　　또한 Hobbes, *Leviathan*, Part II, Ch. 25. "사람들의 열정은 따로따로 떨어져 있으며 하나의 횃불의 열처럼 온화하지만, 많은 횃불이 모이듯이 하나로 모였을 때는 서로를 붉게 물들이며, 연설이라는 바람이 불 때는 특히 그러하다.……"
　　Lebon의 *The Crowd*는 홉스의 이런 관찰을 상세하게 설명한다.

들은 진정한 조국애와 같은 감정에 적합한 자아들이다. 이런 자아들은 루퍼트 브룩과 에드워드 그레이 경의 연설(1914년 8월 3일)이나 윌슨 대통령의 의회에 대한 연설(1917년 4월 2일)에서 발견할 수 있을 법한 것들이다. 전쟁의 현실은 여전히 혐오스럽지만 그것이 실제로 의미하는 바는 서서히 알려진다. 이는 이전의 전쟁이 오직 변형된 기억으로만 존재하기 때문이다. 이 밀월의 기간에, 현실주의자들은 국민이 아직도 잠에서 깨어나지 못했다고 주장한다. 그들은 "선사자 명부를 기다리자"고 말하면서 서로를 북돋운다. 죽이려는 충동이 점차 주된 관심사로 등장하고, 이런 충동을 막거나 바꿀 수 있는 모든 성격들은 제거된다. 궁극적으로 이 충동은 관심사의 중심에 자리잡고, 신성시되며, 제어하기 어렵게 된다. 그런 충동이 표현하려고 하는 대상은 전쟁을 하고 있는 실제의 적뿐만 아니라, 이전부터 항상 미워했던 사람과 대상을 포함한다. 적을 증오하는 것은 합법적인 것이다. 적 이외의 다른 사람이나 대상에 대한 증오는 조잡스러운 유추에 의해서 스스로를 합법화한다. 분노가 가라앉고 나면, 그런 유추가 얼마나 부자유스러운 것이었는지를 파악할 수 있다. 그런 강력한 충동은 한번 고삐가 풀리면 완화될 때까지 오랜 시간이 걸린다. 따라서 전쟁이 끝나더라도, 사람들이 자제력을 되찾고 민간의 문제에 맞게 평화의 문제들을 다루기 위해서는 어느 정도의 시간과 투쟁이 필요하다.

허버트 크롤리가 말했듯이, 근대의 전쟁은 근대사회의 정치적 구조에 내재되어 있지만, 정치적 이상은 전쟁을 금한다. 민간인에게는 현재의 군인이 여전히 가지고 있고 과거의 기사들이 이미 규정했던 것과 같은, 전쟁에서의 이상적인 행위규범이 존재하지 않는다. 민간인에게 존재하는 전쟁에 관한 유일한 기준은 전쟁을 비난할 만한 것으로 만드는 일이다. 그러나 전쟁이 필연적인 것일 수는 있을지라도, 어떤 도덕도 사람들에게 전쟁을 준비해야 한다고 가르치지 않는다. 사람들은 오직 높은 수준의 규범과 양식을 배우며, 그런 높은 수준의 규범과 양식을 갖춘 사람들이 전쟁과 같이 낮은 수준에서 행위해야 할 때, 심각한 혼란을 초래할 수 있다.

도덕교육의 기능 중 하나는 사람들이 발견할 수 있는 모든 상황에 대비할 수 있도록 하는 것이다. 그렇게 하기 위해서는 성실한 노력과 상황에 대한 면밀한 이해가 필요하다. 비도덕적인 세계에서 우리의 성격은 비도덕적인 것으로 이해되며 우리는 못된 짓을 하기 마련이다. 따라서 도덕론자라면 둘 중에 하나를 선택해야 한다. 그는 인생의 몇몇 상황들이 역겨울지라도 인생의 모든 상황들에 대한 행위유형을 제시해야 한다. 혹은 그의 논의를 따르는 사람들은 그가 비난하는 상황에 결코 직면하지 않을 것이라는 점을 보증해야 한다. 그는 전쟁을 없애거나 사람들이 최대한 심리적인 부담을 줄이면서 전쟁을 수행하는 법을 가르쳐야 한다. 그는 인간의 경제적 삶을 폐지하고 황홀함과 이슬로 인간을 배부르게 하거나, 경제적 삶의 모든 난관들을 조사하고 어떤 인간도 자급자족할 수 없는 세계에 적응할 수 있는 행위유형을 제시해야 한다. 그러나 이는 널리 퍼져 있는 도덕문화가 일반적으로 거부하는 것이다. 최선의 측면에서조차 도덕문화는 근대세계의 지독하게 복잡한 문제들을 해결할 자신감을 결여하고 있다. 최악의 측면에서 도덕문화는 비겁하기 짝이 없다. 이제 도덕론자들이 경제학과 정치학과 심리학을 공부해야 하는지, 혹은 사회과학자들이 도덕론자들을 가르쳐야 하는지는 더 이상 큰 문제가 아니다. 각각의 세대가 자신이 미래에 직면할 수 있을 쟁점들에 관해서 대비하도록 배우지 못한다면, 이는 준비되지 않은 채 근대세계로 들어가는 것과 같다.

사람들은 이기심(self-interest)에 관한 이런 견해들을 도외시한다. 그들은 어쨌든 자아(self)와 이해관계(interest)는 다소 이해하고 있지만, 그 둘에 대한 이해는 진부하다. 이기심에 관한 일반적인 교의는 그 인식적 기능을 완전히 등한시한다. 궁극적으로 인간은 모든 것을 자신으로 돌린다는 사실에 너무 구속당한 나머지, 모든 것들 그리고 자신에 관한 생각이 본능적인 것은 아니라는 점에 주목하지 않는다. 인간의 생각은 획득된 것이다.

제임스 매디슨이 『페더랄리스트 페이퍼(The Federalist Paper)』 제10장에서 서술했듯이, "문명화된 국가에서 반드시 성장하고 상이한 계급을 형성하는 지주의 이해관계, 제조업자의 이해관계, 상인의 이해관계, 부자의 이해관계는 그것들보다는 덜한 많은 이해관계들과 함께 상이한 감정과 관점들에 의해서 움직인다"는 것이 확실하다. 그러나 내가 생각하기에 매디슨의 글에서는 때로 경제적인 역사해석이라고 불리는 본능적인 운명론의 관점에 빛을 던져줄 무엇인가를 발견할 수 있다. 매디슨은 연방헌법에 관해서 논의했고, "연방의 셀 수 없이 많은 장점들 가운데, 파벌의 폭력을 분쇄하고 그것을 통제하는 연방의 경향을" 설명했다. 매디슨을 괴롭혔던 문제는 파벌에 관한 문제였다. 그리고 그가 보기에 파벌의 원인은 "인간본성"에서 찾을 수 있었는데, 그 잠재적인 성향은 "시민사회의 상이한 상황에 따라서 상이한 활동단계에서 나타난다. 종교와 정부에 관한 상이한 의견에는 그것에 대한 열의나 생각, 혹은 실제에서 많은 상이한 점들을 발견할 수 있다. 정경유착은 인류를 당파로 나누고, 서로 증오하도록 사람들을 흥분시키며, 공동선을 위해서 협력하기보다는 서로를 괴롭히고 억압하는 데에 보다 많은 관심을 기울이도록 만든다. 상호간의 증오상태를 낳는 이런 인류의 성향은 매우 강해서, 어떤 중대한 계기가 없다면, 가장 사소하고 비현실적인 구분이라도 사람들의 호전적인 열정에 불을 지피고 가장 폭력적인 갈등을 자극하는 데에 충분했다. 그러나 가장 흔하고 **지속적인** 파벌의 원인은 다양하고 불평등한 재산의 분배였다."

따라서 매디슨의 이론에 따르면, 파벌의 성향은 종교적, 정치적 의견이나 지도자들에 의해서뿐만이 아니라 가장 흔하게는 재산의 분배에 의해서 발생할 수 있다는 것이다. 그러나 사람을 나누는 것은 오직 재산에 대한 사람들의 관계라는 매디슨의 주장에 유념해보자. 그가 말하는 바는 재산상의 차이가 의견차이의 원인이라는 것이다. 매디슨의 주장에서 중심적인 말은 "상이한(different)"이라는 말이다. 상이한 경제적 상황에 처한 상이한 사람들은 상이한 의견을 주장할 것이라고 추론할 수 있지만, 그런 의견이 반드시 어떠할지에 관해서는 추론이 불가능하다.

이런 유보는 매디슨의 이론이 일반적으로 품고 있는 주장에 근본적으로 개입한다. 이런 유보가 필요하다는 점은 정통적인 사회주의자들의 교의와 실천 사이의 모순에서도 확인할 수 있다. 그들은 사회가 한 단계에서 다음 단계로 진화하는 것이 필연적이라고 주장한다. 그러나 그런 필연적인 단계를 위해서 사회주의자들은 "계급의식"을 조직하고 선동한다. 그렇다면 왜 경제적 상황이 모든 사람들에게 계급의식을 심어주지 않는가? 이는 경제적 상황이 계급의식을 가져오지 않는다는 것, 단지 그뿐이다. 따라서 사회주의적 철학이 운명의 예언적 통찰에 기초하고 있다는 의기양양한 주장은 오래가지 못할 것이다. 그것은 인간본성에 관한 가설에 의지한다.9)

사회주의적 실천은 사람들이 경제적으로 상이한 처지에 놓여 있다면,

---

9) Thorstein Veblen, "The Socialist Economics of Karl Marx and His Followers," in *The Place of Science in Modern Civilization,* esp, pp. 413–418을 참조.

특정한 관점을 받아들이게 되어 있다는 믿음에 기초한다. 의심할 바 없이, 지주나 소작인, 고용주나 고용인, 숙련공이나 견습공, 임금 노동자나 샐러리맨, 물건을 파는 사람이나 사는 사람, 농부나 중산층, 수출업자나 수입업자, 채권자나 채무자 등은 종종 상이한 것을 믿게 되거나 받아들일 수 있다. 소득의 차이는 접촉과 기회의 차이로 이어진다. 소스타인 베블런이 매우 훌륭하게 설명했듯이,[10] 공장에서 기계를 다루는 사람들은 수공업자나 무역업자와는 다르게 경험을 해석할 것이다. 만일 이것이 유물론적 철학개념의 전체 주장이라면, 이 이론은 사람들의 의견을 해석하는 모든 분석가들이 사용해야 할 대단히 귀중한 가설일 것이다. 그러나 동시에 이 이론을 사용하는 분석가는 때로 이 이론을 포기해야 할 순간이 있을 것이고, 항상 경계해야 할 것이다. 그 이유는 인간의 많은 사회적 관계들 중 어떤 것이 어떤 의견을 초래하는지가 좀처럼 분명하지 않기 때문이다. 스미스가 어떤 의견을 가지게 되는 것은 그가 지주나 수입업자, 철도의 주주이거나 고용주이기 때문인가? 직물공장 노동자인 존스의 의견은 그에 대한 그의 상사의 태도 때문인가, 새로운 이민자들과의 경쟁 때문인가, 혹은 부인이 가져온 식료품점 계산서나 그에게 포드 자동차와 집을 팔고 할부금을 걷어가는 회사와의 계약 때문인가? 세심하게 검토하지 않는다면 어떤 것도 그렇다고 말할 수 없다. 경제적 결정론자는 어떤 것도 말할 수 없다.

인간의 다양한 경제적 접촉은 의견의 범위를 제한하기도 하고 확장하기도 한다. 그러나 유물론적 정치개념은 그런 접촉들 중 어떤 것이, 어떤 형태에서, 어떤 이론에 근거하는지를 파악할 수 없다. 유물론적 정치개념은 다음과 같이 높은 수준의 개연성이 있는 경우를 예측할 수 있다. 만일 어떤 사람이 공장을 소유하고 있다면, 그의 소유권은 공장에서 영

---

10) *The Theory of Business Enterprise*.

향력이 있을 법한 의견에 중요한 역할을 할 수 있을 것이다. 그러나 소유자가 어떻게 그 기능을 이해할 것인지에 관해서 경제적 결정론자는 답할 수 없다. 한 공장의 소유자가 된다는 것에 수반하는 어떤 질문에도 고정된 의견이 있는 것은 아니며, 노동이나 재산 혹은 경영에도 어떤 관점이 있는 것은 아니다. 결정론자들은 거의 99퍼센트의 경우 소유자로부터 소유권을 빼앗으려는 시도에 소유자가 저항할 것이라고 예측한다. 또한 그들은 소유자의 이익을 증대시킬 법률에 소유자가 찬성할 것이라고 예측한다. 그러나 소유권만으로는 어떤 사업가가 그를 부유하게 만들어줄 법이 무엇인지 알 수는 없기 때문에, 소유자가 장기적인 입장을 취할 것인지 혹은 단기적인 입장을 취할 것인지, 경쟁적인 입장을 취할 것인지 혹은 협력적인 입장을 취할 것인지를 예단할 수 있는 인과관계란 존재하지 않는다.

유물론적 정치개념이 타당하다면, 우리는 그것에 기반하여 예측할 수 있을 것이다. 우리는 사람들의 경제적 이해관계를 분석할 수 있고, 사람들이 해야만 했던 일을 연역할 수 있을 것이다. 마르크스는 그렇게 하려고 했고 어떤 면에서는 정확했지만, 그의 예상은 전체적으로 빗나갔다. 그가 예상했던 것과는 달리, 최초의 사회주의 실험은 자본주의적 발전이 정점에 오른 서구에서가 아니라 전(前)자본주의 상태에 있던 동구에서 발생했으며, 이는 자본주의 체제가 아니라 전자본주의 체제를 붕괴시킨 것이었다. 왜 마르크스의 예상은 빗나갔는가? 왜 그의 가장 위대한 제자인 레닌의 예상은 빗나갔는가? 이는 인간의 경제적 지위가 불가피하게 인간의 경제적 이해관계에 대한 분명한 개념을 산출할 수밖에 없을 것이라는 마르크스주의적 사유 때문이었다. 마르크스와 레닌은 이 점이 분명하다고 생각했고, 그런 분명한 개념을 모든 인류가 배우게 될 것이라고 생각했다. 사회주의 실험이 동구에서 발생했다는 사실은 이해관계에 대한 분명한 개념이 모든 사람에게 자동적으로 발생하는 것은 아니라는 점을 보여주었을 뿐만 아니라, 심지어 마르크스와 레닌에게조차도 그렇지 않다는 점을 보여주었다. 결국 마르크스와 레닌이 보여주었던 것은 인류의 사회적 행동이 여전히 이해하기 어렵다는 점이었다. 결코 경제적 지위만이 여론을 결정하는 것은 아니다. 만일 마르크스와 레닌의 이론이 옳다면, 인류는 경제적 지위에 따라서 나뉘어야 할 뿐만 아니라 각 계급에는 그 계급의 이해관계에 대한 관점을 가지고 그것을 얻기에 적합한 정책을 제공해야 한다. 그러나 모든 인간계급이 그들의 이해관계만큼이나 지속적인 혼란 속에 있다는 점만큼 자명한 것은 없다.[11]

이는 경제적 결정론의 영향을 약화시킨다. 만일 우리의 경제적 이해관계가 그런 이해관계에 관한 우리의 다양한 개념들로 구성되어 있다면, 사회적 과정에 대한 문제해결의 열쇠로서 그 이론은 실패한다. 경제적 결정론에 따르면, 사람들은 오직 자신들의 이해관계만을 고려하고 그것을 실현하기 위해서 숙명적으로 움직인다. 경제적 결정론은 특정한 계급의 이해관계가 존재한다고 가정한다. 이런 가정은 그릇된 것이다. 한 계급의 이해관계는 넓거나 좁게, 혹은 이기적이거나 이타적으로 간주될

---

11) 실제로 시험에 이르렀을 때, 레닌은 정치의 유물론적 해석을 완전히 버렸다. 그가 1917년 권력을 장악했을 때, 마르크스주의적 공식을 진정으로 고수했다면, 그는 그 자신에게 다음과 같이 말했을 것이다. '마르크스의 가르침에 따르면, 사회주의는 성숙한 자본주의로부터 발전할 것이다.……지금 여기에서 나는 자본주의적 발전에 막 진입하고 있는 국가를 관리하고 있다.……내가 사회주의자인 것은 사실이지만, 나는 과학적 사회주의자이다.……따라서 사회주의적 공화국에 관한 현재의 모든 생각은 전연 불가능한 것이다.……우리는 마르크스가 예측했던 진화가 발생할 수 있도록 하기 위해서 자본주의를 발전시켜야만 한다.' 그러나 레닌은 그런 종류의 어떤 것도 하지 않았다. 진화가 일어나기를 기다리는 대신에, 그는 의지와 힘, 그리고 교육에 의해서 그의 철학이 가정했던 역사적 과정에 도전하려고 했다.
  이것이 쓰여진 이래로 레닌은 러시아가 성숙한 자본주의를 위한 필수적인 기반을 가지고 있지 않다는 점에서 공산주의를 포기했다. 이제 그는 러시아가 자본주의를 창출해야만 한다고 말하는데, 자본주의는 프롤레타리아를 창출할 것이고, 프롤레타리아는 언젠가 공산주의를 창출할 것이다. 이것은 적어도 마르크스주의적 교리와 일치한다. 그러나 이는 결정론자의 의견 속에 얼마나 적은 결정론이 있는가를 보여준다.

수 있다. 따라서 계급투쟁에 대한 마르크스주의적 처방은 무너진다. 그 처방은, 모든 재산을 공동으로 소유할 수 있다면 모든 계급의 차이는 사라질 것이라고 가정한다. 이런 가정은 잘못된 것이다. 재산을 공동으로 소유하는 것은 가능하지만, 그것을 하나의 전체로 간주할 수는 없다. 만일 어떤 집단이 공산주의적 방식으로 공산주의를 파악하는 데에 실패한다면, 그 집단의 사람들은 그들이 파악한 것에 기초하여 계급들로 나뉘게 될 것이다.

　마르크스주의적 사회주의는 현존하는 사회질서 속에서 의견의 원인이 재산상의 갈등에 있다는 점을 강조하고, 느슨하게 정의된 노동계급 내부에서의 재산상의 갈등을 무시하며, 미래는 재산상의 갈등이 없는, 따라서 의견의 갈등이 없는 사회가 될 것이라고 생각한다. 한 사람이 무엇인가를 얻으면 다른 사람은 그것을 잃게 되는 경우는 사회주의보다 현존하는 사회질서에서 좀더 많을 것이다. 그러나 누군가가 잃어야만 누군가가 얻게 되는 모든 경우에, 사람들은 그 갈등의 원인을 단순히 교육을 받지 못했기 때문이라고 생각하는 경우가 허다하다. 또한 사회주의는 재산상의 갈등을 제거할 수는 있지만, 각 개인은 전체 사실 중 오직 일부에만 접근할 수 있기 때문에, 이에 따른 갈등이 발생할 것이다. 사회주의 국가에서는 엄격한 유물론적 배경을 바탕으로 한 재산의 공동소유 때문에 교육이나 도덕 혹은 교양 등이 불필요하겠지만, 이런 것들을 없앨 수는 없을 것이다. 만일 경제적 결정론만이 러시아 인민의 의견을 결정한다면, 러시아 공산주의자들이 자신들의 믿음을 그처럼 지칠 줄 모르는 열정을 가지고 선전할 리가 없을 것이다.

5

인간본성에 관한 사회주의의 이론은 쾌락주의의 계산법과 마찬가지로 잘못된 결정론의 한 예이다. 사회주의와 쾌락주의는 배우지 않고 터득한 기질이 운명적이지만 영특하게 어떤 특정한 유형의 행동을 배출한다고 추정한다. 사회주의자는 그런 기질이 한 계급의 경제적 이해관계를 추구한다고 믿는다. 쾌락주의자는 그런 기질이 고통을 피해서 쾌락을 추구한다고 믿는다. 사회주의와 쾌락주의는 본능에 관한 순진한 관점에 의존한다. 제임스는 이런 관점을 "선견지명 없이 목표를 세우고 사전교육 없이 실행하는 것으로, 행위를 하면서 특정한 목표를 산출하는 능력"으로 정의했다.[12]

이런 종류의 본능적 행위가 인류의 사회적 삶에서 어떤 중요한 역할을 할 것인지는 분명하지 않다. 제임스가 지적한 바와 같이,[13] "기억하는 동물은 본능적 행위를 한 번 한 후에 그것을 반복하는 '맹목적인' 존재가 아니기" 때문이다. 무슨 능력을 타고났든, 선천적인 기질은 가장 이른 유아기 때부터 무엇이 그런 기질을 흥분시키는 자극제가 될 것인지를 결정하는 경험에 몰두한다. 맥두걸이 말한 바와 같이,[14] "그런 기질들은 선천적인 기질, 즉 본능의 자연적 흥분이나 타고난 흥분을 직접적으로 자극하는 대상들에 관한 지각뿐만 아니라 그런 대상에 관한 생각, 그리고 다른 종류의 대상에 관한 지각과 생각에 의해서 시작될 수 있다."[15]

나아가 맥두걸은 오직 "기질의 중심적인 부분만이 그 특정 성격을 유지하고 모든 개인과 상황에 공통적으로 남게 되는데, 그런 상황 속에서 본능은 자극받는다"고 말한다.[16] 인식의 과정과 본능이 실제로 구현되는

---

12) *Principles of Psychology*, Vol. II, p. 383
13) 위의 책, Vol. II, p. 390
14) *Social Psychology*의 서문, 제4판, pp. 31–32
15) 본능과 본능적 행위에 관한 대부분의 정의는 오직 그것들의 능동적인 측면만을 설명한다.……그리고 본능적인 정신적 과정의 인식적, 감정적 측면들을 무시하는 것은 공통된 잘못이다. 위의 책, p. 29의 각주.
16) 위의 책, p. 34

육체적 활동은 대단히 복잡할 수 있다. 달리 말하면, 인간에게는 공포의 본능이 있지만, 그가 무엇을 두려워할지 그리고 어떻게 그런 두려움으로부터 탈출할지는 타고난 것이 아니라 경험에 의해서 결정되는 것이다.

만일 이런 가변성을 위해서가 아니라면, 인간본성의 과도한 다양성을 이해하는 것은 어려운 일일 것이다. 그러나 이 창조물의 중요한 모든 성향들 ── 식욕, 사랑, 증오, 호기심, 성적 욕망, 공포와 호전성 ── 이 자극제나 인간을 만족시키는 것으로서 온갖 종류의 대상들에 자유롭게 가져다붙일 수 있다는 점을 고려한다면, 인간본성의 복잡성은 그처럼 생각조차 할 수 없는 것은 아니다. 그리고 각각의 새로운 세대가 이전 세대에 의해서 결정된 방식의 우연한 희생자일 뿐만 아니라 그 결과로 나온 환경의 상속자라는 점을 염두에 둔다면, 가능한 조합과 순열은 무궁무진하다.

사람들이 어떤 특정한 것을 열망하거나 특정한 방식으로 행위하기 때문에, 인간본성이 숙명적으로 어떤 것을 욕망하고 그것에 따라서 행위하도록 구성되었다고 추정할 만한 어떤 자명한 사례도 존재하지 않는다. 욕망과 행위는 습득되는 것이고, 각기 다른 세대는 그것들을 다르게 습득할 수 있다. 분석적 심리학과 사회사는 이런 결론을 뒷받침한다. 심리학은 특정한 자극과 특정한 반응 사이의 관계가 본질상 얼마나 우연적인 것인가를 보여준다. 인류학은 사람들의 열정을 자극했던 것과 사람들이 그 열정을 실현하기 위해서 사용했던 수단들이 시대와 장소에 따라서 다르다는 것을 보여줌으로써 심리학의 관점을 보강한다.

사람들은 그들 각자의 이해관계를 추구한다. 그러나 그것을 어떻게 추구할 것인가가 운명적으로 결정되어 있는 것은 아니다. 따라서 이 혹성에 인간이 존재하는 한, 인간의 창조적인 에너지는 무궁무진할 것이다. 인간은 오토마티즘(automatism)의 최후를 공포(公布)할 수 없다. 한 인간은 그의 일생 동안 그가 선(善)이라고 인정할 수 있는 것에 어떤 변화도 없을 것이라고 말할 수 있다. 그러나 이는 그의 삶을 그가 눈으로 볼 수 있는 것으로만 한정할 것이고, 그가 마음으로 볼 수 있는 것은 거부할 것이라고 말하는 것이다. 그는 그가 가지게 될 유일한 척도를 선의 척도로 삼을 것이다. 만일 그가 아무도 알지 못하는 것은 누구도 알지 못할 것이며, 어떤 것도 배우지 않은 이는 어떤 것도 가르칠 수 없을 것이라고 믿기로 작심하지 않는 한, 그는 자신의 고귀한 희망을 포기하고 자신의 의식적인 노력을 늦출 그 어떤 이유도 발견할 수 없을 것이다.

제 5 부

공통의지의 형성

제13장
관심의 이전(移轉)

1

이 장에서는 보이지 않는 세계(invisible world)에 관한 각 개인의 인상에 많은 변수들이 있다는 점을 보여줄 것이다. 보이지 않는 세계와의 접촉점은 상당히 다양하고, 고정관념에 바탕을 둔 기대들도 가지각색이며, 획득된 관심은 모든 것들 중에서 가장 민감하게 변화한다. 사람들 각자가 가지고 있는 활발한 인상들은 굉장히 주관적이고, 대중이 가지고 있는 인상들은 다루기 힘들 정도로 복잡하다. 그렇다면 사람들의 머릿속에 있는 것과 그들의 시야를 초월해 있는 것 사이의 실제 관계는 어떻게 확립되는가? 민주적 이론에서, 그처럼 추상적인 이미지를 사적으로 느끼는 수많은 개인들은 어떻게 공통의지(common will)를 형성하는가? 이런 복잡한 변수들로부터 어떻게 하나의 단순하고 지속적인 생각이 나오는가? 국민의 의지나 민족의 목적, 혹은 여론이라고 알려진 것들은 그처럼 덧없이 스쳐지나가는 우연한 심상으로부터 어떻게 구체화되었는가?

여기에 실제로 어려움이 있다는 점은 1921년 봄, 영국 주재 미국 대사와 미국인들 사이의 험악한 말싸움에서 드러났다. 하비는 영국의 한 저녁만찬에서 연설하면서 1917년 미국인들이 지녔던 동기를 단호하게 확언했다.[1] 그러나 그가 말했던 미국인의 동기는 윌슨 대통령의 선언과는 배치되는 것이었다. 물론 하비와 윌슨을 포함하여 어느 누구도 3,000-4,000만 명에 이르는 미국인들이 마음속에 품고 있던 것을 질적으로나 양적으로 파악할 방법은 없었다. 그러나 모든 사람들이 알고 있던 점은 전쟁을 치르는 데에 굉장한 노력이 필요했지만, 궁극적으로는 전쟁에서 승리했고, 구체적으로 얼마만큼 자극을 받았는지는 알 수 없지만, 윌슨과 하비의 동기 그리고 온갖 종류의 다른 동기들에 의해서 사람들이 자극을 받았다는 점이었다. 사람들은 군에 입대했고 전장에 나아갔다. 또한 사람들은 일하고 세금을 지불하며, 공통의 목적에 헌신했다. 그러나 각각의 개인들을 그렇게 하도록 했던 것이 무엇인지는 정확하게 말할 수 없을 것이다. 따라서 이것이 전쟁을 끝내기 위한 전쟁이었다고 생각했던 군인에 대해서, 하비가 그 군인은 그처럼 생각하지 않았다고 이야기하는 것은 아무 소용없는 짓이다. 그렇게 생각했던 군인은 **그렇게 생각했던 것이다**. 그리고 무엇인가 다른 것을 생각했던 하비는 **무엇인가 다른 것을 생각했던 것이다**.

그 연설에서, 하비는 1920년에 유권자들이 마음속에 품고 있었던 것을 명쾌하게 말했다. 이는 경솔한 짓이었다. 만일 단순하게 모든 사람들이 내가 선택한 것과 동일한 후보자에게 투표했다고 가정한다면, 이는 솔직하지 않은 짓이다. 실제로 1,600만 명은 공화당에, 900만 명은 민주당에 투표했다. 하비에 따르면, 미국인들은 국제연맹을 지지할 것인지 반대할 것인지에 대해서 투표했다. 그는 이 주장의 근거로 윌슨의 국민투표에 대한 요구와 민주당과 콕스가 논점으로 삼았던 것이 바로 국제연맹이었다는 사실을 지적할 수 있었다. 그러나 연맹을 논점이라고 말하는

---

[1] *New York Times*, May 20, 1921

것과 연맹을 논점으로 만드는 것은 다른 일이며, 투표수를 계산하더라도 그런 투표수의 차이가 국제연맹의 문제 때문에 발생한 것이었는지를 파악할 수 있는 것은 아니었다. 예를 들면, 900만 명의 민주당 지지자들을 생각해보자. 그들 모두가 연맹을 확고하게 지지했다고 생각할 수 있을까? 확실히 그렇지는 않다. 왜냐하면 민주당에 투표했던 수백만 명의 사람들은 남부의 사회체계를 유지하기 위해서 투표에 참여한 것이지, 연맹에 대한 그들의 찬반을 표하기 위해서 투표에 참여한 것은 아니었기 때문이다. 그들 중에 연맹을 원했던 사람들은 자신들이 지지하는 민주당 역시 연맹을 원했다는 점을 기쁘게 생각했을 것이다. 반면에 연맹을 싫어했던 사람들은 이 점을 마지못해 받아들였을 수도 있다. 그러나 이 두 집단 모두 민주당에 투표했다.

공화당을 지지했던 사람들은 어땠을까? 그들 중 어떤 사람들은 연맹에 반대했던 존슨과 녹스 상원의원을 지지했을 것이고, 다른 이들은 연맹을 옹호했던 후버 국무장관과 태프트 연방 대법원장을 지지했을 것이다. 공화당 후보자들 역시 연맹에 대한 다양한 의견을 가지고 있었다. 얼마나 많은 사람들이 연맹에 관해서 특정한 방식으로 생각하고 느꼈는지, 그리고 얼마나 많은 사람들이 연맹에 대한 그들의 감정이 투표에 결정적인 영향을 미치도록 했는지에 관해서는 누구도 확언할 수 없다. 100여 개의 다양한 감정을 표현하는 데에 오직 두 가지 방식만이 있는 경우, 무엇이 결정적인 조합인지를 파악할 수 있는 확실한 방법은 존재하지 않는다. 공화당을 지지했던 사람들 중 다수는 공화당의 승리가 연맹을 좌초시킬 것이라고 생각했다. 반면에 공화당의 승리가 연맹을 달성하는 가장 실제적인 방식이라고 생각했던 사람들과 공화당의 승리가 연맹을 수정하기 위한 가장 확실한 방법이라고 생각했던 사람들 역시 공화당을 지지했다. 이 모든 유권자들이 공화당에 투표한 이유가 단지 연맹

때문만은 아니었다. 사람들은 자신의 정치적 욕망을 충족하거나 사업을 개선하기 위해서, 노동에 반대하거나 어떤 이유 —— 예를 들면, 참전을 했던 것 혹은 빨리 참전을 하지 않았던 것 —— 로든 민주당을 벌주기 위해서, 벌레슨을 제거하거나 밀의 가격을 높이기 위해서, 세금을 낮추거나 대니얼스가 세계를 재건하는 일을 중지시키기 위해서, 혹은 하딩이 대니얼스와 동일한 일을 하는 것을 돕기 위해서 공화당에 투표했다.

어쨌든 선거결과는 나왔고, 하딩이 대통령으로 당선되었다. 그 투표에서 가장 최소한의 공통분모는 민주당 후보가 떨어지고 공화당 후보가 당선되어야 한다는 것이었다. 이런 공통분모는 모든 모순들을 상쇄한 후 남게 된 유일한 요소였다. 그러나 이 요소는 4년 동안 정책을 바꾸기에 충분한 것이었다. 1920년 11월에 그런 변화가 요구되었던 이유는 기록되지 않았으며, 그것은 개별 유권자의 기억에조차 남아 있지 않다. 그 이유는 고정된 것이 아니다. 그 이유는 성장하고 변화하며 다른 이유들과 함께 용해된다. 대통령이 된 이후에 하딩이 다루어야 했던 여론은 그를 당선시켰던 의견들이 아니었다. 1916년에 모든 사람들이 파악했던 것은 어떤 의견과 특정한 행동방침 사이에 어떤 필연적인 관계도 없다는 점이었다. 윌슨은 전쟁에 분명히 참전하지 않겠다는 슬로건으로 당선되었지만, 불과 5개월도 되지 않아 미국을 전쟁으로 이끌었다.

따라서 대중적 의지의 작용은 항상 설명을 요구해왔다. 그 변덕스러운 작용에 가장 큰 인상을 받았던 사람들은 르봉을 예언자로 삼았고, 로버트 필 경의 여론에 관한 일반화, 즉 "여론이라고 불리는 것은 어리석음, 허약함, 편견, 잘못된 감정, 올바른 감정, 완고함, 신문기사 등의 거대한 혼성물"이라는 일반화에 찬사를 보냈다. 다른 사람들은 일반적인 동향과 모순으로부터 확립된 결정이 나타났기 때문에, 한 국가의 거주자들을 넘어서 어딘가에서 작동하는 신비로운 계획이 있어야 한다고 결론지었다. 그들이 염원했던 것은 시대정신이었는데, 이는 집합적인 영혼이자 민족적 혼 그리고 무작위의 의견에 질서를 부여하는 것이었다. 한 집단의 구성원들이 느끼고 생각하는 것은 어떤 것을 그 공식만큼 단순하고 투명하게 드러내지 않기 때문에 신이 필요할 법했다. 이 집단의 개인들은 그들 여론의 진정한 주장으로서 그 공식을 받아들일 것이다.

2

그러나 내가 생각하기에, 변장한 신의 도움이 없더라도 사람들이 사실을 좀더 납득할 수 있도록 설명할 수 있다. 결국, 모든 정치 캠페인에는 상이한 생각을 하는 사람들이 비슷하게 투표하도록 하는 기교(art)가 있다. 예를 들면, 1916년 공화당 후보자는 상이한 생각을 하고 있던 다양한 공화당원들의 중지(衆智)를 모아야 했다. 대통령 지명을 수락한 후, 휴스가 했던 첫 연설을 검토해보자.[2] 연설의 맥락에 대해서는 더 이상 긴 설명이 필요하지 않을 만큼 그 연설은 여전히 우리 마음속에 분명하게 남아 있다. 그러나 연설에서의 쟁점들이 여전히 논쟁적인 것은 아니다. 휴스의 연설은 대단히 분명했다. 그는 수년 동안 정치활동을 하지 않았고 당대의 쟁점들에 그다지 헌신적인 인물도 아니었다. 게다가 그에게는 루스벨트나 윌슨 혹은 로이드 조지와 같은 대중적인 지도자들처럼 대중을 사로잡는 마술적 재능이나 추종자들의 감정을 받아내는 연극적 재능도 없었다. 기질상으로나 정치적 훈련의 면에서나 그는 정치의 측면과는 거리가 먼 사람이었다. 그러나 그는 계산을 통해서 정치가의 공학이 무엇인지를 알고 있었다. 그는 정치가가 어떻게 해야 하는가는 알고 있지만, 정작 그렇게 할 수는 없는 부류의 사람이었다. 이런 정치적 기교는 선천적인 것이 아니라 후천적으로 획득된 것이기 때문에, 스스로 정

---

2) 1916년 7월 31일 뉴욕의 카네기 홀에서의 연설.

치를 하는 방법은 알지 못하지만 그것을 가르칠 수는 있다. 즉, 그들은 거장이라기보다는 훌륭한 교사인 경우가 많다. 어떻게 들릴지 모르지만, 할 수 있는 사람은 하고, 할 수 없는 사람은 가르친다는 말은 교사에게만 해당되는 말이 아니다.

휴스는 그 연설이 중요하다는 점을 잘 알고 있었고, 연설을 위한 원고를 주의 깊게 준비했다. 특별석에는 미주리에서 갓 돌아온 시어도어 루스벨트가 앉아 있었다. 청중석에는 최후의 결전(Armageddon)에 참전했던 용사들이 다양한 종류의 의혹과 실망을 품은 채 앉아 있었다. 이외에도 1912년 이전의 위선자들과 밤도둑들이 건강한 모습으로 감상적인 기분에 젖은 채 앉아 있었다. 홀 밖에는 친독일파와 친연합국파들이 섞여 있었다. 동부와 대도시로부터 온 주전파와 중부와 서부로부터 온 평화파들도 있었다. 멕시코에 대한 입장이 확연하게 다른 사람들도 있었다. 휴스는 태프트 대 루스벨트, 친독일파 대 친연합국파, 전쟁 대 중립, 멕시코에 대한 개입파 대 비개입파 등과 같은 모든 종류의 당내 갈등들을 통합하여 민주당에 대항해야 했다.

물론 여기에서 그런 일의 도덕성이나 타당성을 문제삼는 것은 아니다. 우리의 유일한 관심은 상이한 의견을 가지고 있는 한 지도자가 하나의 동질적인 지지를 확보하는 방법에 있다.

> "이 **대표자**의 모임은 행복의 서막입니다. 이는 **재통합**의 힘을 의미합니다. 이는 **링컨**의 정당이 부활했다는 것을 의미합니다."

강조된 말들은 통합을 위한 말들이다. 이 연설에서의 **링컨**은 물론 에이브러햄 링컨과는 어떤 관계도 없다. 단지 고정관념상 그 이름을 둘러싼 경건함이 이제 링컨을 대신해서 공화당 후보자에게 이전된다. 링컨이라는 이름은 불 무스와 올드 가드와 같은 공화당원들에게 그들이 분열되기 이전에 공통의 역사를 가지고 있었다는 점을 상기시킨다. 그 분열에 관해서는 어느 누구도 연급할 수 없었지만, 그것은 치유되지 않은 채 여전히 그곳에 머물러 있었다.

휴스는 그것을 치유해야만 한다. 1912년 공화당의 분열은 국내문제와 관련된 것으로 치부되었고, 1916년 공화당의 재통합은 루스벨트가 선언했던 것처럼 국제문제에 관한 윌슨의 행위에 반대하는 공통의 분노에 기초한 것으로 간주되었다. 그러나 국제문제 역시 위험한 갈등요인이었다. 1912년의 분열을 무시할 수 있을 뿐만 아니라 1916년의 폭발적인 갈등을 피할 수 있는 연설주제를 찾아낼 필요가 있었다. 휴스는 교묘하게도 외교관을 임명하는 제도인 엽관제도(獵官制度, spoils system)를 선택했다. 민주당 정권하에서 외교관이라는 직책에 붙은 "받을 만한 자격이 있는 민주당원"이라는 말은 민주당에 대한 평판을 떨어뜨리는 말이었고, 휴스는 지체 없이 이 점을 떠올렸다. 그런 말로 외교관을 임명하는 것은 변명의 여지가 없는 것이었기 때문에, 그는 주저 없이 그것을 공격했다. 논리적으로 이런 공격은 공통된 분위기를 조성하기 위한 이상적인 도입부였다.

다음으로 휴스는 멕시코로 화제를 돌려 역사적인 이야기를 하기 시작했다. 그는 멕시코의 사태가 점차 나빠지고 있다는 감정과 그럼에도 불구하고 전쟁만은 피해야 한다는 감정을 고려해야 했다. 그리고 두 가지 강한 의견, 즉 윌슨 대통령이 우에르타를 인정하지 않는 것이 옳다는 의견과 카란사보다는 우에르타가 낫다는 의견 모두를 고려해야 했다. 우에르타 문제는 첫 번째 급소였다.

"우에르타는 확실히 사실상의 멕시코 정부의 수반(首班)이었습니다."

그러나 휴스는 또한 우에르타를 술 취한 살인자로 생각했던 도덕론자들을 달래야 했다.

"우에르타가 인정을 받아야 하는지 그렇지 않은지는 면밀한 검토가 필요한 문제이고, 이는 올바른 원칙에 입각해서 이루어져야 합니다."

따라서 우에르타가 승인되어야 한다고 말하는 대신에, 휴스는 올바른 원칙에 입각해서 그런 결정이 이루어져야 한다고 말했다. 모든 사람들은 올바른 원칙이 있을 것이라고, 당연히 휴스가 그런 원칙을 가지고 있을 것이라고 믿었다. 논점을 좀더 흐리기 위해서 휴스는 윌슨 대통령의 정책을 "개입(intervention)"으로 묘사했다. 법률상으로는 개입이라는 표현이 맞겠지만, 당시에 그 말의 의미는 이와는 다른 것이었다. 이 말은 윌슨이 실제로 했던 일뿐만 아니라 진정한 개입주의자들이 원했던 것을 포함함으로써 윌슨과 개입주의자들 사이의 논쟁을 억제했다.

휴스는 "우에르타"와 "개입"이라는 파괴력이 큰 말들을 모든 사람들에게 의미 있도록 함으로써 어려운 순간을 용케 모면했다. 그후에 휴스의 연설은 잠시 동안 보다 안전한 지대를 통과했다. 휴스는 탐피코, 베라크루스, 비야, 산타 이사벨, 콜럼버스와 카리살에 관해서 이야기했다. 그는 이런 것들에 대해서 이야기하는 이유가 단지 그가 신문에서 본 사실들이 그를 짜증나게 했기 때문인지, 혹은 탐피코의 사례처럼 그것들에 대한 설명이 지나치게 복잡하기 때문인지를 구체적이고 분명하게 이야기했다. 이런 연설에는 어떤 반대의 감정도 생길 수 없을 것이다. 그러나 종국에 휴스는 하나의 입장을 취해야 했다. 청중들 역시 그것을 기대했다. 그 입장은 루스벨트에 관한 것이었다. 휴스는 개입을 해야 한다는 루스벨트의 입장을 받아들일 것인가?

"미국은 멕시코를 향한 어떤 침략정책도 가지고 있지 않습니다. 우리는 멕시코 영토의 어떤 부분도 원하지 않습니다. 우리는 멕시코의 평화와 안정 그리고 번영을 원합니다. 우리는 멕시코의 상처를 보듬고 기아와 고통으로부터 멕시코를 구제하며 모든 실행 가능한 방법을 동원하여 멕시코에 대한 우리의 우정을 보여줄 준비가 되어 있어야 합니다. 우리는 이 정부가 했던 행위를 극복해야 합니다.……우리는 **새로운 정책을 채택해야만 합니다**. 정책은 **확고부동**하며 일관성이 있어야 하고, 이를 통해서만 우리는 멕시코와의 지속적인 우정을 촉진할 수 있습니다."

우정이라는 논지는 비개입주의자들을 위한 것이고, "새로운 정책"과 "확고부동"이라는 논지는 개입주의자들을 위한 것이다. 논쟁의 여지가 없는 기록에 대해서는 구구절절하게 설명했고, 쟁점사안에 대해서는 뜬구름 잡는 연설을 했던 것이다.

유럽의 전쟁과 관련하여, 휴스는 기발한 공식을 이용했다.

"저는 육지와 해상에 대한 **모든** 미국의 권리를 단호하게 방어할 것입니다."

당시 주장을 이해하기 위해서는 중립기간에 각 분파가 반대했던 유럽 국가들이 미국의 권리를 침해하고 있다고 각 분파가 믿었다는 점을 기억해야 한다. 친연합국파가 보기에 휴스는 독일을 제압할 것이라고 말하는 것 같았다. 그러나 친독일파는 영국 해군이 미국의 권리를 침해한다고 주장하고 있었다. 따라서 이 공식은 "미국의 권리"라는 상징적인 말로 두 분파의 주장 모두를 포괄했던 것이다.

그러나 여기에는 루시타니아(Lusitania) 문제가 있었다. 1912년의 분열과 마찬가지로, 그것은 통합에 어려운 장애물이었다.

"……저는 루시타니아의 침몰로 인한 미국인의 희생이 없었어야 했다고 확신합니다."

이처럼 타협할 수 없는 것은 사라져야 했고, 통합할 수 없는 문제는 마치 존재하지 않는 것처럼 보여야 했다. 휴스는 미국과 유럽의 미래관계에 관해서는 침묵으로 일관했다. 휴스가 여기에 대해서 말했다면, 타협할 수 없는 두 당파의 비위를 맞추지 못했을 것이다.

휴스가 이런 기술을 발명한 것은 아니며, 그 기술을 가장 성공적으로 사용한 것도 아니라는 점은 두말할 나위조차 없다. 그러나 그는 다양한 의견으로 구성된 여론이 어떻게 모호하게 변질되는지, 그리고 많은 색깔들이 혼합되어 있는 여론의 의미가 어떻게 중립적인 색조로 변색되는지를 분명히 보여주었다. 갈등이라는 현실에서 피상적인 화합을 이루려고 할 경우, 일반적으로 공적 호소는 반계몽주의(obscurantism)가 되기 마련이다. 공적 논쟁에서 요점이 막연한 경우, 이는 거의 언제나 반대되는 목적들이 있다는 징후이다.

3

그러나 하나의 모호한 생각이 어떻게 그처럼 상이한 의견들을 통일하는 힘을 가지게 될까? 우리가 보기에, 사람들이 그런 의견을 얼마나 깊이 새기고 있는지에 상관없이 그런 의견은 그것이 표명하는 사실과 직접적인 접촉을 유지하는 것은 아니다. 눈에 보이지 않는 환경, 멕시코, 유럽의 전쟁 등에 대한 우리의 이해는 그것들에 대한 우리의 열정적인 감정보다도 보잘것없는 것이다. 우리가 볼 수도 없고 들을 수도 없으며 결코 가본 적도 없는 장소에서 벌어진 일에 관한 설명은 꿈이나 환영으로 잠시 동안 스쳐지나가는 경우를 제외하면 현실의 차원이 아니고 결코 그렇게 될 수도 없다. 그러나 그것들은 모든 것을 불러일으킬 수 있으며, 때로 현실보다 더한 감정을 불러일으킬 수 있다. 왜냐하면 여러 가지 자극이 방아쇠를 당기기 때문이다.

방아쇠를 당긴 최초의 자극은 인쇄된 말이나 전달된 말에 의해서 자극을 받은 이미지일 수 있다. 마음속에 있는 이런 이미지는 서서히 사라지고 유지되기 어렵다. 이런 이미지의 윤곽은 시시때때로 변하고 그 맥박 역시 변동을 거듭한다. 이 과정에서 왜 그것을 그렇게 느끼게 되었는지에 대한 확실한 이유는 사라지고 단지 어떤 것을 느꼈는지에 대한 인상만이 남는다. 다른 이미지가 서서히 사라져가는 이미지를 대체하고 궁극적으로 이름이나 상징이 그것을 대체한다. 그러나 감정은 계속해서 유지되어, 이제 대체된 이미지와 이름이 그 감정을 불러일으킬 수 있다. 심지어 엄격한 사유에서도 이런 식의 대체가 발생한다. 만일 어떤 사람이 두 가지 복잡한 상황을 비교하려고 한다면, 두 가지 상황 모두를 상세하게 그의 마음속에 담아두는 것은 진이 빠지는 일이라는 사실을 곧 발견할 것이다. 대신에 그는 이름과 기호 그리고 표본들의 약칭을 사용한다. 일을 조금이라도 진척시키려면 이렇게 할 수밖에 없다. 왜냐하면 그가 진행시켜온 모든 국면에서 획득한 모든 것을 그의 마음속에 담아둘 수는 없기 때문이다. 그러나 만일 그가 무엇인가를 대체했고 간소하게 만들었다는 점을 잊는다면, 그는 곧 언어유희(verbalism)에 빠져서 대상과는 상관없는 이름을 부르기 시작할 것이다. 그렇게 되면, 그는 언제 그 이름이 원래의 것과 분리되어 다른 것이나 그 이름에는 어울리지 않는 것과 부적절한 관계를 맺게 되었는지 알 길이 없을 것이다. 일상의 정치에서 아이가 뒤바뀌지 않도록 조심하는 것은 여전히 보다 어려운 일이다.

심리학자들이 조건반응이라고 부르는 것에 따르면, 하나의 감정은 단지 하나의 생각에만 붙어 있는 것이 아니다. 감정을 불러일으킬 수 있는 것과 그것을 만족시킬 수 있는 것은 무궁무진하다. 이는 특히 자극이 약하고 간접적으로만 인지되는 곳에서 그렇다. 예를 들면, 공포의 경우에 사람들은 우선 목전의 위험이 닥칠 때 그런 감정을 느끼지만, 그 이후에는 그런 위험에 관한 생각과 그와 유사한 것에 관한 생각을 통해서 공포를 느끼게 된다. 어떤 면에서 인간문화의 전체 구조는 원초적인 감정적 능력의 자극과 반응을 정교하게 만든 것인데, 이런 원초적인 감정적 능력은 상당히 고정된 중심으로 남아 있다. 감정의 질이 역사적 과정에서 변모했다는 것은 의심할 바 없지만, 속도나 정교함과 같은 그 어떤 것도 감정의 조절을 특징짓지 않는다.

사람들은 감수성이라는 면에서 상당히 다르다. 어떤 사람에게 러시아에서 굶주리는 아이에 관한 생각은 실제로 굶주리는 아이를 보는 것처럼 선명하다. 또다른 사람은 원거리에 있는 존재에 대한 생각만으로는 전혀 흥분하지 않는다. 그 사이에는 많은 단계적 차이들이 있다. 그리고 사실에는 무감각하고 오직 생각을 통해서만 자극을 받는 사람들도 있다. 그러나 생각이 감정을 불러일으킨다고 하더라도, 우리는 그 장면 자체에 대한 행위를 통해서 감정을 충족할 수 없다. 러시아에서 굶주리는 아이에 관한 생각은 그 아이에게 먹을 것을 주려는 욕망을 불러일으킨다. 그러나 그런 자극을 받은 사람이 그 아이에게 직접 먹을 것을 줄 수는 없다. 그는 오직 자선단체나 후버에게 돈을 기부할 수 있을 뿐이다. 그 돈은 그 아이에게 전달되지 않는다. 그 돈은 수많은 아이들을 원조하는 일반적인 공동기금에 기부된다. 따라서 생각이 간접적인 것과 마찬가지로, 행위의 결과 역시 간접적이다. 그 인식은 간접적이고, 오직 그 영향만이 즉각적이다. 이 과정의 세 부분들 중 자극은 보이지 않는 곳으로부터 오고, 반응은 보이지 않는 곳에 도달하며, 오직 감정만이 전적으로 그 사람 내부에 존재한다. 아이의 기아와 원조에 관해서 그는 오직 생각만을 가지고 있지만, 아이를 도우려는 자신의 소망에 관해서는 진정한 경험을 가지고 있다. 이 일의 가장 중요한 사실은 그의 내부에 있는 감정이 직접적이라는 점이다.

다양한 한계 내에서, 감정은 자극 및 반응과 관련하여 이전하는 것이 가능하다. 따라서 다양한 반응을 보이는 사람들 중 많은 사람들의 내부에서 동일한 감정을 불러일으키는 자극을 발견할 수 있다면, 그런 자극을 원초적 자극으로 삼을 수 있다. 예를 들면, 만일 한 사람이 연맹을 싫어하고 다른 사람은 윌슨을 증오하며 또다른 사람은 노동세력을 두려워할 때, 그들 모두가 싫어하는 것의 대립적 상징을 발견할 수 있다면, 그들을 통합할 수 있을 것이다. 그런 상징이 미국주의(Americanism)라고 가정해보자. 첫 번째 사람은 그것을 미국의 고립(혹은 그가 독립이라고 부를지도 모르는 것)을 보전하는 것으로 이해할 수 있을 것이고, 두 번째 사람은 그것을 미국 대통령이 무엇을 해야 하는가에 관한 그의 생각과 충돌하는 정치인을 거부하는 것으로 이해할 수 있으며, 세 번째 사람은 그것을 혁명에 대한 저항의 요구로 이해할 수 있다. 미국주의라는 상징 자체는 실제로 이것들 중 어떤 것도 의미하지 않지만, 이것들 중 어떤 것과도 결합할 수 있다. 그리고 이 이유 때문에 미국주의는 감정들을 통합하여 공통의 유대를 형성하는데, 심지어 그런 감정들이 원래는 전혀 다른 생각과 관련되어 있을지라도 그렇다.

정당이나 신문이 미국주의, 진보주의(Progressivism), 법과 질서(Law and Order), 정의(Justice), 인간애(Humanity) 등을 표방할 때, 그들이 원하는 것은 이런 상징들 없이 어떤 문제를 토론하면 확실히 분열하게 될, 갈등하는 파벌들의 감정을 통합하는 것이다. 실제로 이것이 효과가 있다면, 감정은 그런 상징들이 달성하려고 하는 조치들을 비판적으로 검토하기보다는 그런 상징들에 순응할 것이다. 내가 생각하기에 이런 다양한 말들을 상징적이라고 부르는 것은 편리할 뿐만 아니라 기술적으로도 올바른 것이다. 그것들은 특정한 생각을 지칭하는 것이 아니라 생각들 사이의 휴전이나 연결점을 의미한다. 그것들은 철도의 출발역이나 종착역에 상관없이 많은 철로가 모이는 전략적인 철도 센터와 같은 것이다. 그러나 공적 감정이 품고 있는 상징을 차지한 사람은 그만큼 공공 정책의 처리방안들을 통제한다. 그리고 어떤 상징에 통합의 힘이 있다면, 야심 찬 파벌들은 그것을 차지하기 위해서 투쟁할 것이다. 예를 들면, 링컨이나 루스벨트라는 이름을 생각해보자. 일반적으로 통용되는 상징을 지배하는 지도자나 이해관계가 현재의 상황을 지배한다. 물론 한계가 없는 것은 아니다. 집단들이 생각하는 상징이 표현하는 현실을 너무 폭력적으로 남용하거나, 그런 상징의 이름으로 새로운 목적에 너무 크게 저항하는 것은 그 상징을 파열시킬 것이다. 이런 식으로 신성 러시아(Holy Russia)와 황제(Little Father)라는 인상적인 상징은 1917년 고통과 패배의 충격으로 파열되었다.

4

모든 전선의 장병들과 국민들은 러시아 붕괴의 엄청난 결과를 느낄 수 있었다. 그 결과는 전쟁으로 들끓던 다양한 의견들 속에서 하나의 공통된 의견을 이끌어냈다. 평화원칙의 14개 조항들(The Fourteen Points)이 연합국과 적국, 중립국을 포함한 모든 정부와 국민들에게 공표되었다. 이 조항들은 세계전쟁의 가늠하기 어려운 주된 문제들을 엮어내기 위한 시도였다. 필연적으로 이는 하나의 새로운 출발이었다. 왜냐하면 이는 인류의 모든 결정적인 요소들이 동일한 개념들에 관해서 생각하거나 적어도 개념들에 대한 동일한 이름들에 관해서 생각하도록 할 수 있었던 최초의 대전쟁이었기 때문이다. 전선, 라디오, 전보, 그리고 신문이 없었다면, 14개 조항들의 실험은 불가능했을 것이다. 이는 전 세계에 걸쳐 "공통의식"으로 되돌아가기 위해서 근대 커뮤니케이션 기구를 활용하려는 시도였다.

그러나 우리는 우선 1917년 말에 14개 조항들이 제시되었던 당시의 상황들을 검토해야 한다. 그 문서가 최종적으로 취했던 형태에는 어떻든 지 이런 모든 고려사항들이 제시되어 있었기 때문이다. 여름과 가을 동안 일어났던 일련의 사건들은 사람들의 기분과 전쟁의 과정에 깊은 영향을 미쳤다. 7월에 러시아인들은 최후공세를 펼쳤고 처참한 패배를 경험했으며, 곧이어 혼란이 시작되었고 이는 11월의 볼셰비키 혁명으로 이어졌다. 이보다 이른 시기에 프랑스는 샹파뉴에서 괴멸적인 패배를 겪었고, 이 패배는 군대 내에 폭동을, 민간인들 사이에 동요를 가져왔다. 영국은 잠수함 공격의 결과와 플랑드르 전투의 엄청난 손실로 고통을 겪고 있었고, 11월에 캉브레에서 당한 패배는 전선에 있는 군대와 국내의 지도자들을 오싹하게 만들었다. 극단적인 전쟁의 피로가 서유럽 전체에 만연했다.

실제로, 고통과 실망은 일반적으로 받아들여졌던 전쟁관에 느슨하게 집중하고 있던 사람들을 흔들어놓았다. 일상적인 공식성명은 더 이상 그들의 관심을 충족시켜줄 수 없었고, 그들은 그들 자신의 고통이나 정당 및 계급의 목적, 또는 정부에 대한 분노 등에 관심을 가지면서 흔들리기 시작했다. 사람들의 지각을 거의 완벽하게 조작하는 공식적인 선전과 사람들의 이해관계와 관심을 조작하는 희망, 공포, 그리고 증오라는 자극 —— 사기(士氣) —— 은 붕괴되는 과정에 있었다. 모든 곳에서 사람들의 마음을 구제하기 위한 새로운 믿음이 모색되기 시작했다.

이 와중에 갑자기 사람들은 굉장한 드라마를 목격했다. 동부전선에서는 크리스마스 휴전 덕분에 살육과 소음이 중단되고 평화가 찾아왔다. 브레스트-리토프스크에서는 서민들의 꿈에 활기가 돌기 시작했다. 협상이 가능해졌고, 적과 생명을 걸고 싸우지 않고서도 시련을 끝낼 다른 방법들이 있었다. 겁을 내면서도 전쟁에 완전히 몰두했던 사람들은 동부로 관심을 돌리기 시작했다. 사람들은 왜 안 될까라는 질문을 던졌다. 이 모든 것이 무엇을 위한 것일까? 정치인들은 그들이 무엇을 하고 있는지 알기나 하는 것일까? 우리는 진정 정치가들이 말한 것을 위해서 싸우고 있을까? 싸우지 않고 그것을 얻는 것이 가능하지 않을까? 검열 때문에 이런 질문들은 좀처럼 활자화되지 못했지만, 랜즈다운 경이 연설했을 때 사람들은 가슴으로 반응했다. 전쟁의 초기 상징들은 진부한 것이 되어버렸고, 그 통합력을 상실했다. 각 연합국들에서 광범위한 분열이 시작되었다.

유사한 일이 중부 유럽에서도 벌어졌다. 그곳에서도 전쟁의 충동은 약해지고 있었다. 신성연합은 깨졌다. 전투에 따른 수직적인 균열은 예견할 수 없는 방식으로 작동하는 온갖 종류의 수평적 분열들과 교차되었다. 군사적 결정을 내리기 이전에 전쟁에 관한 도덕적 위기가 도래했다. 윌슨 대통령과 그의 참모들은 이 모든 것을 깨닫게 되었다. 물론 그들이 이런 상황을 완벽하게 알았던 것은 아니었지만, 그들도 내가 개략적으로 묘사한 바를 알고 있었다.

또한 그들은 연합국 정부들 사이의 약속과 전쟁에 관한 대중적 관념에는 분명히 차이가 있다는 점도 알고 있었다. 물론 파리 경제회의(Paris Economic Conference)의 결정은 누구나 알 권리가 있었고, 그 비밀조약의 네트워크는 1917년 11월에 볼셰비키가 공포했다.3) 사람들은 그 조항들을 막연하게 알고 있었지만, 그런 조항들이 자결(self-determination), 병합과 면책 반대(no annexations and no indemnities) 등과 같은 이상적인

---

3) 윌슨 대통령은 상원의원들과의 회담에서, 파리에 도착할 때까지 이런 조약들에 관해서 들어본 적이 없다고 말했다. 그 말은 우리를 당황스럽게 한다. 그 원문이 보여주는 것처럼, 14개 조항은 비밀조약에 관한 지식이 없다면 만들어질 수 없는 것이었다. 그 조약들의 내용은 그와 하우스 대령(Colonel House)이 14개 조항의 최종문안의 발표를 준비할 때 대통령의 앞에 놓여 있었다.

슬로건과 어울리지 않는다고 확신했다. 대중의 질문은 알자스-로렌이나 달마티아를 위해서 얼마나 많은 영국인이 목숨을 걸 가치가 있는가, 혹은 폴란드나 메소포타미아를 위해서 얼마나 많은 프랑스인이 목숨을 걸 가치가 있는가 등과 같은 것이었다. 이런 대중의 질문이 미국에 전혀 알려지지 않은 것은 아니었다. 브레스트-리토프스크 조약에 참여하는 것을 거부함으로써 전체 연합국의 대의명분은 수세에 몰리기 시작했다.

여기에 능숙한 지도자라면 고려하지 않을 수 없는 대단히 민감한 마음의 상태가 있었다. 이상적인 대응은 연합국들이 공동으로 행위하는 것이었다. 이는 10월에 열린 연합국 측의 회담에서 불가능하다는 점이 확인되었다. 그러나 12월에 접어들어 압력이 너무 커지자 조지와 윌슨은 그런 압력에 대응하기 위해서 독자적으로 움직이기 시작했다. 윌슨 대통령은 14개의 항목들로 이루어진 평화의 조건에 관한 성명서를 준비했다. 평화의 조건에 번호를 붙인 이유는 그런 조건을 명확하게 하고, 동시에 평화에 관해서 마치 사업을 하는 것과 같은 문서가 있다는 인상을 심어주기 위한 책략이었다. 브레스트-리토프스크 조약에 대한 대안을 마련할 필요가 있었기 때문에, "전쟁의 목적" 대신에 "평화의 조건"이 명시되었다. 이는 러시아와 독일 사이의 회담이라는 굉장한 구경거리에서 전 세계적인 공적 논쟁이라는 보다 큰 구경거리로 사람들의 관심을 돌리기 위한 것이었다.

세계의 주목을 받았기 때문에, 그 상황이 품고 있던 모든 상이한 가능성들을 통일하고 그런 가능성들에 유연한 관심을 수용하는 것이 필요했다. 연합국들 가운데 다수가 그 조건들을 가치 있는 것으로 고려해야 했다. 그 조건들은 각 국가의 민족적 열망을 충족시켜야 했다. 그러나 동시에 그런 열망을 제한하기도 해야 했는데, 이는 어떤 국가라도 스스로 다른 국가를 위한 앞잡이가 되는 것을 막기 위해서였다. 그 조건들은 연합국들 사이의 분열을 유발하지 않도록 공식적인 이해관계를 충족시켜야 했지만, 혼란의 확산을 방지하기 위해서 대중의 생각을 만족시켜야 했다. 그 조건들은 전쟁이 계속되는 경우 연합국의 통일성을 보존하고 확인해주어야 했다.

그러나 그 조건들은 실현 가능한 평화의 조건들이어야 했다. 따라서 독일에서 시위의 기회가 무르익을 경우에, 독일의 온건파와 좌파는 독일의 지배계급을 공격하기 위한 문안을 포함할 것이었다. 결국 그 조건들은 연합국 지도자들과 그들의 국민 사이를 보다 가깝게 만들고, 독일 지도자들과 독일 국민 사이를 멀어지도록 하며, 연합국과 독일 및 오스트리아-헝가리의 피통치자들 사이에 공통의 이해관계를 확립해야 했다. 14개 조항들은 거의 모든 사람들이 의지할 수 있는 기준을 마련하기 위한 혁신적인 시도였다. 만일 적국의 국민들이 이 조항들을 따를 준비가 되어 있다면 평화가 달성될 것이다. 그렇지 않다면, 연합국들은 전쟁의 충격에 보다 잘 견딜 수 있도록 대비할 수 있을 것이다.

14개 조항들을 만드는 데에는 이런 모든 사항들이 고려되었다. 이 모든 조항들을 염두에 둔 사람은 없었지만, 이 조항들을 만드는 데에 관련된 사람들은 14개 조항들 중 일부를 염두에 두고 있었다. 이를 바탕으로 14개 조항들 중 몇 가지를 검토해보자. 처음 5개의 조항과 14번째 조항은 각각 "공개외교", "영해의 자유", "동등한 무역기회", "군비감축", 제국주의적 식민지 병합의 금지와 국제연맹에 관해서 다루고 있다. 이것들은 그 당시에 모든 사람들이 공공연히 믿고 있던 것들을 선언이라는 형태로 일반화한 것이라고 볼 수 있다. 그러나 3번째 조항은 보다 구체적이다. 이는 파리 경제회의의 결의에 의식적으로 그리고 직접적으로 초점을 맞추었고, 독일인들을 질식의 공포로부터 구하려는 의도를 담고 있었다.

6번째 조항에서는 처음으로 특정 국가를 다루고 있다. 이는 연합국에 대한 러시아의 불신을 불식시키기 위한 것이었는데, 그 약속의 호소력은 브레스트-리토프스크의 드라마와 조화를 이루었다. 7번째 조항은 벨기에를 다루고 있고, 실제로 중유럽의 대부분을 포함한 전 세계의 신념만큼이나 형태와 목적상 무조건적인 것이었다. 8번째 조항에서 우리는 잠시 멈추어야 한다. 그것은 철군과 프랑스 영토의 회복에 대한 절대적 요구와 더불어 시작하고 그런 연후에 알자스-로렌 문제로 넘어간다. 이 조항은 광범위하고 복잡한 이해관계들을 몇 개의 단어로 압축해야 하는 공적 성명의 특성을 가장 완벽하게 보여준 것이었다. "그리고 거의 50년 동안이나 세계평화의 불안요인이었던 알자스-로렌의 문제에서 1871년 프러시아가 프랑스에 저질렀던 잘못을 바로잡아야 한다.……" 여기에서 모든 단어는 세심한 주의 속에서 선택되었다. 잘못을 바로잡아야 한다. 왜 알자스-로렌이 반환되어야 한다고 말하지 않았을까? 그 이유는 만일 그 당시에 프랑스에서 국민투표가 실시되었다면, 알자스-로렌의 반환을 위해서 무기한 싸워야 한다는 결정이 나올지 확실하지 않았기 때문이다. 따라서 이 조문은 프랑스와 독일 양측의 만일의 사태를 포함해야 했다. "바로잡다"라는 말은 프랑스를 만족시켰지만, 병합을 약속한 것은 아니었다. 그러나 왜 1871년 프러시아가 저질렀던 잘못에 관해서 말하고 있을까? 물론 프러시아라는 말은 알자스-로렌이 남부 독일인들의 땅이 아니라 프러시아의 땅이었다는 점을 그들이 상기하도록 의도된 것이었다. 왜 "50년" 동안 평화가 불안정했다고 말하고 있을까? 그리고 왜 "1871년"을 사용했을까? 우선 프랑스와 나머지 세계가 기억하고 있던 연도가 1871년이었다. 1871년은 그들의 불만의 교차점이었다. 그러나 14개 조항들을 작성했던 사람들은 프랑스의 관료집단이 1871년의 알자스-로렌보다 많은 것을 얻기 위해서 계획을 짜고 있다는 점을 알고 있었다. 1916년에 차르의 각료들과 프랑스 관리들이 교환한 비밀각서에는 자르 계곡의 병합과 라인란트의 분할에 관한 내용이 포함되어 있었다. 이는 자르 계곡이 1815년에 알자스-로렌에서 분리되기 전까지는 알자스-로렌의 일부였고, 프랑스-프러시아 전쟁이 끝날 즈음에 이르러서야 알자스-로렌으로부터 완전히 분리되었기 때문이다. 자르 계곡을 병합하기 위한 프랑스의 방법은 그곳을 1814년과 1815년의 알자스-로렌에 포함시키는 것이었다. 윌슨 대통령은 "1871년"을 명시함으로써 독일과 프랑스의 궁극적인 경계를 정의했고, 프랑스와 러시아 사이의 비밀조약을 언급했으며, 그 조약을 없애버리고 있었던 셈이다.

이탈리아와 관련된 9번째 조항은 이보다는 덜 민감한 것이었다. "분명히 식별할 수 있는 민족의 경계"는 정확하게 런던 조약의 경계가 아니었다. 그 경계들은 부분적으로는 전략적이었고, 부분적으로는 경제적이었으며, 부분적으로는 제국적이었고, 부분적으로 문화혈통적이었다. 그런 경계들 중 유일하게 연합국의 동정심을 얻을 수 있었던 부분은 진정한 이탈리아 미수복지 합병운동(Italia Irredenta)이 요구했던 영토를 회복하는 것이었다. 그밖의 나머지는 단지 임박한 유고슬라비아의 봉기를 늦추기 위한 것이었다.

5

외관상 나타났던 14개 조항들에 대한 열렬한 환영이 그 프로그램에 대한 합의를 나타낸 것이라고 생각하는 것은 잘못일 것이다. 모든 사람들은 자신이 좋아하는 무엇인가를 발견한 듯이 보였고, 이런저런 세부사항들을 강조했다. 그러나 어느 누구도 감히 토론하려고 들지 않았다. 이 조항들은 받아들여지기는 했지만, 문명화된 세계의 근원적인 갈등을 품고 있었다. 이 조항들은 대립하는 생각들을 드러냈지만, 하나의 공통된 감정을 환기시켰다. 그리고 공통된 감정을 환기시킨 정도로, 이 조항들은 여전히 견뎌야 했던 10개월 동안의 절망적인 전쟁의 상황에서 서구 사람들을 규합하는 데에 한몫을 했다.

　이 14개 조항들이 전쟁의 고통이 끝나게 될 때의 행복한 미래를 다루는 한, 해석에 관한 갈등은 실제로 표명되지 않았다. 이 조항들은 전혀 보이지 않는 환경을 해결하기 위한 계획들이었다. 이 계획들은 각자의 사적 희망을 품고 있던 모든 집단들을 고무했기 때문에, 모든 희망들을 하나의 공적 희망으로 결합했다. 휴스의 연설에서 살펴보았듯이, 화합이란 상징들의 위계적 체계에 불과하기 때문이다. 보다 많은 파벌을 포함하기 위해서 그 위계를 밟아 올라갈수록 지적인 측면은 상실되지만, 얼마 동안 감정적인 연관성은 보존할 수 있다. 그러나 그 감정 역시 점차 옅어지기 시작한다. 경험과 멀어지면 멀어질수록, 일반화나 모호한 상태에 도달한다. 이는 마치 풍선기구를 타고 올라가는 것에 비유할 수 있다. 풍선기구를 타고 정상에 도달하면, 넓은 지평이 시야에 들어오지만 땅 위의 구체적인 것은 거의 보이지 않는다. 이와 마찬가지로 인간의 권리(Right of Humanity)나 민주주의를 위한 안전한 세계(World Made Safe for Democracy)와 같은 정상에 도달하면, 땅 위의 구체적인 인간사는 거의 보이지 않는다. 그러나 감정을 품게 된 사람들은 수동적으로만 남아 있지 않는다. 공적 호소가 모든 사람들에게 영향을 미치고 그 의미가 분산됨에 따라서, 공적 호소의 사적 의미들은 보편적으로 적용될 수 있다. 사람들이 원하는 것은 무엇이든 인간의 권리가 된다. 인간의 권리라는 말은 내용상 텅 비어 있기 때문에, 어떤 것도 의미할 수 있고, 곧 거의 모든 것을 의미하게 된다. 윌슨의 말은 지구의 전 지역에서 상이한 방식으로 이해되었다. 이런 혼란을 바로잡기 위한 어떤 문서나 공식적인 기록도 없었다.4) 따라서 강화조약의 날이 도래했을 때, 사람들은 모든

---

4) 14개 조항들에 관한 미국의 해석은 휴전 바로 직전에 연합국 정치인들에게 설명되었다.

것에 기대를 걸었다. 조약을 작성했던 유럽인들이 가장 큰 선택권을 가지고 있었고, 그들은 본국에서 가장 막강한 힘을 행사하던 사람들의 기대를 실현하기 위한 조항들을 선택했다.

그들은 위계에 따라서 우선 인간의 권리에서 시작하여, 프랑스와 영국 그리고 이탈리아의 권리로 내려왔다. 그들은 상징의 사용을 방기(放棄)하지 않았다. 그들은 전쟁 이후에 유권자들의 마음속에 깊게 남지 않았던 것들만을 방기했다. 그들은 프랑스의 통합을 유지하기 위해서 상징을 사용했지만, 유럽의 통합을 위해서는 그 어떤 위험도 무릅쓰려고 하지 않았다. 프랑스라는 상징에는 깊은 애착이 있었지만, 유럽이라는 상징에는 오직 최근의 역사만이 있을 뿐이었다. 그럼에도 불구하고 유럽이라는 옴니버스(omnibus)와 프랑스라는 상징 사이의 차이는 분명한 것이 아니었다. 국가와 제국의 역사는 통합적인 생각의 범위가 넓어지거나 줄어드는 시간을 밝혀주었다. 사람들의 충성심이 보다 작은 단위에서 보다 큰 단위로 이동해왔다고 말할 수는 없는데, 사실 자체가 이런 주장과는 다르기 때문이다. 로마제국과 신성 로마제국은, 19세기 민족통일의 국가로부터 유추하여 세계국가를 신봉했던 사람들이 주장하는 것보다 좀더 팽창해 있었다. 그럼에도 불구하고, 일시적인 제국의 팽창이나 수축과는 상관없이 진정한 통합(real integration)이 꾸준히 증대해왔다는 점은 사실일 것이다.

6

그런 진정한 통합은 의심할 바 없이 미국의 역사에서 찾아볼 수 있다. 1789년 이전까지 사람들은 주(州)와 공동체는 현실적이지만, 주들 사이의 연합은 비현실적이라고 느낀 것처럼 보인다. 주와 주의 깃발, 주를 대표하는 지도자들이나 주를 대표했던 그 무엇이든 진정한 상징으로 취급되었다. 그런 상징들은 그 주에서 어린 시절을 보내거나 일을 하거나 거주하는 것과 같은 실질적인 경험에 기반을 둔 것이었다. 인간의 경험의 범위는 주의 상징적 경계를 좀처럼 벗어나지 못했다. 버지니아라는 말은 대부분의 버지니아 사람들이 알았거나 느꼈던 거의 모든 것과 관련되어 있었다. 그들의 경험과 진정으로 접촉하는 것이야말로 가장 넓은 범위의 정치적 생각이었다.

그들의 경험이 문제였지, 그들의 필요는 문제가 아니었다. 그들의 필요는 실제환경으로부터 나온 것이고, 그 당시에 실제환경은 적어도 13개의 식민지만큼이나 큰 것이었다. 그들은 공동방위가 필요했다. 그들은 연합만큼이나 큰 재정적, 경제적 레짐(regime)이 필요했다. 그러나 주라는 의사환경 덕택에, 주의 상징들은 실제환경의 정치적 이해관계를 고갈시켰다. 연합과 같은 주들 사이의 관계에 대한 생각은 힘을 얻을 수가 없었다. 연합은 상징이라기보다는 하나의 옴니버스였고, 그것이 만드는 주들 사이의 조화는 일시적인 것이었다.

나는 연합이라는 생각이 힘없는 추상에 머물러 있었다고 말했다. 그러나 헌법이 제정되기 이전의 10년 동안에는 통일의 필요성이 있었다. 만일 통일의 필요성을 고려하지 않았다면, 그 당시의 사태는 삐딱하게 흘러갔을 것이다. 각 식민지에 속해 있던 특정한 계급들이 서서히 각 주의 경험을 돌파해나가기 시작했다. 그들의 개인적인 관심들이 주의 경계를 넘어 주들 사이의 경험을 이끌었고, 점차 그들의 마음속에서 전국적인 미국의 환경이라는 이미지를 구성했다. 연합이라는 생각은 그들에게 더 이상 옴니버스가 아니라 하나의 진정한 상징이 되었다. 이들 중 가장 창의적인 사람은 알렉산더 해밀턴이었다. 그는 어느 주에도 애착을 느끼지 않았다. 그는 서인도 제도에서 태어났고, 그가 활발하게 활동하기 시작했던 무렵부터 그의 활동은 모든 주의 공통의 이해관계와 결부되어 있었다. 그 당시 대부분의 사람들에게는 각자의 지역주의 때문에, 수도가 버지니아에 있어야 하는지 혹은 필라델피아에 있어야 하는지와 같은 질문이 대단히 중요했다. 해밀턴에게 이 질문은 감정상 전혀 중요한 것이 아니었다. 그가 원했던 것은 당시에 각 주들이 가지고 있던 부채를 인수하는 것이었다. 부채의 인수를 통해서 그 당시 제안되었던 연방이 좀더 국가의 모습을 갖추게 될 것이기 때문이었다. 따라서 그는 포토맥 시역을 대표했던 사람들로부터 필요했던 두 표를 확보하기 위해서 수도를 기꺼이 맞바꾸었다. 해밀턴에게 연방은 그의 모든 이해관계와 경험을 대표했던 상징이었다. 포토맥 지역을 대표했던 화이트와 리에게 그 지역의 상징은 가장 고귀한 정치적 실재였다. 대가를 치르기는 싫었지만, 그들은 그 정치적 실재에 기여했다. 제퍼슨에 따르면, 그들은 표를 바꾸는 데에 동의했는데, 이때 "화이트는 위경련이 일어난 듯한 역겨운 표정이었다."5)

공통의지를 구체화하는 데에는 언제나 알렉산더 해밀턴과 같은 사람이 있기 마련이다.

---

5) *Works*, Vol. IX, p. 87. Beard, *Economic Origins of Jeffersonian Democracy*, p. 172에서 재인용.

제14장
예 혹은 아니오

1

상징은 종종 매우 유용하고 신비로울 만큼 강력해서 그 말 자체가 마술적인 매력을 발산한다. 마치 상징이 독자적인 에너지를 가지고 있는 듯이 그것을 다루고 싶은 유혹이 생긴다. 그러나 과거에 사람들에게 황홀함을 불러일으켰던 수많은 상징들은 시간이 지남에 따라서 그 영향력을 상실했다. 박물관과 민속에 관한 책들은 케케묵은 상징과 주문으로 가득차 있다. 인간이 마음의 연상을 통해서 획득한 것을 제외하면, 상징에는 그 어떤 힘도 없다. 만일 우리에게 상징의 순환을 상세하게 연구할 수 있을 정도로 충분한 인내력이 있다면, 그 힘을 상실했던 상징들과 인간의 마음속에 뿌리내리는 데에 실패한 상징들 속에서 우리는 세속적인 역사를 살펴볼 수 있을 것이다.

휴스의 캠페인 연설과 14개 조항들 그리고 해밀턴의 프로젝트에는 상징들이 사용되었다. 그러나 그 상징들은 특정한 순간에 특정한 인물에 의해서 사용되었다. 말 자체가 무작위적인 감정에 확실한 형태나 표현을 부여하는 것은 아니다. 말은 전략적인 위치에 있는 사람이 기회의 순간에 써야 한다. 그렇지 않으면, 말은 단지 바람처럼 스쳐지나갈 뿐이다.

상징은 표시되어야 한다. 상징은 그 자체로 어떤 의미도 없으며, 상징을 선택하는 일은 항상 너무 큰일이어서, 우리는 마치 두 건초더미 사이에 서 있는 당나귀처럼 우리의 관심을 끌기 위해서 경쟁하는 상징들 사이에서 망설인 채 서 있다.

예를 들면, 1920년 대통령 선거 직전에 시민들이 투표하려고 했던 이유를 살펴보자.

하딩을 지지했던 사람들에 따르면,

"후손들은 이번 선거에 참여한 애국적인 사람들을 제2의 독립선언에 서명한 사람들로 간주할 것입니다."　　　　　　　　　　　—월모트, 발명가
"그는 미국이 '복잡하게 얽혀 있는 동맹'에 가입하지 않도록 할 것입니다. 워싱턴 시는 민주당에서 공화당으로 정권이 바뀜으로써 이득을 볼 것입니다."
　　　　　　　　　　　　　　　　　　　　　　　—클래런스, 세일즈맨

콕스를 지지했던 사람들에 따르면,

"미국의 국민들은 국제연맹에 가입하는 것이 프랑스의 전쟁터에서 맹세했던 우리의 의무라는 점을 알고 있습니다. 우리는 세계평화를 달성하는 데에 우리의 몫을 다해야 합니다."　　　　　　　　　　　　—마리, 속기사
"만일 우리가 국제적인 평화를 달성하기 위해서 국제연맹에 가입하는 것을 거부한다면, 우리는 우리 자신의 존경심과 다른 국가의 존경심 모두를 잃게 될 것입니다."　　　　　　　　　　　　　　　—스펜서, 통계학자

두 쌍의 말들은 똑같이 고결하고, 똑같이 진실되며, 거의 바꾸어 말할 수도 있다. 월모트와 클래런스는 그들이 프랑스의 전쟁터에서 맹세했던 우리의 의무를 이행하지 않으려고 한다거나 그들이 국제적인 평화를 원하지 않는다고 아주 잠깐이라도 인정할까? 확실히 그렇지 않을 것이다.

마리와 스펜서는 그들이 복잡하게 얽혀 있는 동맹이나 미국의 독립성을 양도하는 데에 찬성한다고 인정할까? 그들은 연맹이, 윌슨 대통령이 말했듯이 갈등을 해소하는 동맹이자 전 세계를 위한 독립선언이며 이에 덧붙여 세계에 대한 먼로 독트린(Monroe Doctrine)이라고 주장할 것이다.

2

상징이라는 선물은 매우 관대하고 그것에 귀속된 의미는 매우 탄력적이기 때문에, 다음과 같은 질문이 제기될 수 있다. 어떻게 특정한 상징이 특정한 사람의 마음에 뿌리내리는가? 우리로부터 권위를 인정받은 사람이 우리의 마음속에 상징을 심는다. 만일 상징이 깊이 뿌리내리면, 이후에 우리는 우리에게 그 상징을 나부끼는 사람을 권위 있는 사람이라고 부르게 될 것이다. 그러나 우선 상징은 사람들의 마음에 들고 중요해지게 되는데, 왜냐하면 사람들의 마음에 들고 중요한 사람들이 우리에게 상징을 소개하기 때문이다.

우리는 현실적인 상상력을 갖춘 열여덟 살인 채로 알에서 태어나는 것이 아니다. 쇼가 회상하듯이, 우리는 여전히 버지와 루빈(Burge and Lubin : 버나드 쇼의 희곡인 『메투셀라로 돌아가라[Back to Methuselah]』 [1921]에서 제1차 세계대전 직후, 당대를 상징하는 두 명의 정치인/역주)의 시대에 살고 있다. 어릴 때 우리는 세상과의 접촉을 위해서 나이 든 사람들에게 의존한다. 그리고 우리는 우리가 사랑하고 권위를 가진 사람들을 통해서 바깥세계와 접촉한다. 그들은 보이지 않는 세계에 대한 최초의 교량역할을 하는 사람들이다. 비록 우리는 점차 커다란 환경에 관해서 스스로 통달할 수 있지만, 우리에게 알려지지 않은 보다 어마어마한 것이 여전히 남아 있다. 우리는 여전히 그런 어마어마한 것과 관계를 맺는 데에서 권위 있는 사람들에게 의존한다. 보이지 않는 곳에 대한 참된 보고와 그럴듯한 오류는 똑같이 읽히고, 똑같이 들리며, 똑같은 것처럼 느껴진다. 우리가 지식을 가지고 있는 몇몇 주제들을 제외하면, 참된 설명과 잘못된 설명을 분간하는 것은 불가능하다. 따라서 우리는 신뢰할 수 있는 기자와 그렇지 않은 기자를 선택한다.[1]

이론적으로 우리는 각 주제에 관한 최고의 전문가를 선택해야 한다. 그러나 진리를 분간하는 것보다는 쉽지만, 전문가를 분별하는 일 또한 매우 어렵고 때로는 실현 불가능하다. 전문가들조차도 그들 가운데 누가 최고의 전문가인지 확신하지 못한다. 그리고 우리가 최고의 전문가를 발견하더라도, 그는 너무 바빠서 상담할 시간이 없거나 그에게 다가서는 것이 불가능할 가능성이 높다. 그러나 쉽게 발견할 수 있는 사람들도 있다. 그들은 부모, 교사, 그리고 훌륭한 친구들과 같이, 우리가 일상에서 마주치는 사람들이다. 왜 아이들이 아빠보다는 엄마를 더 신뢰하는지, 혹은 주일학교 선생님보다는 역사 선생님을 더 신뢰하는지와 같은 어려운 질문을 제기할 필요는 없다. 또한 신문이나 공직자에 대한 사회문제에 관심이 있는 지인을 통해서 어떻게 신뢰가 퍼져나가는가라는 질문을 제기할 필요도 없다. 정신 분석학에는 이를 시사하는 가설이 널려 있다.

어쨌든 우리는 신뢰하는 사람들을 발견하고, 이들은 알려지지 않는 것과 우리를 연결하는 수단이 된다. 이상하게도 이런 측면은 본질적으로 품위 없는 짓으로, 또한 우리가 양이나 원숭이와 동일하다는 증거로 간주되었다. 그러나 이 세계에서 완전한 독립을 유지한다는 것은 그야말로 상상조차 할 수 없는 일이다. 만일 우리가 모든 일을 당연한 것으로 받아들일 수 없다면, 우리는 완전히 하찮은 문제들에 우리의 인생을 허비할

---

1) 흥미롭고 약간 진기한 고서(古書)인 George Cornewall Lewis, *An Essay on the Influence of Authority in Matters of Opinion*을 참조.

것이다. 완전하게 독립하여 살아가는 사람과 가장 가까운 사람은 은둔자일 것이다. 은둔자의 행동범위는 매우 좁다. 은둔자는 완전히 홀로 행위하고, 오직 아주 좁은 반경 내에서 단순한 목적을 이루기 위해서 행위할 뿐이다. 만일 그에게 위대한 사상들을 생각할 시간이 있었다면, 그는 은둔자가 되려고 하기 전에 따듯함을 유지하는 방법과 배고픔을 벗어나는 방법, 위대한 질문이란 무엇인가 등과 같은 고통스럽게 얻은 모든 정보의 보고를 아무런 이의 없이 받아들였을 것이다.

우리의 삶의 좁은 영역에 대한 몇 가지 문제들을 제외하면, 우리가 행사할 수 있는 최고의 독립은 우리의 말을 우호적으로 들어주는 관련자들의 수를 늘리는 것이다. 선천적인 아마추어로서, 진리를 탐구하는 데에 우리가 할 수 있는 일은 전문가들을 자극하고 그들이 확신을 가지고 반론하도록 하는 데에 있다. 이런 논쟁에서 우리는 종종 누가 변증법적으로 승리했는가를 판단할 수 있다. 그러나 우리는 어떤 논자도 도전하지 않았던 잘못된 전제나 어느 누구도 주장하지 않았던 무시된 측면에 무방비의 상태이다. 이후에 우리는 어떻게 민주적 이론이 그것과는 정반대의 가정으로 나아가는지, 그리고 정부의 목적을 위해서 자급자족할 수 있는 개인들이 무한정으로 공급될 수 있다고 가정하는지를 살펴볼 것이다.

우리가 바깥세계와의 접촉을 위해서 의존하는 사람들은 그것을 운영하고 있을 법한 사람들이다.[2] 그들은 세계의 매우 작은 부분만을 운영할 수도 있다. 보모는 어린아이에게 음식을 주고 목욕을 시키며 잠을 재운다. 이는 보모가 물리학과 동물학, 고등비평(the Higher Criticism)에 권위가 있음을 의미하지는 않는다. 스미스는 공장을 가동시키는 데에 필요한 사람들을 고용한다. 이는 그가 미국 헌법이나 포드니 관세(Fordney

---

2) Bryce, *Modern Democracies*, Vol. II, pp. 544-545를 참조.

tariff)에 권위가 있음을 의미하지는 않는다. 스무트는 유타 주에서 공화당을 지도한다. 그러나 이것이 그가 세금에 관해서 상담하기에 최선의 인물이라는 점을 보여주는 것은 아니다. 그럼에도 불구하고, 보모는 어린아이가 어떤 동물에 관해서 배워야 하는가를 결정할 수 있다. 스미스라면 그의 부인과 비서 그리고 그의 목사에게 헌법이 무엇을 의미하는지에 관해서, 그리고 스무트 상원의원이라면 권위의 한계를 누가 결정할 것인지에 관해서 할 말이 많을 것이다.

목사, 영주, 재벌총수와 왕, 정당 지도자, 상인, 수장과 같은 사람들은 출생이나 유산, 정복이나 선거에 의해서 선택된 사람들이고, 그들과 그들을 따르는 사람들이 인사(人事)를 관장한다. 그들은 장교들일 수도 있다. 동일한 사람이 가정에서는 육군원수, 사무실에서는 소위, 그리고 정치에서는 하찮은 사람일 수도 있다. 비록 많은 제도 속에서 계급의 위계는 모호하거나 감추어져 있지만, 개인들의 협력을 요구하는 모든 제도에서 그런 위계관계는 존재하기 마련이다.[3] 미국 정치에서 우리는 이를 머신(machine : 19세기에서 20세기 초반까지 번성했던 대표적인 정치적 조직형태. 주로 미국의 대도시 지역에서 일자리와 복지혜택을 대가로 이민자들을 조직하고 그들에게 표를 구했다. 현재의 공화당과 민주당 모두 당시 대도시 지역에서 표를 얻기 위해서 머신을 활용했다/역주), 혹은 "조직(organization)"이라고 부른다.

3

머신의 구성원들과 일반사람들 사이에는 몇 가지 중요한 차이가 있다. 지도자들, 운영 위원회, 그리고 중추세력은 그들의 환경과 직접적인 접

---

3) M. Ostrogorski, *Democracy and the Organization of Political Parties*, passim, R. Michels, *Political Parties*, passim, and Bryce, *Modern Democracies*, 특히 제75장, 또한 Ross, *Principles of Sociology*, 제22-24장 참조.

촉상태에 있다. 확실히 그들은 그들이 환경으로 정의해야 하는 것에 매우 제한된 관념을 가지고 있겠지만, 전적으로 추상만을 다루지는 않는다. 당선되기를 원하는 사람들이 있고, 개선되기를 바라는 대차대조표가 있으며, 달성해야 할 구체적인 목표들이 있다. 나는 그들이 고정관념이라는 인간의 성향을 벗어나 있다고 말하는 것이 아니다. 고정관념 때문에 그들은 종종 틀에 박힌 일을 되풀이하는 우스꽝스러운 사람으로 보인다. 그러나 그들의 한계가 무엇이든, 최고 지위자는 그런 큰 환경의 몇몇 핵심적인 부분들과 실제로 접촉하고 있다. 그들은 결정하고, 명령을 내리며, 협상을 진행한다. 그리고 아마도 그들이 상상조차 할 수 없었던 명백한 어떤 일이 실제로 벌어진다.

최고 지도자와 그의 부하들은 공통의 신념으로 묶여 있는 것이 아니다. 즉, 머신의 덜 중요한 구성원들은 지도자의 지혜에 관한 독자적인 판단에 따라서 충성하는 것이 아니다. 머신의 위계질서 속에서 각자는 상관에게 의존한다. 특권체계가 머신을 단결시킨다. 이런 특권들은 정실인사(nepotism)와 후견(patronage)에서부터 파벌주의(clannishness)에 이르기까지 특권을 추구하는 사람들의 기회와 취향에 따라서 다를 수 있다. 특권은 군대의 계급에서부터, 봉건체제의 토지와 서비스, 그리고 근대 민주주의의 직업과 평판에 이르기까지 다양하다. 따라서 특권을 폐지함으로써 특정한 머신을 해체할 수 있다. 그러나 응집력이 있는 모든 집단에서 머신은 반드시 재등장할 것이다. 왜냐하면 특권이란 획일적인 것이 아니라 전적으로 상대적인 것이기 때문이다. 어떤 사람도 다른 사람이 소유하지 못한 물건을 소유하지 않는 가장 절대적인 공산주의를 상상해보자. 그래도 어쨌든 공산주의자 집단이 어떤 일을 할 때, 많은 사람들의 지지를 획득한 사람의 친구가 되는 것만으로도 그를 둘러싼 조직의 눈에 들기에 충분할 것이다.

왜 한 집단의 판단이 길거리에 있는 사람들의 견해보다 일반적으로 보다 일관적이고, 때로 보다 예측 가능한지를 설명하기 위해서 집단 지성(collective intelligence)을 발명할 필요는 없을 것이다. 한 사람의 마음이나 몇몇 사람들의 마음은 일련의 사상을 추구할 수 있지만, 협력하여 생각하려는 한 집단은 한 집단으로서 찬성하거나 반대하는 것 이상을 할 수 없다. 어떤 위계질서의 구성원들에게는 단결의 전통이 있을 수 있다. 견습생은 장인으로부터 일을 배우고, 장인은 그가 견습생일 때 그 일을 이전의 장인으로부터 배웠다. 사회가 영속적일 때, 지배적인 위계질서 내에서의 인원의 변화는 커다란 고정관념과 행동유형을 전달할 수 있을 만큼 느리게 진행된다. 특정한 방식으로 보고 행동하는 것이 아버지로부터 아들로, 고위 성직자로부터 수사나 수녀에게로, 고참으로부터 사관후보생에게로 전달된다. 이런 방식들은 익숙해지고, 외부인들에 의해서 그런 것으로 인식된다.

4

소수의 사람들이 움직이는 지배적인 머신 없이도 대중들이 복잡한 일에서 협력한다는 견해는 매력적인 것처럼 보일 수 있다. 브라이스 경에 따르면,[4] "입법부와 행정부에서 수년 동안 일을 처리해본 경험이 있는 사람은 세계를 통치하는 사람의 수가 얼마가 적은지를 알 수 있다." 물론 그는 국사(國事)에 관해서 언급하고 있다. 만일 인류가 하는 모든 일을 고려한다면, 통치자의 수는 상당할 것이다. 그러나 특정한 제도, 즉 입법부나 정당, 노동조합이나 민족주의 운동, 공장이나 클럽 등을 염두에 둔다면, 실제로 통치하는 사람의 수는 매우 적다.

선거에서의 압승은 한 머신을 축출하고 다른 머신을 들여놓는다. 혁명

---

4) 위의 책, Vol. II, p. 542

은 때로 특정한 머신을 완전히 폐기한다. 민주적 혁명은 교대로 집권하는 두 머신을 세운다. 한 머신은 지난 몇 년 동안의 과정에서 다른 머신이 범한 잘못 덕택에 유리한 지위를 차지한다. 그러나 머신은 사라지지 않는다. 세상 어디에서도 목가적인 민주주의론이 실현된 곳은 없다. 노동조합에서도, 사회주의 정당에서도, 공산주의 정부에서도 그것은 실현되지 않았다. 실세집단은 동심원으로 둘러싸여 있는데, 이런 동심원들은 사심이 없거나 무관심한 일반사람들 속으로 점차 희미하게 사라진다.

민주주의자들은 집단적 삶의 이런 일상의 일을 결코 배우려고 들지 않는다. 그들은 평범한 일을 언제나 그릇된 것으로 간주한다. 민주주의에 관해서는 두 가지 설명이 있다. 하나는 자급자족할 수 있는 개인들을 상정한다. 다른 하나는 모든 것을 규제하는 신과 같은 정신(Oversoul)을 상정한다. 이 두 가지 설명 가운데에는 후자에 약간의 이점이 있다. 후자의 설명은 적어도 대중이 모든 구성원의 가슴에서 자발적으로 생겨나는 것이 아닌 의사결정을 한다는 점을 인정하기 때문이다. 만일 우리가 머신에 관심을 기울인다면, 공동의 행동을 형성하는 데에 천부적인 재능을 발휘하는 신과 같은 정신의 존재는 불필요할 것이다. 머신은 지극히 평범한 현실이다. 머신은, 옷을 입고 집에 거주하며 이름을 붙이고 묘사할 수 있는 인간들로 구성되어 있다. 그들은 일반적으로 신과 같은 정신에 부여된 모든 의무를 수행한다.

5

인간본성이 사악하기 때문에 머신이 존재하는 것은 아니다. 어떤 집단의 사적 관념으로부터는 어떤 공통된 생각도 저절로 출현하지 않는다. 대다수의 사람들이 그들의 범위를 넘어서는 상황에 직접적으로 행위할 수 있는 방식에는 한계가 있기 때문이다. 그들 중 몇몇은 어떻게든 이주할 수 있고, 파업이나 보이콧을 할 수 있으며, 갈채나 야유를 보낼 수 있다. 그들은 이런 수단들을 통해서 그들이 좋아하지 않는 것에 저항하거나 그들이 원하는 것을 방해하는 사람들을 굴복시킬 수 있다. 그러나 대중행동(mass action)에 의해서는 그 어떤 것도 구성하거나 협상하거나 관리할 수 없다. 조직화된 위계질서 없이도, 그런 공중은 가격이 높다면 구매하지 않거나 임금이 낮다면 일하지 않을 수 있다. 노동조합은 파업이라는 대중행동을 통해서 난관을 타개할 수 있고, 이에 따라서 노동조합 간부들은 협상력을 높일 수 있다. 예를 들면, 노동조합은 공동경영의 권리를 얻을 수 있다. 그러나 조직을 통하지 않고서는 그런 권리를 행사할 수 없다. 국민은 전쟁을 강하게 요구할 수 있지만, 전쟁이 시작되면 참모의 명령에 따라야 한다.

직접행동의 한계는 실제로 대중에게 제시된 쟁점에 예 혹은 아니오(Yes or No)라고 말할 수 있는 힘에 있다.[5] 이는 오직 가장 단순한 사례들에서만 어떤 쟁점이 자발적으로 그리고 거의 동시에 공중의 모든 구성원들에게 동일한 형태로 제시되기 때문이다. 노동자들의 파업과 보이콧뿐만 아니라 조직되지 않은 파업과 보이콧들도 있다. 이는 불만이 너무 확실해서 그것을 지도할 지도부 없이도 동일한 반응이 많은 사람들에게서 발생하는 경우이다. 그러나 이런 초보적인 사례에서조차도, 다른 사람들에 비해서 원하는 것을 보다 빠르게 얻는 방법을 알고 있는 사람들이 즉석에서 지도자가 되기도 한다. 그런 사람들이 출현하지 않는 경우에 군중은 자신들의 사적인 목적에 사로잡혀서 이곳저곳 떼를 지어 몰려다니거나 언젠가 50여 명의 군중이 한 사람의 자살을 방조했던 것처럼 숙명론적으로 서 있을 것이다.

---

5) James, *Some Problems of Philosophy*, p. 227 참조. "그러나 대부분의 비상사태에서, 단편적인 해결책들은 불가능하다. 우리는 좀처럼 단편적으로 행위할 수 없다." Lowell, *Public Opinion and Popular Government*, pp. 91-92 참조.

보이지 않는 세계로부터 우리에게 전달된 대부분의 인상으로부터 우리가 만들어내는 것은 몽상 속에서 벌어진 일종의 무언극(pantomime)이다. 우리의 시야를 벗어난 사건들에 관해서 우리가 무엇인가를 결정하는 경우는 드물다. 또한 만일 노력을 기울이면 무엇을 성취할 수 있을 것인가에 관한 각자의 의견은 보잘것없는 것이다. 실제 쟁점은 거의 없고, 따라서 결정을 내리는 위대한 습관도 없다. 정보가 우리에게 도달할 때, 우리가 그 정보에 관해서 어떻게 느껴야 하는지를 전달하는 암시가 없다면 이는 보다 분명할 것이다. 우리는 그런 암시가 필요하다. 만일 뉴스에서 그런 암시를 발견하지 못한다면, 우리는 뉴스 편집과 관련된 사람들이나 신뢰할 만한 조언자를 찾을 것이다. 만일 우리 스스로가 관련되어 있다고 느낀다면, 우리가 어디에 서 있는지를 알게 될 때까지, 즉 우리가 사실을 파악해서 그것에 관해서 예 혹은 아니오를 말할 수 있게 될 때까지, 그런 몽환의 상태에 머물러 있는 것은 편한 일이 아닐 것이다.

　다수의 사람들이 예라고 말할 때, 그들은 가지각색의 이유로 그렇게 말할 것이다. 이는 일반적인 현상이다. 우리가 이미 살펴보았듯이, 사람들의 마음속에 있는 이미지들은 미묘하고 세세한 방식에서 차이가 있기 때문이다. 그러나 이런 미묘함은 사람들의 마음속에 남아 있다. 이런 미묘함은 수많은 상징적인 말들에 의해서 공적으로 표현되는데, 상징적인 말들은 대부분의 의도를 비운 후에 개인의 감정을 전달한다. 위계질서 혹은 경쟁의 경우라면, 두 위계질서는 명확한 행동, 즉 예 혹은 아니오의 투표나 찬성 혹은 반대의 태도를 가진 상징들과 결합한다. 그렇게 되면 연맹에 반대했던 스미스와 10조(Article X)에 반대했던 존스, 그리고 윌슨과 그가 하는 모든 일에 반대했던 브라운은 각기 다른 이유이기는 하지만, 동일한 상징의 이름으로 민주당에 **반대하여** 공화당에 투표한다. 이로써 하나의 공통의지가 표명된다.

하나의 구체적인 선택지가 제시되어야 했고, 그 선택은 상징들을 통한 관심의 이전(移轉)에 의해서 개인적인 의견과 연결되어야 했다. 전문적인 정치가들은 민주적인 철학자들보다 훨씬 먼저 이 점을 깨달았다. 따라서 그들은 확실한 선택을 만드는 수단으로 전당대회, 지명대회, 그리고 운영 위원회 등을 조직했다. 실제로 다수의 사람들과 협력이 필요한 어떤 것을 성취하려고 하는 사람은 이런 사례들을 따른다. 때로 이는 평화회의(Peace Conference)를 10개국 위원회(Council of Ten)로 축소하고, 10개국 위원회를 다시 3대 강국이나 4대 강국(Big Three or Four)으로 축소하여, 연합국 중 약소국과 그 국민들 그리고 적국은 조약에 참여할지 하지 않을지만을 결정하도록 허용하는 방식으로 야만스럽게 진행된다. 이보다 좀더 폭넓은 협의도 일반적으로 가능할 뿐만 아니라 바람직하다. 그러나 여전히 남아 있는 중요한 사실은 큰 집단에 선택지를 제시하는 사람은 소수의 우두머리들이라는 점이다.

6

운영 위원회의 폐해는 주민법안 발의, 국민투표, 그리고 직접 예비선거와 같은 다양한 제안들을 가져왔다. 그러나 이런 것들은 선거나 (H. G. 웰스가 언젠가 직시했듯이) 선택을 복잡하게 함으로써 머신에 대한 필요를 늦추거나 감추는 것에 불과하다. 정책에 대한 투표든지 후보자에 대한 투표든지 간에 유권자들은 예 혹은 아니오라고 답할 수밖에 없기 때문이다. 실제로 "직접 입법(direct legislation)"과 같은 것은 없다. 그것이 존재한다고 가정하면 무슨 일이 벌어질까? 시민들은 투표소에 가서 여러 정책들이 적혀 있는 투표용지를 받는다. 이런 투표용지는 거의 항상 축약된 형태이고, 그가 답할 수 있는 유일한 것은 예 혹은 아니오이다. 세계에서 가장 훌륭한 법안이 떠오르더라도, 그가 할 수 있는 일은 예 혹은 아니오에 기표하는 일뿐이다. 여러분은 이것을 입법이라고 부르는 것에 폭력을 행사해야만 한다. 물론 나는 여러분이 과정이라고 부르는 것이 무엇이든지 간에 거기에 어떤 이득도 없다고 주장하는 것은 아니다. 나는 어떤 종류의 쟁점들에는 확실한 이득이 있다고 생각한다. 그러나 매우 중요한 사실은 대중이 내린 결정들이 작동하는 세계의 불가피한 복잡성에 비추어 보았을 때, 어떤 대중적인 결정도 필연적으로 단순할 수밖에 없다는 사실이다. 가장 복잡한 형태의 투표는 아마도 선호투표(preferential ballot)일 것이다. 이 투표방식의 경우 유권자는 오직 한 명의 후보자에게 투표하지 않고, 유권자에게 제시된 후보자들을 그의 선택에 따라서 순위를 매겨 투표한다. 이는 대단히 유연한 방식이기는 하지만, 심지어 이런 투표에서조차도 대중의 행동은 제시된 후보자들의 질에 달려 있다.[6] 그리고 후보자들은 청원서를 들고 활기차게 움직이며 대표자들을 규합하는 정력적인 집단에 의해서 제시된다. 소수가 그들을 지명한 이후에야 다수는 선택할 수 있다.

---

6) H. J. Laski, *Foundations of Sovereignty*, p. 224 참조. "……비례대표제는……그룹 체계를 가져오거나 그럴 것처럼 보이지만……선거인으로부터 지도자에 대한 그들의 선택을 빼앗을 수 있다." 라스키에 따르면, 그룹 체계는 의심할 바 없이 행정부의 선택을 좀더 간접적으로 만드는 경향이 있지만, 현재의 의견이 좀더 완전하게 대표되는 입법부를 산출하는 경향이 있다는 점 역시 확실하다. 그것이 좋은가 나쁜가는 사전에 결정될 수 없다. 그러나 좀더 정확하게 대표된 의회에서의 성공적인 협력과 책임은 융통성 없는 두 정당의 의회보다는 정치적 지성과 정치적 습관에서 좀더 높은 수준의 조직을 요구한다. 그것은 보다 복잡한 정치적 형태이고, 따라서 잘 작동하지 않을 수 있다.

제15장

지도자와 일반 구성원

1

상징의 뛰어난 실행상의 중요성 때문에, 모든 성공적인 지도자는 그의 추종자를 규합하는 상징들을 장려하는 데에 힘써야 했다. 위계질서 안에서 특권이 하는 일을, 상징은 일반 구성원을 위해서 한다. 상징은 통일성을 보존한다. 토템폴(totem pole)에서부터 국기(國旗)에 이르기까지, 나무로 만든 우상에서부터 신, 즉 눈에 보이지 않는 왕에 이르기까지, 신비로운 말에서부터 애덤 스미스나 벤담의 약간 빛바랜 설명에 이르기까지, 지도자들은 이 모든 상징들을 소중히 여겼다. 그러나 상징을 실제로 믿은 사람은 소수에 불과했다. 대부분의 지도자들은 상징이 차이를 융합하는 데에 중심적인 역할을 했기 때문에 소중히 여겼을 뿐이다. 객관적인 관찰자라면, 파리의 가치가 소수의 사람들에게 있다고 말했던 왕을 경멸하는 만큼, "별(star)로 장식된" 의례로 둘러싸인 상징을 경멸할 수 있다. 그러나 지도자는 경험상 상징이 잘 작동할 때 군중을 움직이기가 용이하다는 점을 알고 있다. 상징에서 감정은 공통의 목표를 향해서 흘러나가고, 실제 생각의 특징은 불명료해진다. 의심할 바 없이 지도자는 그가 파괴적 비판이라고 부르는 것을 증오하는데, 자유로운 사람들은 이런

228

비판을 공치사를 없애는 것이라고 부르기도 한다. 월터 배젓에 따르면, "무엇보다도 왕족은 숭배되어야 하고, 만일 왕족에 관해서 꼬치꼬치 파고들기 시작하면 왕족을 숭배할 수 없다."[1] 공통의지를 용이하게 보존하는 일을 제외하면, 분명하게 정의하고 솔직하게 주장하면서 꼬치꼬치 파고드는 것은 인간이 알고 있는 모든 고귀한 목적들에 공헌한다. 모든 책임 있는 지도자들이 의심하듯이, 꼬치꼬치 파고드는 것은 개인의 마음 속에 제도화된 상징으로 감정을 이전하는 것을 중단시키는 경향이 있다. 그리고 배젓이 올바르게 말했듯이, 그 첫 번째 결과는 개인주의와 서로 싸우는 분파들의 대혼란이다. 신성 러시아(Holy Russia)나 아이론 디아즈(Iron Diaz)와 같은 상징의 붕괴는 항상 긴 격변의 시발점이다.

이런 위대한 상징들은 먼 옛날 고정관념화된 사회에 많은 소소하고 세부적인 충성심들을 품고 있는데, 이는 감정의 이전에 의해서 확인할 수 있다. 그런 상징들은 풍경이나 가구, 얼굴, 기억에 대해서 각각의 개인들이 품고 있는 감정을 불러일으킨다. 기억은 그의 첫 현실이고, 정적인 사회라면 그의 유일한 현실이다. 개인이 혼자서는 생각할 수 없는 이미지와 헌신의 핵심에는 민족성(nationality)이 놓여 있다. 위대한 상징들은 이런 헌신을 독차지한다. 또한 원시적인 이미지를 불러내지 않고도 헌신을 불러일으킬 수 있다. 공적 논쟁의 보다 작은 상징들과 정치에 관한 보다 일상적인 잡담들은 항상 이런 위대한 상징들을 참조하며, 가능하면 그것들과 결합한다. 적절한 지하철 요금에 관한 질문은 시민과 이해관계 사이의 쟁점으로 상징되고, 그후에 시민은 미국인이라는 상징으로 삽입된다. 최종적으로 캠페인이 무르익으면 8센트의 요금은 비미국적인 것으로 간주된다. 미국 혁명의 아버지들은 지하철 요금이 8센트로 오르는 것을 막기 위해서 목숨을 희생했던 셈이다. 링컨은 그런 일이 벌어지지

---

1) *The English Constitution*, p. 127. D. Appleton & Company, 1914

않도록 노력을 기울였던 것이다. 지하철 요금이 오르는 것에 저항하는 것은 프랑스에 잠들어 있는 참전용사들의 죽음에 암시되어 있다.

상징은 전혀 다른 생각들로부터 감정을 뽑아내는 힘이 있기 때문에, 연대의 메커니즘이자 착취의 메커니즘이기도 하다. 상징은 사람들이 공통의 목적을 위해서 일하도록 한다. 그러나 전략적인 위치에 있는 소수의 사람들만이 구체적인 목적을 선택하기 때문에, 상징은 또한 소수가 다수를 착취하고 다수로부터의 비판을 모면하며 이해하지 못하는 대상을 위한 극도의 고통에 맞닥뜨리도록 유혹하는 도구이기도 하다.

우리가 스스로를 현실적이고, 자기 충족적이며, 자치적인 개인들로 생각한다면, 우리가 의존하는 상징의 많은 측면들은 그다지 좋아 보이지 않는다. 그러나 모든 상징이 악의 도구라고 결론짓는 것은 불가능하다. 과학과 명상의 영역에서 상징은 의심할 바 없이 악마 그 자체이다. 그러나 행위의 세계에서 상징은 도움이 되고 때로 필수불가결하다. 대개 상징의 필요성은 상상되고 그 위험은 날조된다. 그러나 중요한 일을 빨리 달성해야 할 경우, 상징을 통한 대중의 조작은 그 일을 달성하는 유일하고 신속한 방법일 것이다. 대체로 이해하는 것보다 행위하는 것이 보다 중요하다. 만일 모든 사람들이 행위를 이해한다면, 그 행위는 때로 실패할 것이다. 국민투표를 기다릴 수 없거나 언론의 관심을 견딜 수 없는 일들이 많으며, 전쟁의 경우에는 국가와 군대 그리고 군대의 지휘관들마저도 그들의 전략을 극소수의 사람에게 의존해야 한다. 두 의견이 대립할 때, 어느 한 의견이 다른 의견에 비해서 올바르지만 좀더 위험할 수 있다. 잘못된 의견은 나쁜 결과를 초래할 수 있지만, 두 의견의 대립은 통일성을 해체함으로써 재앙을 초래할 수 있다.[2]

---

2) Captain Peter S. Wright, Assistant Secretary of the Supreme War Council, *At the Supreme War Council*. 비록 이 책에서 저자는 연합국 지도자들에 관해서 격렬한 논쟁을 펼치고 있지만, 지휘의 비밀과 통일성의 내용은 주의 깊게 읽을 만한 가치가 충분하다.

따라서 포슈와 헨리 윌슨 경은 예비군의 배치가 분산되어 있기 때문에 고흐의 군대가 처한 임박한 재앙을 예견했지만, 그럼에도 불구하고 그들은 이런 의견을 소수의 사람들과만 공유했다. 신문에서 참패의 위험을 흥분하여 논쟁하는 것보다는 이것이 덜 파괴적이라는 것을 알았기 때문이다. 1918년 3월과 같은 팽팽한 긴장상황에서 가장 문제시되는 것은 특정한 조처의 올바름이라기보다는 명령의 근원에 대한 든든한 기대이다. 포슈가 "국민에게 갔다"면 논쟁에서 승리했을지도 모르지만, 승리하기 이전에 그가 명령을 내려야 했던 군대는 사라져버렸을 것이다. 올림포스 신전의 구경거리는 즐거운 것이자 파괴적인 것이기 때문이다.

　　그러나 침묵의 공모(共謀) 역시 마찬가지이다. 라이트 대령에 따르면, "위장의 기교가 가장 잘 실행되고 가장 최고의 수준에 도달해 있는 곳은 전선이 아니라 최고사령부이다. 바쁘게 움직이는 셀 수 없이 많은 홍보담당관들 속에서 우두커니 서 있는 지휘관들은 멀리서 보면 마치 나폴레옹이 서 있다고 착각할 정도로 채색되어 있다.……그들이 아무리 무능하더라도 이런 나폴레옹들을 쫓아내는 것은 불가능하다. 이는 실패를 숨기거나 얼버무리고 성공을 과장하거나 발명함으로써 생긴 커다란 대중적 지지 덕분이다.……그러나 이와 같이 고도로 조직화된 허위의 가장 음흉하고 나쁜 효과는 장군들 스스로에게 나타나는 것이다. 그들은 겸손하고 애국적이기는 하지만, 궁극적으로 이런 보편적인 환상에 영향을 받는다. 그들은 매일 아침 신문을 통해서 보편적인 환상을 읽고, 그들이 얼마나 실수를 저질렀는지에 상관없이 점차 전쟁에는 자신들이 최고이고, 자신들의 결정에는 어떤 오류도 없으며, 자신들이 지휘권을 가지는 것은 어떤 방법으로든 정당화될 수 있는 신성한 목적이라고 생각하게 된다.…… 기만 중에 가장 큰 기만인 이런 다양한 조건들은 작전참모들을 모든 통제로부터 해방시킨다. 그들은 더 이상 국가를 위해서 일하지 않는다. 대신에 국가가 그들을 위해서 살거나 심지어 그들을 위해서 죽는다. 승리나 패배는 주요한 관심사가 되지 못한다. 이런 반주권적(semi-sovereign) 단체에 문제가 되는 것은 그들의 우두머리가 누가 될 것인가, 혹은 샹티이 (Chantilly) 당파가 불바르 데 앵발리드(Boulevard des Invalides) 당파에 비해서 우세할 것인가이다."3)

그러나 침묵의 위험에 관해서 그처럼 감동적이고 통찰력 있는 식견을 보여주었던 라이트 대령도 그 환상을 공적으로 파괴하지 않았다는 점에서는 포슈의 침묵을 용인했던 것이다. 우리가 이후에 보다 자세히 살펴볼 것처럼, 여기에는 하나의 복잡한 역설이 존재한다. 이런 역설이 발생하는 이유는 전통적인 민주적 삶의 관점이 비상사태와 위험에 관한 것이 아니라 평온과 조화에 관한 것으로 이해되었기 때문이다. 많은 사람들이 불확실하고 폭발적인 환경에서 협력해야 하는 경우, 일반적으로 참된 동의 없이 통일성과 유연성을 유지하는 것이 필수적이다. 바로 이것이 상징의 역할이다. 상징은 개별적인 의도를 감추고, 차별을 없애며, 개별적인 목적을 혼란스럽게 만든다. 상징은 개인을 꼼짝달싹 못하게 하지만 동시에 집단의 의도를 강하게 만들고, 그 집단을 목적의식적인 행위와 접합한다. 위기시에는 다른 어떤 것도 그렇게 할 수 없다. 상징은 개인을 고정시키지만 대중을 움직이기 쉽게 한다. 요컨대 상징은 대중이 자신의 관성이나 망설임 혹은 무분별한 움직임으로부터 벗어나 복잡한 상황의 갈지자를 따라가도록 인도해주는 도구이다.

2

그러나 장기적으로 지도자와 피지도자 사이의 상호거래(give and take)는 증진된다. 지도자에 대한 일반 구성원들의 마음의 상태를 묘사하기

---

3) 위의 책, pp. 98, 101−105

위해서 가장 자주 사용되는 말이 바로 사기(士氣)라는 말이다. 개인들이 그들에게 할당된 역할에 전력을 기울이고 위로부터의 명령이 각 개인의 전력을 이끌어낼 때, 사기가 충천(衝天)하다고 말한다. 따라서 모든 지도자는 이 점을 염두에 두고 정책을 세워야 한다. 지도자는 "가치"뿐만 아니라 그가 요구했던 것을 계속 지지했던 그의 추종자들에 대한 영향을 고려해서 결정을 내려야 한다. 만일 공격을 계획하는 장군이라면, 전사자가 너무 많을 경우 그의 군대가 흩어져 폭도로 전락해버릴 것이라는 점을 알고 있을 것이다.

큰 전쟁에서 이전의 계산들은 유별날 정도로 참혹한 것이었는데, 이를테면 "프랑스에 갔던 9명 중에 5명이 전사했다"는 식이었다.[4) 참을성의 한계는 어느 누가 추정했던 것보다 훨씬 더 컸다. 그러나 한계는 있기 마련이었다. 이런 전사자의 비율은 적에게 영향을 줄 수 있고, 군인의 가족들에게 영향을 줄 수 있기 때문에, 그런 손실에 관해서는 어떤 솔직한 성명도 내놓을 수가 없었다. 프랑스에서 전사자 명부는 결코 나오지 않았다. 영국과 미국 그리고 독일의 경우, 큰 전쟁에서의 전사자 명부는 오랜 기간에 걸쳐서 분산되어 나왔기 때문에, 전사자의 총합에서 느껴지는 엄청난 인상을 지울 수 있었다. 오직 내부자들만이 솜이나 플랑드르 전투에서 어느 정도의 사상자가 발생했는지를 알았고,[5) 당연히 루덴도르프는 런던이나 파리나 시카고에 있는 다른 어떤 사람보다도 이런 전사자의 수를 매우 정확하게 파악하고 있었다. 각 진영의 모든 지도자들은 군인들이나 민간인들이 생생하게 마음속에 품고 있었을 실제 전쟁의 규

---

4) 위의 책, p. 37. 수치들은 피터 라이트 대령이 작성한 전쟁성 문서 보관소(Archives of the War Office)의 통계개요로부터 얻은 것이다. 이 수치들은 명백히 영국인들의 손실만을 언급하고 있지만, 아마도 영국인과 프랑스인 모두에 관한 것일 것이다.
5) 위의 책, p. 34. 솜 전투는 50만 명에 가까운 전사자를 기록했고, 1917년의 아라스와 플랑드르의 공격은 65만 명의 영국인 전사자들을 기록했다.

모를 줄이기 위해서 최선을 다했다. 물론 1917년 프랑스 군대의 고참병들은 전쟁에 관해서 공중에게 전달된 것보다 더 많은 것을 알고 있었다. 이런 군대는 그들의 고통에 비추어 지휘관을 판단하기 시작한다. 그 연후에, 승리의 화려한 약속이 피비린내 나는 패배로 드러나면, 1917년의 니벨 공격과 같이 상대적으로 작은 실수에도 반란이 발생한다.[6] 반란의 원인은 그런 약속이 실현되지 않은 채 누적되었기 때문이다. 혁명과 반란은 일반적으로 일련의 큰 악행과 관련된 하나의 작은 표본을 따라서 발생한다.[7]

정책이 영향을 미치는 범위는 지도자와 추종자들 사이의 관계를 결정한다. 다음과 같은 경우라면, 지도자는 자신이 하고 싶은 일을 마음대로 할 수 있을 것이다. 지도자의 계획상 필요한 사람들이 그 계획에 따른 행위가 벌어지는 장소로부터 멀리 떨어져 있는 경우, 그 계획의 결과가 숨겨져 있거나 늦추어질 경우, 개인의 의무가 간접적이거나 아직까지는 마땅히 해야 할 것이 아닌 경우, 지도자와 추종자들 사이의 동의가 유쾌한 감정에 기반을 두고 있는 경우이다. 이런 프로그램들은 금주령과 같이 추종자들의 사적 습관에 당장 영향을 미치지 않는다면 곧바로 인기를 얻게 될 것이다. 또한 이는 정부가 외교문제에 관해서 어떻게 그처럼 하고 싶은 대로 할 수 있는지를 설명하는 중요한 이유이다. 두 국가 사이의 충돌은 대부분 국경문제에 관한 것인데, 굉장히 많은 경우에 학교의 지리시간에조차도 가르쳐주지 않은 지역에 대한 모호하고 지루한 논쟁들을 포함한다. 체코슬로바키아는 미국을 해방자로 간주하지만, 미국의 신문과 뮤지컬 코미디 그리고 미국인의 대화에서는 미국이 해방시켰던 것이 체코슬로바키아인지 유고슬라비아인지가 여전히 논란거리이다.

---

6) 연합군은 슈맹 데 담에서의 패배보다 더 많은 피비린내 나는 패배를 경험했다.
7) 수아송 반란의 원인과 이 반란을 다루기 위해서 페탱(Pétain)이 받아들인 방법에 대해서는 피에르퓨의 설명을 참조. 위의 책, Vol. I, Part III 이하를 참조.

외교문제에서 정책이 영향을 미치는 범위는 오랫동안 보이지 않는 환경에 국한되어 있다. 그런 환경에서 발생한 어떤 것도 사실인 것처럼 느껴지지 않는다. 전쟁이 일어나기 전까지는 어느 누구도 싸우지 않고 싸움에 대한 대가를 지불하지 않기 때문에, 정부는 국민의 의견을 고려하지 않고 자신의 견해에 따라서 외교정책을 펴나간다. 정책의 비용은 지역문제에서 보다 쉽게 확인할 수 있다. 특출한 지도자를 제외한 모든 지도자들은 가능하면 간접적으로 비용을 부과할 수 있는 정책들을 선호한다. 그들은 직접 과세를 좋아하지 않는다. 그들은 세금의 원천징수를 좋아하지 않는다. 그들은 장기채무를 선호한다. 그들은 정책의 비용을 외국인이 지불할 것이라고 유권자가 믿는 것을 좋아한다. 그들은 항상 소비자의 입장보다는 생산자의 입장을 고려하여 경기(景氣)를 평가해왔다. 이는 소비자가 영향을 미치는 범위가 하찮은 품목들로 나뉘어져 있기 때문이다. 노동 지도자들은 항상 가격을 낮추는 것보다 임금을 올리는 것을 선호해왔다. 대중들은 항상 백만장자의 이익에 관심을 기울여왔는데, 이는 막대하지만 파악하기 어려운 산업체계의 낭비에 비하면 눈에 잘 띄지만 상대적으로 중요하지 않은 것이다. 이 책을 쓰는 동안에도 한 주의회는 주택부족 문제를 다루면서 주택의 수를 늘리는 일은 하지 않고, 탐욕스러운 집주인을 공격하고 폭리를 취하는 건축주와 노동자만을 조사함으로써 이 점을 잘 보여주고 있다. 이는 탐욕스러운 집주인이나 폭리를 취하는 배관공은 눈에 잘 보이고 목전에 있는 반면, 건축정책은 멀리 떨어져 있고 무관심한 요소들을 다루기 때문이다.

사람들은 상상조차 해보지 못한 미래와 보이지 않는 장소에서 실행되는 어떤 정책이 그들에게 이득을 가져다줄 것이라고 선뜻 믿겠지만, 정책의 결과로 나타나는 실제의 작동방식은 그들의 의견과는 상이한 논리를 따른다. 철도운임을 대폭 올리는 것이 철도를 번성하게 할 것이라고 국민을 설득할 수 있다. 그러나 만일 농부와 해운회사가 지불하는 운임 때문에 소비자가 지불할 수 없을 정도로 상품가격이 높아진다면, 철도는 결코 번성하지 않을 것이다. 소비자가 가격을 감당할지 그렇지 않을지는 그가 9개월 전에 철도운임을 올리려는 제안에 찬성했는지 그렇지 않았는지에 달려 있는 것이 아니다. 이는 그가 현재 가격을 감당할 수 있는 새로운 자동차를 원하는지 그렇지 않은지에 달려 있다.

3

지도자들은 종종 그들이 시행하는 프로그램이 공중의 마음속에 있는 것이고, 따라서 그들은 단지 그것을 알아냈을 뿐이라고 주장한다. 그러나 그들이 실제로 그렇게 믿는다면, 그것은 스스로를 기만하는 셈이다. 프로그램은 대중의 마음속에서 동시에 발명되는 것이 아니다. 이는 대중의 마음이 지도자의 마음에 비해서 열등하기 때문이 아니라, 사유는 한 유기체의 기능인 데에 반해서 대중은 유기체가 아니기 때문이다.

대중은 끊임없이 암시에 노출되어 있기 때문에, 사실(fact)은 모호하다. 대중이 읽는 뉴스는 단순한 사실이 아니라 행동방침을 내비치는 암시의 기운을 담고 있다. 대중이 듣는 보도는 객관적인 사실에 기반한 것이 아니라 특정한 유형의 행동에 대한 고정관념에 기반한 것이다. 따라서 겉만 번지르르한 지도자는 종종 영향력 있는 신문의 소유자가 실제 지도자라는 점을 발견한다. 그러나 나는 실험실에서와 마찬가지로 모든 의견을 제거할 수 있다면, 대중의 경험으로부터 다음과 같은 점을 발견할 수 있을 것이라고 생각한다. 동일한 자극에 노출되어 있는 대중은 이론상 오류의 다각형으로 나타낼 수 있는 반응들을 발전시킬 것이다. 어떤 집단은 함께 분류될 만큼 충분히 비슷하다고 느낄 것이다. 다각형의 양쪽 끝에는 상이한 감정들이 있을 것이다. 이런 분류는 각 분류에 속한 개인들이 그들의 반응을 강하게 밝힘으로써 강화되는 경향이 있을 것이다. 즉, 말 속에 사람들이 막연하게 느꼈던 감정이 들어 있을 때, 그들은 보다 확실하게 그들이 느낀 것을 알게 될 것이고, 그후에 그 감정을 보다 확실하게 느끼게 될 것이다.

대중적인 감정과 접촉하는 지도자는 이런 반응을 재빨리 간파한다. 그들은 높은 가격이 대중에게 부담이 된다는 점이나 어떤 계급에 속한 개인들의 인기가 사라지고 있다는 점, 혹은 어떤 민족에 대한 감정이 우호적이거나 적대적이라는 점을 알고 있다. 그러나 기자들이 지도력에 관해서 추정하는 암시의 효과를 차단하는 것만으로도, 대중은 어떤 정책을 선택하는 것이 숙명적인 결정이었다고 느끼지 않을 것이다. 대중의 감정이 요구하는 것은 정책이 유추와 연상을 통해서, 그것이 논리적이지는 않을지라도 원래의 감정과 연결되는 것이다.

따라서 새로운 정책을 만드는 경우, 안토니우스가 브루투스의 추종자들에게 했던 연설에서와 마찬가지로 감정의 공동체를 구성하기 위한 사전 노력이 있기 마련이다.[8] 우선 지도자는 대중에게 널리 퍼져 있는 의견을 표현한다. 그는 듣기 좋은 이야기를 하거나 애국심에 호소하거나 대중들의 불만을 집어냄으로써 청중들이 익숙한 사고방식과 자신을 동일시한다. 그에게서 신뢰할 만한 점을 발견하면, 여기저기 몰려다니던 대중은 그를 향해서 방향을 돌린다. 그 이후에 그는 캠페인 계획을 마련할 수 있을 것이다. 그러나 그는 대중의 감정을 전달하는 구호 속에서 그 계획을 발견하지는 못할 것이다. 심지어 구호로는 암시조차 되지 않을 것이다. 정책이 먼 곳에 영향을 미치는 것이라면, 프로그램은 우선 대중이 말해왔던 것을 언어적으로 그리고 감정적으로 연결해야 할 것이다. 일반적으로 인정된 상징들에 동의하는 익숙한 역할을 떠맡은 신뢰할

---

8) Martin, *The Behavior of Crowds*, pp. 130-132에 훌륭하게 분석되어 있다.

만한 사람들은 그들의 프로그램의 취지를 설명하지 않고도 오랫동안 주도권을 누릴 수 있다.

그러나 현명한 지도자라면 기꺼이 그렇게 하지는 않는다. 평판이 너무 나빠지지는 않을 것이라고 생각하거나 논쟁이 너무 오랫동안 지속되지는 않을 것이라고 생각한다면, 현명한 지도자는 어느 정도의 동의를 구하려고 한다. 현명한 지도자는 전체 대중은 아닐지라도 그의 위계질서에 속해 있는 부하들이 앞으로 벌어질 수도 있을 일을 확실히 대비하고, 자유롭게 그 결과를 원했다고 느끼도록 한다. 그러나 아무리 지도자가 진실하다고 할지라도, 사실이 매우 복잡한 경우에 이런 협의에는 어느 정도 오해가 있기 마련이다. 우연적인 일들이 보다 경험이 많고 창의적인 사람들에게 선명하게 보이는 만큼 전체 공중에게 선명하게 보이는 것은 불가능하기 때문이다. 상당수의 사람들은 지도자가 제시한 선택을 제대로 인식할 시간이 없거나 전후 사정을 알지 못한 채 동의해야 한다. 그러나 어느 누구도 동의하는 것 이상의 질문을 제기할 수 없다. 그렇게 하는 이는 오직 이론가들뿐이다. 만일 우리에게 주장을 펼 기회가 있다면, 만일 우리가 말해야 했던 것을 듣게 되고 좋은 결과가 나온다면, 우리들 대부분은 우리의 의견이 진행 중인 일에 얼마나 많은 영향을 미쳤는지에 지속적으로 주의를 기울일 것이다.

그 때문에, 만일 기성권력이 민감하고 사정에 정통하다면, 만일 기성권력이 눈에 띄게 대중의 감정을 충족시키려고 하고 실제로 몇몇 불만족의 원인을 제거하고 있다면, 이런 과정이 아무리 천천히 진행되더라도 이 과정이 진행되는 것처럼 보이는 한, 기성권력은 조금도 두려워할 일이 없을 것이다. 아래로부터 혁명이 시작되기 위해서는 엄청나게 큰 실수가 끊임없이 반복되는 거의 완전한 서투름이 필요하다. 궁정혁명이나 정부부처들 사이의 혁명은 다른 문제이다. 선동 역시 다른 문제이다. 선동은 그 감정을 표현하여 긴장을 덜어주는 데에서 끝난다. 그러나 정치가는 그런 긴장의 완화가 일시적이며, 너무 자주 탐닉하면 건강에 좋지 않다는 점을 잘 알고 있다. 따라서 그는 반드시 어떤 감정도 자극하지 않도록 조치를 취한다. 그는 감정과 관련된 사실들을 다루는 프로그램으로 흘러갈 수 없다.

그러나 모든 지도자가 정치가인 것은 아니고, 모든 지도자는 물러나는 것을 싫어한다. 대부분의 지도자는 사정이 여의치 않을 때, 그의 동료들이 사정을 악화시키지 않으리라고 믿는 것이 어렵다는 점을 발견한다. 지도자들은 공중이 정책의 영향범위를 느끼도록 앉아서 기다리지 않는다. 왜냐하면 그런 발견의 영향범위는 일반적으로 지도자 자신의 머리에 달려 있기 때문이다. 따라서 지도자들은 간헐적으로 그들의 울타리를 수리하고 그들의 지위를 강화하는 데에 종사한다.

울타리를 수리하는 일은 가끔씩 희생양을 만들거나, 유력자나 파벌에 영향을 미치는 비교적 중요하지 않은 불만을 바로잡거나, 자신의 마을에 무기고를 원하는 사람들을 달래거나, 누군가가 악행을 저지르는 것을 막는 법을 원하는 사람들을 달래는 일로 이루어져 있다. 선출직 공무원의 일상적인 활동을 연구하면, 울타리를 수리하는 일의 목록을 확장할 수 있다. 매년 선출되는 하원의원들 가운데에는 그들의 에너지를 공적인 일에 결코 낭비하지 않겠다고 생각하는 의원들이 있다. 그들은 아무것도 없는 것에서 큰 서비스를 제공하려고 하는 데에 관여하기보다는 수많은 작은 주제들과 관련되어 있는 많은 사람들을 위해서 작은 서비스를 제공하는 것을 선호한다. 그러나 어떤 조직의 성공적인 시종이 되는 사람의 수는 제한적이다. 그리고 약삭빠른 정치가들은 영향력이 있는 사람이나 너무 영향력이 없어서 관심을 기울이는 것만으로도 세상을 놀라게 할 만한 사람에게 주의를 기울인다. 그런 정치가들의 호의를 받을 수 없는 훨씬 더 많은 수의 익명의 대중은 선전의 대상이 된다.

어떤 조직이든지 기성 지도자들은 큰 이점을 누린다. 그들은 보다 나은 정보의 출처를 확보하고 있다. 그들의 사무실에는 책과 문서들이 쌓여 있다. 그들은 중요한 회의에 참석하고 중요한 인물들을 만난다. 그들은 책임감을 가지고 있다. 따라서 그들이 사람들의 관심을 끌고 확신에 찬 어조로 말하는 것은 쉬운 일이다. 그러나 그들은 또한 사실에 접근하는 데에 통제권을 행사한다. 모든 관리들은 어느 정도는 검열관이다. 그리고 모든 지도자들은 어느 정도는 선전원이다. 왜냐하면 어떤 지도자라도 그가 대중에게 알려주기를 원하는 것이 무엇인지를 알고 있지 않으면, 정보를 은폐하거나 정보를 언급하는 것을 잊어버림으로써 정보를 감출 수 없기 때문이다. 전략상 중요한 자리에 앉아, 가장 좋을 때조차도 제도의 안정성에 관해서 동등하게 설득력 있지만 갈등하는 이상들과 공중에 대한 공명정대함 사이에서 선택해야 하는 관리는 공중에게 어떤 사실을, 어떤 배경에서, 어떤 외양을 띤 채 알려주어야 하는지 점차 의식하게 되는 자신을 발견한다.

4

나는 동의를 조작하는 일이 대단히 정교한 일이라는 것을 어느 누구도 부정하지 않을 것이라고 생각한다. 지금까지 살펴보았듯이, 여론이 발생하는 과정은 대단히 복잡하며 그 과정을 이해하는 사람은 그 과정을 조작할 여지가 충분하다.

동의를 조작하는 일은 새로운 기교가 아니다. 그것은 민주주의의 출현과 더불어 사라졌다고 간주되었던 매우 오래된 기교이다. 그러나 동의를 조작하는 일은 완전히 사라지지 않았다. 실제로 동의를 조작하는 일은 전문적인 방식으로 굉장히 향상되었는데, 이는 동의를 조작하는 일이 이제 경험의 법칙보다는 분석에 기반을 두고 있기 때문이다. 따라서 커뮤니케이션의 근대적 수단과 결부된 심리학적 연구의 결과로서 민주주의의 실천은 이제 한 고비를 지났다. 혁명이 일어나고 있고, 이는 경제적인 힘의 이동보다 훨씬 더 중요한 것이다.

현재의 문제를 통제하고 있는 세대의 삶 속에서, 설득은 이제 민주정치(popular government)의 자의식적인 기교이자 정규적인 도구가 되었다. 우리 중 어느 누구도 그 결과를 알고 있는 사람은 없지만, 동의를 조작하는 방법에 관한 지식이 모든 정치적 계산을 바꿀 것이고 모든 정치적 전제를 수정할 것이라고 말하는 것은 결코 대담한 예언은 아닐 것이다. 선전이라는 말이 반드시 그 말 자체가 의미하는 사악한 뜻이 아니더라도, 선전의 영향 속에서 우리의 생각이라는 오래된 상수(常數)는 이제 변수(變數)가 되었다. 예를 들면, 민주주의 본연의 교의, 즉 인간사의 운영에 필요한 지식은 인간의 마음에서 자발적으로 나온다는 교의를 믿는 것은 이제 더 이상 불가능하다. 우리가 그 교의에 따라서 행위할 경우, 우리는 자기 기만과 우리가 입증할 수 없는 설득의 형태를 경험한다. 만일 우리의 범위를 넘어선 세계를 다루려고 한다면, 우리는 이제 더 이상 직관이나 양심 혹은 우발적인 의견에 의존할 수 없다.

제 6 부

민주주의의 이미지

"고백하건대 나는 미국에서 미국 이상의 것을 보았다. 나는 민주주의의 이미지 그 자체를 찾았다."　　—알렉시 드 토크빌

제16장

자기 중심적인 인간

1

여론은 민주주의의 주된 원동력이라고 간주되기 때문에, 그것에 관한 방대한 문헌이 있을 것이라고 기대하는 것은 합리적일 수 있다. 그러나 그런 문헌은 좀처럼 발견할 수가 없다. 정부와 정당에 관해서는 훌륭한 책들이 있다. 이런 책들은 여론이 형성되고 난 후에 그것을 이론적으로 기록하는 기구(machinery)에 관한 것이다. 그러나 여론의 원천과 여론이 도출되는 과정에 관한 책은 상대적으로 적다. 여론이라고 부르는 힘이 존재한다는 점은 대체로 당연시된다. 미국 정치에 관한 저술가들은 정부가 공통의지를 표현하는 방법을 찾거나, 공통의지가 그들이 믿는 정부의 존재목적을 전복하지 못하도록 막는 방법에 주된 관심을 기울여왔다. 그들은 전통적인 사고방식에 따라서 의견을 길들이거나 의견에 순종하기를 원했다. 따라서 한 유명한 교과서 총서의 편집자에 따르면, "정부에 관한 가장 어렵고 가장 중대한 문제는 개인적인 의견의 힘을 공적 행동으로 전달하는 방법에 관한 것이다."[1]

---

1) A. Lawrence Lowell's *Public Opinion and Popular Government*에 대한 앨버트 하트 (Albert Bushnell Hart)의 소개 주석.

그러나 여기에는 확실히 보다 중요한 문제가 있다. 정치계에 관한 우리의 사적 견해를 어떻게 확인할 것인가에 관한 문제이다. 내가 이후에 살펴볼 것처럼, 이미 통용되는 원리들을 발전시킴으로써 이 문제를 보다 잘 다룰 수 있는 가능성이 있다. 그러나 이런 발전은 우리가 지식을 사용하는 방법을 터득하는 데에 달려 있다. 이 지식은 의견을 형성할 때 그 의견이 우리 자신의 의견을 보호하도록 하는 방법에 관한 것이다. 평상시의 의견은 부분적인 접촉과 전통 그리고 개인적인 이해관계의 산물이다. 그러나 평상시의 의견은 본성상 정치사상의 방법과 잘 맞지 않는다. 정치사상의 방법은 정확한 기록과 측정, 분석과 비교에 기반을 두기 때문이다. 사실적인 의견은 무엇이 흥미롭고, 무엇이 중요하며, 무엇이 친밀하고, 무엇이 개인적이며, 무엇이 극적인 것처럼 보이는가를 결정하는 마음의 자질들을 방해한다. 따라서 만일 공동체 전체에 편견이나 직관만으로는 충분하지 않다는 신념이 성장하지 않는다면, 시간과 돈, 노동과 의식적인 노력, 인내와 침착함을 요하는 사실적인 의견을 내놓는 일은 공동체 전체에서 충분한 지지를 받지 못할 것이다. 이런 신념은 자기비판이 증가함에 따라서 성장한다. 우리가 공치사를 자각하고, 그것을 사용하는 것을 경멸하며, 그것을 감지하기 위해서 경계태세를 유지하는 것은 바로 이런 신념 덕택이다. 우리가 읽고, 말하고, 결정할 때 의견을 분석하는 습관이 몸에 배어 있지 않다면, 우리 중 대부분은 보다 나은 생각의 필요성을 좀처럼 느끼지 못할 것이고, 보다 나은 생각이 출현했을 때 그것에 흥미를 느끼지 못할 것이며, 정치적 정보에 관한 새로운 기술이 조작되는 것을 막을 수 없을 것이다.

그러나 민주주의는, 만일 우리가 그것 중 가장 오래되고 가장 영향력이 있는 것에 의해서 판단해보자면, 여론으로부터 불가사의한 것을 만들어냈다. 이런 불가사의한 것을 이해했던 능숙한 의견의 조직가들은 선거당일에 다수를 만들어냈다. 그러나 정치학은 그런 조직가들을 상것들(low fellows)이나 "문제아들"로 취급했지, 여론을 창조하고 운용하는 방법에 대한 가장 효과적인 지식을 갖추고 있는 사람으로 평가하지 않았다. 민주주의 사상을 표명했던 사람들 —— 학생, 연설가, 편집자—— 의 성향은, 심지어 그들이 민주적 행동을 해내지 못했을 때에도, 마치 다른 사회의 사람들이 어떤 사건을 제대로 이해하지 못했을 때 초자연적인 힘에 그 책임을 돌리듯이 여론을 바라보았다.

거의 모든 정치이론에는 그 이론의 전성기에는 검토되지 않은 수수께끼 같은 요소가 있다. 그 외양의 배후에는 운명이나 수호신, 선민(選民)에 대한 위임이나 신성 군주제, 천국의 부섭정(Vice-Regent of Heaven)이나 명문계급과 같은 것들이 있다. 이보다는 좀더 노골적인 천사와 악마 그리고 왕들은 민주적 사유에서 사라졌지만, 그런 힘들이 비축되어 남아 있다고 믿을 만한 이유가 여전히 존재한다. 이는 민주주의의 모체를 디자인했던 18세기 사상가들에게도 있었다. 그들에게는 창백하지만 따뜻한 가슴을 가진 신이 있었다. 그들은 새로운 사회질서를 위한 확실한 기원을 인민주권(popular sovereignty)의 교리에서 발견했다. 불가사의한 것이 있었고, 오직 인민의 적들만이 불경하고 호기심에 찬 손으로 그 불가사의한 것을 만져보았다.

<h1 style="text-align:center">2</h1>

18세기 사상가들은 불가사의한 것의 장막을 제거하지 않았다. 왜냐하면 그들은 격렬하고 불확실한 투쟁에서의 실천적인 정치가들이었기 때문이다. 그들이 느꼈던 민주주의의 열망은 어떤 정부론보다 더 깊고 친밀하며 중요한 것이다. 그들은 당시의 편견에 맞서 인간의 존엄성을 주장했다. 그들을 사로잡았던 것은 존 스미스가 공적 질문에 올바른 의견을

가지고 있는가가 아니라 비천한 가문 출신인 그가 이제는 다른 어느 누구에게도 무릎을 꿇을 필요가 없다는 점이었다. "그 새벽에 살아 있는 것을" 축복으로 만들었던 것은 바로 이런 장관(壯觀)이었다. 그러나 모든 분석가는 인간의 존엄성을 낮추고, 모든 인간이 언제나 합리적이며 교육을 받거나 견문이 넓다는 점을 부인하고, 인간은 어리석으며 자신의 이해관계를 항상 알고 있는 것이 아니고, 모든 인간이 통치하기에 적합하지는 않다는 점에 주목하는 것처럼 보인다.

이런 비평가들은 북 치는 소년만큼이나 환대를 받았다. 인간의 오류 가능성에 대한 이런 모든 관찰들은 구역질이 날 만큼 이용되었다. 만일 민주주의자들이 귀족 정치론자들의 주장에도 일리가 있다고 인정했다면, 이는 민주주의를 방어하는 데에 빈틈을 보인 셈이었을 것이다. 따라서 아리스토텔레스가 노예는 본성상 노예라고 주장해야 했듯이, 민주주의자들은 자유로운 인간이 본성상 입법가이자 행정가라고 주장해야 했다. 그들은 인간의 정신이 아직 이런 기술적 소양을 갖추지 못했다고 설명하거나 결코 그런 소양을 갖추지 못할 수도 있다고 설명하기 위해서 멈출 수 없었다. 또한 그럼에도 불구하고, 기술적 소양이 다른 사람들을 적대시하는 도구로 사용되지 않는 양도할 수 없는 권리라고 설명하기 위해서 멈출 수 없었다. 우월한 지위에 있던 사람들은 여전히 너무 강하고 부도덕해서 그런 노골적인 주장을 아무런 거리낌 없이 이용했다.

따라서 초기 민주주의자들은 이성에 근거한 공정함이 대중으로부터 자발적으로 솟아났다고 주장했다. 토머스 제퍼슨과 같은 대단히 영리한 사람들은 이런 종류의 주장에 개인적으로 의심을 품고 있었지만, 그들 역시 그렇게 되기를 희망했고, 그들 중 많은 사람들은 실제로 그렇다고 믿었다. 그러나 한 가지 점은 확실했다. 그 시대의 모든 사람들은 여론이 자발적으로 나오는 것이 아니라면 나오지 않을 것이라고 믿었다. 왜냐하면 민주주의에 기반을 두었던 정치학은 아리스토텔레스가 만들었던 것과 근본적인 측면에서 동일한 과학이었기 때문이다. 민주주의자와 귀족 정치론자, 왕정론자와 공화주의자 모두는 통치의 기교가 천부적 재능에 놓여 있다는 것을 민주주의의 주요 전제로 파악했다는 점에서, 아리스토텔레스의 과학과 동일한 전제를 가지고 있었다. 사람들 사이의 근본적인 차이는 이런 천부적 재능을 누구에게 부여하는가에 있었지만, 정치적 지혜를 타고난 사람을 찾아야 한다는 생각에는 동의했다. 왕정주의자들은 왕이 통치를 위해서 태어났다고 확신했다. 알렉산더 해밀턴은 다음과 같이 생각했다. "모든 계급에는 강한 마음을 가진 사람들이 있다.……대표체는 토지 소유자, 상인, 그리고 지식인층으로 구성될 것이다. 예외는 있지만, 그들의 수가 정부의 정신에 영향을 미칠 만큼 많은 것은 아니다."[2] 제퍼슨은 신이 농부와 농장주에게 정치적 능력을 타고나도록 했다고 생각했으며, 때로 그런 능력들이 마치 모든 인간에게서 발견되는 것처럼 이야기했다.[3] 주요 전제는 동일했다. 즉, 통치하는 것은 사회적 선호에 따라서 한 사람이나 선택된 몇몇 사람, 남성 전체, 혹은 21세 이상의 백인 남성, 어쩌면 심지어는 모든 남성과 여성에게서 나타나는 본능이었다.

통치하기에 가장 적합한 사람이 누구인가를 결정하는 데 있어서 세계에 관한 지식은 당연시되었다. 귀족 정치론자들은 큰일을 처리했던 사람들이 그런 본능을 가지고 있다고 믿었고, 민주주의자들은 모든 사람이 그런 본능을 가지고 있으며 따라서 큰일을 다룰 수 있다고 주장했다. 어떤 경우에도, 세계에 관한 지식이 어떻게 지배자에게 전달되는가에 관해서 생각해보는 것은 정치학의 과제가 아니었다. 국민을 섬긴다는

---

2) *The Federalist*, Nos. 35, 36. Henry Jones Ford는 *Rise and Growth of American Politics*, Ch. V에서 이에 대한 주석을 달았다.
3) 이 책의 269쪽을 볼 것.

사람들조차도 유권자가 어떻게 정보를 얻게 될 것인가에 관한 문제를 이해하기 위해서 노력하지 않았다. 사람들은 21세가 되면 정치적 능력을 갖추게 되는 것이었다. 중요한 점은 선량하고 이성적인 마음과 균형 잡힌 판단이었다. 나이가 들면서 이런 것들은 원숙해질 것이지만, 정보를 제공하고 이성을 함양하는 방법을 고려하는 것은 불필요했다. 사람들은 마치 숨을 쉬는 것처럼 그 사실을 받아들였다.

3

그러나 사람들이 이처럼 노력하지 않고 가질 수 있는 사실들에는 한계가 있었다. 사람들은 그들이 거주하고 일하는 장소의 관습과 특징은 보다 분명하게 알 수 있었다. 그러나 바깥세계에 관해서는 상상할 수밖에 없었는데, 본능적으로 바깥세계를 마음속에 그리거나 단지 살고 있다는 이유만으로 바깥세계에 관한 믿을 만한 지식을 흡수할 수는 없었다. 따라서 지배자의 직접적이고 확실한 지식의 범위 내에 국한된 환경만이 자발적인 정치가 가능한 유일한 환경이었다. 인간능력의 자연적 범위에 기초하여 정부를 세운 곳에서 이런 결론은 피할 수 없다. 아리스토텔레스가 말했듯이,4) "만일 한 국가의 시민들에게 각자의 장점에 따라서 공직을 판단하고 분배하려면, 우선 각자의 성격을 파악해야만 한다. 이런 지식이 없는 곳에서는 공직에 대한 선거와 소송에 대한 판결 모두 잘못될 것이다."

정치사상의 모든 학파는 명백하게 이 원리에 결박당했다. 그러나 이는 민주주의자들에게 고유한 어려움을 제기했다. 계급정부를 믿었던 사람들은 사람들이 알아야 할 필요가 있는 유일한 성격은 지배계급에 속한 사람들의 성격이라고 당당히 주장할 수 있었다. 왜냐하면 왕의 궁정

---

4) *Politics*, Bk. VII, Ch. 4

이나 상류층의 시골저택에 있는 사람들은 서로의 성격을 알고 있었지만, 나머지 계급의 사람들은 그렇지 못했기 때문이다. 그러나 모든 인간의 존엄성을 끌어올리기를 원했던 민주주의자들은 지배계급 —— 남성 유권자 —— 의 방대한 규모와 혼란에 직접적으로 휘말렸다. 그들의 과학은 정치란 본능이고, 본능은 제한된 환경에서 작동한다고 그들에게 말해주었다. 그들의 바람은 모든 인간이 매우 거대한 환경에서도 통치할 수 있다고 주장하라고 그들에게 명했다. 민주주의자들이 그들의 이상과 과학 사이의 이런 치명적인 갈등에서 벗어나는 유일한 방법은 사람들의 목소리가 신의 목소리라고 추정하는 것이었다.

이 역설은 너무 대단했고, 이에 따른 위험은 너무 컸으며, 민주주의자들의 이상은 비판적으로 검토되기에는 너무 소중한 것이었다. 민주주의자들은 보스턴에 거주하는 한 시민이 어떻게 버지니아 사람의 견해에 관해서 생각할 수 있고, 버지니아에 거주하는 사람이 어떻게 워싱턴에 있는 정부에 관해서 사실적인 의견을 가질 수 있으며, 워싱턴에 있는 하원의원들이 어떻게 중국이나 멕시코에 관해서 의견을 가질 수 있는지를 보여줄 수 없었다. 그 당시만 하더라도, 많은 사람들에게 보이지 않았던 환경들이 사람들의 판단 영역으로 들어오는 것은 불가능했다. 확실히 아리스토텔레스 이후로 어느 정도 진보가 이루어지기는 했다. 신문도 있었고, 책도 있었으며, 보다 나은 도로와 성능 좋은 배가 있었다. 그러나 아리스토텔레스 시대와 비교하여 그렇게 커다란 진보는 없었고, 18세기 사상가들의 정치적 가정들은 그 본질상 2,000년 동안 정치학에서 만연했던 것들이었다. 선구적인 민주주의자들에게는 그 당시까지 알려졌던 인간의 주의력의 범위와 인간의 존엄성에 대한 그들의 무한한 신뢰 사이의 갈등을 해결하기 위한 자료가 없었다.

민주주의자들이 가정했던 것은 근대 신문, 전 세계적 출판 서비스,

사진과 영화 등에 선행하는 것이었을 뿐만 아니라, 실제로 보다 중요한 점은 그런 가정들이 측정과 기록, 양적 비교분석, 증거의 기준, 그리고 관찰자의 편견을 바로잡고 줄일 수 있는 심리학적 분석의 능력에도 선행하는 것이었다는 점이다. 나는 우리의 기록이 만족스럽고, 우리의 분석이 편향되지 않으며, 우리의 측정이 믿을 만하다고 말하는 것이 아니다. 내가 말하려는 것은 보이지 않는 세계를 판단의 영역으로 끌어오는 중요한 발명들이 이루어져왔다는 점이다. 이런 발명들은 아리스토텔레스의 시대에는 존재하지 않았고, 루소나 몽테스키외 혹은 토머스 제퍼슨 시대의 정치이론에서도 눈에 띌 만큼 중요한 것은 아니었다. 이후에 우리는 인간의 재건에 관한 가장 최신의 이론인 영국의 길드 사회주의에서조차도 그것의 모든 기본 전제들이 정치사상의 이런 오래된 체계를 계승한 것이라는 점을 살펴볼 것이다.

그 체계가 역량이 있고 공정할 경우에 모든 사람들은 극히 부분적으로만 공적인 일을 경험할 수밖에 없다고 추정해야 했다. 사람들이 공무에 할애할 수 있는 시간은 그다지 많지 않다는 점에서, 그런 추정은 여전히 사실이고 대단히 중요하다. 그러나 고대의 이론은 사람들이 공적 문제에 관심을 기울일 수 없을 뿐만 아니라 설사 관심을 기울인다고 하더라도 극히 가까운 곳에 있는 문제들에 국한되어야 할 것이라고 가정할 수밖에 없었다. 아마추어라고 할지라도 먼 곳에서 벌어진 복잡한 사건들에 관해서 진정으로 가치 있는 판단을 내릴 수 있도록 보도하고 분석하며 제시할 수 있을 때가 올 것이라고 가정하는 것은 꿈같은 일이었을 것이다. 이제 그런 때가 도래했다. 보이지 않는 환경에 관해서 지속적으로 보도하는 것이 가능해졌다는 점은 더 이상 의심의 여지가 없다. 종종 잘못된 보도가 있지만, 보도되고 있다는 사실은 그런 때가 도래했다는 것을 보여주고, 보도가 잘못되었다는 점을 우리가 알아채기 시작했다는 사실은 보도가 보다 잘 이루어질 수 있다는 것을 보여준다. 기술과 공정성에 차이는 있지만, 기술자와 회계사들은 사업가에게, 비서와 공무원들은 관료들에게, 정보장교들은 참모부에, 저널리스트들은 일반독자들에게 멀리 떨어져 있는 복잡한 사건들을 날마다 보고한다. 이런 일들은 아직 시작단계에 머물러 있지만, 근본적인 것이다. 이는 로이드 조지 경이 런던에서 아침식사를 한 후에 웨일스의 탄광에 대해서 논의하고, 파리에서 저녁식사를 한 후에 아랍의 운명에 대해서 논의하는 것을 가능하게 한 인간의 삶의 규모에서의 변화만큼이나 근본적인 것으로, 전쟁과 혁명, 퇴위와 복위보다도 훨씬 더 근본적인 것이다.

판단의 범위 내에 인간사의 어떤 측면을 들여올 가능성은 정치적 생각에 놓여 있던 주술을 깨뜨린다. 물론 많은 사람들은 주의력의 범위가 정치학의 주요 전제였다는 점을 인식하지 못했다. 그들은 모래성을 쌓았던 셈이다. 그들은 자신 속에 들어 있는 세계에 관한 매우 제한적이고 자기 중심적인 지식의 효과를 과시해왔다. 그러나 플라톤과 아리스토텔레스로부터 마키아벨리와 홉스를 거쳐 민주적 이론가들에게 이르기까지, 중요한 정치사상가들의 추론은 자기 중심적인 인간의 주위를 맴돌았는데, 이런 자기 중심적인 인간은 그의 머릿속에 있는 몇몇 이미지만으로 전체 세계를 보아야 했다.

제17장
자급자족 공동체

1

만일 자기 중심적인 사람들의 집단이 다른 집단들과 접촉하게 되면, 생존을 위한 투쟁의 상태에 처하게 될 것이라는 점은 자명한 것이었다. 홉스는 『리바이어던(*Leviathan*)』에 이런 진리에 관해서 다음과 같은 유명한 구절을 남겼다. "특정한 사람들 사이에 서로 적대시하는 전쟁상태는 과거 어느 시기에도 결코 없었지만, 왕들과 **주권적 권위를 가진 사람들**은 언제나 그들의 **독립 때문에** 끊임없이 경계상태에 있으며 무기를 들고 서로 노려보는 검투사의 상태와 자세를 취하고 있다.……"[1]

2

과거와 현재에 많은 학파를 거느리고 있는 한 위대한 인간사상의 분과는 다음과 같은 방식으로 그런 결론을 교묘하게 피해나갔다. 이상적으로 올바른 인간관계의 유형이 시작되었고, 그런 인간관계 속에서 각 개인은 제대로 정의된 기능과 권리를 향유했다. 각자가 그에게 할당된 역할을 양심적으로 수행한다면, 그의 의견이 올바른 것인가 잘못된 것인가는

---

1) *Leviathan*, Ch. XIII. "인간의 지복과 고통에 관한 것으로서의 인간의 자연상태에 관하여."

문제가 되지 않는다. 그는 의무를 이행했고, 다음 사람도 의무를 이행했으며, 의무에 충실한 모든 사람들은 조화로운 세계를 만들었다. 모든 카스트(caste) 제도는 이런 원리를 설명한다. 그 원리는 플라톤의『국가』와 아리스토텔레스, 봉건적인 이상, 단테의『천국』과 사회주의의 관료적 유형, 자유방임주의, 생디칼리슴(syndicalisme)과 길드 사회주의, 무정부주의, 그리고 로버트 랜싱이 이상화한 국제법의 체계에서 발견할 수 있다. 이 모든 것들은 예정 조화설(pre-established harmony)을 전제한다. 이는 자만심이 강한 개인이나 계급 혹은 공동체가 나머지 사람들과 조화를 이루는 것에 영감을 받았거나, 그렇게 하도록 강요되었거나, 그렇게 하도록 타고났다는 것이다. 보다 권위주의적인 개인이나 계급 혹은 공동체는 교향곡을 위한 지휘자라고 상상되었는데, 이 지휘자는 각자가 맡은 부분을 연주하도록 주의를 기울인다. 반면에 무정부주의적인 개인이나 계급 혹은 공동체는 각 연주자가 원래 하던 대로 즉석에서 연주하면, 보다 거룩한 화음을 만들 수 있을 것이라고 생각하는 경향이 있다.

그러나 이런 권리와 의무의 도식을 따분한 것으로 간주하고, 갈등을 당연한 것으로 받아들이며, 어떻게 하면 우리 편이 정상에 오를 수 있을 것인가를 알고자 했던 철학자들도 있었다. 그들은 불안해 보일 때조차도, 항상 보다 현실적으로 보였다. 그들이 해야만 했던 일은 어느 누구도 벗어날 수 없는 경험을 일반화하는 것이었기 때문이다. 이 학파의 전형적인 인물은 마키아벨리였다. 그는 가장 무자비하게 욕을 먹은 인물이었는데, 그가 이렇게 욕을 먹은 이유는 그 당시까지 초자연주의자들이 선취하고 있던 영역에서 꾸밈없는 언어를 사용했던 최초의 자연주의자였기 때문이다.[2] 그는 어느 정치사상가보다도 악명이 높았지만 많은 제자

---

2) F. S. 올리버(F. S. Oliver)는 그의 책『알렉산더 해밀턴(*Alexander Hamilton*)』에서 마키아벨리에 관해서 다음과 같이 말한다(p. 174). "존재하는 조건들 ― 인간과 사물의 본성 ― 이 변하지 않는다고 가정한 후, 그는 침착하고 초도덕적인 방식으로 마치 개

들을 거느리고 있었다. 그가 많은 제자들을 거느렸던 이유는 자급자족하는 국가를 위한 생존의 기술을 사실대로 기술했기 때문이다. 그가 악명이 높았던 주된 이유는 메디치 가문에 추파를 던지며, 밤에는 서재에서 "고상한 궁정복"을 입고 스스로 군주가 되기도 하고, 일이 이루어진 방식에 관한 신랄한 묘사를 그 일을 하는 방식에 관한 찬사로 바꾸어놓았기 때문이다.

마키아벨리는 그의 책의 가장 유명한 장(章)3)에서 다음과 같이 서술했다. "따라서 군주는 그의 입에서 나오는 모든 말들이 앞에서 이야기한 5가지의 성품들로 가득 차 있도록 조심해야 합니다. 그를 대면하는 사람들에게 그는 지극히 자비롭고 신의가 있으며 정직하고 인간적이며 경건한 것처럼 보여야 합니다. 그리고 그중에서도 특히 경건한 것처럼 보여야 합니다. 이런 문제에 관해서 사람들은 일반적으로 손으로 만져보고 판단하기보다는 눈으로 보고 판단하기 마련입니다. 왜냐하면 모든 사람들이 당신을 볼 수는 있지만, 직접 만져볼 수 있는 사람은 매우 드물기 때문입니다. 모든 사람들이 당신이 밖으로 드러낸 외양을 볼 수 있는 반면에 당신이 진실로 어떤 사람인가를 직접 경험으로 알 수 있는 사람은 소수에 불과합니다. 그리고 그런 소수는 군주의 위엄에 의해서 지지되는 대다수의 견해에 감히 도전하지 못합니다. 모든 인간의 행동에 관해서, 특히 직접 설명을 들을 기회가 없는 군주의 행동에 관해서 보통 인간들은 결과에만 주목합니다.……우리 시대의 한 군주는 항상 평화와 신의를 부르짖지만, 실상은 이에 적대적입니다. 그러나 만약 그가 이를 말 그대로 실천에 옮겼다면, 그는 자신의 명성이나 권력을 잃었을 것이

구리에 대해서 강의하는 사람처럼, 어떻게 용맹스럽고 현명한 지배자가 그 자신의 이익과 그의 왕조의 안전에 가장 최상의 방식으로 사태를 전환시킬 수 있는가를 보여주는 데로 나아갔다."
3) *The Prince*, Ch. XVIII. "군주는 어디까지 약속을 지켜야 하는가", W. K. Marriott 번역.

며 그것도 여러 번 잃었을 것입니다."

마키아벨리의 말은 냉소적이다. 그러나 이는 그가 본 것을 왜 보게 되었는지 완전히 알지 못한 채 정직하게 바라보았던 한 인간의 냉소이다. 마키아벨리는 "일반적으로 손으로 만져보고 판단하기보다는 눈으로 보고 판단하는" 사람들과 군주들의 경향에 관해서 생각하고 있는데, 이는 마키아벨리의 방식대로 그들의 판단이 주관적이라고 말하는 것이다. 마키아벨리는 세계를 차근차근 전체적으로 파악했던 당시의 이탈리아인들과는 달리 세계를 구체적으로 파악하고자 했다. 그는 환상에 빠지지는 않았지만, 그런 환상을 바로잡는 법을 깨우쳤던 사람들을 마음속에 그릴 만한 자료들을 가지고 있지는 못했다.

마키아벨리가 발견했듯이, 세계는 좀처럼 바로잡을 수 없는 상상력을 가진 사람들로 구성되어 있었다. 마키아벨리는 사람들이 공적인 관계를 사적인 방식으로 이해하기 때문에 끝없는 투쟁에 휘말린다는 점을 알았다. 사람들이 보는 것은 그들 자신의 개인적인 견해나 왕가의 견해 혹은 도시의 견해인데, 이런 견해들은 실제로 그들의 상상력의 경계를 훨씬 더 벗어나 있다. 그들은 그들의 모습으로 바라본다. 그들은 그것이 옳다고 본다. 그러나 그들은 그들과 마찬가지로 자기 중심적인 다른 사람들을 방해한다. 그렇게 되면 그들의 생존은 위험에 처하거나, 뜻밖의 사적 이유들 때문에 그들이 그들의 생존으로 간주하고 위험으로 받아들이는 것이 된다. 사적이지만 현실의 경험에 확고하게 기반을 둔 목적은 수단을 정당화한다. 그들은 모든 이상을 구하기 위해서 그중 하나를 희생할 것이다. "……사람들은 결과를 가지고 판단한다.……"

3

민주적 철학자들은 이런 기본적인 진리들과 대결했다. 의식적이든 그렇지 않든, 그들은 정치적 지식의 범위가 제한적이며, 자치의 영역에는 한계가 있어야 하고, 자족적인 국가들이 서로 적대관계에 있을 경우 전사의 자세를 취해야 한다는 것을 깨달았다. 그러나 그들은 인간에게 그들 자신의 운명을 결정할 의지가 있다는 점과 자발적으로 평화를 발견할 의지가 있다는 점도 확실히 깨닫고 있었다. 어떻게 그들은 그런 소망과 사실을 양립시킬 수 있었을까?

민주적 철학자들은 주변을 둘러보았다. 그들은 그리스와 이탈리아의 도시국가에서 부패와 음모와 전쟁의 연대기를 발견했다.[4] 그들은 자신의 도시에서 파벌과 모의와 열광을 보았다. 이는 민주적 이상이 번성할 수 있는 환경이 전혀 아니었고, 독립적이며 동등하게 권한을 가진 사람들이 자신의 일을 자발적으로 운영했던 곳도 아니었다. 그들은 더 나아가 아마도 루소가 이끌었을 법한, 멀리 떨어져 있어서 해를 입지 않은 시골마을을 생각해보았다. 그들은 민주적 이상이 그런 시골마을에 적합하다는 점을 발견했다. 특히 제퍼슨은 다른 민주적 철학자들에 비해서 이 점을 강하게 느꼈고, 이것에 기초하여 민주주의의 미국적 이미지를 정식화했다. 미국 혁명을 승리로 이끌었던 힘은 타운십(township)에서 나왔다. 제퍼슨이 속해 있던 정당에 권력을 가져다줄 투표 역시 타운십에서 나왔다. 만일 당신이 노예는 지워버리는 안경을 쓴다면, 매사추세츠와 버지니아의 농촌 공동체에서 민주주의란 어떤 것인가에 관한 이미지를 마음의 눈으로 볼 수 있을 것이다.

토크빌의 말에 따르면,[5] "미국 혁명이 발발했고, 타운십에서 배양되었던 인민주권의 교리가 주(州)를 장악하게 되었다." 이는 사람들의 마음을 확실하게 사로잡았는데, 이런 사람들의 마음이 민주주의라는 고정

---

4) "민주주의는 격동과 논쟁의 장관이었다.……그리고 일반적으로 민주주의는 그 죽음이 폭력적이었던 것만큼이나 단명에 그쳤다." Madison, *Federalist,* No. 10
5) *Democracy in America,* Vol. I, p. 51. Third Edition.

관념을 정식화하고 대중화했던 것이다. 제퍼슨은 "인민이 소중하게 여기는 것이 우리의 원리"라고 서술했다.[6] 그러나 그가 소중하게 여겼던 인민은 거의 대부분 소농들이었다. "만일 신이 선택한 사람들이 있다면, 그들은 바로 땅에서 노동하는 이들이다. 신은 근본적이고 진정한 덕을 그들의 가슴속에 맡겨놓았다. 중요한 점은 신이 그 성화(聖火)를 살려두었다는 것이다. 그렇지 않았다면 그 성화는 땅의 표면에서 도망쳤을지도 모른다. 어떤 시대에서나 어떤 민족에서도 경작자들이 도덕적으로 부패한 사례는 찾아볼 수 없다."

이 외침 속에는 자연으로의 낭만적 회귀가 들어 있을지도 모르지만, 여기에는 또한 단단한 감각의 요소가 있었다. 독립적인 농부집단이 다른 어떤 인간사회보다 자발적인 민주주의의 요구사항들을 충족하는 데에 보다 근접해 있다는 제퍼슨의 생각은 옳았다. 그러나 만일 세계의 혐오로부터 그 이상을 보존하려면, 이런 이상적인 공동체에 울타리를 쳐야만 한다. 만일 농부들이 자신의 일을 스스로 운영한다면, 그들은 그들이 운영하기에 익숙한 일만을 해야 한다. 제퍼슨은 결국 이런 결론에 이르렀다. 그는 제조업과 해외무역, 해군과 무형자산을 인정하지 않았고, 소규모 자치집단에 중심을 두지 않는 정부론과 정부의 형태를 찬성하지 않았다. 그 당시에 제퍼슨의 비판가들 중 한 사람은 다음과 같은 견해를 피력했다. "자만심으로 가득 차 있고 현실에서 모든 침략자들에게 대항하여 우리 자신을 방어할 만큼 충분히 강력하다면, 우리는 불멸의 전원생활을 향유할지도 모르고, 따라서 이기적이고 만족스러운 은신처에서 영원히 무관심하고 품위 없게 살아갈지도 모른다."[7]

---

6) Charles Beard, *Economic Origins of Jeffersonian Democracy* Ch. XIV에서 재인용.
7) 위의 책, p. 426

4

제퍼슨이 구상했던 하나의 이상적인 환경과 하나의 선택된 계급으로 이루어진 민주적 이상은 그 시대의 정치학과는 모순되지 않았다. 대신에 그 이상은 현실과 갈등했다. 그리고 한편으로는 번영을 통해서, 다른 한편으로는 캠페인의 목적을 위해서 그 이상(理想)이 확실한 용어로 명시되었을 때, 제퍼슨의 이론이 원래는 매우 특별한 조건을 위해서 고안되었다는 점은 곧 망각되었다. 민주적 이상은 정치적 복음이자 고정관념이 되었다. 모든 미국인들이 그런 고정관념을 통해서 정치를 바라보게 되었다.

제퍼슨 시대에는 모든 사람들이 여론을 자발적이고 주관적인 것으로 생각할 수 있었다. 그리고 이렇게 생각할 필요가 있었기 때문에 그 복음은 정착되었다. 따라서 민주적 전통은 거주하는 지역 내에서 작동하는 모든 원인과 결과에 사람들이 주된 관심을 기울이는 곳을 살펴보려고 한다. 민주적 이론은 광범위하고 예측 불가능한 환경의 맥락에서는 결코 상상조차 할 수 없었다. 그 거울은 오목하다. 그리고 민주주의자들은 비록 자신들이 외적인 사건들과 접촉하고 있다는 점을 인정하기는 하지만, 그들은 확실히 자급자족하는 집단 밖에서의 모든 접촉이 원래 생각했던 바대로 민주주의에 위협이 된다고 본다. 이는 현명한 공포이다. 민주주의가 자발적인 것이라면, 민주주의에 관한 이해관계들은 단순하고, 이해할 수 있으며, 쉽게 조정되어야만 한다. 만일 정보의 제공이 일상의 경험에 남아 있다면, 조건은 고립된 시골의 타운십의 조건과 비슷해야 한다. 그런 환경은 모든 사람이 직접적이고 확실한 지식을 가질 수 있는 범위 내로 국한되어야 한다.

민주주의자들은 여론 분석이 보여주는 사실과 같은 것을 이해했다. 보이지 않는 환경을 다루는 결정은 "분명히 함부로 이루어지는데, 확실히 그래서는 안 된다."[8] 따라서 민주주의자들은 항상 어떻게 해서든 보이지 않는 환경의 중요성을 최소화하려고 노력해왔다. 그들은 해외무역이 외국과의 관계를 수반하기 때문에 무역을 두려워했다. 그들은 제조업이 큰 도시와 집합적인 군중을 양산하기 때문에 제조업을 불신했다. 그럼에도 불구하고 제조업이 있어야 한다면, 그들은 자급자족의 이해관계가 보호되기를 원했다. 실제세계에서 이런 조건들을 발견할 수 없을 때는 열성적으로 미개척지로 나아갔고, 해외와의 접촉과는 거리가 먼 유토피아적 공동체를 만들어냈다. 민주주의자들의 표어는 그들의 편견을 드러낸다. 그들은 자치(Self-Government), 자결(Self-Determination), 독립(Independence)을 옹호한다. 이들 중 어느 하나도 자치집단의 경계를 넘어서는 동의나 공동체의 관념을 감당할 수 없다. 민주적 행위의 범위는 특정한 경계 내에 있는 영역이다. 민주적 행위의 목적은 보호된 경계내에서 자급자족을 달성하고 복잡한 관계를 피하는 것이었다. 이런 규칙이 외교정책에만 국한된 것은 아니지만, 이는 외교정책에서 보다 분명하게 드러난다. 이는 국가의 경계 밖에서의 삶이 그 내부의 삶에 비해서보다 분명하게 이질적이기 때문이다. 그리고 역사가 증명하듯이, 민주주의 국가들은 외교정책에서 일반적으로 위대한 고립을 택할 것이냐 그들의 이상을 위반했던 외교를 택할 것이냐를 결정해야 했다. 실제로 가장성공적인 민주주의 국가인 스위스, 덴마크, 오스트레일리아, 뉴질랜드그리고 미국은 최근까지도 유럽적인 의미에서의 어떤 외교정책도 가지고 있지 않았다. 심지어 먼로 독트린과 같은 규칙은 주(州)들로 이루어진 제방에 의해서 두 대양(大洋)을 보완하라는 요구로부터 일어났는데, 이런 주들로 이루어진 제방은 어떤 외교정책도 가지고 있지 않을 정도로충분히 공화주의적이었다.

---

8) Aristotle, *Politics*, Bk. VII, Ch. IV.

독재정치가 필요불가결할 것이라는 큰 위험이 있는 반면에,9) 민주주의가 작동하려면 안보는 불가피한 것처럼 보였다. 자급자족 공동체라는 전제가 가능하려면 혼란이 적어야 한다. 안보의 불안은 불시의 공격을 수반한다. 이는 당신이 통제하지 못하고 의논할 수도 없는 사람들이 당신의 삶에 영향을 준다는 것을 의미한다. 이는 익숙한 일상을 방해하는 커다란 힘이 있고, 그런 힘 때문에 빠르고 예외적인 결정이 필요한 새로운 문제들이 제기된다는 것을 의미한다. 모든 민주주의자들은 위험한 위기가 민주주의와 양립할 수 없다는 점을 뼈저리게 느낀다. 왜냐하면 위기의 순간에는 소수가 빠르게 행위하고 결정해야 하며, 나머지 사람들은 이런 결정을 맹목적으로 따르는 것이 대중의 관성이라는 점을 그들은 알기 때문이다. 이것이 민주주의자들 가운데 저항하는 사람이 없다는 것을 의미하지는 않는다. 오히려 모든 민주적 전쟁들은 평화의 목적을 위해서 수행되었다. 심지어 실제로는 침략전쟁인 경우에도, 진정으로 문명을 방어하는 전쟁이라고 믿기도 한다.

지표면의 일부에 울타리를 치려는 다양한 시도들은 비겁함이나 무관심, 혹은 제퍼슨의 비판가가 말했듯이 수도사의 훈련을 기꺼이 감내하려는 마음으로는 고양되지 않았다. 민주주의자들은 눈부신 가능성을 찾아냈다. 이는 모든 인간존재가 자신의 완벽한 수준을 뛰어넘어 인간이 만든 한계들로부터 자유로워져야 한다는 것이었다. 통치의 기교에 대한 지식을 바탕으로, 민주주의자들은 아리스토텔레스와 마찬가지로 자율적인 개인들의 사회를 상상할 수 있었다. 이는 단지 고립되고 단순한

---

9) 1800년 민주혁명에 겁을 먹은 피셔 에임스(Fisher Ames)는 1802년 루퍼스 킹(Rufus King)에게 다음과 같이 편지를 보냈다. "모든 민족이 그러하듯이, 우리는 우리를 둘러싸고 있는 강력한 이웃에게 압박을 가할 필요가 있습니다. 그런 이웃의 존재는 항상 선동가들보다 강한 공포를 촉발시키게 되고, 이는 사람들이 그들의 정부를 향하도록 고무할 수 있습니다." Ford, *Rise and Growth of American Politics*, p. 69에서 재인용.

사회였다. 만일 모든 사람들이 공적 문제를 자발적으로 다룰 수 있다는 결론에 도달하면, 어떤 다른 전제도 선택할 수 없을 것이다.

5

그들이 가장 원했던 희망에 필요했기 때문에 그런 전제를 받아들였던 민주주의자들은 다른 결론을 내리기도 했다. 자발적인 자치정부가 있기 위해서는 단순한 자급자족 공동체가 있어야 했기 때문에, 그들은 모든 사람들이 자급자족의 업무를 처리하는 데에 동일한 능력이 있다는 점을 당연시했다. 사유보다 소망이 앞서면, 이런 논리가 설득력 있는 것처럼 들린다. 게다가 시민이 전권을 가지고 있다는 교의는 시골의 타운십의 경우에 사실이다. 마을에 살고 있는 모든 사람들은 마을이 하는 모든 일에 관여하려고 노력한다. 그들은 공직을 교대로 맡아서 수행하는 팔방미인들이다. 민주적 고정관념이 보편적으로 적용되기 전까지는 시민이 전권을 가지고 있다는 교의에 어떤 심각한 문제도 없었기 때문에, 사람들은 복잡한 문명을 검토하면서 울타리로 둘러싸인 마을을 볼 수 있었다.

개별적인 시민은 모든 공적 문제들을 다루는 데에 적합할 뿐만 아니라, 항상 공공심이 있으며, 지칠 줄 모르는 호기심을 타고났다. 개별적인 시민에게는 타운십에 충분할 정도의 공적 정신이 있었다. 그는 그곳의 모든 사람들을 알고 있었고, 모든 사람들의 일에 관심이 있었다. 타운십을 위해서 충분하다는 생각은 어떤 다른 목적을 위해서도 충분하다는 생각으로 쉽사리 전환되었다. 우리가 살펴보았듯이, 이는 양적 사유가 고정관념과는 어울리지 않았기 때문이다. 그러나 여기에는 또다른 순환이 있었다. 모든 사람들이 중요한 문제들에 충분한 관심을 기울인다고 추정했기 때문에, 모든 사람들이 관심을 보이는 문제들만 중요한 것처럼 보였다.

이는 사람들의 바깥세계에 관한 이미지가 그들의 생각에 도전하지 않는 이미지에 의해서 형성된다는 것을 의미했다. 부모와 교사는 이런 이미지를 고정관념으로 전수했고, 이는 사람들 스스로의 경험에 의해서는 좀처럼 교정되지 않았다. 주(州)의 경계를 가로지르는 문제는 오직 소수에게만 있었다. 이런 소수보다도 훨씬 더 적은 사람들에게만 외국으로 출국할 이유가 있었다. 대부분의 유권자들은 한 지역에서 평생을 살았고, 단지 몇몇 신문과 팸플릿, 연설과 설교 그리고 말도 안 되는 소문들을 통해서 상업과 재정, 전쟁과 평화라는 보다 큰 환경을 상상해야 했다. 평상시의 욕망에 기반을 둔 여론이 객관적인 여론에 비해서 훨씬 더 많았다.

그리고 매우 다른 다양한 이유들 때문에, 자급자족은 그 형성기에 숭고한 이상이 되었다. 타운십의 물리적 고립, 개척자들의 고독, 민주주의론, 청교도적 전통과 정치학의 한계, 이 모든 것들은 사람들이 자신의 의식으로부터 정치적 지혜를 해방시켜야 한다고 믿도록 하는 데에 집중되었다. 절대적인 원리들로부터 법을 추론하는 것은 그런 원리들의 자유로운 에너지를 대단히 침해해왔다. 미국인의 정치적 마음은 그 마음의 능력에 남아 있어야 했다. 미국인은 법치주의(legalism)에서 검증된 일련의 규칙을 발견했다. 경험으로부터 새로운 진리를 얻으려는 노력 없이도 검증된 일련의 규칙으로부터 새로운 규칙들을 자아낼 수 있게 되었다. 이 공식은 이상할 정도로 신성시되어서, 모든 선의의 외국인 관찰자들은 미국인들의 역동적인 실천적 에너지와 공적 삶의 정적인 방법(theorism) 사이의 현저한 차이에 놀라움을 금치 못했다. 고정된 원리들을 변함없이 사랑하는 것만이 자급자족을 성취하는 유일한 방식으로 알려졌다. 그러나 이는 바깥세계에 관한 공동체의 여론이 몇 가지 고정관념의 이미지들로 구성되어 있다는 것을 의미했다. 이런 고정관념의 이미지들은 그들의 법적 규범과 도덕적 규범으로부터 연역된 유형으로 정리되었고, 지역의 경험이 자극하는 감정으로 활기를 띠었다.

그리하여 기본적인 인간의 존엄성이라는 훌륭한 통찰로 출발했던 민주주의론은 그 환경을 보도하기 위한 지식의 도구가 부족했기 때문에 유권자가 축적했던 지혜와 경험에 의지하지 않을 수 없었다. 제퍼슨의 말에 따르면, 신은 사람들의 가슴을 "본질적이고 진정한 덕을 위한 자신의 고유한 보고(寶庫)"로 삼았다. 자급자족의 환경에서 신에게 선택받은 사람들은 모든 사실을 직접 접할 수 있었다. 그 환경은 매우 친숙해서, 누구라도 사람들이 본질상 동일한 것에 관해서 이야기하고 있다는 점을 당연한 것으로 간주했다. 따라서 현실에 관한 불일치는 사실 자체에 있는 것이 아니라 그런 사실들을 판단하는 데에 있을 터였다. 정보의 원천을 보장할 필요가 없었다. 정보의 원천은 분명했고, 모든 사람들이 그 원천에 접근할 수 있었다. 최종적인 판단의 기준에 관해서도 걱정할 필요가 없었다. 자급자족 공동체에서 사람들은 동일한 도덕적 규범을 추정했거나 추정할 수 있었다. 따라서 의견의 차이가 발생하는 유일한 지점은 받아들인 기준을 받아들인 사실들에 논리적으로 적용하는 데에 있었다. 그리고 추론의 능력 또한 훌륭하게 표준화되어 있었기 때문에, 추론상의 오류는 자유로운 토론을 통해서 빨리 밝혀질 것이었다. 이런 한계내에서, 진리는 자유에 의해서 획득될 수 있다는 결론이 도출되었다. 정보를 제공하는 것은 당연히 공동체였다. 전제를 발견하는 역량보다는 학교와 교회와 가정에서 전수된 공동체의 규범과 전제로부터 연역하는 힘이 지적 훈련의 주된 목적으로 간주되었다.

제18장

힘, 후원, 그리고 특권의 역할

1

해밀턴은 다음과 같이 서술했다.[1] "예상했던 바와 같이 연방의 법령은 집행되지 않았고, 주들의 의무 불이행은 점차 극단으로 치달아서 마침내는 연방정부의 모든 기구들을 정지시켰으며 그것들을 끔찍한 처지에 놓이게 했다." 왜냐하면 "우리의 경우에 13개의 상이한 주권적 의지들의 협력이 연방에서 비롯된 모든 중요한 법령들을 완전하게 집행하는 데에 필요조건이기" 때문이다. 그는 그렇지 않다면 어떤 방법이 있을 수 있겠는가라고 질문했다. "각 주의 지배자들은……스스로 정책의 타당성을 판단하려고 할 것이다. 그들은 제안되었거나 필요한 정책이 당면한 이해관계와 목적에 부합하는지를 고려할 것이며, 정책의 채택에 따르는 순간적인 편익이나 불편을 생각할 것이다. 이 모든 것은 올바른 판단에 필수불가결한 국가적 상황이나 정세에 대한 지식 없이, 그릇된 결정을 낳을 수밖에 없는 지역적 목적에 치우친 극심한 편견에 의해서 수행될 것이다. 이와 동일한 과정은 그 조직을 구성하는 모든 구성원에게서 반복된다. 그리고 전체 의회에서 고안된 계획의 시행은 구성원들의 잘못된 지

---

1) *Federalist*, No. 15

식과 편견에 따라서 제멋대로 변할 것이다. 대중집회의 진행에 경험이 많은 사람들이나 절박한 외부상황의 압력이 없을 때 중요한 문제에 구성원들을 일치된 결의로 유도하는 일이 얼마나 어려운가를 경험한 사람들이라면, 서로 먼 거리에서 서로 다른 시간에 그리고 서로 다른 생각을 가지고 협의하는 다른 집단들이 동일한 관점과 목적을 가지고 협력하도록 유도하는 일이 얼마나 어려운지를 알 것이다."

존 애덤스가 말한 바와 같이,[2] "오직 외교적 회합"에 불과했던 의회와의 10년에 걸친 질풍노도의 시대는 혁명의 지도자들에게 "유익하지만 고통스러운 교훈"을 주었다.[3] 이는 다수의 자기 중심적인 공동체들이 동일한 환경에서 얽혀 있을 때 무슨 일이 벌어지는가에 관한 것이었다. 그리고 표면상 그들이 1787년 5월 연방조항(Articles of Confederation)을 개정하기 위해서 필라델피아에 모였을 때, 실제로 그들은 18세기 민주주의의 기본적인 전제에 완전히 반대하는 입장에 서 있었다. 매디슨이 말한 바와 같이, 지도자들은 당대의 민주적 정신에 의식적으로 반대하여 "민주주의가 시종 혼란과 싸움의 광경이었다"고 느꼈을 뿐만 아니라, 국가의 경계 내에서 그들은 할 수 있는 한 자급자족 환경에서의 자치 공동체의 이상을 보완하리라고 결심했다. 그들의 눈앞에서 벌어졌던 것은 인간이 자신의 모든 일을 자발적으로 운영하는 곳에서 일어난 근시안적 민주주의의 충돌과 실패였다. 그들에게 문제는 민주주의에 반하는 정부를 복원하는 것이었다. 그들은 정부가 국가적 결정을 내리고, 그런 결정들을 전국적으로 강제하는 힘이라는 점을 이해했다. 그들이 믿었던 민주주의는 자결에 근거한 지역과 계급의 주장이었는데, 이는 그들의 직접적인 이해관계와 목적들에 일치하는 것이었다.

---

2) Ford, 위의 책, p. 36
3) *Federalist*, No. 15

그들은 각각의 상이한 공동체들이 사실에 관한 하나의 동일한 견해를 바탕으로 자발적으로 행위할 것이라는, 그런 지식의 조직화 가능성을 고려할 수 없었다. 우리는 뉴스와 공통의 언어가 자유롭게 순환하는 세계의 특정 지역, 그리고 오직 삶의 특정 측면들에만 이런 가능성이 있다는 점을 이제 막 이해하기 시작했다. 산업과 세계정치에서 자발적인 연방주의는 아직까지 초보적인 수준에 머물러 있다. 우리 자신의 경험에서 살펴볼 수 있듯이, 자발적인 연방주의라는 생각은 실제 정치에서는 아주 작은 부분에 한해서 대단히 작은 규모로 발생한다. 1세기 이상이 지난 오늘날에 와서야 지적인 노력을 기울일 수 있도록 동기를 부여하는 것으로 이해할 수 있게 된 것을, 헌법의 초안자들이 이해했을 리 만무했다. 해밀턴과 그의 동료들은 사람들에게 공통의 이해관계에 관한 의식이 있기 때문에 협력하게 된다는 이론이 아니라, 세력의 균형을 통해서 특정한 이해관계들이 균형상태를 유지해야 통치할 수 있다는 이론에 근거하여 연방정부를 세우기 위한 계획을 마련해야 했다. 매디슨은 "야심에는 야심으로 대응해야 한다"고 말했다.[4]

그러나 그들은 모든 이해관계들이 영구적인 교착상태에 있을 정도로 통치상의 균형을 유지하려고 한 것은 아니었다. 그들의 의도는 지역과 계급의 이해관계가 통치를 방해하지 못하도록 하는 데에 있었다. 매디슨에 따르면,[5] "인간에 의한 인간의 통치여야 할 정부를 만드는 것에서, 가장 커다란 어려움은 여기에 있다. 우선 **정부가 피통치자를 통제할 수 있어야만** 하고, 그 다음으로는 정부가 그 자체를 통제하도록 의무를 지워야만 한다." 따라서 매우 중요한 의미에서, 견제와 균형의 교리는 여론의 문제에 대한 연방주의 지도자들의 처방이었다. 그들은 "피비린내 나는

---

4) *Federalist*, No. 51, Ford, 위의 책 p. 60에서 재인용.
5) 위의 책.

무력기관"을 "장관의 온화한 영향력"으로 대체하기 위해서 지방의 의견을 중립화하기 위한 정교한 머신을 고안하지 않을 수 없었다.6) 그 이외에 다른 방법은 없었다. 그들은 공통된 정보에 기초한 공통된 동의의 가능성을 이해하기는 했지만, 거대한 유권자 전체를 조작하는 방법을 이해하지는 못했다. 에런 버가 해밀턴에게 하나의 교훈을 가르쳤다는 것은 사실이다. 버가 태머니 홀(Tammany Hall)의 도움으로 1800년 뉴욕 시의 지배권을 장악했을 때, 해밀턴은 깊은 인상을 받았다. 그러나 해밀턴은 이런 새로운 발견을 체득하기 전에 피살당했다. 이는 포드가 말한 바와 같이,7) 버의 권총이 연방당으로부터 그 두뇌들을 날려버린 셈이었다.

2

헌법이 제정될 당시, "정치는 여전히 신사들 사이에서의 회합과 동의에 의해서 처리될 수 있었고,"8) 해밀턴이 통치를 위해서 의지했던 것은 바로 이 신사계급이었다. 입헌적인 견제와 균형에 의해서 지역의 편견이 균형상태에 있을 때, 국사(國事)를 운영해야 하는 이들은 바로 신사계급이었다. 이 계급에 속했던 해밀턴은 의심할 바 없이, 이 계급에 우호적인 편견을 가지고 있었다. 그러나 이런 편견만을 가지고 그의 정치적 수완을 설명하기에는 역부족이다. 확실히 연방을 위한 그의 뜨거운 열정은 의심할 바가 없다. 그가 연방을 구성하기 위해서 계급적 특권을 이용했다고 말하지 않고, 계급적 특권을 보호하기 위해서 연방을 구성했다고 주장하는 것은 본말을 전도하는 것이다. 해밀턴의 말에 따르면, "우리는 인간을 액면 그대로 받아들여야 하고, 만일 우리가 공적인 일에 대한 인간의 공헌을 기대한다면, 그렇게 하는 데에서의 인간의 열정에 관심을

---

6) *Federalist*, No. 15
7) Ford, 위의 책, p. 119
8) 위의 책, p. 144

기울여야 한다."9) 해밀턴은 통치할 사람들이 필요했고, 통치할 사람들의 열정은 가장 빠르게 국익과 직결될 수 있었을 것이다. 이들은 신사계급, 공적 채권자(public creditor), 제조업자, 해운업자, 무역업자 등이었고,10) 해밀턴은 일련의 재정적 조치로 지방의 명망가들을 새로운 정부에 참여시켰는데, 분명한 목적을 달성하기 위해서 기민한 수단을 채택한 사례들 중 역사상 이보다 더 나은 사례는 찾아볼 수 없다.

헌법 제정회의(constitutional convention)는 비공개로 진행되었고, "성인 남성의 6분의 1 정도의 투표"에 의해서 비준되었지만,11) 부당한 주장이나 요구는 거의 없었다. 연방주의자들은 연방에 찬성한 것이지 민주주의에 찬성한 것이 아니었다. 심지어 조지 워싱턴은 2년 이상 공화당 대통령으로 재임하면서, 공화국이라는 말을 불쾌하게 생각했다. 헌법은 노골적으로 대중적 지배의 영역을 제한하려고 했다. 정부 내의 유일한 민주적 기관은 하원이었는데, 이 역시도 재산에 따라서 극도로 제한된 참정권에 기반을 두었다. 심지어 하원조차도 정부의 일부로서는 지나치게 방만한 것이라고 여겨졌기 때문에, 상원과 선거인단과 대통령의 거부권과 사법 해석(judicial interpretation)에 의해서 주의 깊게 견제와 균형이 이루어졌다.

프랑스 혁명이 전 세계에 걸쳐서 대중적인 감정에 불을 붙이고 있던 순간에, 1776년 미국 혁명가들은 자신들에게 이익이 되는 한도 내에서 영국의 군주제로 회귀했던 헌법을 받아들였던 것이다. 이 보수적 반동은 지속될 수 없었다. 헌법을 만들었던 사람들은 소수였고, 그들의 동기는 불신을 받게 되었으며, 워싱턴이 은퇴했을 때 신사계급의 지위는 그를 계승하기 위한 불가피한 투쟁에서 살아남을 만큼 충분히 강하지 않았다.

---

9) 위의 책, p. 47
10) Beard, *Economic Interpretation of the Constitution, passim.*
11) Beard, 위의 책, p. 325

헌법 제정자들의 원래 계획과 그 시대의 도덕적 감정 사이의 간극은 좋은 정치인이 기회로 삼기에는 너무 큰 것이었다.

3

제퍼슨은 자신의 당선을 "1800년의 대혁명"이라고 불렀지만, 무엇보다도 그것은 마음속에서의 혁명이었다. 정책상의 큰 변화는 없었지만, 어떤 새로운 전통이 확립되었다. 제퍼슨은 미국인들이 헌법을 민주주의의 도구로 간주하도록 가르쳤던 최초의 인물이었고, 민주주의의 이미지와 그에 관한 생각들, 심지어는 많은 구절들을 고정관념으로 만들었다. 제퍼슨 이후에 미국인들은 그런 이미지와 생각들 그리고 구절들을 통해서 정치를 묘사하게 되었다. 그 정신적 승리는 매우 완벽한 것이어서, 25년 후에 연방주의자들의 고향을 방문했던 토크빌은 다음과 같이 적시했다. 심지어 "공화당 정부의 연이은 집권으로 성이 나 있던" 사람들조차도 "공공장소에 있을 때는 공화당 통치의 유쾌함과 민주적 제도들의 이익을 찬양하고 있는" 소리를 듣는 것이 드문 일이 아니었다.[12]

헌법 제정자들은 현명했지만, 명백히 비민주적이던 헌법이 오랫동안 묵인된 채 남아 있지는 않을 것이라는 점을 이해하는 데에는 실패했다. 대중의 지배를 대담하게 부인하는 일은 제퍼슨과 같은 사람에 대한 손쉬운 공격점을 제공하지 않을 수 없었다. 제퍼슨은 헌법에 관한 의견상, 정부를 국민의 "천한" 의지에 넘겨줄 준비가 해밀턴만큼도 되어 있지 않은 인물이었다.[13] 연방주의 지도자들은 확고한 신념을 직설적으로 표명했던 사람들이었다. 그들의 공적 견해와 사적 견해 사이에는 사실상

---

12) *Democracy in America,* Vol. I, Ch. X (Third Edition, 1838), p. 216
13) 제퍼슨의 버지니아 헌법에 대한 계획, 재산 소유자로 구성된 상원에 대한 생각, 사법적 거부권에 대한 견해 등을 참조. Beard, *Economic Origins of Jeffersonian Democracy*, p. 450부터 그 이하.

거의 모순이 없었다. 그러나 제퍼슨의 마음은 굉장히 모호했다. 이는 해밀턴과 그의 전기작가들이 생각했던 것처럼 그의 결점 때문이 아니었다. 그는 연방과 자발적인 민주주의를 믿었지만, 그의 시대의 정치학에는 이 둘을 조화시킬 만한 만족스러운 방식이 없었다. 사상과 행위에서의 제퍼슨의 이런 혼돈은 그가 모든 방면에서 누구도 생각하지 못했던 새롭고 거대한 생각을 했기 때문이다. 그러나 누구도 인민주권을 분명히 이해하지는 못했지만, 그것이 인간의 삶의 위대한 향상을 의미하는 것처럼 보였기 때문에, 헌법은 인민주권을 노골적으로 부인하는 입장에 설 수 없었다. 따라서 인민주권을 노골적으로 부인하는 것은 인간의 의식에서 사라졌고, 명목상 제한적인 입헌 민주주의의 공정한 사례인 헌법은 대중 지배의 도구로 회자되었다. 실제로 제퍼슨은 연방주의자들이 헌법을 곡해했다고 믿는 지경에까지 이르렀는데, 그의 공상에서 연방주의자들은 더 이상 헌법 제정자들이 아니었다. 따라서 헌법은 마음속에서 개정되었다. 부분적으로는 실제의 헌법 수정을 통해서, 또는 선거인단의 사례와 같은 실천을 통해서, 그러나 주요하게는 또다른 일련의 고정관념을 통해서 헌법을 바라봄으로써 헌법의 외관은 더 이상 과두정치와 같은 것으로 보이지 않게 되었다.

미국인들은 그들의 헌법이 민주적 도구라는 점을 믿게 되었고, 헌법을 그와 같이 다루었다. 그들은 이 허구를 토머스 제퍼슨의 승리 덕택으로 알고 있고, 이는 위대한 보수적 허구가 되었다. 만일 모든 사람들이 헌법을 그 제정자들이 생각했던 것처럼 생각했다면, 헌법은 폭력적으로 전복되었을지도 모른다. 왜냐하면 헌법에 대한 충성과 민주주의에 대한 충성이 양립할 수 없는 것처럼 보였기 때문이다. 제퍼슨은 미국인들에게 헌법을 민주주의의 표현으로 이해하라고 가르침으로써 이 역설을 해결했다. 제퍼슨은 여기에서 멈추었다. 그러나 25년 동안 사회적 조건들은

근본적으로 변했고, 앤드루 잭슨은 제퍼슨이 준비했던 전통을 위해서 정치적 혁명을 수행할 수 있었다.[14]

4

혁명의 정치적 중심에는 후견(patronage)에 관한 문제가 있었다. 정부를 세웠던 사람들은 공직을 가볍게 건드릴 수 없는 일종의 재산으로 간주했고, 공직이 그들과 동일한 사회계급의 수중에 남아 있게 될 것이라고 확신했다. 그러나 민주적 이론의 주요 원리 중 하나는 시민이 전권을 가진다는 것이었다. 따라서 사람들이 헌법을 민주적 도구로 보기 시작하자, 영구적으로 공직에 머무르는 것이 비민주적인 것으로 보이게 될 것은 자명했다. 여기에서 인간의 자연적 야망은 그 시대의 위대한 도덕적 충동과 일치했다. 제퍼슨은 그 생각을 무자비하게 실행에 옮기지 않고도 대중화했고, 버지니아 출신 대통령들이 집권하던 시기에 당파적인 이유로 제거된 사람들은 상대적으로 소수에 불과했다. 공직을 후견으로 전환하는 실제 토대를 닦았던 이는 바로 잭슨이었다.

우리에게는 기이하게 들리지만, 짧은 기간에 공직을 순환하는 원리는 하나의 위대한 개혁으로 간주되었다. 이 원리는 보통사람을 어떤 공직에나 적합한 존재로 취급함으로써 그들의 새로운 존엄성을 인정했으며, 사회계급의 공직의 독점을 파괴하고 재능 있는 사람에게 공직의 기회를 열어주었을 뿐만 아니라, "수 세기 동안 정치적 부패에 대한 주권적 처방으로서" 그리고 관료제의 창출을 막는 핵심적인 방식으로서 "옹호되었다."[15] 공직의 빈번한 교체는 자급자족하는 마을로부터 도출된 민주주의의 이미지를 보다 큰 영토에 적용한 것이었다.

---

14) 혁명의 정도상 해밀턴의 의견을 잭슨의 실천과 분리하는 데에 의문이 생기는 독자는 Henry Jones Ford, *Rise and Growth of American Politics*를 참조.
15) Ford, 위의 책, p. 169

당연히 이는 민주적 이론이 기초하고 있던 이상적인 공동체에서 나왔던 결과와 동일한 결과를 얻지 못했다. 진정으로 예측하지 못했던 결과는 연방주의자들을 대신하는 새로운 통치계급을 만들었다는 것이다. 후견은 해밀턴의 재정적 조처가 상층계급에 도움이 되었던 것처럼 큰 규모의 유권자층에 도움이 되었는데, 이는 의도된 바가 아니었다. 우리는 정부의 안정성이 얼마만큼 후견에 빚지고 있는지를 인식하지 못한다. 지도자들이 자기 중심적인 공동체에 과도한 애착을 가지는 것을 막은 것은 후견 덕택이었고, 지역감정을 약화시키고 평화로운 협력을 가능하게 했던 것도 후견 덕택이었다. 지방의 저명인사이기도 했던 그런 사람들에게 공통의 이해관계가 없었다면 연방은 분열했을 것이다.

　그러나 물론 민주적 이론은 새로운 통치계급을 만들어서는 안 되었고, 결코 그런 사실을 수용한 것도 아니었다. 민주주의자들이 공직의 독점을 폐지하고 그것을 짧은 기간 동안의 순환으로 바꾸기를 원했을 때, 그들은 공적 서비스를 수행할 수 있고 그 이후에는 농장으로 되돌아갈 수 있는 타운십을 생각했다. 민주주의자들은 특수한 정치계급을 염두에 두지는 않았다. 그러나 민주주의자들은 그들의 생각을 실현할 수 없었다. 왜냐하면 그들의 이론은 이상적인 환경으로부터 도출된 것이었던 반면, 그들은 실제환경에서 살아가고 있었기 때문이다. 그들이 민주주의의 도덕적 충동을 보다 더 깊이 느끼게 될수록, 그들은 먼 거리에서 상이한 인상들을 바탕으로 심의하는 공동체들이 동일한 견해와 목적을 추구하기 위해서 더 이상 협력할 수 없을 것이라는 해밀턴의 말 속의 심오한 진리를 이해할 준비가 부족해졌다. 공통된 동의를 얻는 기교가 근본적으로 향상되기 전까지, 그런 진리는 공적인 문제에서 민주주의의 완전한 실현을 지연시킨다. 그리고 제퍼슨과 잭슨이 주도한 혁명은 후견제를 통해서 양당체제를 만들었다. 이는 신사계급의 지배를 대체했고, 견제와 균형의 교착상태를 통치하는 규율을 창출했지만, 이런 혁명과 관련된 모든 일들은 보이지 않게 진행되었다.

따라서 공직의 순환은 명목상의 이론일 뿐이었고, 실제로 공직은 심복들 사이에서 오고갔다. 종신재임(tenure)이 영구적인 독점은 아니었겠지만, 전문적인 정치가는 영구적이었다. 하딩 대통령이 언젠가 말했듯이, 통치를 하는 것은 단순한 일일 수 있지만, 선거에서 승리하는 것은 정교하게 짜인 공연과 같은 것이었다. 공직의 봉급은 제퍼슨이 집에서 만들어 입었던 양복만큼이나 보란 듯이 소박한 것일 수 있지만, 정당조직의 비용과 승리의 결실은 굉장한 것이었다. 민주주의의 고정관념은 눈에 보이는 정부를 통제했다. 미국인들이 그들의 환경이라는 실제 사실을 바로잡고 그것에 불복하거나 적응하는 것은, 심지어 모든 사람들이 그런 사실에 관한 모든 것을 알고 있다손 치더라도 보이지 않아야만 했다. 민주주의의 원래 그대로의 이미지를 따라야 했던 것은 오직 법조문과 정치가들의 연설, 전당대회 그리고 행정부의 형식적인 조직들뿐이었다.

5

만일 누군가가 철학적 민주주의자에게 어떻게 이런 자급자족 공동체들이 그들의 여론이 그처럼 자기 중심적일 때조차도 서로 협력할 수 있느냐고 물었다면, 그는 의회에 구현된 대의정부를 지목했을 것이다. 그리고 대의정부의 위신은 점차 쇠락해온 반면, 대통령의 힘은 얼마나 성장했는가를 발견하는 것만큼 그를 놀라게 하는 일도 없을 것이다.

몇몇 비평가들은 이런 쇠락을 지방의 명망가들만을 워싱턴으로 보내던 관습에서 찾았다. 그들은 만일 의회가 전국적으로 저명한 사람들로 구성될 수 있다면, 수도의 삶은 보다 훌륭할 것이라고 생각했다. 물론 그럴 것이다. 그리고 퇴임한 대통령과 장관들이 존 퀸시 애덤스의 예를 따랐다면 좋았을 것이다. 그러나 이런 사람들이 없다는 것이 의회의 곤경을 설명하지는 않는다. 왜냐하면 의회의 쇠락은 의회가 상대적으로 정부의 가장 탁월한 부문일 때 시작되었기 때문이다. 사실은 그와 반대이고, 의회가 국가의 정책형성에 직접적인 영향력을 상실했듯이 저명한 사람들에게 매력을 잃어버렸다는 것이 보다 그럴듯하다.

나는 현재 전 세계적인 의회에 대한 불신의 주된 이유는 의회가 광범위하고 알려지지 않은 세계 속에서 단지 눈먼 자들의 집단일 뿐이라는 사실에서 발견할 수 있다고 생각한다. 몇몇 예외는 있지만, 의회가 스스로 알아낼 수 있는 유일한 방법은 지역구로부터 올라온 의견을 교환하는 것이다. 이는 헌법이나 대의정부론도 인정하고 있다. 의회가 세계에서 벌어지는 일을 알 수 있는 체계적이고, 적절하며, 공인된 방식은 존재하지 않는다. 대의정부론에 따르면, 각 지역구에서 최적의 사람이 유권자들의 최선의 지혜를 중앙무대로 가져오고, 이런 지혜들이 결합되어 의회가 필요로 하는 지혜가 된다. 이제 지역의 의견을 표출하고 그런 의견을 교환하는 가치에 대해서 질문할 필요가 없다. 의회는 시장(market-place)으로서 보다 큰 가치가 있다. 휴대품 보관소, 호텔 로비, 의회 숙소, 의원 부인들의 티파티나 사해동포적인 워싱턴 건물의 로비에 가끔씩 들어가는 것만으로도, 새로운 전망이 열리고 보다 넓은 시야와 마주할 수 있다. 그러나 대의정부론이 적용되어 지역구에서 가장 현명한 사람을 의회에 보낸다고 할지라도, 각 지역의 인상들의 총합이나 조합은 국가정책을 세우기 위한 기반으로는 여전히 불충분하고, 외교정책을 통제하는 기반으로는 전혀 작동할 수 없다. 대부분의 법의 실제 효과는 미묘하고 숨겨져 있기 때문에, 지역의 경험을 지역의 마음의 상태를 통해서 여과하는 것만으로는 그런 효과를 이해할 수 없다. 법의 실제 효과는 오직 세심한 보도와 객관적인 분석에 의해서만 알 수 있다. 그리고 큰 공장의 공장장이 현장주임과 이야기하는 것만으로는 공장이 얼마만큼 효율적인지 알수 없고 회계사가 공장장을 위해서 원가계산표와 회계자료를 검토해야 하는 것처럼, 입법가 역시 지역의 이미지들을 모자이크한 것으로는 연방의 상태에 관한 진정한 이미지에 도달할 수 없다. 입법가는 지역의 이미지들을 파악할 필요가 있지만, 그런 이미지들을 측정하는 도구가 없다면 어떤 것이 중요한 이미지인지를 파악할 수 없을 것이다.

대통령은 연방의 상태에 관한 메시지들을 전달함으로써 의회에 도움을 준다. 대통령은 그렇게 할 수 있는 지위에 있다. 그는 방대한 기구와 부서들을 이끌고 있고, 이런 기구와 부서들은 행동할 뿐만 아니라 보고도 하기 때문이다. 그러나 대통령은 그가 선택한 것만을 의회에 말한다. 대통령은 심문의 대상이 될 수 없으며, 무엇이 공적 이해관계와 양립할 수 있는지를 검열하는 것은 그의 손에 달려 있다. 이는 전적으로 일방적이자 교묘한 관계이고, 종종 어리석음의 극치에 도달하기도 한다. 중요한 서류를 확보하기 위해서 의회는 때로 시카고 신문의 기업정신이나 하위 공무원의 계획적인 기밀누설에 감사해야 한다. 의원들은 필요한 사실에 접근하기가 매우 어렵기 때문에, 사적 정보에 의존하거나 합법적인 잔혹행위, 즉 청문회에 의존해야 한다. 청문회에서 사유를 위한 정당한 양식에 굶주린 의원들은 거칠고 광적으로 범인을 색출하기 위해서 행동하고 만행을 멈추지 않는다.

이런 청문회를 통해서 얻을 수 있는 소량의 정보와 행정부로부터 간헐적으로 제공되는 정보, 신문과 정기 간행물, 의원들이 읽은 책에서 수집한 자료, 주간 통상 위원회(Interstate Commerce Commission)나 연방무역 위원회 혹은 관세 위원회와 같은 전문기관의 협조를 제외하면, 의회에서 의견을 만드는 일은 일종의 근친상간과 같은 일이다. 이로부터 다음과 같은 결론을 내릴 수 있다. 연방수준에서의 입법은 소수의 식견을 갖춘 내부자들이 준비하고, 이는 당파적 힘을 통해서 통과되거나 지역적 항목들의 묶음으로 분산되는데, 각 항목은 지역에 필요하다는 이유로 제정된다. 관세 일정, 해군 공창, 육군 주둔지, 하천과 항만, 우체국과 연방건물, 연금과 후견 등은 윤택한 국민생활의 실재(實在) 증거로서 오목한 공동체들에 제공된다. 공동체들은 오목하기 때문에, 지역개발 사업의 누적비용을 판단할 수 있게 되기 전에, 지역의 부동산 가치를 높이고 지역의 도급업자들을 고용하기 위해서 연방기금으로 지어진 하얀 대리석 건물을 볼 수 있다. 의회에서 의원들 각자가 실제로 알고 있는 것은 오직 자신의 지역구에 관한 일뿐이기 때문에, 지역 사이의 문제를 다루는 법은 어떤 종류의 창의적인 참여도 없이 의원집단이 거부하거나 통과시킨다고 말하는 것이 타당할 것 같다. 의원들은 오직 지역의 쟁점으로 취급할 수 있는 법을 제정하는 데에만 참여한다. 정보를 얻고 분석하는 효과적인 수단이 없는 입법부는 간헐적인 반란으로 단련된 맹목적인 규칙성과 의원들 간의 결탁 사이에서 갈팡질팡할 수밖에 없기 때문이다. 그리고 그런 규칙성을 입맛에 맞게 만들어주는 것이 바로 의원들 간의 결탁이다. 어떤 의원이 그보다 역동적인 그의 선거구민들에게 그들이 생각하는 것만큼 그가 선거구민들의 이해관계에 관심을 기울이고 있다는 점을 증명하는 것이 바로 이런 의원들 간의 결탁이기 때문이다.

　그런 결탁을 만족스럽게 생각하는 의원들을 제외하면, 의원들 간의 결탁은 개별 의원들의 잘못이 아니다. 가장 영리하고 근면한 대표자는 그가 투표하는 법안들 전부를 이해하려고 할 것이다. 그가 할 수 있는 최선은 몇몇 법안들을 전문적으로 다루고, 나머지 법안들에 관해서는 다른 사람의 말을 따르는 것이다. 나는 어떤 주제에 관해서 공부할 때, 마치 마지막 시험을 치른 후에는 공부를 해본 적이 없는 사람처럼, 블랙커피를 마시거나 젖은 수건으로 머리를 싸매고 공부하는 의원들을 알고 있다. 그들은 정보를 캐내야만 했고, 사실들을 정리하고 확인하려고 구슬땀을 흘려야 했는데, 이런 사실들은 의식적으로 조직된 정부가 결정을 내리기 위해서 적절한 형태로 쉽게 이용할 수 있는 것이어야 했다. 그리고 심지어 그들이 실제로 어떤 주제에 관해서 알고 있는 때에도 그들의 걱정거리는 단지 시작일 뿐이었다. 왜냐하면 그들의 출신지역에 있는 신문 편집자들과 상공회의소, 노동조합, 그리고 여성 클럽 등은 그들의 시간을 쪼개어 지역의 상황을 통해서 의원들이 어떤 활동을 하고 어떤 노력을 기울이는지를 세심하게 살펴보려고 했기 때문이다.

6

지방의 거물들을 중앙정부와 헤아릴 수 없이 다양한 지역 보조금과 특권에 달라붙도록 했던 후견은 자기 중심적인 공동체를 파멸시켰다. 후견과 지역개발 사업은 수많은 특수한 의견들과 지역의 불만들 그리고 사적 야망을 혼합하고 안정시킨다. 그러나 두 가지 다른 대안이 있다. 하나는 공포와 복종에 의한 통치이고, 다른 하나는 대단히 발전된 정보와 분석 그리고 자의식의 체계에 기초한 통치이다. 후자의 통치에서 "전국적 상황과 국가적 이유에 관한 지식"은 모든 사람들에게 분명하게 알려져 있다. 독재적 체제는 붕괴되었지만, 자발적 체제는 매우 초보적인 발전단계에 머물러 있다. 따라서 큰 집단이나 국제연맹, 산업정부나 연방국가의 전망은 공통의식을 형성하기 위한 자료가 얼마만큼 존재하는지에 달려 있다. 그 정도에 따라서 협력이 힘에 의존할 것인가, 혹은 힘에 대한 좀더 부드러운 대안 —— 후견과 특권 —— 에 의존할 것인가가 결정된다. 알렉산더 해밀턴과 같은 위대한 건국자들의 비밀은 그들이 이런 원리들을 추정하는 방법을 터득하고 있었다는 데에 있다.

제19장

새로운 형태 속의 낡은 이미지 : 길드 사회주의

1

과거의 개혁가들은 자기 중심적인 집단들의 싸움이 견딜 수 없게 되면, 두 가지 큰 대안 중 하나를 선택해야 했다. 그들은 로마로 통하는 길을 택하여 전쟁 중인 부족들에 로마식 평화를 강제할 수 있었다. 다른 한편으로, 그들은 고립과 자율성 그리고 자급자족의 길을 택할 수 있었다. 대부분 그들이 택했던 길은 그들이 최근에 여행해보지 않았던 길이었다. 만일 제국의 둔감한 단조로움과 겨루려고 했다면, 그들은 무엇보다도 공동체의 꾸밈없는 자유를 소중히 여겼을 것이다. 그러나 만일 이런 꾸밈없는 자유가 교회의 질투로 허비된다면, 그들은 위대하고 강력한 국가의 거대한 질서를 염원했을 것이다.

그들이 어떤 것을 선택하든 근본적인 어려움은 동일한 것이었다. 만일 선택의 결정이 분산되어 있었다면, 그것은 곧 지역의 의견의 무질서속에서 허둥댔을 것이다. 만일 선택의 결정이 집중되어 있었다면, 국가정책은 수도에 있는 작은 사회집단의 의견에 기반을 두었을 것이다. 어떤 경우에든 힘은 다른 지역에 대항하여 지역의 권리를 방어하거나 지역에 법과 질서를 부과하거나 중앙의 계급정부에 저항하거나 외부의 야만

인에 대항하여 전체 사회를 방어하기 위해서 필요한 것이다.

근대 민주주의와 산업체계는 모두 왕과 군주정부(crown government) 그리고 세부적인 경제적 규제의 레짐에 대항한 반작용의 시기에 태어났다. 산업의 영역에서 이런 반작용은 자유방임 개인주의로 알려진 극단적 이행의 형태를 띠었다. 각각의 경제적 결정은 재산상의 자격이 있는 사람에 의해서 이루어졌다. 거의 모든 것을 누군가가 소유했기 때문에, 모든 것을 관리할 누군가가 있게 될 것이었다. 이는 복수심(復讐心)을 지닌 복수(複數)의 주권이었다.

궁극적으로는 반드시 조화를 낳는다고 가정하는 정치 경제학의 불변의 법칙이 통제해야 했지만, 실제로는 누군가의 경제철학에 의한 경제적 통치였다. 이는 많은 눈부신 것들을 산출했지만, 역류를 시작하기에 충분할 만큼 추악하고 소름 끼치는 것들도 산출했다. 이런 것들 중 하나가 트러스트(trust)였다. 이는 산업 내에서는 일종의 로마식 평화를, 산업 밖에서는 일종의 로마식 약탈적 제국주의를 확립했다. 사람들은 트러스트를 막기 위해서 입법부에 도움을 청했다. 사람들은 타운십의 농부의 이미지에 바탕을 두었던 대의정부가 반주권적(semi-sovereign) 기업들을 규제하도록 호소했다. 노동계급은 노동조직에 도움을 청했다. 점증하는 중앙집권화와 일종의 군비경쟁 시대가 뒤따랐다. 개혁가들이 대기업에 필적할 힘을 기르려고 함에 따라서 트러스트는 서로 협력하기 시작했고, 직능조합들은 연합하여 하나의 노동운동으로 결합되었으며, 정치체계는 워싱턴에서 보다 강력하게 성장하고 주(州)에서는 약화되었다.

이 시기에 마르크스주의적 좌파에서부터 시어도어 루스벨트가 중심이 된 신(新)민족주의자들(New Nationalists)에 이르기까지, 모든 사회주의적 학파들은 실천적으로 정치적 국가가 기업의 반주권적 힘을 흡수하는 것을 진화로 파악했고, 중앙집권화를 그 첫 단계로 이해했다. 이런 진화는 전쟁기간의 몇 개월을 제외하면 결코 일어나지 않았다. 그것으로 충분했고, 몇몇 형태의 다원주의가 잠식성의 국가에 대항하는 반전(反轉)이 있었다. 그러나 이 시기의 사회는 애덤 스미스의 경제적 인간과 토머스 제퍼슨의 농부와 관련된 원자적 개인주의로 되돌아가지 않고, 자발적 집단들과 관련된 일종의 분자적 개인주의로 되돌아갈 것이었다.

이론의 이런 모든 움직임들에서 흥미로운 점 중의 하나는 각각의 이론이 결국 하나의 세계를 약속한다는 점이다. 이 세계에서는 생존하기 위해서 마키아벨리를 따를 필요가 없을 것이다. 이런 이론들 모두는 어느 정도 강압의 형태로 확립되고, 스스로를 유지하기 위해서 강압을 행사하며, 강압의 결과로 폐기될 것이다. 그러나 이런 이론들은 물리적 힘이나 사회적 지위와 같은 강압이나 후견 혹은 특권을 그 이론의 이상으로 받아들이지 않는다. 개인주의자들은 자기 계몽적인 이기심이 내외적인 평화를 가져올 것이라고 말한다. 사회주의자들은 공격의 동기가 사라질 것이라고 확신한다. 새로운 다원주의자들은 그런 동기들이 사라지기를 희망한다.[1] 강압은 마키아벨리의 사회이론을 제외한 거의 모든 사회이론에서 불합리한 것이었다. 강압은 불합리하고, 표현될 수 없으며, 다루기 힘들기 때문에, 그것을 무시하려는 유혹은 인간의 삶을 합리화하려고 노력하는 모든 사람에게 저항하기 힘든 것이 되었다.

2

강압의 역할을 완전히 인정하는 것을 피하기 위한 영리한 인간의 노력은 콜의 책『길드 사회주의(*Guild Socialism*)』에서 살펴볼 수 있다. 그에 따르면, 현재의 국가는 "본래 강압의 도구이다."[2] 길드 사회주의 사회의 경우

---

1) G. D. H. Cole, *Social Theory*, p. 142를 보라.
2) Cole, *Guild Socialism*, p. 107

조정체(coordinating body)라는 것이 있겠지만, 여기에는 그 어떤 주권적 힘도 없을 것이다. 그는 이런 조정체를 코뮌(Commune)이라고 부른다.

그러고 나서 콜은 코뮌의 힘에 대해서 열거하기 시작하는데, 우리는 우선 이것이 강압의 도구가 아니라는 점을 상기해야 한다.[3] 코뮌은 가격의 분쟁을 조정한다. 때로 코뮌은 가격을 고정하고, 잉여를 할당하거나 손실을 분배한다. 코뮌은 천연자원을 할당하고 채권의 발행을 통제한다. 또한 코뮌은 "공동의 노동력을 할당한다." 코뮌은 길드의 예산과 공무(公務)를 비준한다. 코뮌은 세금을 징수한다. "소득에 관한 모든 문제들은" 코뮌의 관할하에 있다. 코뮌은 공동체의 비생산적인 구성원들에게 소득을 "할당한다." 코뮌은 길드 사이의 정책과 관할구역에 관한 모든 문제들을 최종적으로 결정한다. 코뮌은 기능적 기관들의 기능을 결정하는 헌법을 통과시킨다. 코뮌은 판사들을 지명한다. 코뮌은 길드에 강제력을 부여하고 강압을 행사하는 경우를 대비하여 조례를 제정한다. 코뮌은 전쟁과 평화를 선언한다. 코뮌은 군사력을 통제한다. 코뮌은 국가의 최고 대표자이다. 코뮌은 국민국가 내에서 경계의 문제들을 조정한다. 코뮌은 새로운 기능적 기관들을 창설하거나 오래된 기관들에 새로운 기능들을 분배한다. 코뮌은 경찰을 운영한다. 코뮌은 개인의 행위와 재산을 규제할 필요가 있을 경우 법을 제정한다.

이런 힘들은 하나의 코뮌이 아니라 국가 코뮌을 최고기관으로 하는 지역이나 지방 코뮌의 연방구조에 의해서 행사된다. 물론 콜은 이것이 주권국가가 아니라는 주장을 기꺼이 받아들일 것이다. 그러나 만일 근대의 정부가 현재 향유하는 강압적 권력이 있다면(내가 생각하기에 그는 이 점을 언급하는 것을 잊었다), 나는 그것에 관해서 생각해보지 않을 수 없다.

---

3) 위의 책, Ch. VIII.

그러나 콜은 길드 사회가 강제적이지 않을 것이라고 우리에게 말한다. "우리가 구현하기를 원하는 새로운 사회는 강압의 정신이 아니라 자유로운 공헌의 정신으로 표현될 것이다."4) 이런 희망을 공유하는 사람들은 길드 사회주의의 계획을 자세히 살펴보려고 할 것이다. 길드 사회주의의 계획에 따르면, 그 사회에서 강압은 최소한도로 감소할 것이다. 심지어 오늘날의 길드 조합원들은 이미 그들의 코뮌을 위해서 가장 광범위한 종류의 강압적 권력을 유보해왔다. 동시에 새로운 사회가 보편적인 동의로는 확립될 수 없다는 점이 인정되었다. 콜은 너무 정직한 나머지, 이행을 위해서는 힘의 요소가 필요하다는 점을 회피할 수 없었다.5) 그리고 그는 어느 정도의 시민전쟁이 있을 것인지는 분명하게 예측할 수 없었지만, 노동조합에 의한 직접행동의 시기가 있어야 할 것이라는 점은 아주 분명하게 예측했다.

3

그러나 이행의 문제와 사람들의 미래행동에 어떤 영향이 있을 것인가에 관한 고려를 차치하더라도, 사람들이 약속된 땅을 향해서 그들의 길을 일구었을 때, 길드 사회가 어떤 모습을 띌 것인가를 상상해볼 수 있을 것이다. 어떻게 길드 사회를 강제적이지 않은 사회로 유지할 것인가?

콜은 이 질문에 두 가지 해법을 제시한다. 하나는 정통적인 마르크스주의적 해법인데, 이는 자본주의적 재산의 폐지가 상대방을 공격할 동기를 제거할 것이라는 것이다. 그러나 콜이 이를 진정으로 믿은 것은 아니었는데, 만일 그랬다면 그는 노동계급이 정부를 어떻게 운영할 것인가에 그다지 큰 관심을 기울이지 않았을 것이다. 만일 콜의 해법이 올바르다

---

4) 위의 책, p. 141
5) 위의 책, Ch. X 참조.

면, 마르크스주의적 해법도 진정으로 올바를 것이다. 만일 사회의 병폐가 오직 자본가 계급에만 있다면, 자본가 계급을 없앨 경우 구원은 자동적으로 찾아올 것이다. 그러나 콜은 혁명 이후의 사회가 국가의 집산주의에 의해서 운영될 것인지, 길드나 협력적 사회에 의해서 운영될 것인지, 민주적 의회나 기능적 대표체에 의해서 운영될 것인지에 큰 관심을 기울였다. 실제로 길드 사회가 주목받는 이유는 그것이 대의정부에 관한 새로운 이론이었기 때문이다.

길드 조합원들은 자본주의적 소유권의 소멸을 통해서 기적을 낳을 수 있다고 기대하지 않는다. 그들이 기대하는 것은 만일 소득의 평등이 규칙이 된다면 사회적 관계는 크게 변할 것이라는 점인데, 물론 이런 기대는 올바른 것이다. 그러나 길드 조합원들은 이 점에서 러시아의 정통적인 공산주의자들과는 다르다. 공산주의자들은 프롤레타리아 독재의 힘에 의해서 평등을 확립하자고 제안한다. 그들은 만일 사람들의 소득과 서비스가 평등해지면, 사람들이 공격에 대한 동기를 상실할 것이라고 믿는다. 길드 조합원들 역시 힘에 의해서 평등을 확립하자고 제안한다. 그러나 그들은 균형을 유지하려면 제도가 있어야 한다는 점을 이해할 만큼 충분히 현명하다. 따라서 길드 조합원들은 그들이 믿는 것이 새로운 민주주의론이라는 신념을 가지고 있다.

콜에 따르면, 그들의 목적은 "그 메커니즘을 올바르게 하고, 그것을 가능한 한 인간의 사회적 의지의 표현에 적합하도록 하는" 것이다.[6] 이런 의지들은 "어떤 그리고 모든 사회적 행위의 형태로" 자치정부에서 자기표현을 위한 기회로 부여될 필요가 있다. 이 말의 배후에는 만일 각 개인의 의지가 그에게 영향을 미치는 모든 것을 관리하지 못한다면, 인간의 존엄성은 의문시될 것이라는 전통적인 가정이 있을 뿐만 아니라 진정한

---

6) 위의 책, p. 16

민주적 충동, 즉 인간의 존엄성을 향상시키기 위한 열정이 놓여 있다. 따라서 초기 민주주의자들과 마찬가지로, 길드 조합원들은 이런 자치정부의 이상이 구현될 수 있는 환경을 찾아나섰다. 루소와 제퍼슨 이후 100년 이상이 흘렀고, 이해관계의 중심은 농촌에서 도시로 이동했다. 새로운 민주주의자들은 민주주의의 이미지를 찾기 위해서 이상화된 농촌의 타운십으로 방향을 돌릴 수 없었다. 그들은 이제 작업장(workshop)으로 방향을 돌렸다. "결사의 정신은 그것의 표현을 발견할 수 있는 가장 최상의 영역에서 자유롭게 발현되어야 한다. 이 영역은 분명히 공장(factory)이고, 그곳에는 사람들이 함께 일하는 습관과 전통이 있다. 공장은 산업 민주주의의 자연적이자 근본적인 단위이다. 이는 공장이 가능한 한 자신의 문제를 자유롭게 다룰 수 있어야 하고, 나아가 공장이라는 민주적 단위가 길드라는 보다 큰 민주주의의 기반이 되어야 하며, 길드 행정과 정부의 거대한 기관들이 공장의 대표원리에 기반을 두고 있어야 한다는 점과 관련되어 있다."7)

물론 공장이라는 말은 매우 느슨한 말이다. 콜에 따르면, 우리는 공장을 광산과 조선소, 부두와 역, 그리고 "생산의 자연적 중심지"를 포함한 모든 장소를 의미하는 것으로 받아들여야 한다.8) 그러나 이런 의미에서 공장은 산업(industry)과는 매우 다른 것이다. 콜이 생각하는 바와 같이 공장은 모든 노동자들이 접촉상태에서 공장 내의 모든 사람들을 직접 알 수 있을 정도로 작은 작업환경이다. "만일 민주주의가 실재하려면, 길드의 모든 구성원들은 민주주의에 친숙해야 하고 그것을 직접 운용할 수 있어야 한다."9) 이 점은 중요한데, 왜냐하면 제퍼슨과 마찬가지로 콜 역시 정부의 자연적 단위를 찾고 있었기 때문이다. 유일한 자연적

7) 위의 책, p. 40
8) 위의 책, p. 41
9) 위의 책, p. 40

단위는 완벽하게 친밀한 환경이다. 이런 의미에서 대공장, 철도 시스템, 대광산은 자연적 단위가 아니다. 콜이 진정으로 염두에 둔 것은 매우 작은 공장, 아니면 작업장이다. 그곳이야말로 사람들이 "함께 노동하는 습관과 전통"이 있는 곳이다. 나머지 공장과 산업은 그가 추론한 환경일 뿐이다.

4

작업장에만 속하는 일들에서 자치란 "한눈에 알아볼 수 있는" 일들의 통치라는 점을 누구나 이해할 수 있고, 거의 모든 사람들이 이를 인정할 것이다.[10] 그러나 작업장의 내적 일들을 구성하는 것에 관해서는 논쟁이 발생할 수 있다. 임금, 생산의 기준, 소모품의 구매, 생산물의 판매, 보다 큰 작업계획 등과 같은 가장 커다란 이해관계들은 결코 작업장에만 속하는 일들이 아니다. 작업장 민주주의에서의 자유는 외부로부터의 엄청난 제한조건들에 구속되어 있다. 작업장 민주주의는 어느 정도까지는 작업장을 위해서 마련된 작업방식을 다룰 수 있고, 개인들의 성격과 기질을 다룰 수 있다. 또한 산업의 정의를 관리할 수 있고, 어느 정도까지는 개인적인 분쟁을 다루는 법정으로 기능할 수 있다. 무엇보다도 작업장 민주주의는 다른 작업장을 다루거나 전체 공장을 다루는 데에 하나의 단위로 기능할 수 있다. 그러나 고립은 불가능하다. 산업 민주주의의 단위는 외교문제와도 완전히 얽혀 있다. 그리고 길드 사회주의 이론을 시험하는 것은 바로 이런 외적인 관계들을 어떻게 관리하느냐에 달려 있다.

외적인 관계들은 대의정부가 관리하는데, 이런 대의정부는 작업장에서 공장으로, 공장에서 산업으로, 산업에서 국가로 이어지는 연방의 질서로 연결되어 있고, 중간에 끼어 있는 지역의 대표자 집단과 함께한다.

---

10) Aristotle, *Politics*, Bk. VII, Ch. IV.

그러나 이런 모든 구조의 원천은 작업장이며, 그 구조의 모든 독특한 덕들은 이 원천에 속하는 것으로 간주된다. 콜의 주장에 따르면, 진정한 민주주의란 작업장을 최종적으로 "조정하고 규제하는" 대표자를 선출하는 것이다. 대표자들은 본래 자치단위 출신이기 때문에, 자치의 정신과 현실을 전체 연방의 유기적 조직에 주입할 것이다. 대표자들의 목적은 "노동자들 스스로가 이해한 실제 의지",[11] 즉 작업장에서 개인들이 이해한 의지를 수행하는 데에 있을 것이다.

이런 원리에 입각하여 운영되는 정부는 역사적으로 본다면 대표자들 사이의 영구적인 결탁이거나, 서로 싸우는 작업자들의 혼돈일 것이다. 작업장의 노동자는 작업장에 국한된 문제들에 실제 의견을 가질 수 있지만, 그 작업장과 공장, 산업, 국가와의 관계에 관한 노동자의 "의지"는 접근의 한계, 고정관념, 이기심과 같은 것에 속박되어 있다. 이런 접근의 한계, 고정관념, 이기심이 다른 자기 중심적 의견을 둘러싼다. 노동자는 작업장에서의 경험을 바탕으로 전체의 몇몇 측면에만 주의를 기울인다. 작업장에서 무엇이 올바른가에 관한 노동자의 의견은 중요한 사실들에 관한 직접적인 지식을 통해서 획득된다. 그러나 보이지 않는 대단히 복잡한 환경에서 무엇이 올바른가에 관한 노동자의 의견은 작업장에서의 의견보다 잘못될 공산이 크다. 경험상, 길드 사회의 대표자들은 오늘날 노동조합의 고위간부들이 발견하듯이 다음과 같은 점을 발견할 것이다. 대표자들이 결정해야 하는 셀 수 없는 문제들에 관해서 작업장이 "이해한 실제 의지"란 결코 존재하지 않는다.

5

그러나 길드 조합원들은 이런 비판이 맹목적인 것이라고 주장한다. 왜냐

---

11) 위의 책, p. 42

하면 이 비판은 위대한 정치적 발견을 무시하기 때문이다. 그들은 아마도 작업장이 어떤 의견도 가지고 있지 않은 많은 문제들에 대해서 작업장의 대표자들이 결정을 내려야 할지도 모른다는 점을 인정할 것이다. 그러나 이런 주장이야말로 오래된 오류에 빠져 있는 것이다. 이 주장에 따르면, 사람들은 어떤 집단을 대표할 누군가를 찾는다. 그들은 그 대표자를 발견할 수 없다. 유일하게 가능한 대표자는 "몇몇 특정한 기능"을 위해서 행위하는 사람이다.[12] 따라서 각 개인은 "실행되어야 할 기능들을 가지고 있는, 뚜렷이 구분되는 핵심적인 집단들"만큼이나 많은 대표자들을 뽑는 데에 도움을 주어야 한다.

대표자가 작업장에 있는 사람들을 대변하는 것이 아니라, 사람들이 관심 있는 특정한 기능들을 대변한다고 가정해보자. 만일 대표자들이 그 집단이 이해하는 기능에 관해서 집단의 의지를 대변하지 않는다면, 그들은 뭐랄까, 불충한 것이다.[13] 이런 기능적 대표들이 모인다. 그들의 일은 조정하고 규제하는 것이다. 만일 작업장에 의견상의 갈등이 있다면, 각각의 대표자는 어떤 기준에 의해서 다른 대표자들의 제안을 판단할 것인가? 만일 의견상의 갈등이 없다면, 조정하고 규제할 필요가 없지 않은가?

이제 기능적 민주주의의 고유한 덕은 사람들이 자신의 이해관계에 따라서 솔직하게 투표한다고 가정한다. 이는 사람들이 일상적인 경험을 통해서 자신의 이해관계를 알고 있다고 가정하는 것이다. 그들은 자급자족하는 집단에서 그렇게 할 수 있다. 그러나 그 집단이나 집단의 대표자는 외적인 관계에 관해서는 직접적인 경험을 초월한 문제들을 다루고 있다. 작업장은 이런 전체 상황에 관한 견해에 자발적으로 도달하지 않

---

12) 위의 책, pp. 23-24
13) 이 책의 제5부 "공통의지의 형성"을 참조.

는다. 따라서 산업과 사회에서 권리와 의무에 관한 작업장의 여론은 교육이나 선전의 문제이지 작업장의 의식에 의해서 자동적으로 산출되는 것이 아니다. 실느 소합원블이 위임사를 선택하는 대표사를 선택하는, 그들은 정통적인 민주주의자들이 처했던 문제로부터 벗어나지 못한다. 집단 전체나 선출된 대변인은 직접적인 경험의 한계를 넘어서 생각을 확장해야 한다. 그들은 다른 작업장에서 나오는 문제들과 전체 산업의 경계를 넘어선 문제들에 투표해야 한다. 작업장의 주된 이해관계는 심지어 전체 산업의 직업에 관한 기능을 전부 포함하지 않는다. 직업, 산업, 지역구 그리고 국가의 기능은 개념이지 경험이 아니다. 사람들은 그런 기능을 상상하고 발명하며 가르치고 믿는다. 그리고 가능한 주의 깊게 기능을 정의한다손 치더라도, 그 기능에 대한 각 작업장의 견해가 다른 작업장의 견해와 반드시 일치하는 것은 아니라는 점을 염두에 둔다면, 하나의 이해관계를 대표하는 이는 다른 이해관계들이 만든 제안들에 관여한다고 말할 수 있다. 그 대표자는 공통의 이해관계를 생각하고 있어야 할 것이다. 그리고 사람들은 단순히 기능에 관한 그들의 견해 —— 그들이 직접 알고 있는 모든 것 —— 를 대표할 사람을 선택하는 것이 아니라, 그 기능에 관한 다른 사람들의 견해에 대한 그들의 견해를 대표할 사람을 선택하는 것이다. 그들은 전통적인 민주주의자들만큼이나 막연하게 투표할 것이다.

6

길드 조합원들은 자신의 방식대로 기능이라는 말을 활용하여 공통의 이해관계를 어떻게 마음속에 품을 수 있을지의 문제를 해결했다. 그들은 세계의 모든 주요한 일들이 기능으로 분석되고 이런 기능들이 조화롭게 종합되는 사회를 상상한다.[14] 길드 조합원들은 전체로서의 사회적 목적과 그런 목적을 실행하는 데에서의 모든 조직화된 집단의 역할에 중요한 합의가 있다고 가정한다. 따라서 길드 조합원들은 가톨릭 봉건사회에 있었던 제도로부터 그들의 이론의 이름을 따왔던 것이다. 그러나 그들이 기억해야 할 점은 그 시대의 사람들은 그 시대의 현명한 사람들이 가정했던 기능의 계획을 이해하지 못했다는 것이다. 현재의 사람들이 그 계획을 이해할 수 있을지, 그리고 근대세계에서 그 계획이 받아들여질 것인지에 관해서 길드 조합원들이 어떻게 생각하는지는 분명하지 않다. 어떤 때는 그 계획이 노동조합으로부터 발전할 것이라고 주장하는 것 같고, 어떤 때는 코뮌이 집단의 입헌적 기능을 정의할 것이라고 주장하는 것 같다. 그러나 집단이 자신의 기능을 정의한다고 믿는지 그렇지 않은지는 상당한 실천적 차이를 만든다.

어떤 경우에든, 콜은 사회가 "기능상 뚜렷이 구분되는 필수적인 집단들"로 구성되어 있다는 일반적인 생각에 기초한 사회계약에 의해서 지속될 수 있다고 추정한다. 사람들은 이런 뚜렷이 구분되는 필수적인 집단들을 어떻게 인식하는가? 내가 이해하는 한, 콜은 한 집단이 하나의 기능에 관심을 기울인다고 생각한다. "기능적 민주주의의 핵심은 한 인간이 그가 관심을 두고 있는 기능들보다 더 많은 기능들이 있다는 점을 고려해야 한다는 것이다."15) 이제 관심을 둔다는 말에는 적어도 두 가지 의미가 있다. 그것은 한 사람과 관련되어 있거나 그의 마음을 사로잡고 있다는 의미로 사용될 수 있다. 예를 들면, 존 스미스는 스틸먼의 이혼소송에 굉장히 큰 흥미를 느낄 수 있다. 그러면 그는 스틸먼과 관련된 모든 기사를 읽을 것이다. 반면에, 이혼의 위기에 처해 있는 가이 스틸먼은 그 기사를 읽지 않을 수 있다. 존 스미스는 그의 "관심사"에 전혀 영향을

---

14) 위의 책, Ch. 19을 참조.
15) *Social Theory*, p. 102 이하.

미치지 않는 스틸먼이 입은 정장에까지 관심을 기울이는데, 가이는 그의 삶 전체를 결정하게 될 것에 무관심한 것이다. 내가 보기에, 콜은 존 스미스 쪽에 경도되어 있다. 그는 기능에 따라서 투표하면 투표를 너무 자주 하게 될 것이라고 주장하는 "매우 어리석은 반대자"에게 다음과 같이 답한다. "만일 어떤 이가 투표하는 데에 충분한 관심이 없다면, 그리고 그가 투표하기에 충분할 정도로 이해관계가 발생하지 않는다면, 그는 참정권을 포기하는 셈이고, 그 결과는 만일 그가 이해관계 없이 맹목적으로 투표하는 것만큼이나 민주적인 것이다."

　콜이 생각하기에 무지한 유권자는 "참정권을 포기한다." 이로부터 유식한 자들의 투표는 그들의 이해관계를 드러내고, 그들의 이해관계는 기능을 정의한다는 결론이 나온다.16) "따라서 브라운과 존스 그리고 로빈슨은 각기 하나의 투표권만을 가져야 하는 것이 아니라 그들이 관심을 두고 있는 연합행동을 요구하는 상이한 문제들의 수만큼이나 많은 상이한 기능적 투표권을 가져야 한다."17) 콜이 브라운과 존스 그리고 로빈슨이 관심 있다고 주장하는 선거라면 어떤 선거라고 할지라도 그들에게 참여할 자격을 주어야 한다고 생각하는 것인지, 혹은 여기에서 이름을 밝히지 않은 다른 누군가가 그들이 관심을 둘 법한 기능들을 선택한다고 생각하는 것인지 나로서는 상당히 의문스럽다. 내가 보기에 콜은 참정권을 포기하는 사람은 무지한 유권자라는 굉장히 이상한 가정으로 이런 어려움을 수습해보려고 하는 것 같다. 그리고 콜은 관심이 있을 경우에 투표할 수 있다는 원리에 바탕을 둔 기능적 투표가 위로부터 마련되는지, "아래로부터" 마련되는지에 관계없이 오직 유식한 유권자들만이 투표할 것이고, 따라서 그 제도는 작동할 것이라고 결론짓는다.

---

16) 이 책의 제18장을 참조. "모든 사람들이 중요한 문제들에 충분한 관심을 기울인다고 추정했기 때문에, 모든 사람들이 관심을 보이는 문제들만 중요한 것처럼 보였다."
17) *Guild Socialism,* p. 24

그러나 여기에는 두 종류의 무지한 유권자가 있다. 우선은 그가 모르고 있다는 점을 알고 있는 사람이다. 그는 일반적으로 개화된 사람이다. 그는 투표권을 포기하는 사람이다. 그러나 또다른 무지한 유권자가 있다. 그가 모르고 있다는 점을 알지 못하거나 그것에 개의치 않는 사람이다. 정당기구가 작동하고 있다면, 그는 항상 투표에 참여할 수 있다. 그의 투표는 그 기구의 기반이다. 그리고 길드 사회의 코뮌들이 과세, 임금, 가격, 채권, 천연자원에 큰 힘을 행사하기 때문에, 길드 사회에서의 선거가 우리의 선거만큼이나 격렬하게 치러지지는 않을 것이라고 추정하는 것은 터무니없는 일일 것이다.

따라서 사람들이 그들의 이해관계를 나타내는 방식은 기능적 사회의 기능들을 명확히 적시하지 않을 것이다. 기능들을 정의할 수 있는 다른 두 가지 방식이 있다. 그중 하나는 길드 사회주의를 낳았던 노동조합의 투쟁에 의해서 정의하는 것이다. 이런 투쟁은 일종의 기능적 관계에 있는 집단들을 함께 강화할 것이고, 이 집단들은 길드 사회주의 사회의 기득권을 가진 세력이 될 것이다. 그들 중 몇몇은 광부와 철도원들의 노동조합처럼 매우 강력할 것이고, 아마도 그들은 자본주의와의 투쟁을 통해서 배웠던 그들의 기능에 깊은 애착을 느낄 것이다. 유리한 입장에 있는 노동조합은 사회주의 국가에서 응집과 통치의 중심이 될 것이다. 그러나 길드 사회에서 그런 노동조합들은 필연적으로 다루기 힘든 문제가 될 것이다. 왜냐하면 그들의 전략적 힘이 직접행동을 통해서 드러났을 것이고, 노동조합의 지도자들은 자유의 재단에 이 힘을 선뜻 바치지 않을 것이기 때문이다. 노동조합들을 "조정하기" 위해서 길드 사회는 그 힘을 모아야 할 것이고, 길드 사회주의에서 급진주의자들은 길드의 기능을 정의할 만큼 충분히 강력한 코뮌을 요구할 것이다.

그러나 만일 정부(코뮌)가 기능을 정의한다면, 길드 사회주의의 이론적 전제는 사라질 것이다. 오목한 작업장이 자발적으로 사회와 관계를 맺기 위해서는 기능의 계획이 명백하다고 가정해야 했다. 만일 모든 유권자의 머릿속에 고정된 기능의 계획이 없다면, 그늘은 길드 사회주의에서조차도 자기 중심적 의견을 사회적 판단으로 전환해버리는 정통적인 민주주의보다 더 나은 방식을 갖추지 못할 것이다. 그리고 물론 그런 고정된 계획은 있을 수 없다. 왜냐하면 콜과 그의 동료들이 아무리 좋은 계획을 고안해낸다고 하더라도, 모든 힘의 원천인 작업장 민주주의는 그것이 배운 것과 상상할 수 있는 것에 의해서 시행 중인 계획을 판단할 것이기 때문이다. 각각의 길드는 동일한 계획을 상이하게 바라볼 것이다. 그리고 다른 곳과 마찬가지로 길드 사회주의에서도 길드 사회를 함께 유지하는 토대가 될 계획 대신에, 무엇이 계획되어야 하는가를 정의하기 위한 시도가 정치의 주된 일이 될 것이다. 만일 우리가 콜에게 기능을 계획하도록 한다면, 우리는 그에게 거의 모든 것을 허용하는 셈이다. 불행히도 그는 그가 길드 사회에 원하는 것 ── 길드 사회가 스스로 추론하는 것 ── 을 그의 전제 속에 삽입해버렸다.[18]

---

[18] 나는 소비에트 러시아의 경험보다는 콜의 이론을 다루어왔는데, 왜냐하면 그 증거가 단편적인 반면에, 모든 능숙한 관찰자들은 1921년의 러시아가 잘 작동하는 공산주의 국가를 실증하지 않는다는 데에 동의하는 것처럼 보이기 때문이다. 러시아는 혁명 중이고, 러시아로부터 배울 수 있는 것은 혁명이 무엇과 같을 것인가이다. 공산주의 사회가 무엇과 같을 것인가에 관해서는 거의 배울 것이 없다. 그러나 다음 사실은 대단히 중요하다. 우선은 실천적 혁명가들로서, 그 다음에는 공무원으로서, 러시아 공산주의자들은 러시아 인민들의 자발적인 민주주의에 의존했던 것이 아니라 전문적인 계급 ── 공산당의 충성스러운 골수당원들 ── 의 훈육, 특별한 이해관계 그리고 노블리스 오블리제(noblesse oblige)에 의존했다. 나는 시간적인 제약이 없던 "전환기"에 계급정부와 강압적 국가를 위한 치유책은 오로지 동종요법(homeopathic)이라고 믿는다.

　　좀더 밀접하게 조리 정연한 시드니 웨브와 비어트리스 웨브의 "대영제국의 사회주의 헌장(Constitution for the Socialist Commonwealth of Great Britain)" 대신에 콜의 책들을 선택한 이유 역시 해명해야 할 것 같다. 나는 그 책을 굉장히 존경한다. 그러나 나는 그것이 지적인 역작이라는 점을 확신할 수 없었다. 나에게는 콜이 사회주의적 운동의 정신에서 훨씬 더 믿을 만한 것처럼 보였고, 따라서 좀더 나은 목격자인 것처럼 보였다.

제20장
새로운 이미지

1

나는 길드 사회주의의 교훈이 매우 분명하다고 생각한다. 제도와 교육이 실제환경을 잘 알려주어서 공적 삶의 현실을 자기 중심적인 의견과 날카롭게 구분하도록 해주지 못한다면, 여론이 공통의 이해관계를 파악하는 것은 어려운 일이고, 오직 특수한 계급만이 공통의 이해관계를 다룰 수 있다. 그렇게 되면, 특수한 계급의 개인적인 이해관계는 그 범위를 넘어서기에 이른다. 이 계급은 무책임하다. 이 계급은 정보를 근거로 행위하는데, 그런 정보는 공통의 자산이 아니다. 또한 이런 일은 공중이 대체로 생각하고 있지 않은 상황 속에서 벌어진다. 그리고 이 계급에는 오직 기성사실에 대해서만 책임을 물을 수 있다.

자기 중심적 의견만으로는 좋은 정부를 보장하는 데에 충분하지 않다는 점을 인정하지 않는 민주적 이론은 이론과 실천 사이의 영구적인 괴리에 빠져든다. 이런 이론에 따르면, 인간의 완전한 존엄성은 인간의 의지가 "사회적 행위의 어떤 그리고 모든 형태"에서 표현되어야 할 것을 요구하는데, 이는 콜도 말했던 것이다. 인간이 의지를 표현하는 것을 인간의 타오르는 열정이라고 가정하면, 인간이 본능상 통치의 기교를 소유

295

하고 있다는 점은 당연한 것으로 간주된다. 그러나 명백한 경험의 문제로서 자결(自決)은 한 인간의 개성에 관한 많은 이해관계들 중 오직 하나일 뿐이다. 자신이 운명의 주인이 되려는 욕구는 강한 것이기는 하지만, 좋은 삶에 대한 욕구나 평화에 대한 욕구, 고통스러운 일에서 벗어나려는 욕구 등과 같은 다른 욕구들과 보조를 맞추어야 한다. 원래의 민주주의는 각 인간의 의지의 표현이 자기 표현에 대한 욕구뿐만 아니라 좋은 삶에 대한 욕구 역시도 자발적으로 충족시킬 수 있다고 가정하는데, 그 이유는 좋은 삶에서 자아를 표현하려는 본능을 선천적인 것으로 파악했기 때문이다.

따라서 주안점은 의지를 표현하는 방법에 놓여 있었다. 민주적 낙원(El Dorado)은 항상 완벽한 환경이자 투표와 대의의 완벽한 체계였는데, 여기에서 모든 인간이 타고난 좋은 의지와 본능적으로 국사를 경영하는 기술(statesmanship)은 행동으로 바뀔 수 있었다. 민주주의를 위한 환경은 제한적 지역에서 짧은 시간 동안에 매우 순조로웠다. 그 환경은 대단히 고립되어 있었고, 민주주의를 실현할 수 있는 기회로 가득 차 있었다. 그런 환경 속에서 민주주의론은 언제 어디에서나 그것이 믿을 만하다는 생각을 사람들에게 각인시키기에 충분할 정도로 잘 작동했다. 이런 고립이 끝나고 사회가 복잡해져서 사람들이 다른 사람들에게 적응하게 되자, 민주주의자들은 보다 완벽한 투표의 단위를 고안하려고 노력하는 데에 시간을 허비하게 되었다. 이는 콜이 말하듯이, 민주주의자들이 어떻게든 "그 메커니즘을 올바르게 해보려는" 희망에서, "그리고 가능한 그것을 인간의 사회적 의지에 맞추려는" 희망에서였다. 그러나 민주적 이론가들이 이것에 몰두하는 동안, 그들은 인간본성의 실제 이해관계로부터 멀어졌다. 그들은 자치(自治)라는 하나의 이해관계에 몰두했다. 인류는 모든 종류의 다른 것들—— 질서, 권리, 번영, 보는 것과 듣는 것, 권태를 느끼지 않는 것 —— 에 관심을 가지고 있었다. 자발적인 민주주의가 다른 이해관계들을 충족시켜주지 않는 한, 대부분의 사람들에게 대부분의 시간은 텅 빈 것처럼 보이게 된다. 성공적인 자치의 기교는 본능적인 것이 아니기 때문에, 사람들은 더 이상 자치 그 자체를 위해서 자치를 원하지 않는다. 그들은 자치의 결과를 위해서 자치를 원한다. 자치에 대한 충동이 나쁜 조건들에 대항한 시위에서 항상 가장 강력한 이유는 바로 여기에 있다.

민주적 오류는 그 과정과 결과보다는 통치의 기원에 집착하는 데에 있었다. 민주주의자들은 만일 정치권력이 올바른 방식으로부터 나올 수 있다면, 이는 유익할 것이라고 추론했다. 민주주의자들은 전적으로 권력의 원천에 주목해왔는데, 그 이유는 위대한 것이란 국민의 의지를 표현하는 것이라는 그들의 믿음 때문이다. 이는 첫째로 표현이 인간의 가장 최고의 이해관계이기 때문이고, 둘째로 그 의지가 본능적으로 선하기 때문이다. 그러나 강의 수원(水原)을 아무리 조정한다고 해도 강의 흐름을 완전히 통제하지는 못할 것이고, 민주주의자들이 사회권력을 고안하기 위한 좋은 방법, 즉 투표와 대의의 좋은 방법을 찾으려는 데에 몰두했다고 해도 그들은 인간의 다른 모든 이해관계들을 무시했다. 어떤 방식으로 권력을 창안한다고 해도, 결정적인 이해관계는 어떻게 권력이 행사되느냐에 있다. 문명의 질을 결정하는 것은 권력의 사용이다. 그리고 권력의 사용은 권력의 근원에서 통제할 수 없다.

만일 사람들이 전적으로 그 근원에서 정부를 통제하려고 한다면, 필연적으로 모든 생동감 넘치는 결정들은 보이지 않을 것이다. 좋은 삶을 낳는 정치적 결정을 자동적으로 내리는 본능이란 없으며 대부분의 문제들에 관해서 어떤 의지도 존재하지 않기 때문에, 실제로 권력을 행사하는 사람들은 국민의 의지를 표현하는 데에 실패한다. 그뿐만 아니라, 그들은 유권자들이 볼 수 없는 의견들에 따라서 권력을 행사한다.

만일 민주적 철학의 전체 가정, 즉 통치가 본능적이고 따라서 자기 중심적 의견에 의해서 운영될 수 있다는 가정을 없앤다면, 인간의 존엄성에 관한 민주적 신념은 어떻게 될 것인가? 인간의 존엄성은 개성의 불충분한 측면과 결부되는 대신에 그 자체가 전체 개성과 결부됨으로써 수명을 연장할 것이다. 전통적인 민주주의자들은 인간의 존엄성이 현명한 법과 좋은 통치에서 본능적으로 드러날 것이라는 매우 위험한 가정으로 그것을 위태롭게 했다. 유권자들은 그렇게 하지 않았다. 따라서 현실적인 사람들은 민주주의자들을 어리석은 자들로 보기 시작했다. 그러나 만일 인간의 존엄성을 자치라는 하나의 가정에 매달아놓는 대신에, 그것을 위해서 인간의 역량을 적절하게 발휘할 수 있는 삶의 기준이 필요하다고 주장한다면, 모든 문제는 달라질 것이다. 사람들이 정부에 적용하는 기준은 정부가 최소한의 건강과 적절한 주택, 물질적인 필요, 교육, 자유, 즐거움, 아름다움 등을 내놓고 있느냐에 있는 것이지, 이런 모든 것들을 희생하고 인간의 마음속에 떠돌아다니는 자기 중심적 의견들에 흔들리느냐에 있는 것이 아니다. 이런 기준이 얼마만큼 정확하고 객관적인가에 따라서, 상대적으로 소수의 사람들의 관심사인 정치적 결정은 사람들의 이해관계와 실제로 관계를 맺게 된다.

우리가 상상할 수 있는 미래의 시기에 눈에 보이지 않는 전체 환경이 모든 사람들에게 지극히 분명해져서, 사람들이 정부의 모든 일에서 건전한 여론에 도달하게 될 가망은 전혀 없다. 심지어 그런 가망이 있다손 치더라도, 우리 중 얼마나 많은 사람들이 "사회적 행위의 어떤 그리고 모든 형태"가 자신을 귀찮게 하기를 원하거나, 그것에 대한 의견을 형성하는 데에 시간을 쏟으려고 할지는 대단히 의심스럽다. 현실적으로 고려해볼 수 있는 유일한 전망은 우리들 각자가 자신의 영역에서 점점 더 보이지 않는 세계의 현실적인 이미지에 기초하여 행위할 것이고, 이런 이미지를 현실적인 것으로 유지하는 데에는 점점 더 전문적인 사람들이 필요해질 것이라는 점이다. 우리 자신이 주의를 기울일 수 있는 보다 좁은 범위 밖에서의 사회적 통제는 삶의 기준과 회계감사의 방법을 고안하는 데에 의존할 것이다. 이는 공무원과 산업 감독관이 평가할 것이다. 초자연적인 민주주의자가 항상 상상했듯이, 우리는 이런 모든 행위들을 고무하거나 인도할 수 없다. 그러나 우리는 이 모든 것이 분명하게 기록될 것이고, 그 결과들이 객관적으로 측정될 것이라고 주장함으로써 삶의 기준을 정하거나 회계감사에 대한 우리의 통제를 꾸준히 늘릴 수 있다. 나는 우리가 진보적으로 주장하리라고 희망할 수 있다고 말해야 할 것이다. 왜냐하면 그런 기준과 회계감사를 이해하는 일은 오직 시작 단계일 뿐이기 때문이다.

제 7 부

신문

제21장

구독자층

1

세상을 통치하기 위해서 세상으로 나아가 세상을 연구해야 한다는 생각은 정치사상에서 그다지 중요한 역할을 하지 못했다. 이는 거의 생각조차 할 수 없었는데, 그 이유는 아리스토텔레스로부터 민주주의의 전제가 확립된 시대에 이르기까지 통치에 유용한 방식으로 세계를 보도하는 기구가 거의 진보하지 못했기 때문이다.

따라서 만일 당신이 선구적인 민주주의자에게 국민의 의지가 기반을 두어야 하는 정보를 어디에서 얻었느냐고 질문했다면, 그는 이 질문에 당혹스러워했을 것이다. 이는 마치 당신이 그에게 그의 생명이나 정신이 어디에서 온 것이냐고 묻는 것과 유사한 것이다. 선구적인 민주주의자가 추정했던 것은 국민의 의지가 언제나 존재한다는 점이었다. 정치학의 의무는 투표제도와 대의정부의 발명을 이해하는 것이었다. 만일 투표제도와 대의정부가 자급자족하는 마을이나 작업장에서 존재하는 것처럼 올바른 조건하에 적절하게 이해되고 적용된다면, 그 메커니즘은 아리스토텔레스가 관찰했던 짧은 순간의 주의집중과 자급자족 공동체 이론이 암묵적으로 인정했던 협소한 범위를 극복할 것이다. 오늘날에도 길드 사회주의자들은 투표와 대표의 올바른 단위를 마련할 수 있다면, 복잡한 협동조합식의 연방(commonwealth)이 가능할 것이라는 생각을 고수하고 있다.

지혜를 발견할 수 있다고 확신한 민주주의자들은 여론을 만드는 문제를 시민적 자유의 문제로 취급했다.[1] "자유롭고 공개적인 만남 속에서 진리가 보다 나쁜 상황에 처하게 될 줄 그 누가 알았겠는가?"[2] 어느 누구도 진리가 보다 나쁜 상황에 처하게 된 것을 보지 못했다고 가정한다면, 우리는 진리가 마치 두 나무토막을 비벼서 불을 피우는 것처럼 만남에 의해서 발생한다고 믿어야 하는가? 미국의 민주주의자들이 그들의 권리장전에 구현했던 이런 고전적인 자유의 원리의 배후에는 실제로 진리의 기원에 관한 몇몇 상이한 이론들이 존재한다. 그중 하나는 의견들이 경쟁할 경우 가장 신뢰할 만한 의견이 승리한다는 것이다. 왜냐하면 그런 의견의 진리에는 고유한 힘이 있기 때문이다. 이는 만일 경쟁이 충분한 기간 동안 벌어진다면 적절한 주장일 것이다. 사람들이 이런 방식으로 주장한다면, 그들은 역사의 판결을 염두에 두고, 살아 있는 동안에는 박해를 받았지만 죽은 후에는 성인으로 공표된 이교도들을 생각하는 것이다. 밀턴의 질문 역시 모든 인간에게는 진리를 인식할 역량이 있으며, 자유롭게 유포된 진리가 받아들여질 것이라는 믿음에 기반을 두고 있다. 상황파악을 못하는 경찰관이 지켜보는 경우를 제외하고, 인간은 진리를 말할 수 없다면 진리를 발견하지 못하는 것 같다는 점이 경험을 통해서 연역되었다.

어느 누구도 시민적 자유의 실천적 가치나 시민적 자유의 보존의 중

---

1) 이에 대한 최상의 연구로는 Prof. Zechariah Chafee's, *Freedom of Speech*.
2) Milton, *Areopagitica*, Chafee의 책 서문에서 재인용. 밀턴, 존 스튜어트 밀(John Stuart Mill), 그리고 버트런드 러셀(Bertrand Russell)이 언급한 고전적인 자유의 교리에 관한 논평으로는 나의 책 *Liberty and the News*, Ch. II를 참조.

요성을 과소평가할 수 없을 것이다. 시민적 자유가 위험에 처할 때 인간의 정신 역시 위험에 처하며, 전시(戰時)처럼 시민적 자유를 축소해야 할 경우가 생긴다면, 그런 사상의 억압은 문명에 대한 위험이 될 것이다. 이런 위험은 만일 그 필요성을 이용하는 히스테리 환자들의 수가 전쟁의 금기를 평화로 가져갈 정도로 충분히 많다면 전쟁의 영향으로부터 문명이 회복하는 것을 방해할지도 모른다. 다행히도 대중은 전문적인 조사관들을 오랫동안 향유할 만큼 그렇게 관대하지는 않으며, 전문적인 조사관들로부터 위협당하지 않으려는 사람들은 비판을 통해서 전문적인 조사관들 중 90퍼센트가 그들도 모르는 헛소리를 하며 그들이 비열한 앞잡이일 뿐이라는 점을 폭로한다.3)

그러나 시민적 자유의 근본적인 중요성에도 불구하고, 이런 의미에서의 시민적 자유는 근대세계에서 여론을 보장하지 않는다. 왜냐하면 시민적 자유는 진리가 자발적이라거나, 어떤 외부의 간섭 없이도 진리를 보장하는 수단이 존재한다고 가정하기 때문이다. 그러나 당신이 보이지 않는 환경을 다루고 있을 경우 이런 가정은 잘못된 것이다. 멀리 떨어져 있거나 복잡한 문제들에 대한 진리는 자명한 것이 아니며, 정보를 취합하기 위한 기구는 기술적이고 비용이 많이 드는 것이다. 그러나 정치학, 특히 민주적 정치학은 그 전제들을 새롭게 설정하는 데에서 아리스토텔레스 정치학의 독창적인 가정으로부터 단 한 발자국도 나아가지 못했으며, 따라서 정치사상은 근대국가의 시민들에게 보이지 않는 세계를 보이도록 하는 방법의 문제와 맞닥뜨려야 할지도 모른다.

정치사상의 전통은 최근까지도 매우 깊게 뿌리박혀 있어서, 대학에서의 정치학은 마치 신문이 존재하는 않는 것처럼 학생들을 가르쳤다. 나

---

3) 예를 들면, 뉴욕에 있는 러스크 위원회(Lusk Committee)의 출판물과 윌슨 대통령이 와병 중일 때 검찰총장을 역임한 미첼 파머(Mitchell Palmer)의 성명과 예언을 참조.

는 저널리즘을 전문적으로 가르치는 학교를 언급하는 것이 아니다. 그런 학교들은 직업을 목적으로 학생들을 가르치기 위한 직업훈련 학교들이기 때문이다. 내가 언급하는 정치학이란 장래의 사업가, 법률가, 관리 그리고 일반시민들을 대상으로 한 정치학이다. 정치학에서 언론과 정보의 원천에 관한 연구는 찾아볼 수 없다. 이는 기이한 일이다. 정치학의 틀에 박힌 관심사에 몰두하지 않는 사람이라면, 미국의 어떤 정치학자나 사회학자도 뉴스의 수집에 관한 책을 쓴 적이 없다는 점을 불가사의하게 생각할 것이다. 간혹 언론에 대해서 언급할 때, 언론이 "자유롭고 진실하지" 않다거나 "자유롭고 진실해야" 한다는 주장들이 있다. 그러나 이것 이외에는 다른 어떤 것도 거의 발견할 수 없다. 그리고 전문가들의 이런 경멸은 여론에서 그에 상응하는 경멸을 발견한다. 일반적으로 사람들은 언론이 보이지 않는 환경과의 주요한 접촉수단이라는 점을 인정한다. 그리고 실제로 모든 곳에서 언론은 원시적 민주주의가 생각했던 것 — 우리 스스로 무엇인가를 자발적으로 할 수 있다 — 을 우리를 위해서 자발적으로 해야만 한다. 이는 날마다 그리고 하루에 두 번씩 우리가 관심을 가지고 있는 모든 바깥세계에 관한 진정한 이미지를 우리에게 제공하는 일이다.

2

진리는 획득되는 것이 아니라, 영감을 받거나 폭로되거나 무료로 제공되는 것이라는 끈덕지게 지속된 케케묵은 믿음은 신문의 독자로서의 우리의 경제적 편견에서 매우 분명하게 나타난다. 진리가 이익이 되지 않더라도 우리는 신문이 진리를 제공할 것을 기대한다. 우리가 중요한 것으로 인정하는 이런 어렵고 종종 위험한 서비스를 위해서, 우리는 최근까지도 가장 적은 액수를 지불하려고 했다. 이제 우리는 평일에 발행되는 신문에 2센트 내지 3센트를 지불하고, 삽화와 연예 섹션이 포함된 일요판을 위해서 적게는 5센트 많게는 10센트까지도 지불한다. 그러나 어느 누구도 신문을 위해서 지불해야 한다고는 생각하지 않는다. 구독자는 진리의 샘이 넘쳐 흐르기를 기대하지만, 자신에게 위험이나 비용 혹은 문제가 걸려 있는 한 어떤 법률적, 도덕적 계약도 맺지 않는다. 구독자는 신문이 그에게 잘 맞을 때 소액의 가격을 지불할 것이며, 그에게 맞지 않을 때에는 언제라도 지불을 중단하고 그에게 맞는 다른 신문으로 바꿀 것이다. 누군가가 적절하게 말했듯이, 신문 편집자는 날마다 다시 선출되어야 한다.

독자와 신문의 이런 우발적이고 일면적인 관계는 우리의 문명에만 있는 독특한 현상이다. 이런 관계와 같은 것은 다른 어느 곳에서도 찾아볼 수 없고, 따라서 신문을 다른 사업이나 제도와 비교하는 것은 어려운 일이다. 이는 순수하고 단순한 사업이 아니다. 그 부분적인 이유는 신문이 정기적으로 원가 이하로 팔리기 때문이지만, 보다 중요한 이유는 공동체가 신문에 다른 사업 —— 무역이나 제조업 —— 과는 상이한 윤리적 척도를 적용하기 때문이다. 윤리적인 면에서 신문은 교회나 학교처럼 간주된다. 그러나 만일 신문을 교회나 학교와 비교한다면, 이는 실패할 수밖에 없을 것이다. 납세자는 공립학교를 위해서 세금을 내고, 사립학교는 기부금이나 수업료를 받으며, 교회에는 보조금이 지급되고 모금도 허용된다. 저널리즘을 법이나 의학 또는 공학과 비교할 수도 없다. 소비자는 이런 전문직에 종사하는 사람들의 서비스에 대가를 지불하기 때문이다. 독자들의 태도로 판단한다면, 자유로운 신문이란 사실상 공짜와 다름없는 신문을 의미한다.

그러나 신문 비평가들은 공동체의 도덕적 기준을 표명하고 있을 뿐인데, 그들은 학교와 교회, 그리고 이익이 없는 직업들과 동일하게 신문제도가 존속하기를 기대한다. 이는 민주주의의 오묵한 특성을 다시 한번 설명한다. 인위적으로 정보를 획득할 필요는 없다. 정보는 시민의 마음으로부터 얻거나 자연적으로, 말하자면 공짜로 얻어야 한다. 시민들은 전화와 철도 그리고 여흥을 위해서 지불할 것이다. 그러나 그들은 뉴스를 위해서는 대놓고 지불하지 않는다.

그러나 시민들은 누군가가 그들에 관해서 읽도록 하는 특권을 위해서는 후하게 지불할 것이다. 그들은 광고에 직접적으로 지불할 것이다. 그리고 시민들은 다른 사람들의 광고에 간접적으로 지불할 것이다. 왜냐하면 상품가격에는 광고비용이 숨어 있고, 이는 시민들이 효과적으로 이해하지 못하는 보이지 않는 환경의 일부이기 때문이다. 공중은 광고된 상품을 구입할 때 원래의 상품가격 이상을 지불하겠지만, 세계에 관한 뉴스를 위해서 상품가격을 지불하는 것은 불법행위로 간주할 것이다. 공중은 오직 그 비용이 감추어져 있을 경우에만, 신문을 위해서 지불한다.

3

따라서 발행부수는 목적을 위한 수단이다. 신문이 광고주에게 팔릴 수 있을 경우에만 발행부수는 자산이 되는데, 광고주는 독자의 간접세를 통해서 보장된 이익과 더불어 발행부수를 구매한다.4) 광고주는 그가 팔아야 할 상품에 따라서 신문의 종류를 결정한다. 신문은 "수준 높은" 것일 수도 있고, "대중적인" 것일 수도 있다. 전체적으로 분명한 구분이 있는 것은 아니다. 왜냐하면 광고를 통해서 팔리는 대부분의 상품들을 구매하는 사람들은 매우 부유하거나 매우 가난한 계급이 아니기 때문이

---

4) "저명한 신문은 그 광고료의 비율을 고정할 수 있어서, 발행부수로부터의 그것의 순수령액(net receipt)이 대차대조표의 손익계산서 중 흑자 계정에 남을 수 있을 것이다. 순수령액에 도달하기 위해서 나는 프로모션과 배포 및 발행부수에 부수적으로 따르는 다른 비용들의 총계를 공제한다." 「뉴욕 타임스」의 발행인 아돌프 옥스(Adolph S. Ochs)가 필라델피아 국제 광고 클럽 회의에서 행한 연설(1916년 6월 26일). Elmer Davis, *History of The New York Times, 1851-1921*, pp. 397-398에서 재인용.

다. 생필품을 구입하는 사람들은 그들의 판단에 따라서 상품을 구매하기에 충분한 여력이 있는 사람들이다. 따라서 어느 정도 부유한 가정에서 구독하는 신문은 대개 광고주에게 보다 많은 기회를 제공한다. 가난한 가정 역시 신문을 구독할 수는 있다. 그러나 분석적 광고업자는 허스트 소유의 신문사들처럼 발행부수가 엄청나지 않다면, 가난한 가정이 구독하는 신문의 발행부수를 큰 자산으로 평가하지 않는다.

독자들을 화나게 하는 신문은 광고주의 입장에서는 나쁜 매체이다. 그리고 광고는 자선사업이 아니기 때문에, 광고주들은 미래의 소비자들에게 확실하게 영향을 줄 수 있는 지면을 구매한다. 신문에 실리지 않은 의류업자의 스캔들을 걱정하면서 많은 시간을 보낼 필요는 없다. 그런 스캔들은 전혀 중요하지 않으며, 이런 종류의 사건은 자유로운 신문의 비평가들이 추정하는 것만큼 그렇게 흔한 것이 아니다. 실제 문제는 뉴스를 수집하기 위해서 대가를 지불하는 데에 익숙하지 않은 독자들이 오직 발행부수로만 계산되어 제조업자나 상인에게 팔릴 수 있다는 점이다. 그리고 발행부수를 구매하는 데에서 가장 중요한 점은 소비할 돈을 가장 많이 가지고 있는 사람들이다. 그런 신문은 구독자층의 관점을 존중해야만 한다. 신문을 편집하고 출간하는 것은 바로 이런 구독자층을 위해서이고, 구독자층의 지지가 없다면 신문은 생존할 수 없다. 신문은 광고를 우습게 볼 수 있고 강력한 금융산업이나 운송회사의 이해관계를 공격할 수 있지만, 만일 구독자층을 소외시킨다면 신문의 긴요한 자산을 상실하게 될 것이다.

뉴욕의 「이브닝 선(*Evening Sun*)」에서 일했던 존 기븐5)은 1914년에

---

5) *Making a Newspaper*, p. 13. 내가 알고 있는 최고의 전문서적이며, 언론을 논의하려는 모든 사람들이 읽어야 할 책이다. 홈 대학교 도서관에 있는 『신문(*The Newspaper*)』이라는 책을 집필한 디블리(G. B. Diblee)는 "언론 종사자들을 위한 언론에 대한 책들 중에서 내가 유일하게 알고 있는 좋은 책이 바로 기븐의 책"이라고 말했다.

미국에서 발행되는 2,300종 이상의 일간지 가운데 175종 정도의 일간지가 인구 10만 명 이상의 도시에서 발행되었다는 점을 밝혀냈다. 이 신문들은 "일반 뉴스"를 위한 신문들이었고, 큰 사건들을 다루는 중요한 신문들이었다. 바깥세계의 소식을 알리는 사람은, 이 175종의 신문들 가운데 어느 한 신문이라도 읽어야 했다. 왜냐하면 이 신문들은 거대한 신문연합을 결성해서 뉴스를 교환하는 데에 협력했기 때문이다. 따라서 각 신문은 자기 신문의 독자들에게 정보를 제공할 뿐만 아니라, 다른 도시의 신문들을 위해서 지방기자의 역할을 수행했다. 지방신문과 특별신문은 일반 뉴스를 대체로 이런 주요 신문들로부터 얻는다. 그리고 이들 중 몇몇은 다른 신문들에 비해서 훨씬 더 부유하기 때문에, 전 미국의 신문들은 주로 신문협회의 보도와 몇몇 대도시 일간지의 특별한 서비스에 국제 뉴스를 의존한다.

대체로, 일반 뉴스를 수집하는 데에 들어가는 비용은 인구 10만 명이 넘는 도시의 상당한 부유층이 신문에 광고된 상품을 구입할 때 지불하는 가격 속에 포함되어 있다. 이 소비자층은 주로 무역과 상업, 제조업과 금융업에 종사한다. 그들은 신문광고에 가장 많은 돈을 지불하는 고객들이다. 그들은 집중된 구매력을 과시하는데, 양적으로 보면 농부와 노동자층의 구매에 비해서 적을 수 있지만, 한 일간지가 책임지는 범위 내에서 그들은 즉시 현금화할 수 있는 자산이다.

4

게다가 그들에게는 두 배로 주의를 기울여야 한다. 그들은 광고주를 위한 최고의 소비자일뿐만 아니라 그들 자신이 광고주이기도 하다. 따라서 신문에 대한 이 공중의 인상은 대단히 중요하다. 다행히 이 공중이 단일한 의견을 가지고 있는 것은 아니다. 이 공중의 의견은 "자본주의적"이지만, 무엇이 자본주의이고 어떻게 자본주의가 운영되어야 하는지에 관해서는 상이한 견해를 가지고 있다. 위기의 순간을 제외하면, 이런 신분의 의견은 정책상에서 상당한 차이를 허용할 정도로 충분히 나뉘어 있다. 만일 발행인이 이런 도시 공동체의 구성원이 아니라면, 그리고 그의 동료와 친구들의 렌즈를 통해서 정직하게 세계를 바라보지 않는다면, 이런 정책상의 차이들은 더욱 클 것이다.

발행인들은 투기적인 사업에 종사하고 있다.[6] 이 사업은 일반적인 거래조건에 의존하지만, 유별나게 발행부수에 의존한다. 이는 마치 독자들과 결혼은 하지 않고 자유연애를 즐기는 것과 마찬가지이다. 따라서 모든 발행인의 목적은 거리의 신문 가판대에서 신문을 사는 사람을 정기구독자로 만드는 것이다. 근대 저널리즘의 경제학을 고려할 때, 독자의 충성에 쉽게 의존할 수 있는 신문은 가장 독립적인 신문이 될 수 있다.[7] 언제나 변함없이 신문을 구독하는 독자들은 광고주가 행사할 수 있는 어떤 힘보다도 더 큰 힘이고, 광고주들의 단합을 분쇄하기에 충분할 만큼 큰 힘이다. 따라서 신문이 독자를 배반하고 광고주의 편을 든다면, 분명히 이는 발행인이 진정으로 광고주의 견해를 공유하는 경우이거나 발행인이 생각 —— 아마도 잘못된 생각이겠지만 —— 하기에 만일 그가 광고주의 명령에 공공연히 저항하더라도 독자들의 지지를 확신할 수 없는 경우일 것이다. 이는 뉴스에 돈을 지불하지 않는 독자들이 신문에 대한 충성으로 돈을 지불할 것인지에 관한 문제이다.

---

6) 때로 지나치게 투기적이기 때문에 발행인은 신용을 보장하기 위해서 채권자의 노예가 되어야만 한다. 이 점에 관한 정보는 얻기가 매우 어렵고, 그렇기 때문에 그 일반적인 중요성은 종종 많이 과장되어 있다.

7) "신문의 발행에는 다음과 같은 공리가 있다. '독자의 수가 많으면 많을수록 광고주의 영향력으로부터 독립적이고, 독자의 수가 적으면 적을수록 광고주에 대한 의존이 심화된다.' 모순된 주장처럼 보일 수도 있지만(그러나 사실이다), 광고주의 수가 많으면 많을수록 그들이 발행인에게 개별적으로 행사할 수 있는 영향력은 감소한다." Adolph S. Ochs, 앞의 책 참조.

제22장
정기 구독자

1

어떤 계약도 신문에 대한 구독자층의 충성을 명문화하지 않는다. 거의 모든 다른 기업들의 경우에, 상품이나 서비스의 구매자는 구매자의 일시적인 변덕을 통제하는 계약을 맺어야 한다. 적어도 그는 그가 얻은 것에 대해서 지불한다. 정기간행물의 경우에, 이와 가장 유사한 계약이 바로 유료구독이다. 그리고 내가 보기에 이는 대도시의 일상적인 경제에서 큰 부분을 차지하지 않는다. 신문에 대한 충성을 일상에서 판단하는 것은 오직 독자 자신이며, 약속위반이나 불이행으로 독자를 고소할 수는 없다.

모든 것이 독자의 지조에 달려 있으며, 이 사실을 독자의 마음에 명령하는 어렴풋한 전통조차 존재하지 않는다. 독자가 지조를 지키는 것은 그가 느끼는 방법이나 그의 습관에 달려 있다. 그리고 이는 단순히 뉴스의 질에 달려 있는 것이 아니라 신문과 우리의 우연한 관계에서 우리가 좀처럼 의식하려고 하지 않는 갖가지 모호한 요소들에 달려 있다. 이 요소들 중 가장 중요한 것은 신문을 판단할 때 우리들 각자가 관련되어 있다고 느끼는 뉴스를 신문이 어떻게 취급하는가에 관련된 것이다. 신문은 우리의 경험을 넘어선 수많은 사건들을 다룬다. 그러나 신문은 또한 우리가 경험한 사건들을 다룬다. 그리고 신문이 이런 사건들을 취급하는 방식에 따라서 우리는 그 신문을 좋아할지 싫어할지, 신뢰할지 구독하지 않을지를 결정한다. 우리가 생각하기에 우리가 알고 있는 것 —— 우리의 사업, 우리의 교회, 우리의 정당 —— 에 관해서 신문이 만족스러운 설명을 제공한다면, 우리는 분명히 그 신문을 격렬하게 비판하지 않을 것이다. 아침식탁에서 신문을 읽는 사람에게 자신과 같은 의견을 신문에서 확인하는 것보다 나은 척도가 무엇인가? 대부분의 사람들은 그들의 입장에 가장 엄밀하게 책임을 지는 신문을 구독하는 경향이 있는데, 이는 일반독자로서 그렇게 하는 것이 아니라, 자신의 경험의 문제에 대한 특별한 변호인으로서 그렇게 하는 것이다.

아무나 보도의 정확성을 점검할 수 있는 것은 아니다. 보도의 정확성을 점검할 수 있는 사람은 이해 당사자들이다. 뉴스가 현지에 관한 것이고 그곳에 경쟁이 있다면, 신문의 묘사가 불공정하고 부정확하다고 생각하는 사람은 편집자에게 연락을 취할 것이다. 그러나 만일 뉴스가 현지에 관한 것이 아니라 먼 거리에 떨어져 있는 것에 관한 것이라면, 기사를 바로잡으려는 연락은 줄어들 것이다. 다른 도시에서 발행된 신문이 자신들에 관해서 잘못된 이미지를 보도했다고 생각될 때, 이를 정정할 수 있는 유일한 사람들은 광고대리업자를 고용할 만큼 충분히 잘 조직된 집단의 구성원들뿐이다.

신문의 일반독자는 뉴스가 그를 호도(糊塗)하고 있다고 생각하더라도 법에 호소할 수 없다는 점에 주목하는 것은 흥미로운 일이다. 피해를 입은 당사자만이 중상모략이나 명예훼손을 이유로 소송을 제기할 수 있다. 이때 그는 자신에 대한 물질적 피해를 입증해야 한다. 법이 이렇게 하는 이유는 부도덕하거나 선동적으로 모호하게 묘사된 사안을 제외한

일반 뉴스가 공통의 관심사는 아니라고 판단하는 전통 때문이다.[1]

비록 무관심한 독자들은 신문을 전체적으로 점검하지 않지만, 대다수의 뉴스는 몇몇 독자들이 매우 분명한 선입관을 가지고 있는 항목들로 구성되어 있다. 그런 항목들은 독자의 판단자료이자 사람들이 개인적인 척도 없이 읽는 뉴스이고, 그들의 기준에 의해서 정확성을 판단하기보다는 다른 기준에 의해서 정확성을 판단하는 뉴스이다. 사람들이 여기에서 주제로 다루는 것은 소설과 구분할 수 없는 것이다. 진리의 규범은 적용될 수 없다. 그러나 만일 뉴스가 사람들의 고정관념에 순응한다면 사람들은 그런 뉴스에 놀라지 않을 것이고, 만일 뉴스가 사람들의 관심을 끈다면 그들은 계속해서 신문을 읽을 것이다.[2]

2

심지어 큰 도시에서는 독자가 자신에 관해서 읽고자 한다는 점을 편집의 원리로 삼는 신문들이 있다. 이 이론에 따르면, 만일 사람들이 신문지상에서 충분히 자주 자신의 이름을 보게 된다면, 신문은 확실한 발행부수를 확보할 것이다. 이런 신문은 주로 결혼식이나 장례식, 사교모임이나 해외여행, 회합, 학교에서의 포상, 50세 생일, 회갑일, 은혼식, 야유회와 해산물 파티 등에 관한 소식을 게재한다.

이런 신문에 대한 고전적 공식은 호러스 그릴리가 1860년 4월 3일 지방신문을 창간하려는 "친구 플레처"에게 보낸 편지 속에 포함되어 있다.[3]

---

1) 독자는 이를 검열을 위한 탄원으로 오해하지 않을 것이다. 그러나 만일 공식적인 재판소가 아닌 능숙한 재판소가 있어서 일반 뉴스의 기만과 불공정성에 대한 고발이 면밀하게 조사될 수 있다면 이는 좋은 일이라고 할 수 있다. *Liberty and the News*, pp. 73−76 참조.
2) 예를 들면, 업턴 싱클레어는 그가 급진주의자들에게 불공정하다고 인용한 신문들만큼이나 사용자들에게 악의적으로 불공정한 사회주의 신문들에 대해서는 거의 분노하지 않는다.
3) James Melvin Lee, *The History of American Journalism*, p. 405에서 재인용.

"일반적인 사람들이 가장 깊게 관심을 가지는 주제는 바로 그 자신에 관한 것이라는 점을 명심하게나. 그 다음으로 그가 가장 신경 쓰는 것은 바로 그의 이웃이지. 아시아와 통고 군도에 관한 것은 그의 고려사항에서 순위가 한참 뒤라네.……새로 지은 교회, 새로 이사온 이웃, 농장의 매매, 신축건물, 가동하기 시작한 공장, 새로 개업한 상점, 그리고 많은 가정들의 흥미를 끄는 어떤 것이라도 간략하게나마 정확하게 자네의 신문에 게재하게나. 만일 농부가 큰 나무를 베거나 엄청나게 큰 사탕무를 재배하거나 소맥이나 옥수수를 대량으로 수확했다면, 이 사실을 가능한 간략하고 예외 없이 신문에 보도하게나."

　　리가 말한 바와 같이, 모든 신문은 어디에서 발간되든, 어떻게 해서라도 "그 고장의 인쇄된 일기"로서의 기능을 충족시켜야 한다. 그러나 뉴욕과 같은 대도시에서는 일반신문들이 이런 기능을 충족시킬 수 없다. 대신에 도시의 보다 작은 구역에서 그릴리의 방식대로 신문을 간행하는 작은 신문사들이 존재한다. 맨해튼과 브롱스에는 일반신문보다 두 배나 많은 지역신문들이 존재한다.[4] 그리고 이런 지역신문들은 상업과 종교 그리고 민족성에 대한 온갖 종류의 특별 증보판을 발행한다.

　　이런 일간지들은 그들 자신의 삶에서 흥미로운 것을 발견하려는 사람들을 위해서 발행된다. 그러나 또한 굉장히 많은 사람들이 그들의 삶이 무미건조하다는 것을 발견하고, 헤다 가블레르(Hedda Gabler)와 마찬가지로 좀더 감동적인 삶을 살기를 원한다. 그런 사람들을 위해서 몇몇 신문들은 신문 전체를 할애하거나 섹션을 이용하여 공상적인 사람들의 개인적인 삶에 관한 기사를 게재한다. 독자들은 자신의 환상 속에서 그런 사람들의 멋진 악덕을 자신과 동일시할 수 있다. 상류사회에 대한 허스트의 지칠 줄 모르는 관심은 상류사회에 도저히 속할 수 없는 사람

---

4) John L. Given, *Making a Newspaper*, p. 13 참조.

들과 영합하며, 그들은 그들이 읽었던 것이 그들 삶의 일부라는 막연한 감정을 느끼면서 어느 정도의 신분상승을 이룬다. 대도시에서 "그 고장의 인쇄된 일기"는 최상류계급의 일기가 되는 경향이 있다.

우리가 이미 언급했던 것처럼, 도시의 일간지들은 먼 곳의 뉴스를 사적 시민들에게 전달하는 역할을 수행한다. 그러나 정치적, 사회적 뉴스들만이 이런 신문들의 발행부수를 유지시키는 것은 아니다. 이런 뉴스에 대한 관심은 간헐적이며, 이런 뉴스에만 의존할 수 있는 발행인은 극소수에 불과하다. 따라서 신문은 이와는 다른 기사들을 게재한다. 이런 기사들의 주안점은 다수의 독자들을 결합하는 데에 있고, 독자들은 큰 뉴스에 대한 비판력을 상실한다. 게다가 한 공동체에서 큰 뉴스에 대한 경쟁이 그렇게 심각한 것은 아니다. 신문 서비스는 주요 사건들을 표준화한다. 특종을 보도하는 일은 굉장히 드물다. 최근의「뉴욕 타임스」처럼, 어떤 작은 의견도 없어서는 안 되는 것으로 만드는 그런 방대한 보도를 읽을 만한 공중의 수가 그렇게 많지 않다는 점은 분명하다. 대부분의 신문은 스스로를 차별화하고 지속적으로 공중을 모으기 위해서 일반 뉴스의 영역 밖으로 나아가야 한다. 신문들은 상류사회, 스캔들과 범죄, 스포츠, 영화, 여배우, 연애상담, 학교소식, 여성을 위한 지면, 쇼핑 가이드, 조리법, 체스, 카드 게임, 원예, 만화 등을 다루게 되는데, 이는 발행인과 편집자가 이 모든 것들에 관심이 있기 때문이 아니라, 그들이 열렬하게 관심을 기울이는 독자들을 계속해서 자신의 신문에 붙들어놓는 방식을 발견해야 하기 때문이다. 몇몇 신문 비평가들은 이런 독자들이 진리, 오직 진리만을 외치는 것으로 추정한다.

신문 편집자는 묘한 입장에 놓여 있다. 신문사는 광고주가 독자에게 부과한 간접세에 의존한다. 광고주의 후견은 효과적인 소비자 집단을 규합하는 편집자의 기술에 달려 있다. 소비자들은 그들의 사적 경험과 고정관념의 기대에 따라서 판단을 내리는데, 이는 본질상 그들이 읽은 대부분의 뉴스에 관해서 모두가 독자적인 지식을 가지고 있는 것은 아니기 때문이다. 만일 소비자의 판단이 비판적이지 않다면, 편집자는 적어도 발행부수의 범위 내에서 수익을 낸 셈이다. 그러나 발행부수를 확보하기 위해서, 편집자는 보다 커다란 환경에 관한 뉴스에만 전적으로 매달릴 수 없다. 편집자는 그가 할 수 있는 한 흥미롭게 일반 뉴스를 다루지만, 특히 공적 문제들에 대한 일반 뉴스의 질은 그 자체로 매우 많은 독자들이 일간지들 사이의 차이를 구별할 수 있을 만큼 충분한 것은 아니라는 문제를 처리해야 한다.

신문과 공적 정보 사이의 이런 어딘가 모호한 관계는 신문 종사자들의 봉급에 반영된다. 이론적으로 신문사의 근간을 구성하는 보도업무는 신문사 내에서 가장 적은 봉급과 가장 낮은 평가를 받는 업무이다. 일반적으로 유능한 사람이 보도직에 가는 것은 오직 필요에 의한 것이거나 경험을 쌓기 위한 것이고, 그들은 가능한 한 빨리 보도직에서 나오겠다는 분명한 의도를 가지고 있다. 왜냐하면 있는 그대로를 보도하는 일은 많은 보수가 제공되는 일이 아니기 때문이다. 저널리즘에서 많은 보수를 받는 이들은 편집을 할 수 있는 특파원과 국장, 그리고 자신만의 요령과 풍미를 갖춘 전문가들이다. 틀림없이 이는 경제학자들이 능력의 초과이윤(rent of ability)이라고 부르는 것이다. 그러나 이 경제적 원리는 저널리즘의 경우 그에 고유한 왜곡과 함께 작동한다. 뉴스를 수집하는 일은 훈련되고 능력 있는 사람들의 매력을 끌 수 없는데, 이런 사람들이야말로 그 일의 공적 중요성이 요구할 법한 사람들이다. 능력 있는 사람들이 가급적 빨리 떠나겠다는 의도하에 "있는 그대로를 보도하는 일"을 맡는다는 사실은 전문직에 특권과 자부심을 부여하는 그 기업의 전통이 왜 충분하게 발전하지 않았는지에 대한 주요한 이유이다. 직업의 자부심을 불러일으켜 입사의 기준을 높이고, 관례의 위반을 처벌하며, 사회에서 그들의 지위를 주장할 힘을 부여하는 것은 바로 이런 기업의 전통에 있기 때문이다.

3

그러나 이 모든 것은 문제의 근원이 아니다. 저널리즘의 경제학이 뉴스보도의 가치를 떨어뜨리기는 하지만, 그것만으로 분석하는 것은 잘못된 결정론이다. 기자의 힘은 상당히 크고, 보도직을 거쳐간 능력 있는 사람들의 수도 상당히 많기 때문에, 의학이나 공학 혹은 법학과 비교하여 그 직업의 수준을 끌어올리는 데에 왜 상대적으로 적은 노력이 기울여졌는지에 대해서는 보다 심도 깊은 이유가 있어야 한다.

업턴 싱클레어는 그가 "구리 수표(The Brass Check)"라고 부르는 것에서 이런 심도 깊은 이유를 발견했다고 주장한다.[5]

"당신은 주급봉투에서 구리 수표 — 당신은 기사를 쓰고 인쇄하며 신문과 잡지를 배포합니다. 구리 수표는 치욕의 대가입니다 — 를 발견합니다. 당신은 진리를 취재하여 그것을 시장에 판매합니다. 이는 대기업이라는 혐오스러운 사창가에 인류의 순수한 희망을 팔아먹는 짓입니다."[6]

이런 주장에 따르면 알려진 진실과 사실에 입각한 희망이 있는 것처럼 보이는데, 이런 진실과 희망은 부유한 신문 소유주의 의식적인 음모에 의해서 유린된다. 만일 싱클레어의 말이 옳다면, 다음과 같은 결론을 얻을 수 있다. 대기업과 전혀 관련이 없는 신문만이 진리를 존중한 것이다. 만일 대기업에 의해서 통제되지 않고 심지어 그것과 전혀 관련이

---

5) 힐레어 벨록(Hilaire Belloc)은 영국 신문을 동일한 방식으로 분석한다. *The Free Press* 참조.
6) Upton Sinclair, *The Brass Check. A Study of American Journalism.* p. 436

없는 신문이 진리를 담아내는 데에 실패한다면, 싱클레어의 말은 무엇인가 잘못되었을 것이다.

그런 신문이 있기는 하다. 이상하게도, 자신의 문제제기에 대한 해법을 제안하면서 싱클레어는 그의 독자들에게 가장 가까이에 있는 급진적인 신문들을 구독하라고 권하지 않는다. 왜? 만일 미국 저널리즘의 문제들이 대기업의 구리 수표에 있다면, 그 해법은 어떤 형태로든 구리 수표를 주지 않는 신문을 읽는 것에 있지 않겠는가?

"철강 트러스트나 국제 산업 노동자 연합, 스탠더드 석유회사나 사회주의 정당 중 누가 손해를 입는지에 상관없이" 사실로 가득 찬 신문을 인쇄해야 한다는 "신념이나 대의명분"을 가진 이사들로 구성된 "내셔널 뉴스(National News)"에 왜 보조금을 주어야 하는가? 만일 문제가 대기업, 즉 철강 트러스트나 스탠더드 석유회사라면, 왜 모두에게 국제 산업 노동자 연합이나 사회주의 정당의 신문을 읽으라고 주장하지 않는가? 싱클레어는 이런 질문들에 답하지 않는다. 그러나 그 이유는 간단하다. 그는 반자본주의적 신문이 자본주의적 신문에 대한 해법이라는 점을 사람들에게 납득시킬 수 없고, 심지어 그 자신도 그 점을 납득하지 않고 있기 때문이다. 그는 구리 수표에 관한 그의 말과 그것에 대한 그의 건설적인 제안 모두에서 반자본주의적 신문을 무시한다. 그러나 만일 미국의 저널리즘을 진단하고 있다면, 반자본주의적 신문을 무시할 수 없다. 만일 관심을 가지고 있는 것이 "공정한 진리"라면, 다른 신문에서도 쉽게 발견할 수 있는 불공정과 거짓의 사례들을 무시하고 어떤 일련의 신문들에서 발견할 수 있는 불공정과 거짓의 사례들만을 모은 후에 이를 거짓의 원인으로, 즉 조사의 대상이 된 신문들의 공통된 특징으로 파악하는 것은 논리적 오류를 범하는 일이다. 만일 신문의 결점으로 "자본주의"를 비난하려고 한다면, 그런 결점들이 자본주의가 통제하지 않는 장소에서는 존재하지 않는다는 것을 증명해야 한다. 싱클레어가 그렇게 할 수 없었다는 점은 그가 현재의 문제를 진단하는 데에서는 모든 것을 자본주의 탓으로 놀려놓고, 그것에 대한 처방을 제시하는 데에서는 자본주의와 반자본주의 모두를 무시한다는 사실에서 살펴볼 수 있다.

싱클레어와 그에게 동조하는 사람들은 진실성과 능력의 모델로서 어떤 비자본주의적 신문도 선택할 수 없었기 때문에, 그들의 가정을 보다 비판적으로 검토했을 것이라고 추론할 수 있다. 예를 들면, 그들은 대기업은 돈을 위해서 팔아먹지만 반(反)대기업(anti-Big Business)에는 존재하지 않는 것처럼 보이는 공정한 진리란 도대체 어디에 있는가라고 자문해보았을 수도 있다. 나는 이 질문이 문제의 핵심, 즉 뉴스란 무엇인가라는 질문과 일맥상통한다고 믿는다.

제23장

뉴스의 본성

1

이 세계의 모든 기자들이 하루 24시간을 일한다고 하더라도 세계에서 발생한 모든 일들을 목격할 수는 없을 것이다. 사실 기자의 수가 그처럼 많은 것도 아니다. 그리고 사람이라면 한 시점에 한 장소 이상에 있을 수 없다. 기자들에게 천리안이 있는 것도 아니고, 수정구슬을 통해서 세계를 마음대로 보는 것도 아니며, 텔레파시의 도움을 받는 것도 아니다. 만일 이와 같이 상대적으로 적은 사람들이 세계에서 발생한 모든 일들을 전부 다룰 수 있다면, 이는 정말 기적과 같은 일일 것이다.

신문이 인류 전체를 주시하는 것은 아니다.[1] 기자는 경찰본부, 검시소, 지방 사무소, 시청, 백악관, 상원 및 하원과 같은 특정한 장소에 상주한다. 기자들은 스스로 지켜보거나, 혹은 대부분은 "누군가의 삶이 일상의 궤적을 벗어나거나 화제가 될 만한 사건이 발생할 때 이를 알 수 있는 비교적 적은 수의 장소들을" 지켜보는 사람들을 고용하는 단체들에 상주한다. "예를 들면, 존 스미스라는 중개인을 가정해보자. 10년 동안 그

---

[1] 앞서 인용한 기븐의 저서에서 이에 대한 이해를 돕는 장 — "Uncovering the News," Ch. V — 을 참조.

는 자신의 생의 진로를 추구해왔으며, 그의 고객들과 친구들을 제외한 어느 누구도 그를 염두에 두지 않았다. 신문에서 그는 마치 존재하지 않았던 것과 마찬가지이다. 그러나 11년째 되는 해에 스미스는 큰 손실을 입고 마침내는 빈털터리가 되어 변호사를 불러서 재산을 정리하기에 이른다. 변호사는 지방 사무소에 서류를 보내고 그곳의 서기는 공식 서류에 필요한 사항들을 기입한다. 이 단계에서 비로소 신문이 개입한다. 서기가 스미스의 사업 청산서를 작성하는 동안, 기자는 그의 어깨 너머로 그것을 슬며시 바라본다. 몇 분 후에 기자들은 스미스의 문제를 알아내고, 마치 그들이 지난 10년 동안 매일같이 그의 문 앞에 서 있었던 것처럼 그의 사업과 그 상태에 관해서 보도한다."[2]

신문이 "스미스의 문제"와 "그의 사업과 그 상태"를 알고 있다고 말할 때, 기븐은 스미스가 아는 바와 같은 것을 기자들이 알고 있다거나, 아널드 베넷이 스미스를 주인공으로 세 권의 소설을 집필한다면 알 수도 있을 것을 기자들이 알고 있다는 뜻으로 말한 것은 아니다. 신문사가 유일하게 알고 있는 것은 "몇 분 동안" 지방 사무소에서 기록된 숨김없는 사실들뿐이다. 이런 공공연한 행위는 스미스에 관한 뉴스를 "폭로한다." 그 뉴스 보도가 계속되느냐 그렇지 않느냐는 또다른 문제이다. 요점은 일련의 사건들이 뉴스가 되기 위해서는 다소 지나친 것처럼 보여서 주목을 끌어야 한다는 것이다. 또한 일반적으로 그런 사건들은 노골적으로 공공연한 행위여야 한다. 스미스의 친구라면 그가 모험을 하고 있었다는 것을 수년 동안 알았을지도 모르고, 만일 그가 수다스럽다면 그 소문이 금융담당 기자의 귀에 들어갔을지도 모른다. 그러나 소문을 보도하는 것은 명예훼손이 될 수 있기 때문에 이를 보도할 수 없다는 사실 외에도, 이 소문에는 하나의 이야기로 고정할 만한 그 어떤 명확한 것도 존재하

2) 위의 책, p. 57

지 않는다. 무엇인가 구체적인 형태의 확실한 사건이 일어나야 한다. 파산, 화재, 충돌, 폭행, 폭동, 체포, 고발, 법안의 제출, 연설, 투표, 회합, 명사의 의견, 다리를 짓기 위한 제안 등이 그런 사건일 수 있다. 명시적인 것이 반드시 있어야 한다. 사건의 진행은 확실히 정의할 수 있는 모습을 띠어야만 하고, 어떤 측면이 기정사실이 될 때까지, 뉴스는 있을 법한 진리의 바다와 구분되지 않는다.

2

언제 사건들이 보도할 수 있는 모습을 띠느냐에 관해서는 폭넓은 의견차가 있을 수 있다. 좋은 저널리스트는 삼류기자에 비해서 좀더 자주 뉴스를 발견할 것이다. 만일 좋은 저널리스트가 위험요소가 있는 빌딩을 보았다면, 그는 뉴스로 확인하기 위해서 빌딩이 무너질 때까지 기다리지는 않을 것이다. 어떤 귀족이 기후에 관해서 조사하고 있다는 소식을 듣고, 다음 인도 총독의 이름을 추측했던 이는 훌륭한 기자였다. 운이 좋아 적중할 때도 있지만, 운을 잡을 수 있는 사람의 수는 많지 않다. 대개 운이란 분명한 장소에서 벌어진 한 사건에 의해서 추정된 고정관념의 외양이다. 가장 분명한 장소는 사람들의 일이 공적 권위와 접촉하는 곳이다. 법은 하찮은 일들과는 관계가 없다(De minimis non curat lex). 결혼, 출생, 죽음, 계약, 실패, 도착, 출발, 소송, 무질서, 전염병, 재난 등이 알려지는 곳은 바로 이런 장소들이다.

그러므로 뉴스는 우선 사회조건의 반영이 아니라 스스로 헤집고 나오는 어떤 측면에 관한 보도이다. 뉴스는 어떻게 씨앗이 땅속에서 싹트는지를 말해주지는 않지만, 언제 처음으로 싹이 지표면에 나왔는지를 말해줄 수는 있다. 심지어 뉴스는 누군가가 말한 일이 실제로 땅속의 씨앗에서 일어나고 있다는 점을 말해줄 수 있다. 뉴스는 싹이 예정된 시간에 나오지 않았다는 점을 말해줄 수도 있다. 어떤 사건을 고정할 수 있고, 객관화할 수 있으며, 측정할 수 있고, 이름을 붙일 수 있는 경우가 많아지면 많아질수록, 뉴스가 발생하는 경우도 많아진다.

따라서 만일 입법부가 인류를 개선할 모든 다른 방법들을 소진했기 때문에 야구경기의 득점을 금지한다고 하더라도, 주심이 자신의 페어플레이 감각에 따라서 얼마나 경기가 지속되어야 하는지, 언제 공수교대를 해야 하는지, 어떤 팀이 승리했는지를 결정하는 그런 종류의 경기를 하는 것은 여전히 가능할 것이다. 만일 그 경기가 신문에 보도된다면, 그 보도는 심판의 결정기록, 관중의 야유와 함성에서 받은 기자의 인상, 시합에 나서지 못한 채 수 시간 동안 잔디밭에서 이리저리 움직이는 후보선수들에 관한 모호한 설명으로 이루어질 것이다. 이처럼 불합리한 상태를 상상하면 할수록, 뉴스 수집의 목적을 위해서(경기를 하는 목적은 말할 것도 없고), 이름을 붙이고, 점수를 매기며, 기록하기 위한 장치와 규칙이 없이는 많은 것을 하기가 불가능하다는 것이 점차 분명해질 것이다. 이런 장치와 규칙이 매우 불완전하기 때문에 심판의 삶은 종종 심란해진다. 심판은 많은 중요한 시합을 눈으로 판단해야 한다. 만일 누군가가 모든 경기를 사진으로 촬영할 가치가 있다고 생각한다면, 사람들이 규칙에 순응하는 체스에서와 마찬가지로 시합에 대해서 털끝만큼의 이의제기도 나오지 않을 것이다. 인간의 눈이 포착할 수 없기 때문에, 뎀프시의 어떤 주먹이 카펜티어를 때려눕혔는가라는 의혹이 많은 기자들의 마음에 생겼을 때, 최종적으로 그 의혹을 해결했던 것은 바로 영화였다.

근대적 뉴스 서비스는 좋은 기구가 있는 곳에서 정확하게 제공된다. 이런 기구가 있는 증권 거래소는 가격의 등락에 관한 뉴스를 신뢰할 수 있을 만큼 정확하게 보도한다. 선거결과를 위한 기구가 있어서 계산과 집계가 잘 이루어지면, 전국적인 선거결과는 대개 선거당일 밤에 알 수 있다. 문명화된 공동체는 죽음과 출생과 결혼과 이혼을 기록하고, 은폐하거나 방치하지 않는다면 그것들을 정확하게 알 수 있다. 이런 기구는 정확도라는 면에서는 다양하지만, 산업과 통치의 몇몇 측면들—— 증권, 화폐와 주요 상품, 은행결제, 부동산 거래, 임금의 규모—— 에만 존재한다. 이런 기구는 수출품과 수입품을 위해서도 존재하는데, 그 이유는 수출입품들이 세관을 통과하고 직접 기록될 수 있기 때문이다. 그러나 국내거래, 특히 상점에서의 거래에서는 동일한 정도의 기구와 같은 것이 존재하지 않는다.

나는 뉴스의 확실성과 기록의 체계 사이에는 매우 직접적인 관계가 있다는 점이 발견될 것이라고 생각한다. 만일 언론에 반대하는 개혁가들이 주로 비난하는 화제들을 상기해본다면, 그런 화제들은 점수를 매기지 않는 야구경기에서의 심판의 역할을 신문이 하는 것과 같은 주제들이라는 점을 발견할 것이다. 마음의 상태에 대한 모든 뉴스는 이런 성격을 띠고 있다. 개성, 성실함, 열망, 동기, 의도, 대중감정, 국민감정, 여론, 외국정부의 정책에 관한 모든 묘사들이 그렇다. 무슨 일이 벌어질 것인가를 예측하는 뉴스도 그렇다. 사적 이익, 사적 소득, 임금, 노동조건, 노동의 효율성, 교육기회, 실업,3) 단조로움, 건강, 차별, 불공정, 거래 제한, 낭비, "후진 국민들", 보수주의, 제국주의, 급진주의, 자유, 명예, 올바름에 관한 문제들도 그렇다. 모든 것에는 기껏해야 간헐적으로 기록된 자료가 있을 뿐이다. 이 자료는 검열이나 프라이버시의 전통 때문에 보이지 않을 수도 있다. 자료는 아무도 기록하는 것이 중요하지 않다고 생각했거나, 기록하는 것이 불필요한 요식행위라고 생각했거나, 어느 누구도 아직까지 객관적인 측정 시스템을 발명하지 못했기 때문에 존재하지 않을 수도 있다. 따라서 이런 주제들에 대한 뉴스는 완전히 무시되지

---

3) 1921년 실업 보고서에 추측이 들어 있었다는 점을 떠올려보라.

않는다면 반드시 논란의 여지를 제공한다. 점수를 매기지 않은 사건은 전통적인 의견으로 보도되거나 아니면 뉴스가 되지 않는다. 그런 사건은 누군가가 저항하거나 조사하거나 혹은 그 말의 어원적 의미에 따라서 공적으로 그 사건을 **쟁점화**하기 전까지는 나타나지 않는다.

이것이 언론 중개인들이 존재하는 근본적인 이유이다. 어떤 사실과 인상을 보도할 것인가에 관한 엄청난 재량은 그런 재량이 공공성을 보장하기를 원하든 그것을 피하기를 원하든 간에, 그런 재량의 행사를 기자에게 남겨둘 수는 없다는 확신을 모든 조직된 집단에 확고하게 심어준다. 집단과 신문 사이에 언론 중개인을 고용하는 편이 보다 안전할 것이다. 언론 중개인을 고용하면, 그의 전략적 지위를 이용하려는 유혹이 매우 크다. 프랭크 코브에 따르면, "전쟁 바로 직전에, 뉴욕의 신문들은 정규적으로 고용되어 파견을 나가 있던 언론 중개인의 수가 1,200여 명 정도라는 것을 발견했다. 현재(1919년) 그 수가 얼마인지는 정확히 알 수 없다. 내가 알고 있는 것은 뉴스로의 많은 직접적 통로들이 폐쇄되었고, 공중을 위한 정보는 우선 홍보 담당자를 통해서 여과된다는 것이다. 대기업, 은행, 철도, 사업 및 사회적이고 정치적인 활동에 관여하는 모든 조직에는 홍보 담당자들이 있고, 그들을 통해서 뉴스가 나온다. 심지어 정치가들도 홍보 담당자를 영입하고 있다."[4]

언론 중개인이 명백한 사실의 단순한 발견을 보도하고 있다면, 그는 서기와 다를 바가 없을 것이다. 그러나 대부분의 큰 화제에 관한 사실들은 그렇게 단순하지 않고, 전혀 분명하지 않으며, 선택과 의견의 대상이기 때문에, 모든 사람들이 자신이 선택한 사실이 신문에 실리기를 원한다는 것은 자연스러운 일이다. 홍보 담당자는 이것을 한다. 그리고 이렇

---

4) 1919년 12월 11일 뉴욕 시 여성 클럽(Women's City Club of New York)에서의 연설. *New Republic*, Dec. 31, 1919, p. 44에 게재.

게 하는 데에서, 홍보 담당자는 기자가 도무지 종잡을 수 없는 상황에 분명한 이미지를 제공함으로써 기자의 수고를 크게 덜어준다. 그러나 홍보 담당자가 기자를 위해서 만들어주는 것은 공중이 보았으면 하는 이미지이다. 홍보 담당자는 오직 그의 고용주에게만 보고할 의무가 있는 검열관이자 선전원이고, 또한 고용주의 이해관계에 부합하는 진리만을 책임진다.

홍보 담당자의 발전이 분명하게 보여주는 바는 근대적 삶에 관한 사실들이 우리가 알 수 있도록 자발적으로 모습을 드러내지는 않는다는 것이다. 누군가가 사실을 드러내야 한다. 틀에 박힌 일상 속에서 기자들은 사실들을 드러낼 수 없고, 정보에 무관심한 조직은 거의 없기 때문에, 이해관계의 당사자들은 명확하게 설명해야 할 필요가 있다는 점을 직시하고 있다.

3

좋은 언론 중개인은 자신의 대의명분이 뉴스는 아니라는 점을 이해한다. 만일 대의명분이 일상의 삶에서 튀어나온 그런 것이 아니라면 말이다. 이는 신문이 덕을 좋아하지 않기 때문이 아니라, 어느 누구도 무슨 일이 일어날 것이라고 기대하지 않았을 때 아무 일도 일어나지 않았다고 말하는 것은 무가치한 일이기 때문이다. 따라서 만일 홍보 담당자가 홍보하기를 원한다면, 정확히 말해서 그는 무엇인가를 시작해야 한다. 그는 묘기를 부려야 한다. 교통을 방해하거나 경찰을 괴롭히거나 그의 고객 또는 자신의 대의명분을 이미 뉴스가 된 사건과 어떻게든 결부시켜야 한다. 참정권 확대론자들은 이 점을 알고 있었고, 그런 지식을 특별히 즐기지는 않았지만, 그것에 입각하여 행동했다. 참정권 확대에 대한 찬반논쟁들이 사람들의 입에 오르내리기 시작하고 오랜 시간이 경과한 후에도 계속해서 참정권을 뉴스에 남겨놓았고, 미국인들이 그들 삶의 기성제도들 중 하나로 참정권 운동을 생각하도록 하는 데에 성공한 것처럼 보인다.[5]

다행히도, 참정권 확대론자들에게는 여성주의자들과는 달리 완벽하게 구체적인 목표, 즉 하나의 매우 단순한 목표가 있었다. 투표가 상징하는 바는 가장 유능한 찬성자와 가장 유능한 반대자가 알고 있었듯이, 단순한 것이 아니었다. 그러나 참정권은 단순하고 낯익은 권리이다. 현재 아마도 신문을 고발하는 주요 항목인 노동분쟁에서 파업권은 참정권과 마찬가지로 상당히 단순한 것이다. 그러나 특정한 파업의 대의 및 목적은 여성운동의 대의 및 목적과 마찬가지로 매우 미묘하다.

열악한 조건 때문에 파업을 한다고 가정해보자. 무엇이 악의 척도인가? 적절한 생활수준, 위생, 경제적 안정, 그리고 인간의 존엄성일 것이다. 산업이 공동체의 이론적 기준에 한참 미달한다면, 노동자들은 매우 비참한 상황에 처해 있어서 저항하지 못할 것이다. 조건들이 그런 기준을 넘어서 있다면, 노동자들은 폭력적으로 저항할 것이다. 그런 기준은 기껏해야 막연한 척도일 뿐이다. 그러나 편집자가 이해하기에 그 조건이 평균 이하라고 추정해보자. 노동자들이 파업하기 전에 사회 복지사는 기자들을 파견하여 조사해달라고 편집자에게 가끔씩 압력을 넣을 것이고, 열악한 조건들에 주의를 환기시킬 것이다. 편집자는 기자들을 그렇게 자주 파견하여 조사할 수 없는데, 이는 어쩔 수 없는 일이다. 이런 조사에는 시간과 돈, 특별한 재능, 그리고 많은 지면이 필요하기 때문이다. 조건들이 열악하다는 기사를 그럴듯하게 만들기 위해서는 상당한

---

5) Inez Haynes Irwin, *The Story of Woman's Party* 참조. 이 책은 한 대단한 시위의 필수적인 부분에 관해서 잘 설명해줄 뿐만 아니라 공적 관심과 공적 이해관계 그리고 정치적 습관의 근대적 조건들하에서의 성공적이고, 비혁명적이며, 비음모적인 시위에 대한 풍부한 자료이기도 하다.

지면이 필요하다. 피츠버그에서 철강 노동자들에 관한 진실을 보도하기 위해서는 일단의 조사원과 많은 시간 그리고 상당한 양의 자료가 필요하다. 피츠버그 서베이(Pittsburgh Survey)나 심지어는 인터처치 스틸 보고서들(Interchurch Steel Reports)을 평상시에도 작성할 수 있을 것이라고 추정하는 것은 불가능하다. 뉴스를 얻는 데에 그처럼 많은 수고가 필요한 경우, 이는 일간지가 보유하고 있는 자원을 넘어서는 일이다.6)

그런 열악한 조건들은 뉴스가 아니다. 예외적인 경우를 제외하면, 저널리즘은 원재료를 직접 보도하는 것이 아니기 때문이다. 저널리즘은 원재료가 양식화된 후에 그 자료를 보도하는 것이다. 따라서 만일 보건국이 어떤 산업의 영역에서 비정상적으로 높은 사망률이 발생했다고 말한다면, 열악한 조건들은 뉴스가 될 수 있다. 보건국이 이런 종류의 개입을 하지 못한다면, 노동자들이 스스로 조직하여 고용주에게 요구할 때까지 그 사실은 뉴스가 되지 않는다. 그렇다고 해도 노동자와 고용주의 타협이 쉽게 이루어질 것이 분명하다면, 열악한 조건들이 타협에 의해서 개선되든 그렇지 않든 뉴스의 가치는 떨어지기 마련이다. 그러나 만일 산업관계가 파업이나 직장폐쇄로 나아간다면, 뉴스의 가치는 증가한다. 만일 조업의 중단이 뉴스의 독자들에게 직접적으로 관련되어 있는 서비스에 관한 것이거나 질서를 위반하는 경우라면, 뉴스의 가치는 훨씬 더 커진다.

근원적인 문제는 요구와 파업 그리고 무질서와 같이 확실하고 쉽게 인식할 수 있는 상징들을 통해서 뉴스에 등장한다. 노동자와 객관적으로 정의를 추구하는 사람의 관점에서 보면, 그런 요구와 파업 그리고 무질

---

6) 얼마 전에 베이브 루스는 속도위반으로 투옥되었다. 오후시합이 시작되기 직전에 석방된 그는 그를 기다리던 자동차로 뛰어들어가 감옥에서 허비한 시간을 만회하기 위해서 과속으로 구장에 달려갔다. 어느 경찰관도 그를 멈추지 않았지만, 한 기자가 시간을 측정해서 다음 날 아침에 그의 속도를 게재했다. 베이브 루스는 예외적인 인물이다. 신문이 모든 운전자의 속도를 잴 수는 없다. 그들은 자신의 속도위반에 관한 뉴스를 경찰로부터 얻어야 한다.

서는 대단히 복잡한 과정에서의 작은 사건들에 불과하다. 그러나 이런 당면한 현실들은 기자와 신문을 구독하는 공중의 직접적인 경험 밖에 놓여 있는 것이다. 따라서 기자와 공중은 공공연한 행위의 형태로 제시되는 신호를 기다려야 한다. 이를테면, 파업이나 경찰 소환장이 그런 신호로 나타나면, 파업과 무질서에 관한 사람들의 고정관념이 동원된다. 투쟁이 보이지 않을 경우 그것의 독특한 특징은 사라진다. 보이지 않는 투쟁은 추상적으로 나타나고, 그런 추상은 독자와 기자의 당면한 경험에 의해서 생기를 얻는다. 확실히 이는 파업 참가자들의 경험과는 매우 상이한 것이다. 파업 참가자들은 현장감독의 성미, 신경을 곤두세우는 기계의 단조로움, 질식할 정도의 탁한 공기, 아내의 힘들고 단조로운 일, 아이들의 성장을 방해하는 것들, 그리고 공동주택의 우중충함을 느낀다. 파업의 구호는 이런 감정들로 둘러싸여 있다. 그러나 기자와 독자는 우선 파업과 파업에서 사용된 표어만을 접한다. 그들은 파업과 표어에 그들의 감정을 맡긴다. 기자와 독자들은 파업 때문에 작업에 필요한 재화의 공급이 중단되어 그들의 일이 불안정하다고 느낄 수 있고, 물자가 부족해지고 가격이 상승할 것이라고 느낄 수 있으며, 상당히 불편해질 것이라고 느낄 수 있다. 이것들 역시 현실이다. 그리고 그들이 파업을 묘사했던 추상적인 기사를 윤색할 때, 노동자들이 불리한 입장에 처하는 것은 당연한 일이다. 즉 노동자들의 고충과 희망에서 발생한 뉴스가 거의 예외 없이 생산에 대한 공공연한 공격으로 드러나는 것이 현존하는 산업관계 시스템의 본성이다.

따라서 당신은 무질서하게 퍼져 있는 복잡한 상황들과 그런 상황들을 돋보이게 하는 공공연한 행위, 그런 신호를 공표하는 틀에 박힌 속보, 그리고 독자가 직접적으로 자신에게 영향을 미치는 경험으로부터 의미를 도출한 후 자신에게 스스로 주입하는 의미와 접한다. 파업에 관한 독자의 경험은 실제로 매우 중요할 수 있지만, 파업을 야기했던 가장 중요한 문제는 이제 중심에서 벗어나버린다. 그러나 이런 중심에서 벗어난 의미는 자동적으로 가장 흥미로운 것이 된다.[7] 가장 중요한 파업의 쟁점에 공상적으로 접근하기 위해서 독자는 자신으로부터 뛰쳐나와 매우 상이한 삶 속으로 들어가는 것이다.

파업을 보도하는 가장 손쉬운 방식은 파업행위를 보도하고 독자의 삶에 파업이 어떤 영향을 미치는지를 묘사하는 것이라고 결론내릴 수 있다. 이런 방식은 우선 독자의 주의를 환기시키고, 독자의 관심을 가장 쉽게 끌어내는 방식이다. 내가 생각하기에 신문에서 노동자와 개혁가를 의도적으로 잘못 묘사하는 이유는 뉴스를 제작하는 데에서의 실제적인 어려움과 멀리 떨어져 있는 사실을 흥미롭게 만드는 데에서의 감정적인 어려움 때문이다. 이는 에머슨이 말하듯이, 우리가 "(그것을) 우리의 친밀한 경험에 관한 새로운 설명으로 인식할" 수 없다면, 그리고 "동시에 (그것을) 우리의 사실과 유사한 것으로 번역할" 수 없다면 더욱 그럴 것이다.[8]

신문이 파업을 보도하는 방식을 살펴보면, 파업이 신문의 제1면에 올라오는 일은 드물고, 중요한 기사로도 거의 취급되지 않으며, 때에 따라서는 전혀 언급조차 되지 않는다는 것을 발견할 수 있다. 다른 도시에서의 노동쟁의는 일단 매우 중요해진 이후에야 왜 쟁의가 발생했는지에 관한 확실한 정보가 신문에서 다루어진다. 뉴스의 통상적인 틀은 이런 방식으로 작동하며, 이는 약간 다르기는 하지만 정치적 쟁점과 국제 뉴스에서도 동일한 방식으로 작동한다. 뉴스는 흥미로운 국면을 설명하는 것이다. 이런 통상적인 틀에 맞추라는 압력은 여러 측면에서 나온다. 이

---

7) 제11장, "관심 끌기"를 참조.
8) 그의 글 *Art and Criticism*을 참조. R. W. Brown 교수의 *The Writer's Art*, p. 87에서 재인용.

런 압력은 어떤 상황의 틀에 박힌 국면에만 주목하라는 절약의 원리로부터 나온다. 이런 압력은 배우지 못했던 것을 볼 수 있는 저널리스트를 발견하기가 어렵다는 점에서 나온다. 이런 압력은 심지어 최고의 저널리스트조차도 관습에 얽매이지 않는 견해를 합리화할 정도로 충분한 지면을 찾기는 어렵다는 점에서 나온다. 이런 압력은 독자의 관심을 재빨리 끌어내야 할 경제적 필요성과 독자가 전혀 관심이 없거나 불충분하고 서투르게 묘사된 예기치 않은 뉴스가 독자의 마음을 상하게 할 수 있다는 경제적 위험으로부터 나온다. 이런 모든 어려움들 때문에 편집자들은 위험한 쟁점들을 불확실한 것으로 바라보고, 반론의 여지가 없는 사실과 독자가 보다 쉽게 받아들이는 처방을 선호한다. 반론의 여지가 없는 사실과 독자의 관심을 쉽게 유발하는 것은 파업 그 자체와 독자의 애로사항이다.

현재의 산업조직에서 좀더 미묘하고 깊은 진리들은 매우 신뢰할 수 없는 진리들이다. 여기에는 생활수준, 생산성, 인권에 관한 판단들이 포함되어 있다. 이런 것들은 정확한 기록과 양적 분석이 없을 경우 끝없이 논란의 여지가 있는 것들이다. 그리고 이런 것들이 산업에서 나타나지 않는 한, 산업에 관한 뉴스의 추세는 에머슨이 이소크라테스를 인용하며 말했듯이, "산(mountain)을 두더지(mole)의 의미로 해석하고 두더지를 산의 의미로 해석하는" 경향이 있을 것이다.9) 산업에 합법적인 절차가 없고, 증거와 주장을 엄밀하게 조사하는 전문가가 없다면, 거의 모든 저널리스트는 독자에게 선정적인 사실만을 찾으려고 할 것이다. 산업관계가 그처럼 대규모로 널리 퍼져 있다는 점을 염두에 둔다면, 회의를 열거나 중재하기는 하지만 결정을 내리기 위해서 사실들을 독자적으로 여과하지 않는다면, 산업에 대한 쟁점은 신문의 독자들을 위한 쟁점이 되지

---

9) 앞의 책, 동일 부분.

는 않을 것이다. 따라서 신문을 통해서 호소함으로써 분쟁을 해결하려는
것은 신문에도 독자에게도 감당할 수 없고 감당해서도 안 되는 무거운
짐을 지우는 일이다. 현실에 법과 질서가 존재하지 않는 한, 뉴스의 태반
은 적법하고 조리 있게 자신의 주장을 개진할 줄 모르는 사람들에게 불
리하게 작용할 것이다. 만일 뉴스가 의식적이고 대담하게 교정되지 않는
다면 말이다. 행위현장으로부터의 속보는 그런 주장이 왜 나오게 되었는
지를 설명하기보다는 그런 주장으로부터 발생한 문제들에 주목할 것이
다. 왜 그런 주장을 했는지는 불명료하다.

4

편집자는 이런 속보들을 다룬다. 편집자가 사무실에 앉아 속보들을 보면
서 사건의 전모를 파악하는 경우는 거의 없다. 우리가 살펴보았듯이, 그
는 적어도 날마다 독자들을 확보하려고 노력해야 한다. 독자들은 경쟁사
의 신문이 그들의 구미에 맞는다면, 무자비하게 떠날 것이기 때문이다.
그는 분초를 다투어야 하는 신문들 간의 경쟁의 압력 속에서 일한다.
모든 뉴스 속보들은 빠르지만 복잡한 판단을 요구한다. 또한 하나의 속
보는 다른 속보들과의 관계에서 이해되어야 하고, 공중의 이해관계에
따라서 크게 다루거나 작게 취급되어야 한다. 규격화, 고정관념, 틀에
박힌 판단, 미묘함에 관한 정말로 무자비한 무시와 같은 것들이 없다면,
편집자는 흥분 때문에 죽을 지경이 될 것이다. 최종적인 지면은 한정된
크기로 정확한 순간에 준비되어야 한다. 신문기사에는 제목을 달 수 있
는데, 각각의 제목은 일정한 수의 문자를 포함해야 한다. 어느 때라도
구독자들과 관련된 긴급한 일들이 있고, 명예훼손법이 있으며, 끊임없는
분쟁의 소지가 있다. 이런 일은 규격화 없이는 좀처럼 다룰 수 없다.
왜냐하면 규격화를 통해서 시간과 노력을 절약할 수 있을 뿐만 아니라

실패에도 어느 정도 대처할 수 있기 때문이다.

　신문들이 서로 가장 깊은 영향을 미치는 곳이 바로 여기이다. 전쟁이 발발했을 때, 미국의 신문들은 이전에 경험하지 못했던 주제와 대면하게 되었다. 케이블 비용을 지불할 수 있었던 일간지들은 뉴스를 확보하는 데에서 주도적인 위치를 차지했고, 그들이 뉴스를 제시하는 방식은 전체 신문을 위한 모델이 되었다. 그러나 그 모델은 어디에서 온 것일까? 이는 영국 신문으로부터 온 것이었다. 그 이유는 노스클리프가 미국 신문사들을 소유했기 때문이 아니라, 미국 신문들이 영국인 특파원을 고용하기가 용이했고, 미국의 저널리스트들이 다른 어느 나라의 신문보다도 영국 신문을 읽기가 수월했기 때문이다. 런던은 케이블과 뉴스의 중심지였고, 전쟁을 보도하기 위한 기술이 발전되어 있었다. 러시아 혁명에 관한 보도에서도 이와 유사한 일이 벌어졌다. 이 경우 러시아에 대한 접근은 러시아 군대와 연합군의 검열에 의해서 차단되었고, 러시아어의 어려움은 러시아에 대한 접근을 보다 효과적으로 차단했다. 그러나 뉴스 보도가 차단되었던 가장 중요한 이유는 혼란 그 자체 때문이었다. 혼란이 아무리 서서히 진행된다고 하더라도, 그 상황을 보도하는 것은 대단히 어려운 일이었다. 헬싱키, 스톡홀름, 제네바, 파리, 런던에 있던 러시아에 관한 뉴스는 검열자와 선동가들이 독식했다. 검열자와 선동가들은 오랫동안 아무런 제재도 받지 않았다. 거대한 러시아의 소용돌이 속에서 이들이 러시아의 몇 가지 측면들로만 만들어냈던 일련의 고정관념들 때문에 비웃음거리가 되기 전까지, 그런 고정관념들은 증오와 공포를 환기시키면서 직접 가서 본 후에 말하고자 하는 저널리즘 최고의 본능을 오랫동안 짓밟았다.10)

---

10) *A Test of the News,* by Walter Lippmann and Charles Merz, assisted by Faye Lippmann, *New Republic,* August 4, 1920 참조.

5

독자에게 전달된 신문은 무슨 기사를 인쇄해야 하고, 어떤 부분을 인쇄해야 하며, 얼마나 많은 공간을 차지해야 하고, 무엇을 강조해야 하는가라는 연쇄적인 질문들의 결과이다. 여기에 객관적인 기준이란 존재하지 않는다. 단지 관습이 있을 뿐이다. 동일한 도시에서 발행되는 두 신문을 검토해보자. 한 신문의 제1면 머리기사는 다음과 같다. "영국은 프랑스의 침략에 대항하여 베를린에 원조를 약속. 프랑스는 공공연히 폴란드를 지지." 다른 신문의 제1면 머리기사는 "스틸만 부인의 또다른 연인"이다. 어떤 것을 선호하는지는 취향의 문제이지만, 이런 취향이 전적으로 편집자의 것은 아니다. 이는 신문에 30분 정도 주의를 기울일 독자층을 사로잡기 위한 편집자의 판단의 문제이다. 이제 독자의 주의를 확보하는 문제는 종교적 가르침이나 윤리적 관점으로 뉴스를 내보내는 것과는 전혀 다른 문제가 되었다. 이제 그것은 독자의 감정을 유발하거나 독자가 읽은 이야기에 동질감을 느끼도록 유도하는 문제이다. 독자에게 이런 기회를 제공하지 않는 뉴스는 광범위한 대중에게 호소할 수 없다. 대중은 드라마에 참여하는 것만큼이나 개인적인 동질감을 통해서 뉴스에 참여해야 한다. 여주인공이 위험에 처했을 때 모든 사람이 숨죽이고 그것을 바라보는 것처럼, 베이브 루스가 타석에 섰을 때 모든 사람이 응원을 보내는 것처럼, 독자들은 이보다 더 절묘한 형태로 뉴스에 빠져들어야 한다. 독자가 뉴스에 빠져들기 위해서는 그 이야기에서 친밀한 발판을 발견해야 하고, 이런 발판은 고정관념을 사용함으로써 독자에게 제공된다. 만일 고정관념이 독자에게 배관공의 연합이 "단결했다"고 알려준다면, 이는 독자들의 적대감을 발전시키는 데에 적절할 것이다. 만일 단결한 것이 "저명한 사업가 집단"이라면, 이런 자극은 호의적인 반응을 위한 것일 것이다.

의견을 창조하는 힘은 이런 요소들을 결합하는 데에 있다. 사설(社說)은 이를 보강한다. 독자들이 동질감을 느끼지 못할 정도로 뉴스가 혼란스러운 경우, 사설은 독자가 스스로 뉴스와 관계를 맺는 데에 도움이 되는 실마리를 제공한다. 독자가 뉴스를 빨리 파악하려면, 그 역시 우리들 대부분과 마찬가지로 실마리를 가져야 한다. 독자가 필요로 하는 몇몇 종류의 암시, 말하자면 그가 자신을 이러저러한 인간으로 확신한다는 점을 그에게 알려주는 암시를 통해서, 독자는 그가 읽은 뉴스와 그의 감정을 통합할 것이다.

월터 배젓은 다음과 같이 서술한다.[11] "만일 당신이 중산층 영국인에게 '시리우스에 달팽이들(snails in Sirius)'이 있는지에 관해서 생각해보도록 할 수 있다면, 그 영국인은 곧바로 시리우스의 달팽이들에 대한 의견을 가지게 될 것이다. 그가 생각해보도록 하는 것은 어려운 일이지만, 일단 그가 생각해본다면 그는 소극적인 상태에 머물 수 없고 어떤 결정에 도달할 것이다. 그리고 물론, 어떤 일상적인 화제에 대해서도 그럴 것이다. 식료품 잡화상은 외교정책에 확고한 신념을 가지게 되고, 젊은 숙녀는 완전한 성체론(聖體論)을 가지게 될 것인데, 어느 누구도 자신들이 가지게 된 신념과 이론에 의문을 제기하지 않을 것이다."

그러나 식료품 잡화상은 그의 식료품에는 의혹을 품을 수 있고, 젊은 숙녀는 성체에 관해서 놀랄 만큼 확신에 차서 식료품 잡화상과의 결혼에 온갖 의혹을 품을 수 있으며, 그렇지는 않더라도 그의 관심을 받아들이는 것이 적절할지에 관해서 의혹을 품을 수 있다. 외교정책이나 성체의 경우, 그 결과에 대한 관심은 강력한 반면에 의견을 점검하기 위한 수단은 빈약하다. 이 점이 일반적인 뉴스를 접하는 독자들의 역경이다. 만일 그가 관심을 두어야만 하는 뉴스만을 접한다면, 그는 결과에만 신경을

---

11) On the Emotion of Conviction, *Literary Studies*, Vol. III, p. 172

쓸 것이다. 그러나 만일 독자가 소극적인 상태에만 머물 수 없다면, 그리고 그가 읽은 신문이 그에게 독자적인 점검수단을 제공하지 않는 한, 그가 관심이 있다는 사실 자체가 균형잡힌 의견에 도달하는 것을 어렵게 한다. 그는 균형잡힌 의견을 통해서만 진리에 가장 근접할 수 있을 것이다. 그러나 그가 독자적인 점검수단을 제공하지 않는 기사에 몰두하면 할수록, 그는 이와는 상이한 견해뿐만 아니라 약간의 충격적인 뉴스에도 분개하는 경향을 보일 것이다. 솔직히 이것이 많은 신문들이 독자들의 당파심을 불러낸 후에, 만일 사실들이 그 당파심을 보증한다고 편집자가 믿는다면, 그 입장을 쉽사리 바꿀 수 없다는 점을 발견하는 이유이다. 만일 입장의 변화가 필요하다면, 그런 입장의 변화는 극도로 기술적이고 섬세하게 다루어져야 한다. 일반적으로 신문은 그처럼 위험한 일을 하지 않을 것이다. 대신에 그 주제와 관련된 뉴스를 점차 줄이고 궁극적으로 지면에서 없애서 완전히 불을 끄는 것이 보다 쉽고 안전한 방법이다.

제24장

뉴스, 진리, 그리고 하나의 결론

우리가 신문에 관한 보다 정확한 연구에 착수함에 따라서, 많은 점을 우리가 가지고 있는 가설에 의존하게 될 것이다. 만일 우리가 싱클레어와 그의 반대자들과 마찬가지로 뉴스와 진리가 동어반복이라고 가정한다면, 우리는 어떤 결론에도 이르지 못할 것이다. 우리는 신문이 거짓말을 했다는 사실을 입증할 것이다. 우리는 그 점에 있어서 싱클레어의 설명이 거짓이었다는 것을 입증할 것이다. 누군가가 거짓말을 했다고 싱클레어가 말했을 때 거짓말을 한 것은 싱클레어였고, 싱클레어가 거짓말을 했다고 누군가가 말했을 때, 거짓말을 한 것은 누군가였다는 점을 입증할 것이다. 우리는 분통을 터뜨리는 대신에 점잖게 우리의 감정을 발산할 것이다.

나에게 가장 의미 있는 가설은 뉴스와 진리가 동일한 것이 아니며, 이 둘은 분명하게 구분되어야만 한다는 것이다.[1] 뉴스의 기능은 어떤 사건을 두드러지게 하는 것이고, 진리의 기능은 숨겨진 사실을 규명하고 그 사실을 다른 사실과 관련시키며 인간이 활동할 수 있는 현실의 이미

---

[1] *Liberty and the News*를 집필했을 때, 나는 이것을 표명할 만큼 분명하게 이런 구분을 이해하지 못했다. 그러나 그 책의 p. 89 이하를 참조.

지를 만드는 것이다. 오직 이 점에서, 사회적 조건들이 인식 가능하고 측정 가능한 모습을 띠는 곳에서만이 진리와 뉴스는 일치한다. 이는 인간의 이해관계의 전체 영역 중 상대적으로 작은 부분이다. 그리고 오직 이 부분에서만, 뉴스의 점검은 당파적 판단을 넘어선 왜곡이나 억압을 정확하게 지적할 수 있다. 만일 신뢰할 수 없는 출처로부터 온 레닌이 죽었다는 정보만으로, 그가 죽었다는 것을 수차례에 걸쳐 언급하면서 보도하는 데에는 그 어떤 변호나 정상참작 혹은 변명도 있을 수 없다. 이 경우에 뉴스는 "레닌이 죽었다"가 아니라 "헬싱포르스(Helsingfors), 레닌이 사망했다고 보도"이다. 그리고 신문은 뉴스의 원천에 대한 신뢰도 이상으로 레닌을 죽게 만든 것에 관해서 책임을 지도록 요구받을 수 있다. 출처의 신뢰도에 대한 판단은 편집자들이 책임져야 한다. 그러나 예를 들면, 러시아 사람들이 원하는 것에 관한 이야기를 다루는 경우, 그런 점검은 존재하지 않는다.

나는 이런 정확한 점검이 없다는 것이 이 직업의 특성을 해명한다고 생각한다. 정확한 지식은 매우 적으며, 이런 지식을 얻기 위해서 어떤 뛰어난 능력이나 훈련이 필요한 것은 아니다. 대부분은 저널리스트 자신의 자유재량에 달려 있다. 기자가 존 스미스의 파산이 정확하게 기록되어 있는 지방 사무소를 떠나자마자 모든 고정된 기준들은 사라진다. 존 스미스가 파산한 이유, 그의 인간적인 약점, 그가 파산하게 된 경제적 조건에 관한 분석들은 수백 가지 상이한 방식으로 제시될 수 있다. 의학이나 공학 또는 법학에는 규준이 있으나, 응용 심리학에는 규준이 없다. 그것은 저널리스트가 뉴스에서 막연한 진리의 영역으로 나아갈 때, 그의 마음을 인도할 권위를 가진 것이다. 기자의 마음을 인도할 어떤 규범도 없고 독자나 발행인의 마음을 강제할 어떤 규범도 없다. 진리에 관한 그의 견해는 단지 그의 견해일 뿐이다. 그는 그가 본 것이 진리라는 점을 어떻게 입증할 수 있을까? 싱클레어 루이스가 메인 스트리트에 관해서 말했던 것이 모두 진리라는 점을 입증할 수 없는 것과 마찬가지로, 기자 역시 그것을 입증할 수 없다. 그리고 그가 자신의 약점을 이해하면 할수록, 객관적인 점검이 존재하지 않는 경우에 그 자신의 의견은 어느 정도 필연적으로는 그 자신의 규범에 따라서, 그리고 그 자신의 이해관계의 절박함에 의해서, 자신의 고정관념으로부터 구성된다는 점을 좀더 기꺼이 인정할 것이다. 그는 세계를 주관적으로 보고 있다는 점을 알고 있다. 그 역시 자신이 셸리가 말한 바와 같이, 영원이라는 흰색 광채를 더럽히는 다색의 유리지붕과 같은 존재라는 점을 부인할 수 없다.

그리고 이런 지식에 의해서 그의 확신은 누그러진다. 그는 온갖 종류의 도덕적 용기를 가질 수 있고 때로는 가지고 있지만, 그에게는 물리학을 신학적 통제로부터 최종적으로 해방시켰던 기술에 관한 확신이 부족하다. 세상의 모든 힘에 대항하는 지적 자유를 물리학자에게 부여했던 것은 바로 이런 확실한 방법의 점진적인 발전이었다. 물리학자의 증명은 분명했고, 확실히 그의 증거는 전통에 비해서 우월했으며, 이를 바탕으로 그는 궁극적으로 모든 통제로부터 벗어날 수 있었다. 그러나 저널리스트는 그의 양심에 비추어보아서 혹은 실제로도 물리학자와 같은 버팀목을 가지고 있지 않다. 고용주와 독자의 의견이 저널리스트에게 행사하는 통제는 편견에 의한 진리의 통제가 아니라 한 의견에 의한 다른 의견의 통제에 불과하다. 노동조합이 미국의 제도들을 파괴할 것이라는 게리 판사의 주장을 선택할지, 그것이 인권단체라고 하는 곰퍼스의 주장을 선택할지는 많은 경우 신념에 달려 있다.

이런 논쟁들을 걷어내고 뉴스로서 보도될 수 있는 주장으로 바꾸는 일은 기자가 할 수 있는 일이 아니다. 저널리스트들이 진리의 불확실한 특성을 사람들에게 각인시키고, 비판과 선동을 통해서 사회과학을 자극하여 사회적 사실을 보다 사용 가능한 표현으로 만들며, 정치가를 자극하여 보다 가시적인 제도를 확립하도록 하는 것은 가능한 일이자 필요한 일이다. 다시 말해서 신문은 보도할 수 있는 진리를 넓히기 위해서 투쟁할 수 있다. 그러나 오늘날 사회적 진리는 조직되어 있기 때문에, 신문은 여론에 관한 민주적 이론이 요구하는 지식의 양을 제공하도록 구성되지 않는다. 이는 급진적인 신문에서 살펴볼 수 있듯이, 뉴스의 질이 구리수표에 기인하는 것이 아니라 통치하는 세력들이 불완전하게 기록되는 사회를 언론이 다루고 있다는 사실에 기인한다. 신문이 다루는 것은 바로 사회에서 통치하는 힘들이다. 신문이 그런 힘들을 자체적으로 기록할 수 있다는 이론은 잘못된 것이다. 신문은 제도들이 신문을 위해서 기록해놓은 것만을 기록할 수 있을 뿐이다. 이것 이외의 모든 것은 주장이자 의견이고, 우여곡절과 자의식 그리고 인간의 용기에 따라서 변동한다.

만일 신문이 그처럼 사악하지 않거나 그처럼 깊은 음모를 꾸미지 않는다면, 신문은 민주적 이론이 여태껏 인정했던 것보다 훨씬 더 허약할 것이다. 신문은 너무 허약해서 대중적인 주권의 모든 짐을 떠맡을 수 없고, 민주주의자들이 선천적이기를 희망했던 진리를 자발적으로 제공할 수 없다. 그리고 신문이 그런 진리를 제공하리라고 기대할 때, 우리는 잘못된 판단기준을 사용한다. 우리는 뉴스의 제한적 본성과 사회의 무한한 복잡성을 오해한다. 우리는 자신의 인내력과 공적 정신 그리고 전반적인 권한을 과대평가한다. 우리는 진리가 흥미롭지 않더라도 그것에 대한 욕구가 있다고 추정하는데, 우리 자신의 취향에 관한 어떤 정직한 분석도 이를 밝혀내지 못했다.

만일 신문이 인류 전체의 공적 삶을 번역하는 임무를 떠맡아 모든 성인들이 논의할 여지가 있는 모든 화제에 대해서 하나의 의견에 도달할 수 있다면, 신문은 파산하고, 파산할 운명에 있으며, 이는 미래에도 마찬가지일 것이다. 전체 인구의 보편적 의견이 노동분업과 권위의 배분에 의해서 움직이는 세계를 통치할 수 있다고 가정하는 것은 불가능하다. 그런 이론은 부지불식간에 단일한 독자가 이론적으로 전능한 것처럼 주장하며, 대의정부와 산업조직과 외교가 실패했던 것을 성취하는 짐을 신문에 부과한다. 하루 24시간 중 30분 동안 모든 사람에게 영향을 미치는 신문은 여론이라고 부르는 신비로운 힘을 창조해야만 하는데, 이는 공적 제도의 기강을 바로잡을 것이다. 신문은 종종 그렇게 할 수 있는 척하며 가식적으로 행동해왔다. 신문은 홀로 커다란 도덕적 희생을 치르면서 민주주의를 장려해왔고, 민주주의 본연의 전제들에 여전히 구속되어 있으며, 정부의 모든 기관과 모든 사회적 문제들에 대해서 자발적으로 정보기구를 제공하리라는 기대에 속박되어 있다. 제도들 스스로 지식의 도구를 갖추는 데에 실패했기 때문에, 그것들은 한 다발의 "문제들"이 되었고, 전체 인구, 즉 신문을 읽는 모든 사람들이 이런 문제들을 해결해야 하는 것으로 간주되고 있다.

다시 말해서, 신문은 직접 민주주의의 기관으로 간주되었고, 날마다 엄청난 규모로 국민발안과 국민투표 그리고 국민소환에 들어 있는 기능을 수행하는 것으로 간주되었다. 불철주야 여론이라는 법정은 모든 것에 규칙의 준수를 요구할 것이다. 이는 실행될 수 없다. 그리고 뉴스의 본성을 고려할 때, 이는 심지어 상상조차 할 수 없다. 우리가 살펴본 바와 같이, 뉴스의 정확성은 사건이 얼마만큼 정확하게 기록되었는지에 달려 있다. 만일 그 사건을 명명하고, 측정하며, 구체적으로 설명하고, 두드러지게 만들 수 없다면, 이는 뉴스가 될 수 없거나 우발적인 일이나 편견을 가지고 관찰한 결과가 된다.

따라서 전체적으로 근대사회에 대한 뉴스의 질은 사회조직에 관한 하나의 지표라고 볼 수 있다. 제도가 나으면 나을수록, 관련된 모든 이해관계들은 보다 형식적으로 대표되고, 보다 많은 쟁점들이 해결되며, 보다 많은 객관적 기준들이 마련되고, 한 사건이 보다 완벽하게 뉴스로 제시될 수 있다. 제도를 따르고 수호하는 것이 신문 본연의 역할이다. 최악의 경우에 신문은 소수가 자신의 목적을 위해서 사회적 분열을 일으키는 수단으로 전락한다. 제도가 기능하는 데에 실패하면, 비양심적인 저널리스트는 혼란한 상황에 떡밥을 던져놓을 수 있고, 양심적인 저널리스트는 불확실성과 도박을 해야만 한다.

　신문은 제도의 대체물이 아니다. 신문은 쉴 새 없이 움직이는 탐조등의 빛줄기와 마찬가지로, 암흑 속에 파묻혀 있는 사건들을 하나씩 밖으로 비추어준다. 사람들은 이 빛만으로 세상사를 처리할 수 없다. 사건, 사고, 분노의 폭발만으로 사회를 통치할 수는 없기 때문이다. 신문이 대중적인 결정을 위해서 충분히 이해할 수 있는 상황을 드러내는 경우는 사람들이 자신의 안정된 빛에 따라서 일하는 경우뿐이다. 문제는 언론보다 더 깊은 곳에 놓여 있고, 처방 역시 마찬가지이다. 문제와 처방은 분석과 기록의 체계에 기초한 사회조직에, 그런 원리의 모든 필연적인 결과에, 시민이 전권을 가진다는 이론의 포기에, 결정권의 분산에, 비교할 만한 기록과 분석에 의한 결정의 조정에 놓여 있다. 만일 경영의 중심에서 경영자가 알 수 있도록 원활하게 진행되는 회계감사가 이루어진다면, 문제가 발생하더라도 이는 더 이상 맹인들이 서로 충돌하는 것과 같은 문제는 아닐 것이다. 이렇게 되면 뉴스는 또한 정보체계에 의해서 언론에 폭로될 것이고, 이때는 정보체계 역시 언론을 점검할 것이다.

　이는 근본적인 방식이다. 왜냐하면 대의정부의 문제 ── 영토적이냐 기능적이냐의 문제 ── 나 산업의 문제 ── 자본주의적이냐 조합주의적이냐 공산주의적이냐의 문제 ── 와 마찬가지로, 언론의 문제는 하나의 공통된 근원, 즉 지식기구를 발명하고 창조하며 조직함으로써 일상적인 경험과 편견을 뛰어넘으려는 자치적 인간의 실패로 되돌아가기 때문이다. 사람들은 세계에 관한 신뢰할 만한 이미지가 없는 상태에서 행위할 수밖에 없기 때문에, 정부와 학교와 신문과 교회는 보다 분명한 민주주의의 결함과 폭력적인 편견, 무관심, 따분하지만 중요한 것보다는 특이하지만 하찮은 것에 대한 선호, 그리고 사이드쇼(sideshow)와 세발 달린 송아지에 대한 갈망에 맞서 조금씩 진보한다. 이는 민주정치의 주된 결함이자 그 전통에 내재된 결함이며, 나는 민주정치의 다른 모든 결함이 바로 이 결함에서 유래한다고 믿는다.

제 8 부

체계화된 정보

제25장

비집고 들어가기

1

만일 그 처방이 흥미로웠다면, 찰스 매카시, 로버트 밸런타인, 프레더릭 테일러와 같은 미국의 선구자들이 발언기회를 얻기 위해서 그처럼 고군분투하지 않아도 되었을 것이다. 그러나 그들이 고군분투했던 이유와 정부 연구소, 산업 회계감사, 예산 등과 같은 것들이 개혁의 미운 오리새끼인 이유는 명백하다. 이것들은 흥미로운 여론이 구성되는 과정을 뒤엎는다. 일상의 사실이나 고정관념이라는 대형화면, 극적(劇的) 일체감을 제시하는 대신에, 그것들은 그런 드라마를 부수고, 고정관념을 뚫고 나아가며, 사람들에게 사실의 이미지를 제공한다. 그러나 사람들이 보기에 이 이미지는 익숙하지 않은 것이고 비인간적인 것이다. 이 이미지는 괴롭지 않다면 따분한데, 이 이미지 때문에 괴로운 사람들, 즉 많은 것을 숨겨야 하는 부패한 정치인과 당파는 그들이 느낀 괴로움을 없애기 위해서 종종 공중이 느끼는 따분함을 이용한다.

2

이제껏 모든 복잡한 공동체는 예언자, 사제, 연장자와 같은 특별한 사람들의 도움을 구했다. 우리의 민주주의는 비록 모든 사람에게 동등한 자격이 있다는 이론에 기반을 두고 있지만, 정부를 운영하고 산업을 경영하기 위해서 법률가들의 도움을 구했다. 특별한 훈련을 받은 사람이 아마추어의 마음에서 자발적으로 일어나는 진리보다는 좀더 광범위한 진리체계를 지향한다는 점이 인정되었다. 그러나 전통적인 법률가의 능력이 충분하지 않다는 점도 경험했다. 위대한 사회는 기술적 지식의 적용을 통해서 맹렬하게, 엄청난 규모로 성장했다. 위대한 사회는 정확한 척도와 양적 분석을 사용하는 법을 터득했던 기술자들에 의해서 가능했다. 위대한 사회는 옳고 그름을 연역적으로 생각하는 사람들에 의해서 통치될 수 없다는 점을 발견하기 시작했다. 오직 위대한 사회를 창조했던 기술만이 인간을 통제할 수 있을 것이다. 보다 계몽된 사람들은 점차 교육을 받았거나 독학을 했던 전문가들에게 위대한 사회를 운영하는 사람들이 이 사회의 부분들을 이해할 수 있도록 해달라고 요청했다. 이런 전문가들로는 통계학자, 회계사, 회계감사관, 산업상담 전문가, 많은 종류의 기술자, 과학적 경영자, 인사 관리인, 연구원, "과학자" 그리고 때로는 비서가 있었다. 그들은 서류 캐비닛, 카드식 카탈로그, 도표, 종이를 뺐다 끼웠다 할 수 있는 기계뿐만 아니라 그들의 전문용어를 가지고 왔고, 무엇보다도 널찍하고 평평한 책상과 타자기로 작성된 서류 앞에 앉아서 그가 승인하거나 거부하도록 준비된 형태로 놓여 있는 정책문제들을 결정하는 중역의 완벽하게 결함 없는 이상형을 제시했다.

이 모든 발전은 자발적인 창조적 진화라기보다는 맹목적인 자연선택의 과정이었다. 정치가, 중역, 정당 지도자, 자발적인 결사의 책임자들은 만일 그들이 하루에 24가지의 상이한 주제들에 관해서 논의해야 한다면, 누군가가 그들을 지도해줄 필요가 있다는 점을 발견했다. 그들은 메모해줄 것을 요구하기 시작했다. 그들은 메모를 제대로 읽을 수 없다는 점을 발견했다. 그들은 중요한 문서의 흥미로운 문장에 푸른색 연필로 표시해 줄 것을 요구했다. 그들은 책상에 쌓여가는 보고서 더미들을 소화할 수 없다는 점을 발견했다. 그들은 요약을 요구했다. 그들은 끝없는 일련의 수치들을 읽을 수 없다는 점을 발견했다. 그들은 그 수치들에 색깔을 넣어서 이미지로 만들어줄 사람을 고용했다. 그들은 어떤 기계를 다른 기계와 구분하지 못하겠다는 점을 발견했다. 그들은 기계를 구분하고 그 가격과 용도를 그들에게 알려줄 기술자를 고용했다. 그들은 그들의 짐을 차례로 덜어냈다. 이는 마치 어떤 사람이 거추장스러운 짐을 옮기려고 버둥거릴 때, 우선은 모자를, 그 다음에는 외투를 벗고, 그 다음에는 옷의 깃을 빼는 것과 같은 것이었다.

3

그러나 이상스럽게도, 그들은 도움이 필요하다는 점을 알고 있었지만 좀처럼 사회과학자를 부르려고 하지는 않았다. 화학자, 물리학자, 지리학자는 훨씬 이전부터 환대받았다. 그들을 위해서 실험실이 지어지고 유인책이 제공되었다. 왜냐하면 그들은 자연에 대한 승리를 빠르게 감지했기 때문이다. 그러나 인간본성을 다루는 과학자는 이와는 다르다. 여기에는 많은 이유가 있다. 그 주된 이유는 인간본성을 다루는 과학자가 승리로 내세울 만한 것이 거의 없다는 점이다. 왜냐하면 만일 그가 과거의 역사를 다루지 않는다면, 공중에게 그의 이론을 발표하기 전에 그가 승리했다는 것을 증명할 수 없기 때문이다. 물리학자는 가설을 만들고, 가설에 따라서 실험을 하며, 수백 번에 걸쳐 가설을 수정할 수도 있다. 만일 그렇게 한 후에 물리학자가 틀렸다고 해도 그는 아무런 대가를 지불할 필요가 없다. 그러나 사회과학자는 실험을 통한 확실성을 제공할 수가 없다. 만일 사회과학자의 조언이 받아들여졌는데 그가 틀렸다면,

그 결과는 헤아릴 수 없이 막대할 것이다. 사회과학자는 세상사가 그렇듯이 훨씬 더 많은 책임을 지면서도 훨씬 더 적은 확신을 가질 수밖에 없다.

그러나 그뿐만이 아니다. 연구실의 연구자는 사상과 행위의 딜레마를 정복했다. 연구실의 연구자는 행위의 샘플을 조용한 장소로 가져가서 마음대로 반복할 수 있고 천천히 검토할 수 있다. 그러나 사회과학자는 끊임없이 딜레마에 봉착하여 옴짝달싹하지 못한다. 만일 그가 도서관에서 생각할 여유를 가진다면, 그는 공식적인 보고서들을 통해서 그에게 전달되는 대단히 우연적이고 불충분한 기록에 의존해야 한다. 만일 사회과학자가 실제 일이 벌어지고 있는 "세계"로 나아간다면, 실제의 일이 결정되는 장소에 들어가기 위해서 오랫동안 소모적인 도제신분으로 봉사해야 한다. 사회과학자에게 적합한 일이 있더라도, 그가 언제나 그 일에 참여할 수 있는 것은 아니다. 그의 말을 들어주는 특권계급이 있는 것도 아니다. 실무자는 그가 부분적이기는 하지만, 적어도 내부로부터 알고 있는 일을 사회과학자는 오직 외부로부터 알고 있다는 점을 관찰했다. 또한 실무자는 사회과학자의 가설이 본질상 실험실에서 시험할 여지가 없으며 가설에 대한 증명은 오직 "실제" 세계에서만 가능하다는 점을 알아챘다. 따라서 실무자들은 공공정책에 관해서 그들과 견해가 다른 사회과학자들의 의견을 얕잡아 보기 시작했다.

사회과학자 역시 마음속에서나마 이런 실무자의 평가를 공유한다. 사회과학자는 자신의 일에 관해서 내적으로 확신하지 못한다. 그는 오직 반신반의할 뿐이고, 어떤 것도 확신하지 못하기 때문에 자신의 사상의 자유를 요구할 어떤 강력한 이유도 발견할 수 없다. 자신의 양심에 비추어 사회과학자가 실제로 그것에 대해서 무엇을 주장할 수 있겠는가?[1]

---

1) Charles E. Merriam, *The Present State of the Study of Politics, American Political*

자료는 불확실하고, 증명의 수단은 부족하다. 사회과학자의 최상의 자질은 실패의 원인이다. 왜냐하면 사회과학자가 진정으로 비판적이고 과학적인 정신으로 가득 차 있다면, 그는 교조적일 수 없으며, 그가 확신하지도 않는 이론을 위해서 이사(理事)와 학생, 시민연합(Civic Federation)과 보수적인 언론에 맞서 최후의 결전(Armageddon)에 나설 수 없기 때문이다. 만일 최후의 결전에 나설 것이라면 창조주를 위해서 싸워야겠지만, 그는 항상 창조주가 그에게 그런 명령을 내렸는지에 관해서 회의를 품는다.

결과적으로, 만일 그처럼 많은 사회과학이 건설적이기보다는 변명에 가까운 것이라면, 이에 관한 설명은 "자본주의"에 놓여 있는 것이 아니라 사회과학의 기회에 놓여 있다. 물리학자들은 억압하거나 무시할 수 없는 종류의 결론을 내놓는 방법을 발전시킴으로써 성직자 세력으로부터 자유를 쟁취했다. 그들은 확신에 차 있었고 존경을 받았으며 무엇을 위해서 싸우고 있는지를 알았다. 사회과학자 역시 그만의 방법을 발전시킬 때 존경과 힘을 얻게 될 것이다. 사회과학자는 위대한 사회를 지도하는 사람들이 보이지 않고 대단히 어려운 환경을 이해할 수 있도록 해주는 분석도구를 필요로 한다는 점을 기회로 삼을 수 있다.

그러나 현재 상황에서, 사회과학자는 서로 관련이 없는 수많은 재료들로부터 자료를 수집한다. 사회적 과정들은 종종 행정상의 우연한 사건으로 간헐적으로 기록될 뿐이다. 의회 보고서, 논쟁, 조사, 법적 서류, 인구조사, 관세, 세금표 등의 자료는 필트다운(Piltdown) 인의 두개골처럼, 연구자가 연구하는 사건의 이미지를 얻기 전에 기발한 추론에 의해서 준비되어야 한다. 그 자료는 동료시민들의 의식적인 삶을 다루지만, 비참할 정도로 불분명한 경우가 다반사이다. 왜냐하면 일반화하려고 하

Science Review, Vol. XV, No. 2, May, 1921 참조.

는 사람은 사실상 그의 자료가 수집되는 방식을 전혀 감독하지 않기 때문이다. 병원에 좀처럼 갈 수 없고 동물실험도 제대로 하지 못한 채, 병에 설린 환자의 이야기와 사기 나쁜 신난체계를 샷추고 있는 산호사들의 보고서, 그리고 약사의 초과이윤에 대한 국세청의 통계만으로 결론을 내려야 하는 한 연구자의 의료연구를 상상해보라. 일반적으로 사회과학자는 그가 할 수 있는 것을 범주들로부터 얻어야 하는데, 이런 범주들은 법을 관리하거나 정당화하고, 그에 따라서 설득하거나 주장하고 증명하려는 공무원의 마음속에 무비판적으로 남아 있다. 연구자는 이 점을 알고 있고, 그것에 맞서 자신을 보호하기 위해서 학문의 분과를 발전시켰다. 이런 학문의 분과는 연구원의 정보를 도외시하는 곳에 관한 정교한 의혹이다.

정교한 의혹은 하나의 덕목이기는 하지만, 사회과학의 유해한 입장을 단지 교정하는 데에 그친다면 이것은 매우 박약한 덕목이 된다. 그런 학자는 어떤 상황에서 왜 이러저러한 일들이 벌어졌는지를 분명하게 이해하지 못한 채 그가 할 수 있는 한 약삭빠르게 추측하고 있을 뿐이라는 지탄을 받기 때문이다. 그러나 대표자들 사이를 중재하거나 행정의 반영이자 척도로서 고용된 전문가는 사실을 매우 다르게 통제한다. 이런 전문가는 활동가들이 그에게 던져준 사실들을 일반화하기보다는 활동가들을 위해서 사실들을 준비한다. 전문가의 전략적 지위를 감안하면 이는 엄청난 변화이다. 이런 전문가는 더 이상 실무자가 던져준 담배를 씹으면서 밖에서 서성대지 않고, 결정이 이루어지는 곳에 그의 자리를 마련한다. 오늘날 이 순서는 다음과 같다. 우선 실무자가 사실을 발견하고 그것을 토대로 결정을 내린다. 얼마간의 시간이 경과한 후 사회과학자는 왜 실무자가 결정했는지 혹은 결정하지 않았는지에 관한 탁절(卓絶)한 이유들을 연역한다. 이런 사후관계는 학술적인데, 이 멋진 말의 나쁜 의

352

미에서 그렇다. 참된 순서는 우선 이해관계가 없는 전문가가 활동가를 위해서 사실을 발견하고 정식화한 후에 전문가가 이해하고 있는 활동가의 결정과 전문가가 체계적으로 정리했던 사실들을 비교함으로써 지혜를 만드는 것이어야 한다.

4

이런 전략적 지위상의 변화는 물리학에서 서서히 시작되었고, 이후에 급속히 가속화되었다. 발명가와 기술자가 낭만적인 괴짜로 취급되어 거의 굶어 죽을 지경에 처했던 시기도 있었다. 사업가와 장인은 그들의 기술에 관한 모든 수수께끼를 풀었다. 그후에 수수께끼는 보다 불가사의한 것으로 성장했고, 마침내 산업은 오직 훈련받은 사람만이 생각할 수 있었던 물리와 화학의 법칙에 의존하기 시작했다. 과학자는 라틴 구역 (Latin Quarter)의 고귀한 다락방에서 사무실용 빌딩과 실험실로 이동했다. 오직 과학자만이 산업이 의존하고 있던 현실의 실용적인 이미지를 구성할 수 있었기 때문이다. 이 새로운 관계 덕택에 과학자는 그가 주었던 것만큼, 혹은 어쩌면 그가 주었던 것 이상을 얻게 되었다. 응용과학은 실제 결정과의 지속적인 접촉을 통해서 경제적 원조와 영감을 얻고 심지어 그 적합성까지 인정받게 되었지만, 오히려 순수과학이 응용과학보다 빠르게 발전했다. 그러나 물리학은 여전히 커다란 한계에 봉착해 있었다. 이 한계는 결정을 내리던 사람들이 오직 그들만의 상식에 따라서 일을 처리했다는 데에 있었다. 그들은 과학자들이 복잡하게 만든 세계를 과학적인 도움 없이 관리했다. 또다시 그들은 이해할 수 없는 사실들을 다루어야 했고, 그들이 한때 기술자를 불러들여야 했던 것처럼 이제는 통계학자나 회계사 등과 같은 전문가들을 불러들여야 했다.

이런 유용한 학자들은 새로운 사회과학의 진정한 선구자들이다. 그들은 "달리는 차바퀴처럼 서로 맞물려 있고,"[2] 과학과 행위의 이런 실제적인 관계로부터 이 둘 모두는 이익을 얻을 것이다. 행위는 그 믿음의 해명을 통해서, 그리고 믿음은 행위상에서의 지속적인 점검을 통해서 그럴 것이다. 우리는 이런 관계의 가장 초입에 들어서 있다. 그러나 인간결사의 모든 커다란 형태들은 순전히 실천상의 어려움 때문에 특정한 환경을 보도하는 전문가가 필요하다는 것을 이해하는 사람들을 포함해야 한다는 점이 인정된다면, 이런 상상력은 어떤 전제 위에서 작동할 것이다. 내가 생각하기에 사회과학에서 실험적 방법의 시작은 전문가들 사이에서의 기술과 결과에 관한 교환에서 살펴볼 수 있다. 개별적인 학군(學群)과 예산, 위생국, 공장, 관세표 등이 다른 모든 것들을 위한 지식의 재료가 될 때, 비교할 만한 경험의 수는 진정한 실험의 차원에 근접하기 시작한다. 48개 주와 2,400개의 도시, 27만7,000개의 학교와 27만 개의 공장, 2만7,000개의 광산과 채석장에는 풍부한 경험이 기록되어 있고, 이를 이용할 수 있을 것이다. 그리고 모든 합리적인 가설은 사회의 근간을 뒤흔들지 않고서도 공정하게 가설을 점검할 수 있는 기회를 가질 것이다. 이 경우 시행착오에는 단지 약간의 위험만이 있을 것이다.

산업 관리자들과 도움이 필요한 정치가들뿐만 아니라, 시정조사 연구소,[3] 국회 도서관, 기업과 노동조합, 공중을 위한 전문적인 로비, 그리고 여성 유권자 협회, 소비자 협회, 제조업자 연합과 같은 자발적인 조직들, 수백여 개의 무역협회와 시민조합, 『의회에 대한 서치라이트(*Searchlight*

---

2) 1920년 12월 28일 미국 철학학회 회장 랠프 바턴 페리(Ralph Barton Perry)의 연설을 참조. 제20회 연차학회 회의록에 출간되었다.
3) 미국에서 이 조직들의 수는 매우 많다. 몇몇은 활발하게 활동 중이고 몇몇은 빈사상태이다. 그것들은 빠르게 변화한다. 정부 연구소 디트로이트 지부의 업슨 박사(L. D. Upson), 뉴욕 시립 도서관의 레베카 랭킨(Rebecca B. Rankin), 위스콘신 주 교육 위원회의 위원장인 에드워드 피츠패트릭(Edward A. Fitzpatrick), 뉴욕 시 산업 연구소의 세이블 지맨드(Savel Zimand)가 나에게 제공한 이 조직들의 목록은 수백여 개에 달한다.

on Congress)』나 『서베이(*Survey*)』와 같은 출판물, 일반교육 위원회와 같은 재단들이 이런 비집고 들어가기를 추진해왔다. 이 모두가 반드시 객관적인 것은 아니다. 이것은 요점이 아니다. 요점은 이 모든 것이 사적 시민과 사적 시민이 얽혀 있는 광대한 환경 사이에 전문성의 형태가 개입할 필요가 있다는 것을 증명하기 시작했다는 점이다.

제26장
정보업무

1

민주주의의 실천은 그 이론에 선행해왔다. 민주주의론에 따르면, 성인 유권자들이 함께 모여서 그들의 의지에 입각하여 결정을 내린다. 그러나 이론상으로 보이지 않던 통치의 위계가 성장함에 따라서, 민주주의의 이미지가 설명하지 않은 부분에 대한 많은 구성적 각색이 이루어졌다. 보통은 보이지 않는 많은 이해관계와 기능들을 대표할 방법들이 발견되었다.

우리는 이 점을 법원에 관한 이론에서 가장 잘 인식할 수 있는데, 우리가 어떤 이론에 대한 법원의 입헌적 힘과 거부권을 설명할 때, 이 이론은 선출직 공무원들이 망각했을지도 모르는 이해관계를 보호해야 한다는 것이다. 그러나 통계청이 사람과 사물과 변화들을 계산하고, 분류하며, 그들 사이의 상관관계를 입증할 때, 통계청 역시 환경에서 보이지 않는 요소들을 대신 말해주고 있는 셈이다. 지질조사는 광물자원을 명시하고, 농림부는 개별적인 농부라면 극히 적은 부분만을 파악하고 있을 갖가지 요인들을 국가 위원회에 대표한다. 학교 당국자, 관세 위원회, 영사 서비스, 국세청은 사람과 생각, 그리고 선거에 의해서 결코 자동적으로 대표되지 않는 목적을 대표한다. 아동국은 일반 유권자가 보기 어렵기 때문에 자발적으로 여론의 일부가 될 수 없는 복잡한 이해관계와 기능 전체를 대변한다. 따라서 유아 사망률에 관한 비교통계를 출간하는 일은 종종 유아 사망률이 감소한 이후에 이루어진다. 유아 사망률에 관한 비교통계가 출간되기 전까지, 시공무원과 유권자의 환경에 관한 이미지에는 유아를 위한 공간이 존재하지 않는다. 유아들은 통계학 덕택에 드러나게 되었고, 이는 마치 유아들이 그들의 불만을 늘어놓기 위해서 시의회 의원을 선출한 것처럼 보였다.

국무부에는 극동국(極東局)이라는 부서가 있다. 극동국은 무엇을 위해서 존재할까? 일본과 중국 대사가 워싱턴에 상주하고 있다. 그들은 극동을 대표할 자격이 없을까? 그들은 극동의 대표자들이다. 그러나 어느 누구도 미국 정부가 이 대사들과의 상담을 통해서 극동에 관해서 알 필요가 있는 모든 것을 얻을 수 있을 것이라고 주장하지는 않을 것이다. 일본과 중국 대사가 아는 만큼 솔직하게 말해줄 것이라고 가정하더라도, 그들은 여전히 제한된 정보통일 뿐이다. 따라서 그들을 보충하기 위해서 우리는 도쿄와 베이징에 대사관을 두고, 다른 곳에는 영사관을 두고 있다. 또한 나는 비밀 정보원도 있다고 추정한다. 이런 비밀 정보원들은 극동국이 국무장관에게 제출하는 보고서를 보내야 한다. 국무장관은 극동국에 무엇을 기대할까? 나의 지인 중 한 명은 극동국이 정부의 지출을 낭비한다고 생각한다. 그러나 장관들 중에는 비밀을 밝히는 것을 거부하는 이들이 있고, 이들은 이 부서들에 도움을 청한다. 그들이 궁극적으로 발견하기를 기대하는 것은 미국의 입장을 정당화하는 적절한 주장이다.

국무장관이 전문가에게 요구하는 것은 마치 장관이 극동 자체와 접촉하고 있는 것처럼 극동과 관련된 모든 요소들을 장관의 책상 위에 가져다놓는 것이다. 전문가는 번역하고 단순화하며 일반화해야 하지만, 그 결과로부터의 추론은 단지 보고서의 전제들에 들어맞는 것이 아니라 극동에서 적용되는 것이어야 한다. 만일 국무장관이 제구실을 한다면, 그가 전문가들에게 허용할 마지노선은 그들이 "정책"을 가져서는 안 된다는 것이다. 국무장관은 일본의 대중국 정책에 대한 전문가들의 선호를 알고 싶은 것이 아니다. 그가 알고 싶은 것은 중국인, 일본인, 영국인, 프랑스인, 독일인, 러시아인 내부의 상이한 계급들이 일본의 대중국 정책을 어떻게 생각하는지, 그리고 그런 생각을 바탕으로 그들이 어떤 짓을 할 것처럼 보이는지에 관한 것이다. 국무장관은 그가 결정을 내리는 데에 필요한 모든 것을 원한다. 극동국이 일본과 미국 대사들이나 태평양 연안에서 선출된 상원의원과 하원의원들이 표현하지 않는 것을 보다 충실하게 표현하면 할수록, 그는 보다 훌륭한 국무장관이 될 것이다. 그는 태평양 연안 출신의 상원의원과 하원의원들이 표현한 것을 바탕으로 그의 정책을 채택할 수도 있지만, 그보다는 일본으로부터 온 정보를 바탕으로 일본에 관한 자신의 견해를 채택할 것이다.

2

세계 최상의 외교 서비스는 지식의 수집과 정책의 통제를 가장 완벽하게 분리하는 서비스라는 점은 결코 우연이 아니다. 전시 동안, 영국 대사관과 외무부에는 항상 상근직원이나 특수요원들이 있었는데, 이들은 널리 퍼져 있던 전쟁의 마음을 철저하게 외면했다. 그들은 시시콜콜한 찬반론과 특정한 국가에 대한 선호, 가장 싫어하는 것과 그들의 가슴에만 남아 있던 열변을 내던져버렸다. 그들은 이런 것들을 정치국장에게 일임했다. 그러나 나는 한 미국 대사관에서 어떤 대사가 미국에 있는 사람들이 힘을 내는 데에 방해가 되는 것은 그 어떤 것도 결코 워싱턴에 보고하지 않는다고 말하는 것을 들었다. 그 대사는 그를 만났던 모든 사람들의 마음을 빼앗았고, 무일푼이 된 전시 노동자를 도와주었으며, 기념비 제막식을 거행하는 데에 뛰어난 솜씨를 발휘했다.

그는 전문가인 자신과 결정을 내리는 사람을 분리하고 어떤 결정이 내려지든 그 결정에 유념하지 않는 것이 전문가의 힘이라는 점을 이해하지 못했다. 그 대사처럼, 입장을 취하고 결정에 간섭하는 사람은 곧바로 도외시된다. 그는 그 문제의 한쪽 편에 있는 또 한 사람의 지지자일 뿐이다. 너무 많이 관심을 기울이기 시작하면, 보기를 원하는 것을 보기 시작하고, 그곳에서 보아야 할 것은 더 이상 보지 않게 된다. 그는 그곳에서 보이지 않는 것을 대표한다. 그는 유권자가 아닌 사람들, 분명하지 않은 유권자의 기능들, 보이지 않는 곳에서의 사건들, 침묵하는 사람들, 태어나지 않은 사람들, 사물과 사람 사이의 관계를 대표한다. 그가 대표하는 선거구민은 실체가 없는 것이다. 그러나 실체가 없는 것은 정치적 다수를 형성하는 데에 이용될 수 없다. 왜냐하면 투표란 결국 힘을 점검하는 것이자 고상하게 전투를 치르는 것이기 때문이다. 그리고 전문가는 즉각적으로 이용 가능한 어떤 능력도 대표하지 않는다. 그러나 전문가는 세력들의 진용(陣容)을 교란시킴으로써 힘을 행사할 수 있다. 보이지 않는 것을 보이게 만듦으로써, 전문가는 새로운 환경에 중요한 힘을 행사하는 사람들과 대면하고, 그들 속에서 작동하는 생각과 감정을 조정하거나 그들을 자리에서 쫓아내는 등의 가장 난해한 방식으로 결정에 영향을 미친다.

사람들이 환경의 모순을 인식하게 되면, 그들이 알고 있는 방식으로 오랫동안 행위할 수 없다. 만일 사람들이 특정한 방식으로 행위하리라고 작심했다면, 그들은 환경을 재인식하거나 검열하고 합리화해야 한다. 그러나 만일 그들의 존재 내부에 너무 도드라져서 설명할 수도 없는 집요한 사실이 있다면, 그들은 세 가지 행동 가운데 하나를 택할 것이다. 그들은 그런 도드라진 사실을 고집스럽게 무시할 수 있다. 비록 그 과정에서 심각한 손상을 입고, 자신의 일부를 과장하며, 실망을 맛보겠지만 말이다. 혹은 그들은 그런 사실을 참작하지만, 행위하는 것을 거부할 수 있다. 그들은 내적 불만과 좌절이라는 대가를 치를 것이다. 그리고 내가 생각하기에 가장 흔한 사례는, 그들의 전체 행동을 확장된 환경에 적응시키는 것이다.

결정을 내리는 사람은 전문가가 아니기 때문에 전문가가 무력할 것이라는 생각은 경험과는 모순되는 생각이다. 결정을 내리는 데에 관여하는 요소들이 미묘하면 할수록, 전문가는 보다 무책임한 힘을 행사한다. 게다가 전문가는 확실히 과거보다는 미래에 보다 많은 힘을 행사할 것이다. 왜냐하면 유권자와 행정가들은 시간이 갈수록 관련된 사실들을 이해할 수 없을 것이기 때문이다. 모든 정부기관들은 연구소와 정보조직을 설립하는 경향이 있는데, 이런 조직들은 군대의 정보부가 그렇듯이 촉수를 뻗치고 확장할 것이다. 그러나 결국 전문가도 인간일 뿐이다. 전문가는 힘을 향유할 것이고, 스스로를 검열관으로 임명하려는 유혹에 빠질 것이며, 결정을 내리는 실제 기능들을 흡수할 것이다. 전문가의 기능이 올바르게 정의되지 않는다면, 전문가는 그가 적절하다고 생각하는 사실을 전달하고, 그가 승인한 결정들을 알릴 것이다. 요약하면, 전문가는 관료가 되는 경향이 있을 것이다.

유일한 제도적 보장책은 조사하는 직원과 실행하는 직원을 가능한 한 완전하게 분리하는 것이다. 이 둘은 병렬적이지만 별개의 조직이어야 하고, 채용 역시 다르게 이루어져야 한다. 가능하다면 이 둘은 상이한 예산으로부터 급료를 받고, 서로 다른 상사가 책임을 지며, 상대방의 개인적인 성공에 본질적으로 무관심해야 한다. 산업의 경우에, 회계감사관, 회계사, 조사관은 경영자, 관리자, 공장장의 영향을 받지 않아야 한다. 그렇게 되면, 우리는 산업을 사회적 통제하에 두기 위해서 기록의 기구가 이사회와 주주들로부터 독립적이어야 한다는 점을 알 수 있을 것이다.

3

그러나 산업과 정치의 정보과를 창설하는 데에서, 우리는 명료한 입장에서 출발하지 않는다. 그리고 이것의 기능을 기본적으로 분리해야 한다는 주장을 제외하면, 구체적인 사례에서 그 원리가 취하게 될 형태에 관해서 지나치게 정확히 주장하는 것은 번거로운 일일 것이다. 정보업무를 신뢰하고 그것을 채택할 사람들이 있다. 정보업무를 이해하지는 못하지만, 그것 없이는 일을 할 수 없는 사람들이 있다. 정보업무에 저항하는 사람들이 있다. 그러나 그 원리가 모든 사회기관의 어딘가에 발판을 마련한다면, 정보업무는 진보할 것이다. 시작하기 위한 방식이 시작하는 것이다. 예를 들면, 연방정부는 워싱턴이 그처럼 서투르게 요구했던 정보국을 위한 적절한 장소를 발견하기 위해서, 행정적 혼란과 1세기 동안 성장해온 비논리적인 중복을 바로잡을 필요는 없을 것이다. 당신은 선거 전에 혼란과 중복을 바로잡겠다고 공약할 수 있다. 그러나 당선되고 난 후 워싱턴에 도착하면, 당신은 습관과 강력한 이해관계 그리고 다정다감한 하원의원들이 각각의 부조리를 둘러싸고 있다는 점을 발견한다. 모든 전선에서 전면적으로 공격을 감행하면, 당신은 모든 반동의 힘과 교전하게 된다. 그러면 어느 시인이 말했듯이, 당신은 전장으로 나아가 항상 패할 것이다. 당신은 시대에 뒤떨어진 부서를 없애거나 일단의 직원들을 쳐내거나 두 부서를 통합할 수도 있다. 그리고 당신이 관세와 철도의 문제 때문에 분주한 바로 그 순간에, 개혁은 끝이 난다. 그뿐만 아니라 모든 후보자들이 항상 공약하는 바와 같이 정부를 논리적으로 재조직화하기 위해서 열정을 억누르기보다는 보다 많은 열정을 일깨워야 한다. 그리고 어떤 새로운 계획이라도 그것을 담당할 관리가 필요하다. 공무원에 관해서 말하자면, 심지어 소비에트 러시아조차도 혁명 이후에 전직 공무원들을 기꺼이 복직시켰다. 이런 오랜 공무원들을 너무 무자비하게 취급한다면 유토피아 자체가 파괴된다.

어떤 행정적 계획도 선의가 없다면 실행 가능하지 않으며, 새로운 실천에 관한 선의는 교육이 없다면 불가능하다. 보다 나은 방식은 당신이 호기를 잡을 수 있는 경우에 귀감이 될 만한 부서를 매주 혹은 매월마다 기존의 기구에 소개하는 것이다. 그렇게 한다면, 당신은 기구에서 일하는 사람뿐만 아니라 그 기구에 책임을 지고 있는 기관장과 외부의 공중에게도 그 부서가 눈에 잘 띄게 될 것이라고 기대할 수 있다. 공무원들이 스스로 보기 시작할 때, 혹은 보다 정확히 말하면 외부인과 기관장 그리고 하급자들 모두가 동일한 사실을 보기 시작할 때, 개혁에 대한 반대는 감소할 것이다. 어떤 부서가 비효율적이라는 개혁가의 의견은 단지 그의 의견일 뿐이다. 부서 자체의 견지에서 이는 그다지 좋은 의견이 아니다. 그러나 해당 부서의 업무를 분석하고 기록한 후 다른 부서나 사기업과 비교하면, 그 주장은 또다른 차원으로 이동한다.

워싱턴에 있는 10개의 부처들은 내각을 대표한다. 각 부처에 상설 정보과가 있다고 가정해보자. 무엇이 효율성의 조건이 될 수 있을까? 무엇보다도 정보국 직원은 그 부처를 취급하는 의회 위원회와 그 부처의 장관으로부터 독립해 있어야 한다. 그들은 결정이나 행위에 얽매이지 않아야 한다. 독립성은 주요하게는 세 가지 점에 달려 있을 것이다. 예산에 대한 독립성, 재임기간에 대한 독립성, 그리고 사실에 접근하는 것에 관한 독립성이다. 만일 의회나 다른 부처의 공무원이 그들로부터 예산을 빼앗거나 그들을 해고하거나 정보를 차단한다면, 그들은 의회나 다른 부처의 부속물이 될 것이기 때문이다.

4

예산의 문제는 중요하고 어려운 문제이다. 경계심이 많고 인색한 의회에 연간예산을 의존한다면, 어떤 연구기관도 진정으로 자유로울 수 없다. 그러나 입법부는 예산을 최종적으로 통제해야 한다. 예산상의 합의는 미심쩍은 (법률)조항들의 공격과 교활한 파괴에 대항하여 정보국 직원들을 안전하게 보호해야 하며, 동시에 정보국의 성장에 도움이 되어야 한다. 정보국 직원들이 이처럼 잘 보호받는다면, 정보국에 대한 공격은 공공연히 알려질 것이다. 아마도 이는 신탁기금을 창출하는 연방헌장과 정보국이 속해 있던 부처에 대한 세출예산에 근거하여 수년에 걸쳐 이루어진 차등제(sliding scale)의 배후에서 작용했을지도 모른다. 게다가 어떤 큰 액수의 돈도 필요하지 않다. 신탁기금은 정보국 직원들에 대한 최소한의 경상비와 자본비용으로 충분할 것이고, 차등제는 정보국의 확장에 충분할 것이다. 어쨌든 정부 지출금은 장기채무의 지불과 마찬가지로 안정적이어야 한다. 이는 헌법 수정조항이나 정부공채의 발행보다도 "의회의 손을 묶는" 훨씬 덜 심각한 방식이다. 의회는 연방헌장을 폐지할 수 있을 것이다. 그러나 의회는 연방헌장을 훼손하지 않은 채 그것을 폐지해야 할 것이다.

정보국 직원의 재임기간은 종신으로 해야 하고, 퇴직 후의 후한 연금에 대한 조항과 보다 발전된 연구와 훈련을 위한 안식년 제도가 있어야 하며, 오직 전문적인 동료들의 심리(審理)에 의해서만 해임이 이루어져야 한다. 비영리적인 지적 직업에 적용되는 조건들이 여기에서도 적용되어야 한다. 만일 정보업무가 중요한 것이라면, 그 일을 하는 사람들의 품위와 안전이 보장되어야 하고, 적어도 간부급이라면 실제 결정과 직접적으로 관련을 맺는 사람에게서 발견할 수 있는 마음의 자유를 가질 수 있어야 한다.

자료에 대한 접근은 유기적으로 확립되어야 한다. 정보국은 모든 문서들을 검토하고 모든 공무원이나 외부인을 심문할 권리를 가져야 한다. 이런 종류의 조사는 현재 우리 정부의 공통된 특징이 되어버린 선정적인 의회조사나 돌발적인 법적 심문과는 전혀 다르다. 정보국에는 그것이 속한 부처에 결산방식을 제안할 수 있는 권리가 있어야 하고, 만일 그 제안이 거부되거나 받아들여진 후에 위반된다면, 연방헌장에 따라서 의회에 청원할 권리가 있어야 한다.

우선 각각의 정보국은 의회와 정보국이 속한 부처를 연결하는 고리가 될 것인데, 이는 상원과 하원에 내각의 공무원들이 출석하는 것보다 좀 더 나은 고리가 될 것이다. 정보국은 정책을 실행하는 데에서 의회의 눈이 될 것이다. 정보국은 의회의 비판에 해당 부처가 답하는 창구가 될 것이다. 그리하여 해당 부처의 활동은 영원히 눈에 보이게 될 것이고, 아마도 의회는 불신과 권력분립이라는 잘못된 교의로부터 탄생한 철두철미한 입법의 필요성을 더 이상 느끼지 않게 될 것인데, 이런 불신과 권력분립이라는 잘못된 교의는 효율적인 행정을 대단히 어렵게 만든다.

5

그러나 물론 10개의 정보국이 각각 폐쇄된 채 일할 수는 없을 것이다. 한 정보국과 다른 정보국의 관계에는 "조정"을 위한 최선의 기회가 있다. 이는 셀 수 없이 들었지만, 좀처럼 보이지 않는 것이다. 정보국 직원들은 언제든지 비교할 만한 척도를 받아들일 필요가 있을 것이다. 그들은 각자의 기록을 교환할 것이다. 그렇게 되면 만약 국방부와 체신부가 동시에 목재를 구매하거나 목수를 고용하거나 담을 쌓을 때에, 반드시 동일한 기관을 통해서 할 필요가 없을 것이다. 동일한 기관을 통해서 하는 것은 지나치게 번거로운 중앙집중화를 의미할 수 있다. 그러나 그들은 동일한 것에 동일한 척도를 사용할 수 있고, 서로 비교되는 것을 의식하면서 서로를 경쟁자로 취급할 것이다. 그리고 이런 종류의 경쟁은 많으면 많을수록 바람직하다.

경쟁의 가치는 그것을 측정하기 위해서 사용된 기준의 가치에 의해서 결정된다. 따라서 우리는 경쟁이 좋다고 생각하는가라는 질문 대신에, 경쟁의 목적과 이유에 대해서 질문해야 한다. 어느 누구도 "경쟁이 폐지될" 것이라고 기대하지 않는다. 경쟁이 완전하게 사라진다면, 사회적 노력은 일상에 대한 기계적인 순종이 될 것이다. 그리고 이런 일상은 타고난 영감을 가진 소수가 조절할 것이다. 그러나 어느 누구도 경쟁의 논리적 결과가 만인의 만인에 대한 잔인한 투쟁으로 발전하기를 원하지는 않는다. 문제는 경쟁의 목표와 게임의 규칙을 선택하는 것이다. 거의 예외 없이, 가장 가시적이고 명백한 척도가 게임의 규칙을 결정할 것이다. 이는 돈, 권력, 인기, 박수, 혹은 베블런의 "과시적 소비"와 같은 것들이다. 우리의 문명은 통상적으로 어떤 다른 척도를 제공하는가? 우리의 문명은 이와는 다른 어떤 척도를 제공하는가? 그것은 우리가 항상 요구하는 효율성(efficiency), 생산성(productivity), 공헌(service)을 어떻게 측정하는가?

대체로 어떤 다른 척도가 있는 것은 아니며, 이런 이상들을 성취하기 위해서 그렇게 심한 경쟁이 있는 것도 아니다. 고귀한 동기와 천한 동기 사이의 차이는 사람들이 종종 주장하듯이, 이타주의와 이기주의 사이의 차이가 아니기 때문이다.[1] 그 차이는 쉽게 이해할 수 있는 목표를 위해

---

1) 제12장을 참조.

서 행위하는가, 혹은 모호하고 막연한 목표를 위해서 행위하는가에 달려 있다. 어떤 사람에게 그의 이웃보다 많은 이익을 올리라고 하면, 그는 무엇을 목표로 삼아야 하는지 알게 될 것이다. 만일 그에게 보다 많은 사회적 공헌을 하라고 한다면, 그는 어떤 공헌이 사회적인 것인지 어떻게 확신하겠는가? 무엇이 점검이고 무엇이 척도인가? 그것은 주관적인 감정과 누군가의 의견이다. 평시에 어떤 사람에게 조국을 위해서 공헌해야 한다고 말한다면, 이는 평범한 의견을 개진하는 것이다. 전시에 그렇게 말한다면, 공헌이라는 말은 어떤 의미를 가지고 있다. 그것은 얼마간의 구체적 행위들, 즉 징병이나 국채의 구입, 식량의 절약, 연방정부를 위해서 무보수로 일하기 등을 의미하고, 이런 공헌들은 적의 군대보다 좀더 나은 군대를 전선에 보내기 위한 구체적인 목적의 부분들이다.

따라서 당신이 행정을 분석하고 비교될 수 있는 요소들을 이해할 수 있는 역량을 갖출수록, 당신은 향상시키고자 하는 질들에 대한 양적 척도를 좀더 많이 발명할 것이고, 그럴수록 당신은 경쟁을 이상적인 목적들로 이끌 수 있다. 만일 당신이 올바른 지수(指數, index number)[2]를 발명할 수 있다면, 한 작업장에서의 개별적인 노동자 간의 경쟁, 작업장 간의 경쟁, 공장 간의 경쟁, 학교 간의 경쟁,[3] 정부부처 간의 경쟁, 단체 간의 경쟁, 군대 간의 경쟁, 선박 간의 경쟁, 주(州)와 도시 간의 경쟁을 확립할 수 있다. 당신의 지수가 나으면 나을수록 경쟁은 보다 유용해질 것이다.

---

2) 내가 사용하는 지수라는 용어는 순수하게 전문적인 의미가 아니라 사회적 현상의 비교적 측정을 위한 모든 도구를 포함하는 개념이다.
3) 예를 들면, *An Index Number for State School Systems* by Leonard P. Ayers, Russell Sage Foundation, 1920을 보라. 할당의 원리는 자유차관 캠페인(Liberty Loan Campaign)과 매우 어려운 상황하에 있던 연합군 해상운송 위원회(Allied Maritime Transport Council)가 매우 성공적으로 적용했다.

자료의 교환에 놓여 있는 가능성은 분명하다. 정부의 각 부처는 다른 부처가 이미 확보하고 있을지도 모르는 정보를 항상 찾기 마련이다. 국무부는 멕시코의 석유 저장량, 세계의 석유 공급량과 멕시코의 석유 저장량 사이의 관계, 멕시코 산유지역의 현재 소유권 상황, 현재 건조 중이거나 계획 중인 석유함선의 중요성, 상이한 분야에서의 석유의 상대가치 등을 알 필요가 있다. 오늘날 그런 정보를 어떻게 확보할까? 그 정보는 아마도 내무부, 법무부, 상무부, 노동부와 해군에 산재되어 있을 것이다. 혹은 국무부의 어떤 직원이 참고 문헌에서 멕시코의 석유에 관해서 찾아보거나, 누군가의 비서가 다른 누군가의 비서에게 전화를 걸어서 보고서를 요청하면, 얼마 후에 배달원이 한 아름의 정보 보고서를 들고 올 것이다. 국무부는 자신의 정보국에 외교적 문제를 결정하는 데에 적합한 방식으로 사실들을 취합하도록 요청할 수 있어야 한다. 그리고 외교부 소속 정보국은 이런 사실들을 중앙정보 센터로부터 얻게 될 것이다.4)

이 중앙정보 센터는 금세 가장 우수한 정보의 중심지가 될 것이다. 그리고 여기에서 일하는 사람들은 실제로 정부의 문제가 무엇인지 깨달을 것이다. 그들은 정의를 내리는 일과 전문용어, 통계적 기법, 논리 등의 문제들을 다룰 것이다. 그들은 사회과학 전반을 구체적으로 살펴볼 것이다. 몇몇 외교상의 기밀과 군사상의 기밀을 제외하면, 왜 이 모든 자료들이 미국 학자들에게 공개되지 않고 있는지를 이해하는 것은 어려운 일이다. 정치학자들이 부수어야 할 현실의 벽과 진정한 연구를 발견하는 곳은 바로 그곳일 것이다. 그 일 모두를 워싱턴에서 할 필요는 없지

---

4) 무역연합들 사이에서 그런 서비스는 큰 발전을 이루어왔다. 뉴욕 빌딩 조합은 1921년의 조사로 이것이 비정상적으로 사용될 가능성을 밝혀냈다.

만, 워싱턴에 관해서 할 수는 있다. 따라서 중앙정보 센터는 국립대학교 수준의 역량을 갖출 것이다. 중앙정보 센터는 정보국들을 위해서 대졸자를 직원으로 충원할 수 있을 것이다. 대졸자들은 중앙정보 센터의 간사들과 전국에 산재해 있는 교사들 사이의 협의 이후에 채택된 명제들을 해명하기 위해서 노력을 기울일 것이다. 만일 이런 결합이 마땅히 그래야 할 만큼 유연하다면, 상임직원을 보충하기 위해서 대학교로부터 한시적인 전문 공무원을 안정적으로 충원할 수 있을 것이다. 이에 따라서 직원의 훈련과 채용은 조화를 이룰 것이다. 연구의 일부는 학생들에 의해서 이루어질 것이고, 대학교에서의 정치학은 미국 정치와 결합될 것이다.

7

개략적으로 이 원리는 주정부와 시 그리고 시골 카운티(county)에 동일하게 적용할 수 있다. 비교와 교환은 주와 시 그리고 카운티 정보국의 연합체가 할 수 있다. 그리고 이런 연합체 내에서 바람직한 지역연합체가 조직될 수 있다. 회계 시스템이 비교 가능하다면, 많은 양의 중복을 피할 수 있을 것이다. 지역적 조정은 특히 바람직하다. 왜냐하면 법적 경계들은 종종 실제환경과 일치하지 않기 때문이다. 그러나 법적 경계들에는 관습상의 확실한 기반이 있기 때문에, 그런 관습을 건드리면 큰 대가를 치르게 될 것이다. 몇몇 행정지역들은 그들의 정보를 조정함으로써 결정의 자율성을 협력과 조화시킬 수 있다. 예를 들면, 이미 뉴욕 시는 시청이 좋은 통치를 하기에는 어려운 단위가 되었다. 그러나 보건 및 교통과 같은 많은 목적을 위해서 대도시 지역은 행정의 진정한 단위가 될 수 있다. 그러나 이 대도시 지역에는 용커스, 저지시티, 패터슨, 엘리자베스, 호보컨, 베이온 등과 같은 큰 도시들이 포함되어 있다. 하나의 중심은 이 모든 도시들을 운영할 수 없고, 많은 기능들을 위해서 공동으로 행위해야 한다. 궁극적으로는 시드니 웨브와 비어트리스 웨브가 제안했듯이, 지방정부의 계획을 유연하게 하는 것이 적절한 해법일 수 있다.5) 그러나 그 첫걸음은 결정과 행동의 조정이 아니라 정보와 연구의 조정일 것이다. 다양한 지방자치체의 공무원들이 동일한 사실들에 비추어 그들의 공통된 문제를 살펴볼 수 있도록 해보자.

8

정치와 산업에서 그런 정보국의 네트워크는 무거운 짐이자 빈번하게 짜증을 일으키는 것일 수 있다. 한직을 찾는 사람이나 지나치게 규칙에 얽매인 사람, 혹은 참견하기를 좋아하는 사람에게 정보국의 네트워크는 더없이 매력적인 것일 수 있다. 불필요한 요식, 산더미 같은 서류, 지겨울 정도로 많은 질문지, 모든 서류를 7장씩 복사하는 일, 서명, 일의 지연, 분실된 서류, 29b양식 대신에 136양식을 사용하는 일, 잉크 대신에 연필을 사용했거나 빨간 잉크 대신에 검은 잉크를 사용했기 때문에 되돌아온 서류 등을 볼 수 있을 것이다. 이런 일은 매우 서툴게 처리될 수 있다. 실패할 염려가 없는 조직은 없다.

그러나 만일 정부부처와 공장, 사무실, 대학 사이에 전체 시스템을 통한 인력과 자료, 그리고 비판의 순환이 이루어지고 있다고 가정할 수 있다면, 부패의 위험은 그다지 크지 않을 것이다. 또한 정보국이 삶을 복잡하게 할 것이라는 말은 사실이 아닐 것이다. 이와는 반대로 정보국은 현재 인간의 능력상 다루기 힘들 정도로 커다란 복잡성을 밝혀냄으로써 그것을 단순화하는 데에 이바지할 것이다. 현재의 정부체계는 완전히

---

5) "The Reorganization of Local Government" (Ch. IV), in *A Constitution for the Socialist Commonwealth of Great Britain.*

비가시적이고 매우 복잡해서 대부분의 사람들은 정부체계를 따르려는 시도를 포기해왔고, 사람들이 그것을 시도하지 않는다는 점은 그들이 정부체계를 비교적 단순하게 생각하기를 원한다는 것을 반증한다. 이와는 반대로 정부체계는 난해하고 감추어져 있으며 불투명하다. 정보체계의 이용은 결과적으로 단위당 인력을 줄일 것이다. 왜냐하면 각각의 모든 경험을 이용할 수 있도록 함으로써 시행착오를 줄이고, 사회적 과정을 가시화함으로써 정보국의 인력이 자기 비판을 하는 데에 도움을 줄 것이기 때문이다. 만일 특별조사 위원회와 대배심, 지방검사, 개혁조직들, 그리고 당황한 공무원들이 어두운 혼돈 속에서 길을 찾으려고 현재 헛되이 소비하는 시간을 감안한다면, 정보체계의 이용은 추가적인 인력을 필요로 하지 않을 것이다.

만일 근대적 환경과 관련된 여론과 민주적 이론의 분석이 원리상 올바른 것이라면, 나는 그런 정보업무가 여론과 민주적 이론의 개선을 위한 실마리를 제공한다고 생각한다. 이 장에 포함된 몇몇 제안들을 언급하는 것이 아니다. 그런 제안들은 단지 실제 사례들일 뿐이다. 정보업무의 기술을 이해하는 과제는 정보업무를 하도록 훈련된 사람들의 수중에 있고, 오늘날에는 그들조차도 정보업무의 세부사항은 물론이고 그 형태조차도 완벽하게 예견할 수 없다. 현재 기록된 사회적 현상의 수는 많지 않고, 분석도구들은 매우 조잡하며, 개념들은 종종 모호하고 무비판적이다. 그러나 나는 보이지 않는 환경을 효과적으로 보도할 수 있다는 점을 충분히 입증했다고 생각한다. 어떤 의견이 다른 집단의 사람들이 가지고 있는 편견에 중립적이고 그들의 주관주의를 극복할 수 있는 방식으로, 보이지 않는 환경을 보도할 수 있다.

만일 이것이 사실이라면, 정보의 원리를 이해하는 데에서 사람들은 자치의 중요한 난점, 즉 보이지 않는 현실을 다루어야 하는 난점을 극복하는 길을 발견할 것이다. 그런 어려움 때문에, 자치 공동체는 고립을 위해서 필요한 것과 광범위한 접촉의 필요성을 조화시키는 것이 불가능했고, 지역의 결정의 존엄성과 개별성을 안보 및 광범위한 조정과 조화시키는 것이 불가능했으며, 책임성을 희생하지 않고서 효과적인 지도자들을 확보하고, 모든 주제에 대한 보편적인 여론을 꾀하지 않고서 유용한 여론들을 확보하는 것이 불가능했다. 보이지 않는 사건들에 관한 공통의 견해와 별개의 행위에 대한 공통의 척도를 확립하는 방법이 존재하지 않는 한, 민주주의의 유일한 이미지는 이론상이라고 할지라도 고립된 공동체에 기반을 두어야만 했다. 아리스토텔레스에 따르면, 그런 공동체에 속한 사람들의 정치적 능력은 사람들의 시야의 범위에 의해서 제한된다.

그러나 이제 하나의 출구가 있다. 확실히 긴 출구이지만 출구임에는 틀림없다. 이는 근본적으로 아테네인보다 더 나은 눈을 가지고 있지 않은 시카고의 시민이 먼 거리에 떨어져 있는 것을 보고 들을 수 있도록 하는 것과 동일한 방식이다. 이는 오늘날에 와서야 가능해졌고, 보다 많은 노력이 이루어진다면 상상된 환경과 실제환경 사이의 불일치를 줄이는 것이 점차 가능해질 것이다. 그렇게 되면, 연방주의는 점차 강제력보다는 동의에 의해서 작동할 것이다. 연방주의는 자치집단들 사이에서 유일하게 가능한 연합의 방법이지만,6) 연합이 연방의 문제들에 관해서 올바르고 공통적으로 받아들여진 생각에 기반을 두고 있지 않다면, 연방주의는 제국적인 중앙집권이나 지역의 무정부 상태로 나아갈 것이다. 공통적으로 받아들여지는 생각은 자발적으로 생기지 않는다. 그런 생각들은 분석에 기반을 둔 일반화와 함께 결합되어야 하고, 분석을 위한

---

6) H. J. Laski, *The Foundations of Sovereignty,* 특히 The Foundations of Sovereignty와 Problems of Administrative Areas, The Theory of Popular Sovereignty, 그리고 The Pluralistic State 등의 에세이들을 참조.

도구는 연구를 통해서 발명되고 점검되어야 한다.

어떤 선거도구, 어떤 지역의 조작, 어떤 재산체계상의 변화도 그 문제의 근원에 이르지 못한다. 인간 내부에 있는 것보다 더 많은 정치적 지혜를 인간으로부터 끌어낼 수는 없다. 그리고 아무리 세상을 놀라게 하는 개혁이라고 하더라도 진정으로 급진적인 것은 아니며, 개인의 경험의 한계에 기반을 둔 의견의 주관주의를 극복하는 방법을 신중하게 제공하지도 않는다. 다른 것에 비해서 보다 많은 것을 뽑아내는 정부와 투표와 대의의 체계가 있다. 그러나 궁극적으로 지식은 양심으로부터 나오는 것이 아니라 양심을 다루는 환경으로부터 나와야 한다. 사람들이 정보의 원리에 입각하여 행위할 때, 그들은 사실을 발견하고 지혜를 만들기 위해서 나선다. 사람들이 정보의 원리를 무시할 때, 그들은 오직 자신의 내부로만 향하고 그 안에 있는 것만을 발견한다. 그들은 지식을 넓히는 대신에 편견을 만든다.

제27장

공중에의 호소

1

실제 삶에서는 어느 누구도 그가 모든 공적 문제에 여론을 가질 수 있다는 이론에 따라서 행위하지 않는다. 비록 이런 사실은 한 개인이 그가 여론을 가지고 있지 않기 때문에 어떤 여론도 없다고 생각하는 경우에 종종 감추어지지만 말이다. 그러나 우리의 정치이론에서 우리는 여전히 브라이스 경이 의도했던 것보다 더 문자 그대로 생각한다. 브라이스 경이 의도했던 바는 "여론의 행위는 지속되는데,"[1] 심지어 "여론의 행위가 광범위한 원리들만을 다룰지라도"[2] 그렇다는 것이다. 그리고 우리 스스로가 지속적으로 의견을 가지고 있다고 생각하려고 하기 때문에, 전체적으로 무엇이 광범위한 원리인가에 대한 확신이 없다면, 우리가 어떤 주장을 고뇌의 하품과 함께 맞이한다는 것은 지극히 자연스러운 일일 것이다. 이런 주장은 보다 많은 정부 보고서, 보다 많은 통계, 보다 많은 곡선과 그래프가 있는 읽을거리를 필요로 하는 것처럼 보인다. 이 모든 것들은 당파적 수사만큼이나 혼란스럽고, 재미와는 거리가 멀다.

---

1) *Modern Democracies*, Vol. I, p. 159
2) 위의 책, p. 158의 각주.

어떤 계획에 대해서도 일반사람들의 관심이 지극히 적다는 것은, 모든 미국 시민들이 모든 정보국 간행물에 몰두한 후 광범위한 원리에 잘 들어맞지 않는 많은 실제 문제들에 대해서 각성하고 잘 알게 되며 그것들에 열정을 가지게 된다는 가정을 기준으로 하는 것이다. 나는 그런 가정을 하지 않는다. 무엇보다도 정보국은 활동가의 도구이자 결정을 책임지는 대표자의 도구이며, 그 일을 하는 노동자의 도구이다. 그리고 만일 정보국이 그들에게 환경을 이해하도록 도움을 주지 못한다면, 그것은 종국에 어느 누구에게도 도움이 되지 않을 것이다. 그러나 정보국이 어떤 환경에서 일하는 사람들에게 그 환경을 이해하도록 도움을 준다면, 정보국은 그들이 하는 것을 가시적으로 만들 것이다. 그리고 그 정도만큼이나 그들은 일반공중에게 보다 많은 책임을 지게 된다.

　　따라서 정보국의 목적은 모든 시민에게 모든 문제에 대한 전문가적 의견의 부담을 지우는 것이 아니라 그 부담을 모든 시민으로부터 책임 있는 행정가에게 넘겨주는 데에 있다. 물론 하나의 정보체계는 일반적인 정보의 원천으로서, 그리고 일간지에 대한 점검으로서 그 가치를 가진다. 그러나 이는 부차적인 것이다. 정보체계는 정치와 산업 모두에서 대의정부와 행정에 대한 보조기구로 사용된다. 회계사, 통계학자, 비서 등과 같이 전문적으로 보고하는 사람들의 도움을 구하려는 요구는 공중으로부터 나오는 것이 아니라 공적인 일을 하는 사람들로부터 나오며, 그들은 더 이상 공적인 일을 주먹구구식으로 할 수 없다. 정보체계는 공적인 업무가 얼마나 잘못 수행되었는가를 보다 잘 파악하기 위한 도구라기보다는 공적인 업무를 보다 잘 수행하기 위한 도구이다.

2

사적 시민이나 주권적 유권자, 어느 누구도 이런 서류들을 이해하려고 시도할 수 없을 것이다. 그러나 분규의 당사자나 의회 위원회의 위원, 정부나 산업, 혹은 노동조합의 관리자나 산업 위원회의 위원 등은 논쟁 중에 있는 특정한 문제에 대한 보고서를 점차 환영할 것이다. 대의명분에 관심이 있는 사적 시민은 그가 현재 하고 있는 것처럼 자발적인 사회에 속해서 활동할 것인데, 이런 자발적인 사회는 서류를 검토할 직원을 고용하고 관료집단을 검증하기 위해서 보고서를 만든다. 몇몇 신문기자는 이 자료에 관해서 연구할 것이고, 전문가와 정치학자들은 이보다 더 많이 연구할 것이다. 그러나 외부인에게는 그렇게 할 시간이나 관심이 없으며, 이해관계나 특정한 판단을 위한 지식도 없다. 그리고 우리 모두는 근대적 삶의 몇몇 측면들을 제외하고, 모든 면에서 외부인이다. 사회의 일상적인 행정이 정상적인 조건에서 작동한다면, 그것이 의존해야 하는 것은 바로 내부에 있는 사람들이다.

외부에 있는 일반적인 공중은 이런 조건들이 온전한지 그렇지 않은지를 오직 사후결과와 사전절차에 의해서만 판단할 수 있다. 여론의 행위가 지속될 수 있는 이유는 근본적으로 절차의 원리들에 있다. 외부인은 전문가가 관련된 사실들을 적절하게 고려하고 있는지에 관해서 질문할 수 있다. 외부인은 대개의 경우에 무엇이 관련되어 있고 무엇이 고려할 사항인지를 스스로 결정할 수 없다. 외부인은 어떤 결정에 관심이 있는 집단들이 적절하게 발언을 했는지, 투표가 제대로 이루어졌는지, 그리고 아마도 결과가 정직하게 받아들여졌는지를 판단할 수 있을 것이다. 외부인은 뉴스가 어떤 것을 지켜보아야 할 필요가 있다고 알려줄 때 그 절차를 지켜볼 수 있다. 외부인은 만일 제도의 정상적인 결과가 좋은 삶에 관한 그의 이상과 상충한다면, 그 절차 자체가 올바른지에 관해서 질문을 제기할 수 있다.[3] 그러나 만일 그가 모든 경우에 절차를 자신으

---

3) 제20장을 참조.

로 대체하려고 하거나 여론에 관여하려고 한다면, 한 연극에서 위기의 순간을 맞은 운 좋은 아저씨처럼 그는 자신만의 혼란에 빠져 당황하게 될 것이다. 그는 그 과정에서 중간에 생각을 멈추게 될 것이다.

온갖 종류의 복잡한 문제들을 공중에 호소하는 전략은, 알고 있는 사람들이 알 기회를 가지지 못한 다수의 사람들을 참여시켜서 비판을 벗어나려고 하는 욕망에서 비롯된다. 그런 의견은 누가 가장 큰 목소리를 내는가, 누가 가장 황홀한 목소리를 가졌는가, 누가 가장 능숙하게 혹은 뻔뻔스럽게 언론의 주목을 받는가, 누가 신문의 지면에 접근할 가장 큰 기회를 가졌는가에 따라서 결정된다. 심지어 편집자가 양심상 "다른 편"에 공평하다고 할지라도, 이것만으로는 불충분하다. 조직되고 재원이 풍부한 활동적인 당파가 언급하지 않은 다른 편들이 있을 수 있다.

여론이라는 대출금을 얻기 위한 당파들의 호소에 시달려본 적이 있는 사적 시민은 아마 이런 호소들이 그의 정보에 대한 칭찬이 아니라 그의 좋은 본성에 대한 민폐이자 증거를 느끼는 그의 감각을 모욕하는 것이라는 사실을 곧바로 깨달을 것이다. 그가 받은 시민적 교육을 통해서 자신이 처한 환경의 복잡성을 생각해보면, 그는 절차의 질과 분별력에 우려를 나타낼 것이다. 그러나 대부분의 경우에 그는 그가 선출한 대표자가 그를 위해서 그가 우려하는 것을 살펴볼 것이라고 기대할 것이다. 그는 결정의 부담을 받아들이지 않을 것이고, 승리하려고 서두른 나머지 기자들에게 제일 먼저 정보를 제공하려고 회의석상을 뛰쳐나오는 사람들에 대해서 불만을 표할 것이다.

바쁜 시민들은 문제들이 절차를 통과하기 전까지 그에게 닿지 말아야 한다고 요구함으로써만, 그런 문제들을 이해할 수 있는 형태로 다루기를 희망할 수 있다. 쟁점들은 어떤 열성당원이 알려주는 바처럼 거의 항상 이해하기 어려운 사실들로 구성되어 있다. 그리고 열성당원이 그런 사실들을 관찰함에 따라서, 그런 사실들은 그의 감정으로 가득 찬 거대한 지방덩어리와 같은 고정관념의 말들로 둘러싸인다. 당대의 유행에 따라서 그는 정의, 복지, 미국주의, 사회주의처럼 정신을 충만하게 해주는 생각이 그가 원하는 것이라고 주장하면서 회의장에서 나올 것이다. 외부에 있는 시민은 이런 쟁점에 대해서 때로 공포심을 느끼거나 존경심을 가질 수도 있지만, 결코 판단을 내리지는 않을 것이다. 열성당원이 그런 주장으로 어떤 일이든 할 수 있기 전에, 그를 위해서 지방덩어리를 끓여 없애야만 한다.

3

내부의 대표자가 의장이나 중재인과 같은 다른 사람들 앞에서 토론을 함으로써 지방덩어리를 없앨 수 있다. 의장이나 중재인은 전문가들이 제공한 분석들을 다루도록 토론을 강제해야 한다. 이는 먼 거리에 있는 문제들을 다루는 대표체의 핵심적인 조직원리이다. 당파적 목소리는 그 곳에 있어야 하지만, 열성당원들은 그들과 개인적으로 관계가 없고 충분히 사실들을 통제하고 있으며 고정관념과 유형, 그리고 정교하게 가공된 것으로부터 실제의 인식을 가려내는 변증법적 기술을 가진 사람들과 대면해야 한다. 이는 말을 통해서 의미를 찾으려고 자신의 모든 에너지를 쏟았던 소크라테스적 대화이자 그 이상의 어떤 것이다. 왜냐하면 근대적 삶에서 이런 변증법은 인간의 마음뿐만 아니라 그 환경을 탐구해왔던 사람들에 의해서 수행되어야 하기 때문이다.

　예를 들면, 철강산업에 심상치 않은 분규가 있다고 해보자. 각 측은 가장 숭고한 이상으로 가득 찬 성명을 발표한다. 이 단계에서 유일하게 존중할 가치가 있는 여론은 회담이 이루어져야 한다는 의견이다. 대의명분이 매우 정당하기 때문에, 회담을 여는 것 자체가 대의명분을 훼손할 수 있다고 말하는 측은 거의 동조를 받을 수 없다. 왜냐하면 그 어느 곳에서도, 목숨을 건 사람들 사이에서는 그런 대의명분이 존재하지 않기 때문이다. 회담을 거부하는 사람들은 아마도 그런 식으로 말하지는 않을 것이다. 그들은 회담을 하기에는 상대방이 너무 사악하다고 말할 것이다. 배신자들과는 악수를 할 수 없다는 것이다. 그후에 여론이 할 수 있는 일은 그런 사악함의 증거를 듣기 위해서 청문회를 조직하는 것이고, 청문회에서는 각 측의 말을 채택할 수 없다. 그러나 회담을 열기로 합의했다고 가정해보자. 그리고 기업과 노조, 노동부의 상담 전문가들을 부를 수 있는 재량을 가진 중립적인 의장이 있다고 가정해보자.

게리 판사는 노동자들의 임금이 양호하며 초과노동도 없다고 성실하게 진술한 후 표트르 대제로부터 차르의 시해에 이르는 러시아의 역사를 개관한다. 포스터는 자리에서 일어나 노동자들이 착취당하고 있다고 성실하게 진술한 후 예수로부터 링컨에 이르는 인간해방의 역사를 개관한다. 여기에서 의장은 정보국 직원에게 "양호한 임금"과 "착취당하고 있다"는 말을 대체하기 위해서 상이한 계급의 임금을 보여주는 임금표를 요청한다. 게리 판사는 그들 모두의 임금이 양호하다고 생각하는가? 그렇다. 그는 그렇다고 생각한다. 포스터는 그들 모두가 착취당하고 있다고 생각하는가? 아니다. 그는 C, M, X 집단이 착취당하고 있다고 생각한다. 착취당하고 있다는 것은 무엇을 의미하는가? 그는 그들이 최저임금을 받지 못하고 있다는 것을 뜻한다고 말한다. 게리 판사는 그들이 최저임금을 받고 있다고 말한다. 의장은 그 임금으로 한 사람이 살 수 있는 것이 무엇이냐고 질문한다. 포스터는 아무것도 없다고 말한다. 게리 판사는 그가 필요한 모든 것을 살 수 있다고 말한다. 의장은 정부의 비용과 가격통계를 찾아본다.[4] 그는 X 집단은 평균적인 비용을 충족시

4) 그런 수치들과 "의사원리들(pseudo-principles)"의 순진한 사용에 관한 훌륭한 논의로는

킬 수 있지만, C와 M 집단은 그렇게 할 수 없다고 판결한다. 게리 판사는 공식적인 통계에 결함이 있다고 경고한다. 비용은 너무 높게 책정되어 있고, 가격은 낮게 책정되어 있다는 것이다. 포스터 또한 예외가 있다고 경고한다. 비용은 너무 낮고 가격은 상승해왔다는 것이다. 의장은 그점은 청문회의 관할권 내에 있는 사항이 아니며, 공식적인 수치들은 유효하다고 판결한다. 의장은 만일 이 판결에 이의가 있다면, 게리 판사와 포스터는 연방정보국의 상임 위원회에 상고해야 한다고 판결한다.

그럼에도 불구하고, 게리 판사는 만일 우리가 이 임금표를 바꾼다면 파산하게 될 것이라고 말한다. 의장은 파산한다는 것이 무엇을 의미하느냐고 질문하고 장부를 보여줄 것을 요구한다. 게리 판사는 장부는 사적인 것이라서 보여줄 수 없다고 말한다. 의장은 사적인 것은 우리의 관심사항이 아니라고 말하고, C와 M 집단에 속한 노동자들의 임금이 공식적인 최저임금에 비해서 낮은 수준에 있다는 성명을 발표한다. 게리 판사는 그가 진술하기를 거부한 것들 때문에 임금을 올리는 것에 반대한다는 성명을 발표한다. 이런 종류의 절차[5] 이후에, 여론은 존재할 수 있다.

전문가의 중재는 당파들을 강제하기 위해서 의견을 형성한다는 점에 그 가치가 있는 것이 아니라, 당파의 근성을 해체한다는 점에 그 가치가 있다. 청문회가 끝난 후에 게리 판사와 포스터는 비록 청문회 이전과는 상이한 어조로 말해야 했을지 모르지만, 그들의 확신은 청문회가 시작했을 때보다 더 적게 남아 있을 수 있다. 그러나 개인적으로 관련이 없는 거의 모든 다른 사람들은 그 일에 말려드는 것을 피할 수 있었다. 왜냐하면 이런 종류의 변증법은 사람들의 반사작용이 반응할 태세를 갖추고

"The Cost of Living and Wage Cuts," in the *New Republic*, July 27, 1921, by Dr. Leo Wolman을 보라. 그는 산업분규의 방법을 향상시키는 데에 크게 기여해왔던 경제학자이자 통계학자이기 때문에, 그의 경고는 특히 중요하다.
5) Lowell의 *Public Opinion and Popular Government*에서 사용했다.

있는 그런 얽히고설킨 고정관념과 슬로건을 풀어버리기 때문이다.

<h1 style="text-align:center">4</h1>

기억과 감정의 맥락들은 커다란 공적 중요성을 띤 많은 주제들과 보다 개인적인 문제들에 대해서 사람들 사이에서 다양한 정도로 뒤엉켜 있다. 동일한 말이더라도 다수의 상이한 생각들을 함축할 것이다. 감정은 이미지로 대체되고, 이런 이미지의 이름과 유사한 이름에 속하게 된다. 마음의 무비판적인 부분에는 단순한 소리와 접촉 그리고 연속된 반복에 의해서 형성되는 엄청난 규모의 연상이 존재한다. 빗나간 감정적인 애착이 있고, 과거에는 명성이었지만 현재에는 구실에 불과한 말들이 있다. 우리는 꿈과 몽상 그리고 극심한 공포 속에서 인간의 순진한 마음이 어떻게 구성되어 있으며, 빈틈없는 노력과 외적 저항에 의해서 훈련을 받지 않을 경우 인간이 어떻게 처신하는지를 파악하기에 충분한 몇 가지 무질서 상황을 살펴보았다. 우리는 자연적 질서가 단지 먼지투성이의 낡은 다락방에 있을 뿐이라는 점을 살펴보았다. 사실과 생각 그리고 감정 사이에는 때로 오페라 하우스에 있을 법한 동일한 부조화가 존재한다. 이는 마치 모든 의상을 한 무더기로 던져놓고 악보를 뒤죽박죽 섞어놓아서, 발키리의 드레스를 입은 마담 버터플라이가 파우스트가 돌아오기를 열렬하게 기다리는 것과 마찬가지이다. 한 사설에서 말하기를, "크리스마스에 마음을 부드럽게 하는 것은 오래된 기억이다. 어린 시절을 사유하는 동안 거룩한 가르침을 새롭게 상기한다. 현재 신과 함께하는 사랑스러운 사람들이 절반의 행복한 기억과 절반의 슬픈 기억을 통해서 세상을 바라볼 때, 세상은 그렇게 나쁜 것으로만 보이지 않는다. 신비로운 힘은 모든 사람의 심금을 울린다.……국가는 적색선전으로 벌집모양이지만, 충분한 양의 밧줄과 근육 그리고 가로등 기둥들이 있

다.……이 세계가 움직이는 한, 자유의 정신은 인간의 가슴에서 타오를 것이다."

마음속에서 이 구절들을 발견했던 사람은 도움이 필요하다. 그는 소크라테스가 필요하다. 소크라테스라면 이 말들을 분리하고, 그가 이 말들을 정의하고 말에 생각의 이름을 붙일 때까지 그를 추궁할 것이다. 이는 말들이 특정한 대상 ─ 그밖의 다른 어떤 것이 아닌 대상 ─ 을 의미하도록 이름을 붙이는 것이다. 사설에서 긴장된 음절들은 원초적인 연상을 통해서 그의 마음과 연결되고, 크리스마스에 관한 그의 기억, 보수주의자로서의 그의 분노, 혁명적 전통에 대한 계승자로서의 그의 전율과 함께 묶인다. 종종 이런 얽힘은 빨리 풀어내기에는 너무 크고 오래된 것이다. 근대적인 정신치료 요법에 종종 나와 있듯이, 유아기에는 다양한 기억의 층이 있는데 이런 층들을 따로따로 불러내야 한다.

이름 붙이기의 효과, 즉 노동이 착취당하고 있다고 말하는 대신에 X 집단이 아니라 C와 M 집단이 제대로 임금을 받지 못하고 있다고 말하는 것의 효과는 통렬하다. 지각은 그 정체성을 회복한다. 지각이 불러일으키는 감정은 구체적이다. 크리스마스에서 모스크바에 이르는 모든 것과의 거대하고 우연적인 연결은 더 이상 감정을 강화하지 않는다. 그 자신의 이름과 면밀하게 검토된 감정을 가진 해방된 생각은 새로운 자료에 의해서 문제를 정정하는 데에 늘 개방되어 있다. 이런 생각은 인성 전체에 배태되고 자아 전체와 일종의 제휴관계를 맺는다. 하나의 도전이 전체 정신을 통해서 반향을 불러일으킬 것이다. 그 생각이 완전하게 비판된 후에, 그것은 더 이상 내가 아니라 **그것**이 된다. 그 생각은 객관화되고, 팔을 뻗으면 닿을 수 있는 거리에 있게 된다. 그것의 운명은 나의 운명에 의존하는 것이 아니라 내가 행위하고 있는 바깥세계의 운명에 의존한다.

이런 종류의 재교육은 우리의 여론이 환경을 파악하는 데에 도움을 줄 것이다. 이는 엄청난 검열과 고정관념과 연출적인 장치들을 제거할 수 있는 방식이다. 어떤 환경이 관련되어 있는지를 아는 데에 별다른 어려움이 없다면, 비평가, 교사, 의사는 마음을 놓을 수 있다. 그러나 분석가가 어린 학생만큼이나 환경을 이해하기가 힘들다면, 분석적 기술만으로는 환경을 이해하는 데에 충분하지 않다. 이때 정보업무가 필요하다. 비평가는 정치적이고 산업적인 문제에 대해서 무엇인가를 말할 수 있지만, 만일 그가 기자들로부터 그런 환경에 관한 타당한 이미지를 받고 있다는 확신이 없다면, 그의 변증법은 성공할 수 없다.

따라서 대부분의 다른 문제들과 마찬가지로, 여기에서도 "교육"은 최상의 처방이다. 그러나 교육의 가치는 지식의 진화에 의존할 것이다. 그리고 인간의 제도에 관한 우리의 지식은 아직까지 매우 불충분하며, 단지 전반적인 인상을 보여주는 데에 머물러 있다. 사회적 지식의 수집은 전반적으로 여전히 무계획적이다. 미래에는 행위의 정상적인 반주에 맞추어 지식이 수집되어야 할 것이다. 그러나 정보는 궁극적으로 그것의 사용을 위해서 수집되지는 않을 것이다. 정보는 결정을 내리는 데에 필요하기 때문에 수집될 것이다. 그러나 정보가 수집됨에 따라서, 정치학이 일반화될 수 있는 자료 역시 축적될 것이고, 학교를 세계의 개념적인 이미지로 일구어낼 것이다. 그 이미지가 구체화될 때, 시민적 교육은 보이지 않는 환경을 다루기 위한 대비책이 될 수 있다.

교사가 사회체계의 효과적인 모델을 사용할 수 있다면, 그는 학생들의 마음이 익숙하지 않은 사실에 어떻게 작용하는가를 학생들이 정확하게 파악할 수 있도록 그것을 사용할 수 있다. 교사에게 그런 모델이 없다면, 그는 학생들이 발견하게 될 세계를 그들이 완전히 대비할 수 있도록 가르칠 수 없다. 그가 할 수 있는 일은 학생들이 그들의 마음에 관해서 보다 지적인 소양을 쌓고 세계를 다루도록 대비시키는 것이다. 그는 사례방법을 사용하여 학생들에게 정보의 원천을 검토하는 습관을 가르칠 수 있다. 예를 들면, 그는 학생들에게 신문에서 속보가 실렸던 곳이나 특파원의 이름, 통신사의 이름, 성명을 발표했던 정부, 그 성명을 획득했던 상황 등을 살펴보라고 가르칠 수 있다. 그는 기자가 실제로 사건을 보고 기사를 작성했는지, 그리고 그 기자가 과거에 다른 사건들을 어떻게 묘사했는지에 관해서 학생들 스스로 질문하고 답할 수 있도록 가르칠 수 있다. 교사는 검열의 특징과 프라이버시에 대해서 가르칠 수 있고, 과거의 선전선동에 관한 지식을 학생들에게 제공할 수 있다. 그는 역사를 적절하게 사용하여 학생들이 고정관념을 깨달을 수 있도록 가르칠 수 있고, 인쇄물이 환기하는 이미지를 자기 성찰적으로 바라보는 습관을 교육할 수 있다. 그는 비교역사와 인류학을 통해서 규범이 상상력에 특수한 유형을 부과하는 방식에 관해서 일생 동안 깨달았던 바를 보여줄 수 있다. 그는 학생들 스스로 우화를 만들고, 관계들을 극화(劇化)하며, 추상적 개념을 의인화하는 법을 이해하도록 가르칠 수 있다. 교사는 학생들에게 어떻게 그가 이런 우화와 자기 자신을 동일시하는지, 어떻게 그가 관심을 가지게 되는지, 그리고 어떻게 그가 특정한 의견을 가지고 있으면서도 영웅적이거나 낭만적이거나 경제적인 사고방식을 선택하는지를 보여줄 수 있다.

　오류를 연구하는 일은 최고의 예방법일 뿐만 아니라, 진리의 연구에 활력을 불어넣는 도입부로서 공헌한다. 우리의 마음이 우리 자신의 주관주의를 보다 깊이 깨우칠수록, 우리는 객관적인 방법에서 묘미를 발견한다. 우리는 보통은 그렇지 않지만, 우리가 가진 편견의 막대한 해악과 뜻하지 않은 잔혹함을 생생하게 바라본다. 그리고 편견을 파괴하는 일은 우리의 자존심이 편견과 연결되어 있기 때문에 처음에는 고통스럽지만, 그것이 성공적으로 이루어지면 엄청난 안도감과 고매한 긍지를 느낄 수 있다. 관심의 범위는 근본적으로 확장된다. 현재의 빔구들이 사라질수록 완고하고 단순한 세계관은 부서진다. 이 광경은 생생하고 충만한 것이 된다. 거기에 마음에서 우러나 과학적 방법에 공감하려는 감정적인 동기가 뒤따른다. 그렇지 않다면 그런 동기를 불러일으키기가 쉽지 않고, 그것을 유지하는 것은 더더구나 불가능하다. 편견은 훨씬 더 쉽고 흥미롭다. 만일 과학의 원리를 항상 하던 대로 가르친다면, 훈육으로서의 과학의 원리의 주된 덕목인 객관성은 학생들을 따분하게 만들 것이다. 그러나 과학의 원리를 마음속의 미신에 대한 승리로 가르친다면, 학생들은 과학의 원리를 추구하며 미신을 정복한다는 흥분 덕택에, 제한적인 경험으로부터 호기심이 성숙되고 이성이 열정을 획득하는 단계로 부단히 정진할 수 있을 것이다.

제28장
이성에의 호소

1

나는 이 책의 결말을 맺으려고 몇 번이나 망설였다. 모든 결말에는 마지막 장들의 숙명이 걸려 있다. 결말에서 모든 생각은 자리를 잡은 것처럼 보이고, 저자가 잊지 않았던 모든 신비들이 풀리기 시작한다. 정치에서 영웅은 결말 이후에도 행복하게 살지 못하거나 그의 생을 완전하게 끝마친다. 정치에는 어떤 결론도 없다. 정치에서 영웅에게는 그의 과거에 놓여 있는 역사적 기록보다 그의 앞에 놓여 있는 미래가 있기 때문이다. 마지막 장은 예의 바른 독자가 살그머니 그의 시계를 보기 시작하는 지점이라고 저자가 생각하는 단지 그런 장소일 뿐이다.

2

플라톤이 그가 말했던 것을 요약해야 할 시점에 이르러, 정치에서 이성의 장소에 관해서 말하는 것이 얼마나 우스꽝스럽게 들릴지에 생각이 미치자, 플라톤의 자신감은 무대 공포증으로 바뀌었다. 『국가』의 제5권에 있는 문장들은 심지어 플라톤이 말하기에도 곤란한 것이었다. 그 문장들은 지극히 순수하고 너무나 냉혹한 것이어서 사람들은 그것을 잊을 수도, 그것에 따라서 살 수도 없었다. 그래서 플라톤은 소크라테스가 글라우콘에게 이렇게 말하도록 했다. 소크라테스는 "국가를 보다 참된 형태로 만들 수 있는 최소한의 변화가 무엇인가"라는 질문을 했다는 이유로 사람들에게 깨지고 조롱당할 터인데,[1] 왜냐하면 소크라테스가 "만일 너무 과장된 것처럼 보이지 않았더라면 흔쾌히 표명했을" 사유는 다음과 같은 것이었기 때문이다. "철학자들이 왕이 되거나 왕과 왕자들이 철학의 정신과 힘을 갖출 때까지, 그리고 정치적 위대함과 지혜가 일치될 때까지……도시들은 결코 악을 멈추지 않을 것이다 ― 아니, 인류도,……"

소크라테스는 이 엄청난 말을 하자마자, 이 말이 실행하기 어려운 이상이라는 점을 깨달았고, 접근하기 어려운 그의 생각의 위엄에 당황했다. 따라서 그는 급히 에둘러, 물론 "참된 선장"은 "수다쟁이, 점성가, 건달"로 불릴 것이라고 이야기했다.[2] 그러나 이처럼 아쉬운 시인(是認)은 유머감각이 부족하다는 비난으로부터 그를 보호하기는 했지만, 진지한 사유에 치욕적인 꼬리표를 붙였다. 소크라테스는 반항적으로 돌변해서 아데이만토스에게, 철학자들의 "무익함은 철학자들 자신이 아니라 그들을 이용하지 않을 사람들의 책임으로 돌려야 한다. 선장이 선원에게 명령을 따르라고 비굴하게 간청해서는 안 된다 ― 이는 자연의 섭리가 아니다"라고 경고했다. 그리고 이런 오만한 제스처와 함께, 소크라테스는 이성의 도구들을 챙겨들고 마키아벨리에게 그 세계를 남겨둔 채 황급히 아카데미로 사라져버렸다.

이성과 정치의 이 최초의 위대한 만남에서 이성의 전략은 화내면서 자리를 뜨는 것이었다. 그러나 플라톤이 우리에게 말해주듯이, 그런 동

---

1) *Republic*, Bk. V, 473. Jowett 역.
2) Bk. VI, 488-489

안에도 배는 바다에 떠 있었다. 플라톤 이후에도, 그리고 오늘날에도 바다에는 많은 배들이 떠 있다. 우리가 믿고 있는 것이 현명하든 어리석든 간에, 우리는 선장이 단지 "연도, 계절, 하늘, 별, 바람, 그리고 그의 기교에 속하는 다른 모든 것에 주의를 기울이는" 법을 알고 있다는 이유만으로 더 이상 그를 참된 선장이라고 부를 수 없을 것이다.[3] 선장은 배가 순조롭게 항해하도록 하는 데에 필요한 그 어떤 것도 묵살할 수 없다. 선상에는 반란자들이 있기 때문에, 그는 다음과 같이 말할 수 없다. 우리 모두에게 무척이나 나쁜 일이지만……내가 반란을 처리해야 한다는 것은 자연의 섭리가 아니다.……내가 반란을 참작해야 한다는 것은 철학의 섭리가 아니다.……나는 항해하는 법을 알고 있다.……나는 선원들로 가득 찬 배를 항해하는 법은 모른다.……그리고 만일 선원들이 내가 선장이라는 것을 알지 못한다면, 내가 할 수 있는 일은 아무것도 없다. 우리 모두는 산으로 가게 될 것이고, 그들은 그들의 죄로 벌을 받게 될 것이다. 나는 보다 잘 알고 있었다는 확신에 사로잡힌 채…….

3

정치에서 이성에 호소하려고 할 때면, 언제나 이런 우화에서의 어려움이 반복된다. 불합리한 세계를 다루기 위해서 이성의 방법을 사용하는 데에는 내재적인 어려움이 있기 때문이다. 심지어 플라톤처럼, 참된 선장이 배를 위해서 무엇이 최선인지를 알고 있다손 치더라도, 그가 그런 가정을 그렇게 쉽게 인정하지 않았다는 점과 이런 불확실성이 많은 선원들을 확신하지 못하도록 남겨두었다는 점을 상기해야만 한다. 의미상 선원은 그가 알고 있는 것을 알지 못하고, 선장은 별과 바람에 매료되어 선원들이 그가 알고 있는 것의 중요성을 알아차리도록 할 방법을 알지 못한다.

---

3) Bk. VI, 488-489

선상에서 반란이 일어나면, 각 선원에게는 전문가처럼 능숙하게 판단할 여유가 없다. 선장 역시 그의 선원들과 상의하고 그가 생각하는 바처럼 그가 정말로 현명한지를 발견할 여유가 없다. 교육은 수년이 걸리는 문제이고, 비상사태는 한순간의 문제이기 때문이다. 따라서 교육을 통해서 선원들이 증거를 얻는 보다 나은 감각을 갖추도록 하는 데에 진정한 처방이 있다고 선장에게 말하는 것은 전적으로 학문적인 일일 것이다. 이는 오직 육지에 머물고 있는 선장에게만 할 수 있는 말이다. 위기시에 할 수 있는 조언은 총을 사용하거나 연설을 하거나, 마음을 뒤흔드는 구호를 퍼뜨리거나 협상을 하거나 반란을 진압하는 데에 이용할 수 있는 빠른 수단을 사용하라는 것이다. 항해계획을 세우는 항구에서만, 사람들은 제거하는 데에 오랜 시간이 소요되는 이유들을 다룰 수 있고, 자신의 구원을 위해서 이를 다루어야만 한다. 그런 이유들은 비상사태에서뿐만 아니라 수년 그리고 수세대에 걸쳐서 다루어질 것이다. 그리고 거짓 위기를 참된 위기와 구분할 필요성보다 더 사람들의 지혜를 긴장시키는 일은 없을 것이다. 위기들이 연이어 계속되고 실제의 위험들이 상상된 공포와 뒤섞여 공황상태에 빠져들 때는 이성을 건설적으로 사용할 기회가 전혀 없을 것이고, 어떤 질서도 무질서에 비해서 더 나은 것처럼 보일 것이기 때문이다.

오직 오랜 기간에 걸친 확실한 안정의 토대 위에서만 사람들이 이성의 방법을 따르기를 희망할 수 있다. 이는 인류가 서투르거나 이성에의 호소가 환상적인 것이기 때문이 아니라, 정치적 주제들에 대한 이성의 진화가 아직 초보적인 단계에 머물러 있기 때문이다. 정치에서 우리의 합리적인 생각들은 여전히 크고 알맹이 없는 일반론에 머물러 있으며, 정치적 본보기로 삼기에는 너무 추상적이고 투박하다. 합리적인 생각들의 총합이 개별적인 특성들을 상쇄하고 광범위한 동질성을 나타낼 정도로 충분히 큰 경우만이 예외이다. 정치에서 이성은 특히 개별적인 인간의 행위를 예측하는 데에 미숙한데, 이는 인간의 행위에서 처음의 아주 사소한 변화가 대개 가장 정교한 차이를 만들기 때문이다. 이는 돌발적인 상황을 다루는 데에서 오직 이성에만 호소할 때, 우리가 깨지고 조롱당하는 이유일 것이다.

4

이는 우리가 갖추고 있는 이성을 향상시킬 수 있는 속도가 행위를 해야 하는 속도보다 더디기 때문일 수도 있다. 따라서 정치학의 현 상태에서는 최초의 상황을 분명하게 이해하기 전에 또다른 상황이 전개되고, 정치적 비판은 뒤늦게 나오거나 거의 존재하지 않는 경향이 있다. 알려지지 않았던 것을 발견하고 증명되었던 것을 보급하는 데에는 이제까지 존재했던 것보다 훨씬 더 큰 시간차가 있고, 정치철학자들은 이 문제에 관심을 가지기 시작했다. 우리는 주로 그레이엄 월러스의 영감을 바탕으로, 우리의 의견에 대한 비가시적인 환경의 영향을 살펴보기 시작했다. 정치에서 시간이라는 요소는 건설적인 제안의 실행 가능성과 가장 밀접하게 관련되어 있지만, 약간의 경험의 법칙을 제외하고 우리는 아직까지 이를 이해하지 못하고 있다.[4] 예를 들면, 우리는 어떤 계획의 적합성이 그 계획을 운영하는 데에 요구되는 시간의 길이에 달려 있다는 것을 이해할 수 있다. 그 계획을 주어진 것으로 가정하는 자료가 실제로 동일하게 계속해서 남아 있을지는 시간의 길이에 달려 있기 때문이다.[5] 여기에는 현실적이고 경험 많은 사람이 고려하는 요소가 있고, 이 요소는 그런 사람을 기회주의자나 몽상가, 속물이나 탁상공론가와 구분하는 데에 도

---

4) H. G. Wells의 *Mankind in the Making*에서 시작 부분의 장들을 참조.
5) 어떤 조직의 정보업무에서의 현재 분석이 더 나아질수록, 사람들이 어제의 사실에 비추어 오늘의 문제를 다루는 경향은 덜해질 것이다.

움을 준다.6) 그러나 우리는 현재 시점에서 어떻게 시간의 계산이 정치에 들어오는지를 체계적인 방법으로 파악하지는 못하고 있다.

우리가 이 문제를 보다 분명하게 이해하게 될 때까지, 우리가 할 수 있는 일은 이 문제에 극도의 이론적 어려움과 실천적 중요성이 있다는 점을 기억하는 일이다. 이는 이성에 귀를 기울이지 않는 사람들의 고집에 관한 플라톤의 성급한 결론을 공유하지 않고서도 플라톤의 이상을 간직하는 데에 도움이 될 것이다. 정치에서 이성에 복종하는 것은 어려운 일이다. 왜냐하면 사람들은 아직까지 상이한 걸음걸이와 상이한 속도로 가는 두 과정을 함께 행진하고 있기 때문이다. 이성이 미묘하고 까다로운 한, 당면한 정치투쟁은 이성이 제공할 수 없거나 통제할 수 없는 타고난 기지와 강제력, 그리고 이성이 증명할 수 없는 믿음을 계속해서 요구할 것이다. 왜냐하면 삶의 사실과 이해의 힘은 뚜렷하게 구분되지 않기 때문이다. 사회과학의 방법이 아직까지 그렇게 완벽한 것은 아니기 때문에, 심각한 결정이나 일상적인 결정을 내리는 경우에 직관에 의존하거나 내기를 거는 것 이외에는 다른 선택이 없는 경우가 태반이다.

그러나 우리는 이성에 대한 믿음을 그런 직관들 중 하나로 만들 수 있다. 우리는 이성을 위한 발판을 마련하기 위해서 우리의 기지와 강제력을 사용할 수 있다. 세계에 관한 우리의 이미지의 배후에서 우리는 보다 장기간에 걸쳐 사건의 전망을 살펴보려고 노력할 수 있고, 긴급한 현실로부터 도피하는 것이 가능하다면, 이런 장기간에 걸친 시간이 우리의 결정들을 통제하도록 허용할 수 있다. 그러나 미래를 생각하는 이런 의지가 있다손 치더라도, 우리는 이성의 명령에 따라서 행위하는 방법을 확실히 알고 있는 것은 아니라는 점을 끊임없이 발견한다. 이성의 지시

---

6) 나는 반동주의자, 보수주의자, 자유주의자 그리고 급진주의자들 사이의 몇몇 차이들은 사회적 문제들에서의 변화의 속도에 관한 상이한 직관적 추정에서 기인한다고 생각한다.

에 따라서 행위할 준비가 되어 있는 인간은 얼마 되지 않는다.

5

그러나 자선행위에는 훌륭한 모조품이 있다. 이런 자선행위는 우리 모두가 보다 친절한 세계를 갈망한다는 점에서는 혼자가 아니라는 자각과 이론(異論)의 여지가 없는 믿음으로부터 나온다. 모든 사람이 중요한 것은 아니기 때문에, 사람들은 많은 경우 서로에게 인상을 찡그리고 흥분한 채 살아간다. 그리고 많은 것들이 불명확하며 많은 행위들이 추측에 따라서 이루어지는 경우에, 체면치레에 대한 요구는 상당하고, 마치 선의가 작동하고 있는 것처럼 살아갈 필요가 있다. 우리는 어떤 사례에서도 자선행위가 의도하는 바를 증명할 수 없고, 왜 증오, 불관용, 의심, 고집, 비밀, 공포, 거짓말이 여론에 대항하는 7개의 치명적인 죄인지를 증명할 수도 없다. 우리가 주장할 수 있는 점은 그런 것들에는 이성에 호소할 여지가 전혀 없으며, 장기적으로는 극약이 될 것이라는 점이다. 그리고 우리 자신의 곤경과 삶을 견디는 세계관을 가지면, 우리는 그것들에 대항하는 굳센 편견을 간직할 수 있다.

만일 공포와 광신이 우리의 마음을 깊게 흔들도록 내버려두지 않는다면, 우리는 더욱더 굳센 편견을 잘 간직할 수 있을 것이다. 만일 공포와 광신이 그렇게 하도록 둔다면, 우리는 짜증을 부리며 체념하고 장기간에 걸친 관심사를 상실할 것이다. 인간의 미래에 대한 신념을 상실할 것이기 때문이다. 이런 절망에는 어떤 근거도 없다. 제임스가 말했듯이, 우리의 운명이 걸려 있는 모든 가정(假定)에는 충분한 가능성이 있기 때문이다. 우리는 그간 야만성과 대면해왔다. 야만성은 이상한 것이었기 때문에, 우리는 또한 그것이 확정적인 것은 아님을 보았다. 그것은 1914년부터 1919년까지의 베를린, 모스크바, 베르사유일 뿐이었지 최후의 결전은 아니었다. 사람들이 야만성과 히스테리에 직면할수록, 그들은 점점 더 다음과 같이 말할 권리를 가지게 되었다. 정보와 용기와 노력이 어느 때이든 모든 인간을 위해서 좋은 삶을 성사시킬 수 없다고 믿는 것은 어리석은 것이 아닌데, 왜냐하면 또다른 거대한 전쟁이 발발했기 때문이라고 말이다.

공포는 거대했지만, 보편적인 것은 아니었다. 부패는 있었지만, 그렇지 않은 것도 있었다. 혼란도 있었고, 기적도 있었다. 큰 거짓말도 있었고, 그것을 밝혀낼 의지를 가진 사람들도 있었다. 몇몇 사람들이 있었다는 점, 많은 사람들이 있었다는 점, 그리고 궁극적으로는 충분한 사람들이 있었을 것이라는 점을 사람들이 부인한다면, 이는 판단이 아니라 단지 기분일 뿐이다. 당신은 결코 있지도 않았던 것에 절망할 수 있다. 쇼는 3개의 머리를 가지는 것에 절망하지 않았지만, 당신은 그것에 절망할 수 있다. 그러나 당신은 인간의 특성 덕택에 존재할 수 있었던 가능성에마저도 절망할 수는 없다. 인간은 그런 특성을 보여주었다. 그리고 만일 지난 10년 동안의 모든 불행의 한복판에서 당신이 증식하고자 하는 알려진 순간들과 사람들을 본 적이 없다면, 신마저도 당신을 도울 수는 없을 것이다.

역자 후기

이 책은 20세기에 미국에서 가장 영향력 있는 정치평론가였던 월터 리프먼의 *Public Opinion*(1922)을 완역한 것이다. 1898년 뉴욕의 독일계 유대인 이민자 가정에서 태어난 그는 약관 30대 초반에 집필한 이 책으로 20세기 미국의 정치 (학)와 미디어, 그리고 민주주의에 지울 수 없는 흔적을 남기게 되었다. 정치평 론가로서 그는 현재에도 미국 정치의 중요한 이슈들을 다루고 있는 「뉴 리퍼블 릭」의 창간 멤버이자 편집에 참여했고, 「뉴욕 월드」 및 「뉴욕 헤럴드 트리뷴」 과 같은 신문사에서 활동했다. 또한 미국 전역의 신문과 잡지를 대상으로 했던 연합 칼럼인 "오늘과 내일"을 통해서 30여 년 동안 미국의 정치와 사회문제에 관한 다양한 칼럼을 발표하고 대통령 후보들을 지지하거나 대통령에 대한 자문 역할을 하면서 미국 정치에 깊숙이 개입했다. 우리에게 익숙한 냉전(Cold War) 이라는 말 역시 그가 최초로 사용한 것으로 알려져 있다.

그는 정치평론가로서의 경력 못지않게 정치적으로도 활발한 활동을 한 것으 로 유명하다. 그는 하버드 대학교 시절부터 사회주의 클럽을 조직하여 활동했 고, 시어도어 루스벨트와 진보당에 대한 열렬한 지지자였다. 민주당 대통령이었 던 우드로 윌슨을 도와서 파리 평화회담과 국제연맹의 조약을 기초하는 데에 참여했으며, 파리 평화회담에서는 미국 측 대표단의 일원으로 활동하였다. 또한 제2차 세계대전 직후에는 트루먼과 아이젠하워, 그리고 케넌의 소련에 대한 봉 쇄정책에 반대하여, 유럽과 아시아에서의 소련의 영향력을 인정할 필요가 있다는 점을 강력하게 주장했다. 그의 이런 주장은 국제적으로는 한국전쟁과 베트남 전쟁에 미국이 개입하는 것에 대한 반대로 이어졌고, 국내적으로는 매카시즘에 대한 경멸로 나타나기도 했다.

이 책은 현대의 복잡하고 거대한 사회 속에서 공중에 대한 의혹과 기존 언론 및 여론에 대한 불신, 그리고 고전적 민주주의론의 현대적 한계에 초점을 맞추고 있다. 자신들의 공동체를 벗어난 문제에 대한 공중의 관심과 정보의 부족, 이런 관심과 정보의 부족을 바탕으로 형성되는 여론의 문제, 여론의 (때로는 불가피한) 조작과 언론에 의한 왜곡의 문제, 고전적 자치 개념에 기초한 민주주의의 현대적 불가능성 등에 대한 리프먼의 천착은 20세기 미국의 민주주의와 사회과학의 발전에 지대한 영향을 미쳤다. 공중은 전문가에 의해서 제시된 정책들에 단지 '예' 혹은 '아니오'만을 말할 수 있고, 정보가 수집되고 분석되는 과정의 절차에 대해서만 문제를 제기할 수 있을 뿐이다. 이를 바탕으로 그는 사심 없는 사회과학자들이 정부에 '비집고 들어가' 과학적인 방법에 입각하여 정보를 수집분석하고 정치적 의사결정에 (사실상) 참여해야 한다고 주장한다. 이성이 정치와 만났을 때, 소크라테스는 화를 내며 자리를 떠났고, 마키아벨리는 안절부절못했던 반면에, 리프먼은 정부 내에 사회과학자들의 자리를 마련하기 위해서 노력했던 셈이다.

리프먼이 그리는 '위대한 사회'에서 사회과학은 과학적 분석을 통해서 사회적 갈등을 조정하고, 사실에 기반한 정확한 정보를 확보하고 분석하며, 정부 내의 사심 없는 전문가들을 통해서 정부정책과 정치적 의사결정에 개입하고 나아가 정치가가 의사결정을 내리는 데에 중추적인 역할을 수행할 것이었다. 결국, 이런 사회에서 민주적 통치의 운명은 정치가와 전문가가 얼마나 정확한 정보와 사실에 기반하여 사심 없이 올바른 정치적 결정을 내리는지, 언론이 그런 정보와 사실, 그리고 정부의 정책과 전문가의 결정을 얼마나 정확하게 시민들에게 알려주는지에 달려 있게 될 것이었다.

리프먼의 새로운 현대 민주주의를 규범적으로 받아들이든, 현실적인 것으로 인정하든, 원래의 계획대로 작동하지 않는다고 비판하든, 혹은 고전적 민주주의의 이상을 계속해서 유지하든, 지난 100여 년 동안 리프먼의 여론 및 공중, 그리고 미디어와 민주주의에 대한 주장들이 현대의 미국 정치에서 일종의 '고정관념'으로 자리잡았다는 점은 흥미로운 일이다. 이는 비단 미국뿐만 아니라 한국에서도 마찬가지인 것으로 보인다. 리프먼의 가설과 주장에 따라서 말하고, 행위하며, 비판하는 정치가와 전문가, 언론인, 시민단체나 일반시민들을 보는 것은 이제 그리 어려운 일이 아니다. 심지어 이 책을 읽고 분노하는 독자라고 할지라도 자신의 현대 민주주의에 대한 '고정관념'이 얼마나 리프먼의 가설과 주장에 빚지고 있는가를 발견하고 화들짝 놀라거나 리프먼의 고전적 민주주의에 대한 비판이 얼마나 설득력 있는가를 생각하며 비관적 기분에 빠져들 수도 있을 것이다.

많은 면에서 20세기 미국의 민주주의와 사회과학, 그리고 언론은 리프먼적 전환을 목도했다. 그러나 이 과정은 동시에 '어떤 민주주의인가'에 대한 논쟁을 수반하는 것이기도 했다. 이는 보다 구체적으로 공중의 상황과 정부 및 언론의 역할, 그리고 사회과학의 발전에 대한 비전을 포함하는 것이었다. 21세기에 접어들어 이런 논쟁은 다시금 활발하게 진행되었다. 정치를 위한 기술적 진보(인터넷의 발전 등)는 민주주의와 관련된 공중의 상황과 정부 및 언론의 역할에 대한 새로운 질문을 제기했다. 또한 사회과학 내부에서도 전문가를 양성하기 위한 획일적인 방법론에 의문을 제기하면서 방법론적 다양성에 대한 논쟁이 제기되었다. 이런 질문과 논쟁들 속에서 우리는 리프먼의 가설과 주장이 20세기 미국 민주주의에서 공중의 상황과 정부 및 언론의 역할, 그리고 사회과학에 고정관념으로 얼마나 깊게 뿌리박혔는가를 다시금 확인할 수 있다. 이제 리프먼의 이 책은 미국에서 민주주의에 대한 현대의 고정관념이 무엇인지, 그리고 그것이 어떻게 형성되었는지를 살펴볼 수 있는 시금석으로 이해할 수 있다.

물론 이 책이 비판으로부터 방면되어 있는 것은 아니다. 또한 이 책의 독창성과 복잡하고 거대한 근대사회에 적합한 민주주의를 기획하고자 했던 선구적인 열정적 탐구를 염두에 둔다면, 이 책에 비판적이었던 중요한 인물이 20세기 미국의 가장 위대한 철학자 중의 한 명인 존 듀이(John Dewey)였다는 점은 그리 놀랄 만한 일이 아니다. 그는 리프먼과 달리, 어떤 결정을 내리든 시민의 적극적인 참여가 민주주의의 핵심이라는 점을 강조한다. 따라서 정부와 언론은 공중에게 영향을 미치는 결정의 과정에 공중이 능동적으로 참여하도록 할 책임이 있다. 시민들은 중요한 이슈들에 대해서 잘 알고 있어야 하고, 정치가와 언론은 시민들이 요구하는 정보를 제공하는 동시에 그들을 교육하면서 공중과 관계를 맺어야 한다. 그는 민주주의하에서 통치란 전문가의 결정으로 이루어지는 것이 아니라 능동적인 민주적 자치의 이상을 포기하지 않고 그것에 다가서려는 노력 속에서 이해되어야 한다는 점을 강조한다. 그러나 복잡하고 거대한 근대사회에서 리프먼에 대한 듀이의 비판을 어떻게 구현할 것인가에 관한 문제는 여전히 열린 질문으로 남아 있다.

끝으로 이 책을 번역하는 데에 큰 도움을 주신 강정인 선생님께 감사를 드린다. 역자가 공부하고 있는 미국 뉴욕의 신사회과학원(New School for Social Research)의 학풍 역시 번역하는 데에 도움이 되었고, 특히 이 학교의 설립자중 한 사람인 듀이를 통해서 리프먼을 이해하는 데에 큰 도움을 얻을 수 있었다. 또한 번역 초고를 꼼꼼하게 검토하고 교정한 까치글방에 감사를 드린다. 물론 번역상의 오류나 오역이 있다면 이는 전적으로 역자의 책임이다.

2012년 7월

이충훈

인명 색인